원 자료 중심의
근·현대교회사

심창섭 · 채천석 편저

도서
출판 솔로몬

서 문

　원자료 중심의 근·현대교회사는 단순한 교회사 책은 아니다. 이 책은 교회역사의 해석과 이해에 직접적인 자료가 되는 원 자료를 수집한 책이다. 영문역으로 된 교회사 자료집들이 있기는 하지만, 아직 우리 말로 되어진 교회사 자료집은 없는 것으로 안다. 그러므로 그 동안 교회사를 연구하는 많은 신학생들이 그 시대의 원 자료를 한글로 접할 수가 없어서 아쉬워했다. 사실 보다 깊은 학문은 원 자료를 추적하는 일이고, 교회사를 보다 확실히 파악하여 기억하는 일은 그 시대에 있었던 실제 사실들을 아는 것이다. 그러나 언어적인 한계가 그러한 작업을 방해하였고, 시대상황과 자료에 대한 적절한 설명 부족이 그 자료를 교회사와 연결짓지 못했다. 그러므로 편자는 교회사에 대한 보다 깊은 연구를 원하는 신학생들을 돕기 위해 시대적인 설명과 함께 자료들을 열거한 "원 자료 중심의 중세교회사"를 편찬해 내었고, 이제는 종교 개혁 직후부터 현대에 이르는 자료들을 열거한 "원 자료 중심의 근·현대교회사"를 내놓게 되었다.

편자는 그 해설과 구성을 독자적인 방식으로 설명하고 배열하였지만, 작업의 편리를 위해 Clyde L. Manschreck의 교회사(A History of Christianity)에 담긴 많은 자료들을 상당히 의지하였고, 또한 자료에 대한 일부 번역이므로 온전한 번역이 이루어질 수 없다고 판단되는 책들을 완역된 책에서 일부 인용하였다. 또한 편자는 자료의 필요한 부분의 번역과 더불어 원전을 가급적 그대로 밝혀 두었는데, 이는 원하는 분들에게 보다 폭넓은 자료를 추적할 수 있도록 도움을 주기 위해서이다. 앞으로 못다한 교회사 부분에 대한 원 자료집을 계속해서 펴낼 예정인데, 본서가 교회사를 연구하는 분들이나 교회역사에 관심을 가진 분들에게 많은 새로운 통찰력과 의식을 가져다 주기를 바라는 바이다.

1999. 2. 14.
사당동 연구실에서
심 창 섭 교수

목 차

서문 · 3

제 1 장 종교개혁 직후의 유럽교회 11

1. 제네바 고백(1536) 19
2. 칼빈주의 교령(1547) 24
3. 예정론에 관한 조항들 29
4. 프랑스 신앙고백(The Gallican Confesion, 1559) 31
5. 성 바돌로뮤 축일 학살(1572년 8월 24일) 37
6. 낭트 칙령(1598년 4월 13일) 43
7. 낭트 칙령의 폐지(1685) 46
8. 피드먼트 학살(1655) 49
9. 수장령(1534) 51
10. 여섯 개의 조항 으로 이루어진 법령(1539) 52
11. 후퍼 주교, 청교도의 시각(1551) 53
12. 엘리자베스 여왕의 수장령(1559) 58
13. 엘리자베스 여왕의 통일령(Act of Uniformity)(1559) 58
14. 스코틀랜드 제1신앙고백, 1560 59
15. 존 폭스(John Foxe, 1563) 61
16. 엘리자베스 여왕에게 보낸 로마 교황의 교서(1570) 63

17. 엘리자베스 여왕의 예수회와 카톨릭 신학생
    규제 법령(1585) ·· 64
18. 엘리자베스 여왕의 청교도 규제 법령(1593) ·················· 65
19. 람베드 규약(1595) ·· 67
20. 천 명의 탄원(1603) ··· 68
21. 신성 동맹과 서약(1643) ·· 71
22. 알미니우스 신조(1610) ·· 74
23. 화란의 도르트 신조(1618) ······································ 76
24. 웨스트민스터 신앙고백(1648) ································· 78
25. 시민 협정에서의 발췌문(1649) ································ 82
26. 크롬웰의 시대 ·· 83
27. 5마일령(1665) ··· 86

제 2 장 합리주의의 기승 ·· 93

1. 데카르트(Rene Descartes, 1596-1650)의 회의주의 ············ 101
2. 경험론자 데이비드 흄(David Hume, 1711-1776)의 기적론 ··· 103
3. 자유사상가 볼테르(Voltaire, 1694-1778)의 냉소주의 ········· 108
4. 임마누엘 칸트(Immanuel Kant, 1724-1804)의
   순수이성비판 ·· 110
5. 임마누엘 칸트의 영혼불멸성 ································· 113
6. 토마스 페인(Thomas Paine, 1737-1809)의 이성시대 ·········· 117

제 3 장 경건주의와 복음주의 운동 ························· 131

1. 제이콥 스페너(Philip Jacob Spener, 1635-1705)의
   만인제사장직 ·· 140
2. 헤르만 프랑케(Herman Francke, 1663-1727)의

거룩한 사랑 ··· 149
3. 조지 폭스(George Fox, 1624-91)의 신비경험 ············· 155
4. 로버트 바클레이(Robert Barclay, 1648-90)의
   퀘이커교 교리 ··· 161
5. 파스칼(Blaise Pascal, 1623-1662)의 회심 ··············· 166
6. 파스칼의 신앙내기론 ····································· 168
7. 윌리암 로(William Law, 1686-1761)의 진지한 소명 ········· 175
8. 요한 웨슬리(John Wesley, 1703-91)의 올더스게일 사건과
   부흥운동 ·· 183
9. 요한 웨슬리의 "그리스도인의 완전" ························· 187
10. 웨슬리와 모라비안들 ···································· 189
11. 메토디스트 사회를 위한 법칙들(1743) ······················ 192
12. 웨슬리의 감독 안수(1784) ································ 194
13. 조지 휫필드(George Whitefield, 1714-1770)의 부흥일기 ····· 195
14. 경건찬송들 ··· 197

제4장 프랑스혁명과 19세기 유럽교회의 흐름 ············· 205

1. 성직자 헌장(1790. 7. 12) ································· 217
2. 단두대와 그 희생자들 ···································· 220
3. 지존자(Supreme Being) 예배에 대한 포고문(1794. 5. 7) ····· 223
4. 루소(Jean Jacques Rousseau, 1712-78)의 시민종교론 ········ 225
5. 슐라이어마허(Friedrich Schlieermacher, 1768-1834)의
   절대 감정 ··· 228
6. 르낭(Ernest Renan, 1823-92)의 예수전 ···················· 231
7. 찰스 다윈(Charles Darwin, 1809-1882)의 종의 기원 ·········· 239
8. 존 헨리 뉴만(John Henry Newman, 1801-1890)과

옥스포드 운동(1833-45) 243

제 5 장 미국의 대부흥운동 253

1. 조나단 에드워즈(Jonathan Edwards, 1703-58)의
   진노하시는 하나님 264
2. 조나단 에드워즈의 부흥관 267
3. 토마스 제퍼슨(Thomas Jefferson, 1743-1826)의
   독립선언문 272
4. 토마스 제퍼슨(1743-1826)의 버어지니아 신교 자유령
   (1786) 273
5. 랄프 에머슨(Ralph Waldo Emerson, 1803-82)의
   초절주의 자연예찬론 275
6. 찰스 피니(Charles Grandison Finney, 1792-1875)의
   구원에 대한 노력과 하나님의 응답 279
7. 찰스 피니의 성결론 286
8. 찰스 피니의 칼빈주의 수정 부흥론 292

제 6 장 사회복음운동과 세계선교 299

1. 죠지 뮬러(George Müller, 1805-1898)의 고아원 운동 308
2. 윌리암 부스(William Booth, 1829-1912)의 사회사업 311
3. 라우쉔부쉬(Walter Rauschenbusch, 1861-1918)의
   사회복음운동 314
4. 교황 레오 13세의 노동헌장(*Rerum Novarum*, 1891) 317
5. 윌리암 케리(William Carey, 1761-1834)의 인도 선교 322
6. 허드슨 테일러(Hudson Taylor, 1832-1905)의
   중국선교 323

제7장 에큐메니칼 운동 331

1. 람베드 호소(1920) 338
2. W.C.C. 암스테르담 총회(1948) 340
3. 신앙과 직제(Faith and Order) 운동의 호소문 349
4. W.C.C. 나이로비대회 보고서(1975) 351
5. 로잔언약(1974)-복음주의 연합운동 356
6. 그랜드 래피즈 보고서(1982) 365
7. 마닐라 선언문(1989) 374

제8장 근본주의와 현대 복음주의자들 383

1. 근본주의와 메이첸(J. Gresham Machen, 1881-1937) 387
2. 메이첸의 신앙과 행위관 392
3. 찰스 하지(Charles Hodge, 1797-1878)의 성경의 무오성 397
4. 프란시스 쉐퍼(Francis A. Schaeffer, 1912-1984)의
   위험에 처한 복음주의 400
5. 로이드존스(D. M. Loyde-Johnes)의 하나님 나라관 406

제9장 신정통주의 415

1. 기독교 실존주의 철학자 키에르케고르
   (Soren Kierkegaard, 1813-1855)의 죄관 419
2. 칼 바르트(Karl Barth, 1886-1968)의 말씀론 423
3. 불트만(Rudolf Bultmann, 1884-1976)의 비신화화 425
4. 폴 틸리히(Paul Tillich, 1886-1965)의 변증법적 인간실존 ... 432
5. 라인홀드 니버(Reinhold Niebuhr, 1893-1971)의
   기독교 사회윤리 439

제10장 이데올르기와 급진신학 ... 443

1. 괴벨의 선전 책자(A Goebbels Propaganda Pamphlet, 1930) ... 449
2. 독일인의 혈통과 명예의 보존을 위한 뉘렘베르크법 (1935년 9월 15일) ... 452
3. 독일기독교인들의 강령(1932) ... 453
4. 바르멘 선언(1934년 5월) ... 456
5. 스튜트가르트 선언(Stuttgart Declaration of Guilt, 1945년 10월) ... 459
6. 카톨릭의 포괄주의(제2차 바티칸 공의회 일치운동, 1965) ... 461
7. 구티에레즈(Gustavo Gutierrez)의 해방신학 ... 469
8. 레티 러셀(Letty M. Russell)의 여성신학 ... 475
9. 메리 데일리(Mary Daly)의 여성해방신학 ... 477
10. 마틴 루터 킹(Martin Luther King, 1929-1968)의 비폭력 저항운동 ... 481
11. 제임스 콘(James Cone)의 흑인신학 ... 486

제1장

종교개혁 직후의 유럽교회

I. 30년 전쟁과 웨스트팔리아 조약

　루터의 종교개혁 이후에 로마카톨릭과 개신교는 끊임없는 분쟁을 일으켰고, 각 집단 간의 이득을 위한 싸움은 계속되었다. 이런 갈등 속에서 독일에서의 로마 카톨릭 교회와 루터 교회의 갈등을 마무리하기 위해 1555년의 아우그스부르그 종교화의가 열렸고, 이 종교화의에서 종교개혁의 권한이 각 지방의 영주들의 고유권한으로 한정되어 황제는 이 문제에 대해 이의를 제기할 수 없게 되었다. 또한 영주의 영지에 거하는 모든 백성들은 영주의 종교를 따라야 하며, 영주의 종교에 반대하는 사람들은 원하는 종교를 찾아 이주할 수 있는 자유를 가질 수 있게 되었다.
　결국 이 조치는 황제가 지배하는 보편국가에서 영주가 중심이 되는 민족국가로의 변화를 의미했고, 카톨릭이 공식적으로 개신교를 인정하는 첫 사건이라는 점에서 중요했다. 하지만 이 조약은 루터교와 로마카톨릭교 간의 평화조약이었지 다른 개신교와의 평화조약은 아니었다. 그러므로 독일은 루터교를 제외한 다른 개신교의 신앙의 자유는 여전히 보장되지 않았고, 또한 독일은 작은 여러 통치 지구로 나뉘어 있었기 때문에 어떤 지역에서는 통치자에 따라 종교적인 박해가 계속되고 있었다. 이러한 종교 간의 갈등은 근대에 들어와서 더욱 심화되어 유럽 근대사에 30년에 걸친 종교전쟁으로 발전하였다.

이 당시 보헤미아의 존 후스의 후예들은 카톨릭의 박해를 계속 받고 있었는데, 그들은 독일의 황제이자 그 지역의 왕인 열렬한 카톨릭 신자 페르디난드 2세에게 항의하였다. 하지만 그 과정에서 그들은 왕이 파송한 사절단을 창문 밖으로 내던져 버리고, 나아가서 팔라틴의 선제후 프레드릭을 그들의 왕으로 내세울 정도로 과격하였다. 그러므로 이에 분개한 페르디난드는 개신교와의 전쟁을 선언하고 참전하여 프레드릭을 패퇴시키고, 보헤미아의 개신교도들을 더욱더 박해하였다. 하지만 보헤미아인들이 항의한 문제들은 여전히 불씨가 되어, 얼마 후에 독일의 북쪽인 오스트리아 지역에서 전쟁이 일어났고, 덴마크의 왕 크리스티안(Christian) 4세가 개신교도들을 돕기 위해 출정하였다. 또한 1630년에는 스웨덴의 왕 구스타푸스 아돌푸스가 발트해를 건너 일만 팔천 명의 군사들과 함께 독일을 공격하여 독일 황제에게 커다란 상처를 안겨다 주었다. 이 전쟁은 그 뒤에도 지리하게 18년간이나 지속되었고, 막판에는 프랑스가 전쟁에 가담하여 혼전을 이루었다.

그리하여 이런 싸움에 염증을 느낀 유럽인들은 1648년에 웨스트팔리아에서 평화조약을 맺고 마침내 전쟁을 종결하였다. 하지만 이 전쟁으로 인해 전쟁 전에 3,000만명이던 유럽의 인구가 1,200만명으로 줄어들었고, 오천 개의 마을 가운데 육천 개 정도만 파괴를 면할 정도로 심각한 타격을 받았으며, 농지는 황폐화되어 목축도 할 수 없는 부정적인 결과를 낳았다. 하지만 긍정적으로는 전쟁의 종결과 함께 웨스트팔리아 조약으로 유럽에 종교적인 신앙의 자유가 확대되어 종교적인 분포가 넓게 형성되었고, 칼빈주의자들도 공식적인 종교의 자유를 얻을 수 있게 되었다.

Ⅱ. 위그노 전쟁과 낭트칙령

독일에서 아우구스부르그 종교화의가 맺어진 수년 뒤에 프랑스에서는 위그노 전쟁(1562-98)이 발생하였다. 이 전쟁은 칼빈주의자들인 위그노들의 종교의 자유를 얻기 위한 몸부림이었다.

당시 프랑스는 카톨릭을 중심으로 하는 민족국가 형태를 유지하고 있었기 때문에 프랑스의 위그노들이 종교의 자유를 얻기까지는 상당한 박해를 견뎌야 했다. 말하자면 프랑스의 왕 프란시스 1세는 프랑스를 카톨릭으로 통일하기 위해 1525년부터 개신교에 대한 박해를 가하였고, 프란시스에 이은 헨리 2세도 부왕의 정책을 이어 카톨릭에 호의를 보이며 더욱 강력한 반개신교 정책을 폈다. 이로 인해 많은 개신교도들이 화형에 처해졌고, 1551년에는 샤또브리앙 칙령을 반포하여 개신교 탄압을 법제화시켰다.

하지만 이런 가운데서도 많은 위그노들은 순교를 각오하고 개신교 신앙을 믿었고, 1559년에는 그 신도수가 40만에 이르렀다. 그리하여 이런 개신교의 세력 확장에 불안을 느낀 헨리 2세의 후계자 프란시스 2세는 칼빈주의에 대한 종교탄압정책을 더욱 강화하였다. 그리고 프란시스 2세의 뒤를 이은 찰스 9세가 왕위에 있을 때는 한때 박해의 칼날이 무뎌지는 듯 했으나 1572년에 위그노였던 쟌 달브레의 아들과 카톨릭 신자인 찰스 9세의 여동생 마가레뜨 공주가 결혼하는 것에 앙심을 품은 카톨릭 교도들이 프랑스의 위그노들을 무참히 학살했으며, 이로 인해 약 2만명의 위그노들이 희생당하는 비극이 발생했다.

이러한 일련의 대립과 혼돈 속에서 헨리 4세가 왕위에 올랐는데, 그는 개신교에 호의를 갖고 있는 사람이었다. 그는 위그노와 카톨릭 간의 화해를 이루기 위하여 낭트칙령을 발표하였고, 뒤이어 베르뎅 조약을 체결하여 오랫동안 지속되었던 대립을 종식시켰다. 이제 위그노들은 낭트칙령으로 제한된 범위에서나마 예배를 드릴 수 있는 자유를 얻게 되었고, 또한 각 영역의 국가 요직에도 등용될 수 있게 되었다. 프랑스 위그노들의 종교적 승리가 이루어진 것이다.

결국 낭트칙령은, 각 영주를 중심으로 하는 종교의 자유를 발표한 아우구그부르그 종교화의와는 달리, 한 지역에서 카톨릭과 개신교가 공존하는 방식으로 결론을 맺었고, 이로 인해 칙령을 발표한 왕을 중심으로 하는 중앙집권적 민족국가가 더욱 강화되었으며, 평민이 종교문제에 참여할 수 있는 계기를 이루게 되었다.

Ⅲ. 화란의 독립전쟁과 도르트 회의

화란은 신성로마황제인 찰스 5세의 고향이었다. 하지만 그는 화란 내의 종교적 통일이 정치적 통일에 중요하다고 판단하여 자신의 종교인 카톨릭으로의 통일을 위하여 화란 개신교도들을 탄압하였다. 이런 찰스 5세의 정책을 따른 그의 아들 필립 2세는 화란의 개신교도들을 더욱 탄압하였고, 그는 화란 칼빈파 신조의 기초인 "벨기에 신조"의 작성자 드 브레(de Bres)를 처형할 정도였다. 그러므로 이 사건으로 인해 화란의 개신교도들은 폭동을 일으켰고, 스페인은 이런 폭동을 진압하기 위해 군대를 파견하여 수많은 희생자를 냈다.

그러나 이런 와중에 한동안 침묵을 지키고 있던 개신교 지도자 오렌지공 빌헤름(Wilhelm, 1553-1584) 1세는 군대를 정비해 스페인군에 대적하였다. 비록 그는 수적으로 열세였지만, 화란의 독립을 향한 그 열심은 전세를 유리하게 이끌었고, 또한 빌헤름 1세의 사망 후에 지도자에 오른 그의 아들 모리쯔(1567-1625)는 프랑스 위그노들과 영국의 지원으로 해상에서의 우위를 지켜 마침내 필립 3세와 1609년에 휴전협정을 이끌어내었다. 결국 화란은 북부 지역에서 개신교 국가를 이루어낼 수 있었고, 후에 남부의 벨기에와 분리하여 네덜란드 독립국가가 되었다. 독립을 쟁취한 네덜란드는 뒤이어 신대륙에 식민지를 세우는 등 경제적으로 부강한 나라로 발전하였다.

그러나 네덜란드의 개신교는 교리적으로 복잡한 양상을 띠고 있었다. 당시 알미니우스는 칼빈주의적 예정론을 논박하고, 인간의 협력과 공로를 강조하는 알미니우스 예지론을 폈다. 그리하여 알미니우스의 주장에 대한 찬반 토론으로 정치적 혼돈 상태까지 치달았다. 그리하여 이에 대한 논쟁을 종식시키기 위하여 화란에서 도르트 회의가 개최되었다(1618). 하지만 이 회의는 화란 국가만의 회의가 아니라 영국과 독일, 스위스 제네바 등지의 대표자들이 참석하였다.

한편 그곳에 참석한 이들은 알미니우스의 주장을 만장일치로 기각하고 칼빈의 예정론에 입각한 도르트 신경을 제정하였으며 이 신조를 따르지 않는 성직자는 교회의 평화를 해치는 자로 규정되어 국외로 추방되었다. 결국 도르트 회의로 인해 정통파 칼빈주의가 이 나라에서 확고히 자리잡게 되었다.

Ⅳ. 영국의 청교도혁명과 웨스트민스터 신앙고백

영국은 메리 여왕의 개신교 탄압이 끝난 뒤에 개신교의 입장에 선 엘리자베스 여왕이 왕위에 올랐다. 그녀는 수장령(Act of Supremacy)을 만들어 영국교회의 최고의 통치자로 군림하였고, 카톨릭 교회와 개신교를 동시에 만족시키기 위하여 공동기도문을 수정하였다.

하지만 그 결과는 양쪽을 다 만족시키지 못하였고, 개신교와 카톨릭의 요구사항이 드셌다. 특히 개신교 쪽에서는 좀더 과감한 변화를 요구하는 청교도(puritan)들이 형성되었다. 그들은 복장 문제에 대해 이의를 제기하고, 이런 성직자의 예복은 "적그리스도의 옷"의 상징이라고 비난하였다.

한편 엘리자베스 여왕은 청교도들의 성경연구모임을 좋지 않은 비밀모임으로 간주하고, 청교도들에 대한 혹독한 탄압정책으로 펼쳤다. 그녀는 1577년에 켄터베리의 대주교 에드먼드 그린달(Edmund Grindal)에게 이러한 모임을 갖는 자들을 체포하여 벌주도록 지시하였다. 하지만 다행히도 청교도들에게 호의를 품은 그린달은 여왕의 명령을 수용하지 않았다. 그러나 그린달의 뒤를 이은 횟트기프트(Whitgift)의 탄압은 거셌다. 그는 가열찬 박해를 가하였다. 하지만 이런 박해의 와중에서 많은 청교도들이 장로교적 교회정치 형태를 지지하였고, 이들의 대표적인 지도자는 캠브리지 대학의 교수였던 토마스 카트라이트(Thomas Cartwright)였다. 그는 자신의 작품에서 감독제도를 비판하고 교직의 동등성을 주장하였다. 이는 장로교 정치를 의미하는 것이며, 그의 과감한 개혁정신은 그로 하여금 박해를 피하여 유럽 대륙으로 피신케 했고, 그는 1603년에 영국으로 돌아와 사망했다.

한편 영국은 엘리자베스 여왕이 죽은 뒤에 스코트랜드의 제임스 1세가 왕이 되었는데, 그는 스코틀란드 개혁의 주동자인 존 낙스를 통해 대관식을 행한 왕이었기에 영국의 청교도들은 그를 대단히 환영하였다. 그리하여 그가 영국의 왕으로 오기도 전에 런던의 일천 명의 성직자들이 이미 천명의 탄원서(The Millenary Petition)를 제출하였다. 이는 청교도들의 개혁을 위한 열망이었다. 하지만 제임스 1세는 영국의 청교도들의 기대와는 다르게 행했다. 그는 도덕적으로 문란했으며, 장로교에 대한 지지보다는 감독제도를 더 선호하였다. 그는 "감독이 없이는 왕도 없다"는 말을 할 정도로 과감하였다. 또한 그는 영국의 국교회에 속할 수 없다고 고집하는 분리주의자들을 다른 나라로 이주하도록 조치했다. 이로 인해 헨리 배로우(Henry Barrow)나 존 그린우드(John Greenwood) 같은 청교도들은 화란이나 영국인들이 정착해 있던 북아메리카로 이주하였다. 그들은 기존 교회의 체제 내에 머물면서 개혁을 추진했던 대부분의 청교도들과 달리 영국교회와 완전한 분리를 주장한 급진적인 청교도들이었다. 결국 그들은 분리주의자들(Separatists)이라고 불렸으며, 영국정부로부터 가열찬 탄압을 받았던 것이다.

한편 제임스 1세의 뒤를 이어 왕위에 오른 찰스 1세(Charles I)는 카톨릭 교도인 프랑스의 앙리에타 마리아(Henrietta Maria) 공주와 결혼하였다. 그는 부왕의 정책을 계승하여 청교도주의와 의회주의를 반대하고, 왕실의 중앙집권을 강화하였다. 그리하여 국왕은 의회와 충돌하였고, 결국 의회는 세 번에 걸쳐 해산되었다. 또한 그는 알미니안적인 로우드를 통하여 청교도들에 대한 박해를 가하고, 종교적인 통일을 이루기 위해 감독정치를 실시했으며, 영국 국교의 기도서를 스코틀란드에도 강요하였다. 하지만 개혁주의적인 스코틀란드는 영국의 종교정책을 수용하지 않고 반란을 일으켰다. 즉 스코틀란드는 감독제도를 폐지하고, 장로교의 원칙대로 스코틀란드 교회를 재조직하였던 것이다. 이런 와중에 찰스 1세는 스코틀란드와의 전쟁을 위한 비용을 마련하기 위해 1604년에 의회를 소집하였다. 그러나 소집된 의회는 전비에는 관심이 없었고, 왕의 종교정책과 정치에 대한 불만만을 토로하였다. 그러자 왕은 또 다시 의회를 해산시켰고(단기의회), 얼마 뒤에 스코틀란드가 영국을 침공해오자, 왕은 또 다시 의회를 소집할 수밖에 없었다. 하지만 모인 의회는 별 성과없이 오랫동안 지속되었다(장기의회, 1640-1660). 이런 왕과 의회의 대립의 와중에서 결국 왕과 의회 간의 내전이 일어났고, 교회정치적으로 장로교주의인 스코틀란드를 등에 업은 의회파가 승리하여 찰스 1세는 마침내 제거되었다.

싸움에서 승리한 영국과 스코틀란드의 대표들은 그리하여 1643년에 런던의 웨스트민스터 사원에 모여 감독제도를 폐지하고 장로교제도를 옹호하여 영국과 스코틀란드 및 아일랜드의 종교적 통일을 이루는 결정을 내렸다. 이 종교회의에서 웨스트민스터 신앙고백과 대소요리문답이 통과되었는데, 이는 성경의 영감과 무오성을 강조하고 언약신학을 강조한 칼빈주의 신학의 대표격이었다. 이 웨스트민스터 신앙고백은 결국 개혁주의 교회의 근본이 되었고, 이는 신앙의 자유를 얻기 위해 수많은 사람들이 목숨을 잃고 얻은 값진 성과였다.

청교도들의 이런 승리는 독립파의 올리버 크롬웰(Cromwell)의 공헌이 컸다. 하지만 그의 공화정은 그가 죽은 후에 허약한 후계자로 인해 오래 가지 못했다. 그리하여 웨스트민스터 신앙고백을 낳게 한 청교도들의 승리는 그 여운이 채 지나가기도 전에 다시 왕정이 복고되어 찰스 2세가 새로이 왕위에 올랐다. 그는 국교회신봉자로서 청교도 사역자들을 박해하였다.

그러므로 주교들이 다시금 세력을 확보하였고, 1662년에 통일령(Act of Uniformity)이 제정되어 이 법령에 동의하지 않는 성직자들은 박해를 받았다. 그리하여 이 법령을 어긴 1800여명의 성직자들이 비국교도라는 이름으로 생계와 생활의 터전을 몰수당했고, 이외에도 비밀집회법(A Conventicle Act)과 5마일 법(The Five Miles Act) 등이 제정되어 비국교도들은 수많은 박해를 받았다. 바로 이러한 찰스 2세의 치하에서 존 번연(John Bunyan)은 옥중에서 그 유명한 천로역정(The Pilgrim's Progress)을 집필하였다.

한편 찰스 2세의 뒤를 이은 제임스 2세(1685-1688)는 카톨릭교회의 수립을 목적으로 군관의 중요직에 카톨릭파를 임명하였다. 그는 신앙의 자유령(Declaration of Indulgence)을 만들어 모든 신앙의 완전자유를 허락하는 듯 했으나, 이는 영국을 카톨릭화하기 위한 수단에 불과하였다. 그러므로 이러한 제임스 2세의 정책에 반대하여 청교도들은 제임스의 딸 메리와 결혼한 네덜란드의 총독 오렌지의 윌리엄의 지원을 요청하였고, 결국 영국을 침공한 윌리엄의 공로에 의해 제임스 2세는 프랑스로 도망갔으며, 영국은 윌리엄 3세와 메리에 의해 공동통치를 받게 되었다.

결국 정권을 잡은 윌리엄과 메리는 1689년에 "개신교 관용령"(Act of Toleration)을 선포하여, 30년 전쟁 이후에 맺어진 지역적인 자유와는 달리 개인의 신앙적 자유를 허락하였다. 이제 영국에서 로마교회적인 요소가 거부되었고, 39개 신조를 찬성하는 개신교 신자들에게는 예배의 자유가 허락되었다. 또한 이 법령에 따라 장로교, 회중교, 침례교 등 다양한 개신교파와 예배형식이 나타났다.

한편 윌리엄과 메리는 영국의 개신교 신앙의 자유를 허락했을 뿐만 아니라, 스코트랜드에게도 개신교의 복구를 가져왔다. 그들은 1661년 이후 추방당했던 장로교 목사들을 1690년에 복귀시켰고, 웨스트민스터 신앙고백을 수정 승인하여 장로회주의를 선택하였다. 1707년에는 영국과 스코트랜드를 하나로 통합하여 대영제국을 이루었고, 반면에 개신교 자유 정신에 따라 스코트랜드 교회의 독립권을 인정했다.

이렇게 1603년부터 1707년까지 이어진 혁명적인 청교도 운동은 당시의 신앙과 윤리를 변혁시켰고, 절대왕정에 대한 의회의 승리는 민주주의의 발전과 평화적 개혁을 촉진시켜 영국을 더욱더 근대적인 국가로 만들었다. 이러한 청교도의 영향력이 종교의 자유를 찾아 이주한 순례자들에 의해 신대륙으로 옮겨져 뉴잉글랜드에 청교도 문화가 싹텄다.

1. 제네바 고백, 1536

칼빈과 파렐은 교회를 위해 제네바 고백을 발표했는데, 전통적으로 칼빈이 이 고백의 저자라고 일컬어진다. 21개의 조항으로 나뉘어진 이 고백은 칼빈주의 교리의 요약이라고 할 수 있을 것이다.

1. 하나님의 말씀. 먼저 우리는 성경만을 신앙과 종교의 규준으로 따를 것을 확고히 한다. 우리는 성경을 하나님의 말씀과 유리된 인간의 생각으로 고안한 그 어느 것과도 혼합하지 않을 것이다. 또한 우리는, 우리 주님의 명령에 따라, 가감함이 없는 동일한 하나님의 말씀에 의해 우리에게 전달된 것 이외에 다른 어느 교리도 우리의 영적인 통제를 할 수 있도록 인정하지 않을 것이다.

2. 오직 한 하나님. 성경에 적혀있는 말씀에 따라 우리는 오직 한 하나님이 계심을 깨닫는다. 그리하여 우리는 그 하나님만을 섬기고 경배할 것이며, 오직 하나님 안에서 우리의 모든 확신과 소망을 둔다. 우리는 오직 하나님 안에 모든 지혜와 능력과 정의와 선함과 경건이 있으며 또한 하나님은 영이시기 때문에 오직 신령과 진정으로 섬김을 받으심을 확신한다. 그러므

로 우리는 그것이 천사이든 창조된 것이든 간에 피조물에 우리의 확신과 소망을 두며, 이 땅에 살고 있는 인간이든 성인이든 간에 하나님 외에 다른 우리 영혼의 구세주를 인정하는 것을 혐오한다. 또한 외적인 의식이나 육적인 규칙 준수를 마치 하나님이 기뻐하시는 것처럼 드리고, 하나님의 신성을 나타내는 형상과 경배를 위한 형상 제작을 행하는 것을 혐오한다.

3. 모든 사람을 위한 하나님의 율법. 우리의 양심을 지배하는 한 주 하나님이 계시기 때문에, 그리고 하나님의 뜻은 모든 정의의 원리이시기 때문에, 우리는 우리의 모든 삶이 완전한 정의를 담고 있는 거룩한 율법의 계명에 따라 통제되어야 한다고 고백한다. 아울러 우리는 출애굽기 20장에 십계명에 담긴 것 외에 다른 선하고 정의로운 삶의 규칙은 없어야 한다고 고백한다.

4. 자연적인 인간. 우리는 인간이 본성적으로 눈멀었고, 명철이 어두워졌으며, 부패와 왜곡된 마음으로 가득 참으로 스스로는 온전한 하나님의 참된 지식을 이해할 능력이 없으며 선한 일을 하기에 적합하게 구비되지 못하다… 그러므로 인간은 구원의 올바른 지식에 이를 수 있도록 하나님에 의해 조명되어야 할 필요가 있고, 하나님의 사랑으로 지도되어야 하며, 하나님의 의에 대한 순종으로 개혁되어야 한다.

5-8. 인간이 잃어버린 바 되고 궁핍에 처했기 때문에 하나님은 인간의 구원과 의와 중생을 위해 그리스도를 주셨다. 이는 우리 스스로는 할 수 없었던 모든 것을 회복시키기 위함이다.

9. 신실함을 위해 죄용서함이 항상 필요하다. 마지막으로 우리가 아무리 중생의 영향을 입었어도, 항상 하나님의 임재 가운데서 가련하고 연약한 죄인으로 있을 수 있도록, 죽을 육체를 벗을 때까지 불안전과 허약함이 떠나지 않을 것이다. 그리고 우리가 아무리 나날이 하나님의 의를 증가시키고 성장시킬지라도, 우리가 이생에 사는 동안에 완전함과 만족은 결코 생겨나지 않을 것이다. 그러므로 우리는 항상 실수와 죄를 용서받기 위해서 하나님의 자비를 필요로 한다. 그리고 항상 예수 그리스도 안에서 우리의

의를 돌아보고, 우리의 공로에 믿음을 두는 것이 아니라 하나님 안에 확신을 두어야 한다.

10. 하나님의 은혜 안에 있는 모든 우리의 선. 모든 영광과 찬양을 마땅히 하나님께 드리기 위해서⋯ 우리는 하나님으로부터 자비와 동정으로 모든 은덕을 받았음을 이해하고 고백한다. 이는 우리가 가치가 있다거나 공로가 있어서가 아니다⋯

11. 신앙. 우리가 하나님이 보증하신 그 풍성한 선에 들어가기 위한 방법은 오직 믿음에 의해서이다. 그러므로 우리는 진심으로 복음의 약속을 믿으며, 아버지께서 우리에게 내어주시고 말씀으로 묘사하신 예수 그리스도를 영접한다.

12. 그리스도의 중보. 구원과 예수 그리스도를 통한 하나님의 선하심을 희망하고 확신하는 것처럼, 모든 곤경시에 하나님께 나아가기 위해서 우리는 우리의 중보자가 되시고 변호자가 되시는 예수 그리스도의 이름으로 하나님을 불러야 한다는 것을 고백한다. 마찬가지로 모든 선한 것들이 오직 하나님으로부터 나오며 오직 그에게만 감사를 드려야 한다는 것을 인식한다. 한편으로 우리는 성경과는 반대되는 인간이 만든 미신인 성인들의 중보를 거부한다. 이런 것들은 예수 그리스도의 중보의 충분성을 불신하게 만드는 것들이다.

13. 기도는 알아들을 수 있어야 하며, 주기도는 우리가 구해야 할 것을 보여준다.

14. 우리는 세례와 성찬을 "하나님의 약속으로 강화시키고 확증시키며, 사람 앞에 증거하기 위한 신앙의 연습으로 간주한다." 우리는 칠성례와 관련한 교황의 교리를 거짓과 꾸며낸 이야기로 정죄한다.

15. 세례. 세례는 우리 주님이 그의 자녀들을 영접하시는 외적인 증거이다. 세례는 예수 그리스도의 보혈로 우리가 죄로부터 정결케 되어진 것을 나타내며, 그의 죽음으로 우리 육체의 고난을, 그의 영으로 그 안에서 삶을 의미한다. 그리고 이제 우리의 자녀들도 우리 주님의 동맹에 속할 수 있기

때문에 그러한 외적인 표지가 올바르게 우리의 자녀들에게 적용되어져야 한다.

16. 성찬. 빵과 포도주로 진행되는 주님의 성찬은 그리스도의 몸과 피를 나누는 영적인 교제를 의미한다. 우리는 하나님의 섭리에 따라 예수를 그들의 생명으로 여기는 모든 사람들이 그 참여자가 되도록 성찬이 신실한 무리들에게 배분되어야 함을 인정한다. 그리하여 교황의 미사는 성찬의 신비를 파괴하는 악마적인 의식이므로, 우리는 그것을 하나님에 의해 정죄된 우상숭배라고 선언한다…

17. 인간의 전통. 하나님이 명령하지 않은 것들을 신실한 자들에게 강제하여 양심을 눈 멀게 하거나 하나님이 명한 것 이상으로 다른 봉사를 요구하여 그리스도인의 자유를 파괴하는 모든 율법과 규제들을 우리는 사단의 사악한 교리로 정죄한다… 우리는 순례여행, 수도생활, 음식의 구분, 결혼의 금지, 고백성사나 기타 여러 가지의 것들도 이에 포함된다고 생각한다.

18. 교회. 예수 그리스도의 교회는 오직 하나이지만 신실한 무리들은 여러 장소로 나누어 흩어지는 것이 요구된다. 이런 의미에서 흩어져 있는 모든 모임들은 각각 교회가 된다. 그러나 모든 무리들이 예수 그리스도의 이름으로 모이지 않고 도리어 사악한 행위로 그리스도를 모독하고 욕되게 할 때, 우리는 예수 그리스도의 교회를 적절히 식별하는 표지는 하나님의 거룩한 복음이 순전하고 진실하게 선포되고 유지되며, 또한 불완전함과 실수가 있다하더라도, 그리스도의 성례가 적절히 수행되고 있는가이다. 한편 복음이 선포되지 않고 영접되지 않는 곳은 교회가 아니다. 그러므로 교황에 의해 조정되는 교회는 그리스도인의 교회가 아니라 사단의 회당이다.

19. 파문. 하나님과 하나님의 말씀을 경시하는 사람들이 항상 있기 때문에… 우리는 신자들을 이롭게 하기 위하여 파문의 규제를 갖는다… 우리는 모든 분명한 우상숭배자, 신성모독자, 살인자, 도둑, 위증자, 선동자, 싸움꾼, 술주정뱅이 등 기타 여러 가지 죄를 지은 사람들을 적절히 훈계해야 하며, 또한 그들이 그 죄를 고치지 않는다면, 마땅히 그들이 회개할 때까지

신자의 교제(성찬)에서 분리시켜야 한다.

20. 말씀의 사역자들. 우리는 하나님의 말씀을 맡은 신실한 목사 외에 교회의 다른 목사를 인정하지 않는다. 그들은 훈계와 조언과 위로와 권고와 견책으로 예수그리스도의 양을 먹이고, 성경의 순전한 교리를 인간의 꿈이나 어리석은 상상과 혼합되지 않도록 모든 거짓된 교리들과 악마의 사상들을 막으며… 한편 복음의 순정성을 포기하고, 자신이 만들어 낸 것으로 일탈하는 모든 선동적이고 거짓된 선지자들은 목사인 척 하지만 목사가 아니며 마치 탐욕스러운 이리처럼 그들은 하나님의 백성으로부터 배척되어 쫓김을 당해야 한다.

21. 정부관원들. 왕이나 제후의 통치나 지배는 하나님의 선하신 섭리요 거룩한 일에 속한다. 그러므로 그들은 직무를 수행함에 있어 하나님을 섬기고 그리스도인의 소명을 따라 행하여야 한다. 그들이 약한 자와 순진한 자들을 보호하는 일에 있어서 또한 나쁜 자를 벌하고 교정함에 있어서, 우리들은 존경을 표하고, 존중히 여기며, 그들의 명령을 시행하고, 하나님께 대한 범법이 아닌 한 그들이 우리에게 부과한 것들을 감당해야 한다. 간단히 요약해서 말하면, 우리는 관원들을 하나님의 대리자로 간주해야 하며, 하나님을 저항함이 없이는 그들을 저항할 수 없고, 그들의 직무를 하나님으로 받은 거룩한 직무로 여기고 그들의 통제를 받아야 한다.

그러므로 모든 그리스도인들은 그들이 살고 있는 곳의 영주나 권세자의 번영을 위해 하나님께 기도해야 하고, 하나님의 명령과 반대되지 않는 법령이나 규제를 순종해야 하며, 복지와 평화와 대중의 선을 도모하고 분열이나 곤란을 획책함이 없이 사람들의 평화와 안녕을 보존하기 위해 노력해야 한다. 한편으로 우리들은 상관에게 불신앙적으로 행하고, 자기가 살고 있는 그곳의 공적인 선을 위한 올바른 관심을 갖지 않는 모든 사람들을 하나님을 향한 불신을 보여주는 사람들이라고 선언한다.

  Vol. XXII, *LCC, Calvin: Theological Treatises*, trans. Rev. J. K. S. Reid(Philadelphia: The Westminster Press, 1954)

2. 칼빈주의 교령, 1547

제네바의 교회의 감독권을 위한 조례는 1547년 3월에 통과되어 1547년 5월 17일부터 효력을 발생하였다. 이 법령은 각 분야에 걸친 교회 통치의 모습을 상세히 보여준다.

설교

1. 모든 사람들은 그들의 자녀들이나 동물들을 보호하기 위해 어떤 사람을 그 집에 남겨둘 필요를 제외하고는 주일날 교회에 나와야 한다. 이를 위반할 시에는 3소스(sous)의 벌금을 물어야 한다.

2. 주간에 적절한 고지(note)를 취한 설교집회가 있다면, 합법적인 이유를 대지 못하는 모든 사람들은 각 가정에 적어도 한사람씩을 출석시켜야 한다. 이를 위반할 시에는 위와 동일한 벌금을 물어야 한다.

3. 남녀 종들을 갖고 있는 사람들은 그들이 아무런 교훈없는 고양이처럼 살지 않도록 그들을 데리고 나와야한다.

4. 기도가 시작되었을 때 모든 사람들은 설교모임에 출석해 있어야 한다. 이를 위반할 시에 합법적인 이유를 대지 못하면, 위에 제시한 벌금을 물어야 한다.

5. 모든 사람들은 설교시에 주의를 기울여야 하며, 무질서나 소란을 피어서는 안된다.

6. 어느 사람도 설교 후에 마침기도가 끝나기 전에 교회를 떠나서는 안된다. 이를 위반할 시에 합법적인 이유를 제시하지 않고는 위에 제시한 벌금을 물어야 한다.

케티키즘(교리교육)

1. 설교자는 두 교구를 갖고 있기 때문에 케티키즘은 2주간 연속해서 가질 것이다. 자녀가 있는 사람들은 케티키즘에 그들을 데리고 나와야 하며, 또한 설교모임에 참석하지 않은 나머지 사람들도 데리고 나와야 한다.

2. 설교에 대해 말한 것과 동일한 관심이 케티키즘에도 규칙적으로 주어져야 한다.

벌금

1. 출석의 의무를 지키지 못한 사람들은 관리자에 의해 조언을 받게 된다.

2. 통지를 받고도 계속해서 잘못을 저지르면, 그들은 매번 잘못을 저지를 때마다 3그로트(groat, 영국의 은화)의 벌금을 물어야 한다. 그 벌금의 1/3은 관리자에게, 2/3는 교구의 가난한 사람들과 필요에 따른 배분을 위해 교회의 자금으로 귀속될 것이다.

3. 어느 사람이 설교가 시작한 후에 왔다면 그는 지도를 받을 것이고, 만약 이런 일이 있은 후에도 그가 고치지 못하고 다시 설교시간에 늦는다면 그는 잘못을 저지를 때마다 매번 3소스(sous)의 벌금을 물어야 하며, 그 벌금은 위에 제시한 대로 쓰여질 것이다.

4. 설교 동안에 어느 사람이 소란을 피웠다면, 그는 장로법원에 보내어져서 그 잘못에 비례해서 절차가 진행될 것이다. 말하자면 단지 그가 부주의하여 소란을 피웠는지 아니면 의도적인 반항으로 소란을 피웠는지를 살필 것이고, 그 결과는 군주에게 보고되어 적절히 벌을 받게 될 것이다.

누구에 의해 벌이 집행되는가?

1. 만약 벌금을 부과받은 자가 벌금을 자의로 내지 않을 때, 지방 군주는 목사와 관리자의 협력으로 벌금부과자에게 그 벌금을 지불하도록 강제한다. 합법적인 이유는 받아들여질 것이나, 반드시 공식적인 절차를 거쳐야 한다.

2. 위에 제시된 벌금 부과에도 불구하고 그들이 전혀 고치려하지 않고 반항한다면, 그들은 장로법원에 보고되어 그 조언에 따라 군주는 그들에게 벌할 것이라.

3. 부모는 그들의 자녀를 책임져야 한다. 만약 벌금이 그 자녀들에게 부

과된다면 부모가 대신해서 그 벌금을 내야 한다.

세례

1. 세례는 설교가 수반된다면, 항상 집행될 수 있다. 목사는 신자들이 케티키즘과 함께 세례를 받을 수 있도록 항상 권고하여야 한다.

6. 만약 산파들이 세례의 직무를 빼앗았다면, 그들은 밝혀진 잘못의 경중에 따라 징계를 받을 것인데, 왜냐하면 세례행위가 산파들에게는 주어지지 않았기 때문이다. 만약 그들이 이런 죄를 짓는다면, 그들은 삼일 동안 빵과 물만 주어지는 벌과 함께 10소스를 낼 것이다. 또한 이런 행동에 동의하고나 눈감아 준 사람도 동일한 벌을 받는다.

성찬

1. 어느 사람도 신앙고백을 하지 않는다면 성찬을 받을 수 없다. 말하자면 성찬을 받는 자는 목사 앞에서 복음에 따라 살 것을 선언해야 하며, 또한 신조와 주기도와 하나님의 계명들을 알아야 한다.

2. 성찬을 받기 원하는 자는 예배 개시부터 와 있어야지 예배 말미에 오면 안된다. 만약 예배 말미에 온 사람이 있다면, 그는 성찬을 받을 수가 없다.

교회의 모임 시간에 관하여

교회건물은 모임시간을 제외하고는 닫혀져야 한다. 이는 모임시간 이외에 어느 사람이 미신적인 이유로 교회에 들어오려는 것을 막기 위해서이다. 만약 어느 사람이 교회 건물 안이나 근처에서 건물에 어떤 특별한 경건의 표시를 행한다면, 그는 권고를 받아야 한다. 만약 그가 고칠 수 없는 미신에 사로잡혀 있다면, 그는 견책을 받을 것이다.

개혁에 반하는 잘못들에 관하여

1. 우상숭배나 주문에 참여한 사람들은 장로법원에 보내어져서 부과된

벌을 받을 것이고, 또한 군주 앞에 보내어질 것이다.

2. 순례여행이나 이와 동일한 일을 한 사람들, 또한 카톨릭의 축제나 금식에 참여한 자는, 그들이 반항적으로 완고하지만 않다면, 다만 권고를 받을 것이다.

4. 미사에 참여한 자는 권고를 받을 것이요, 또한 군주 앞에 보내어질 것이다.

5. 그러한 경우에 군주는 구류나 그밖에 수단을 통해 그들을 견책할 권리를 갖는다. 또한 군주의 판단에 따라 예외적인 벌금이 부과될 수 있다.

벌금을 부과한 경우에는, 만약 불법적인 행위가 관리자에 의해 고지되었다면, 군주들은 벌금의 소량을 그 관리자에게 주어야 한다.

신성모독

1. 주님의 몸과 피로 맹세한다든지 또는 그와 같은 일로 주님을 모독한 자는 첫 번째 경우는 주님께 경의를 표할 것이요, 두 번째 경우는 5소스를 지불할 것이요, 세 번째 경우는 10소스를 지불할 것이요, 그 다음 번에는 한 시간 동안 사람들의 웃음거리가 되게 할 것이라.

2. 하나님과 그 세례를 비난한 사람은 첫 번째는 10일 동안 물과 빵만 줄 것이요, 두 번째와 세 번째 때는 군주의 판단에 따라 엄한 신체적 벌이 부과될 것이다.

말씀을 반박하는 행위

어떤 사람이 하나님의 말씀을 반박한다면, 그는 장로법원에 보내어져 권고를 받거나 그 사건의 경중에 따라 군주에게 보내어질 것이다.

2. 말씀에 대한 반항이 신속한 치료를 요하는 사건이라면, 지방군주는 직접 그 문제를 다루어 목사와 권위자의 위신을 유지케 해야 한다.

술취함

1. 상대방에게 술을 권해서는 안된다. 만약 이를 위반할 시에는 3소스의

벌금을 내야 한다.

2. 선술집은 예배시에는 모두 문을 닫을 것이고, 만약 이를 위반한 선술집은 3소스의 벌금을 내야할 것이며, 또한 그 선술집에 들어간 사람도 역시 동일한 벌금을 내야 한다.

3. 어느 사람이 술취한 것이 발각된다면, 첫 번째 경우에는 3소스의 벌금과 장로법원에 불리움을 당할 것이요, 두 번째 경우에는 5소스의 벌금을 내야 하며, 세 번째 경우에는 10소스의 벌금과 함께 구류를 당할 것이다.

4. 대주연을 벌려서는 안된다. 만약 이를 위반할 시에는 10소스의 벌금을 내야 한다.

춤과 노래

어느 사람이 불건전하고 혼란스러운 노래를 부르거나, 요란한 춤을 추는 그런 행위를 한다면, 그는 3일 동안 구류처분을 받을 것이고 그 다음에 장로법원에 보내어질 것이다.

고리대금업

어느 사람도 이자를 주고 돈을 빌려주어서도 안되며, 또는 돈을 빌려주었다고 해서 5% 이상의 이윤을 남겨서는 안된다. 만약 이를 위반했을 시에는 원금의 징수와 더불어 그 문제에 따른 적절한 보상을 요구받게 될 것이다.

오락들

어느 누구도 난잡한 오락을 즐겨서는 안된다. 또한 은이나 금과 같은 것들을 위해 오락을 즐기거나 과다한 비용을 지출하며 오락을 즐길 수 없다. 이를 위반할 시에 그는 5소스의 벌금과 내기에 건 모든 돈을 잃게 될 것이다.

간음

1. 간음에 사로잡힌 사람들에 관해서 말하는데, 만약 간음이 결혼하지

않은 남성과 여성과의 문제였다면 그들은 6일간 구류되어 물과 빵만 지급될 것이며 60소스의 벌금을 내야 한다.

2. 만약 결혼한 사람이 간음을 저질렀다면 그들은 9일 동안 구류에 처해질 것이고, 오직 빵과 물만으로 연명할 것이다. 그리고 군주의 판단에 따라 죄의 경중에 따라 벌금이 부과될 것이다.

3. 결혼을 약속한 사이일지라도 교회에서 예식을 치를 때까지는 동거해서는 안되며, 이를 위반할 시에는 간음으로 처벌받을 것이다.

3. 예정론에 관한 조항들

칼빈의 비타협적인 단호한 예정론은 그의 생애 후반부에 쓰여진 것으로 추정된다.

첫 사람이 창조되기 전에 하나님은 그의 영원하신 뜻에 따라 전체 인류에게 무엇을 행하실 것인지를 결정하셨다.

하나님의 은밀한 뜻에 따라 아담은 그의 본성으로는 복구할 수 없는 타락의 상태로 떨어지고, 또한 그의 죄로 인해 그의 모든 후손들이 영원한 사망의 선고를 받도록 결정하셨다.

선택된 자와 유기된 자 간의 구분은 동일한 선포에 달려 있는데, 즉 하나님은 구원을 위해 어떤 이는 선택하셨고, 어떤 이는 영원한 멸망에 두셨다.

유기된 자는 하나님의 정당한 진노를 받은 자이고, 선택된 자는 하나님의 긍휼을 입은 자이다. 그 구분의 근거는 다만 정의의 최고의 규준이 되시는 하나님의 순전한 뜻에 따른다.

선택된 자가 믿음으로 양자의 은혜를 받을지라도, 그들의 선택은 믿음에 달려 있는 것이 아니라, 시간적으로 순서적으로 신앙에 앞선 하나님의 선택에 달렸다.

믿음의 시작과 지속이 하나님의 은혜로우신 선택에서부터 생겨났지만 어느 누구도 하나님이 선택하신 사람 이외에는 신앙으로 조명받거나 중생의 영이 부여되지 않는다. 그러나 유기된 자도 맹목의 상태에 그대로 남아 있거나, 그들 안에 있는 신앙의 요소를 빼앗기는 것이 필요하다.

우리들은 그리스도 안에서 선택되었을지라도, 그럼에도 우리가 그리스도의 지체가 되기 위해서는 하나님이 우리를 그의 것으로 여기신 작정이 우선 필요하다.

하나님의 뜻이 모든 최고의 원인일지라도, 그리고 하나님이 마귀와 선하지 않은 것들을 그의 뜻에 따라 굴복케 할지라도, 그럼에도 불구하고 하나님은 죄의 원인이거나 죄의 창시자 또는 모든 악의 주관자라고 말할 수 없다.

하나님은 참으로 죄에 대해 진노하시며, 그를 기쁘시게 하지 못하는 모든 불의한 것들을 정죄하시지만, 그럼에도 불구하고 인간의 행위는 하나님의 노골적인 허락에 의해 통제되는 것이 아니라 하나님의 동의와 은밀한 뜻에 의해 통제된다.

악마와 유기된 자도 하나님의 사역자요 기관이며, 또한 하나님의 은밀한 심판을 촉진시킨다. 하지만 그럼에도 불구하고 하나님은 불가해한 방법으로 그들 안에서 그들을 통해 역사하신다. 그러므로 하나님은 그들의 사악을 어느 것도 절제하지 않으시는데, 왜냐하면 종종 그 방법이 우리들로부터 감추어져 있을 지라도, 하나님은 그들의 사악을 결국 선하고 의롭게 이용하실 것이기 때문이다.

모든 것이 하나님의 뜻과 섭리에 따라 행해지기 때문에 하나님을 죄의 창시자라고 말하는 자들이 있는데, 그들은 참으로 무지하고 사악하다. 그들은 인간의 분명한 죄악과 하나님의 은밀한 심판을 구분하지 못하고 있다.

Reid, *Cavin: Theological Treatises.*

4. 프랑스 신앙고백(The Gallican Confesion, 1559)

갈리칸 신앙고백이라고도 하는 프랑스 고백은 칼빈의 감독 하에 준비되었고, 그가 준비한 이 고백은 1559년의 파리 노회에서 인정을 받았다.

제1조. 하나님은 한 분이시며, 그는 영으로 계시며, 영원하시고 불변하시며, 불가시적이며, 무한하시며, 우리의 이해를 초월하시며, 말로 다 표현할 수 없는 분이시며, 전능하시고, 모든 지혜와 선과 정의와 자비를 갖고 계신 분이시다.

제2조. 하나님은 인간에게 자신을 계시하셨다. 첫째로 그의 행하신 일들과 창조와 그리고 만물의 유지와 지도를 통하여 둘째로 이는 계시를 더 분명하게 하신 것인데, 곧 하나님의 말씀이다. 하나님의 말씀은 처음에 신탁으로 되었으나 나중에는 우리가 성경이라고 부르는 책에 기록되었다.

제3조. 성경은 구약과 신약으로 구성되어 있다. 그들은 창세기, 출애굽기… 이다.

제4조. 이 성경책은 곧 정경이며 신앙의 확실한 규준이 된다. 이는 의견의 일치나 교회의 합의에 의해 되어진 것이라기보다는 성령의 내적인 조명에 의해 된 것이다. 이 성령은 아무리 유익할지라도 믿음의 조항들을 발견할 수 없는 여타 교회 문서들을 정경과 구분케 하신다.

제5조. 성경 말씀은 하나님으로부터 나왔으며, 이 책의 권위는 하나님으로부터 받은 것이지 사람에게서 받은 것이 아님을 믿는다. 또한 성경은 모든 진리의 규준이며 하나님을 섬기는 일과 구원에 필요한 모든 것들을 포함하고 있다. 그러므로 그 어떤 사람이나 천사라 할지라도 성경에 더하여 첨부하거나 혹은 성경에서 일부를 삭제하여 본래의 성경을 변개할 수 없다. 따라서 고전이나 관습이나 사람의 지혜나 판단이나 선포나 칙령이나 포고나 회의나 환상이나 이적이나 그 어떤 권위에 의해서도 성경을 대적할

수 없고, 오직 모든 것이 성경에 일치하여 검토되고 규제되고 개혁되어야 한다. 그러므로 우리는 사도신경, 니케아신경, 아다나시우스신경을 고백하는 데 그 이유는 이 신조들이 하나님의 말씀과 일치하기 때문이다.

제6조, 7조. 삼위일체 하나님에 대한 믿음에 관하여.

제8조. 하나님은 만물을 창조하셨을 뿐만 아니라, 그 만물을 주관하시며, 운행하시며, 그의 주권적 의지로 이 세상에 일어나는 모든 일들을 처리하시며, 정돈하심을 믿는다. 그러나 하나님이 악을 만드셨다든지 혹은 죄책이 그에게 전가되는 것은 옳지 않으니 그의 뜻은 모든 정의와 공의의 최상의 절대무오한 척도가 되기 때문이다. 하지만 하나님은 악마들과 죄인들이 행하고 저질러 놓은 악을 선한 것으로 바꾸실 수 있는 놀라운 수단을 갖고 계신다. 그러므로 하나님의 섭리는 모든 것을 주관하신다는 것을 고백하며, 또한 우리에게 숨겨진 비밀들 앞에 겸손히 엎드리며, 우리의 이해를 초월하는 것에 대해서는 아무런 질문을 하지 않고 다만 우리의 평화와 안전을 위해 성경에 우리에게 계시된 것만을 이용할 뿐이다. 모든 것을 자신에게 복종케 하시는 하나님은 성부의 돌보심으로 우리를 지켜보시고 우리의 머리털 하나라도 그의 뜻이 없이는 떨어지지 않게 하신다. 또한 하나님은 악마들과 우리의 모든 대적자들을 제한하셔서 그들이 하나님의 허락 없이 우리를 해치지 못하게 하신다.

제9조. 인간은 하나님의 형상으로 순전하고 완전하게 지음받았으나 자신의 죄로 인해 은혜에서 떨어져 나갔으며, 그리하여 모든 일에 정의로우시고 선하신 하나님으로부터 유리하여 그 본성이 전적으로 부패하게 되었다. 또한 마음이 어두워졌고, 심정이 부패하였음으로 인간은 모든 고결성을 상실하여 그 안에 아무런 선도 갖고 있지 못하다. 비록 사람이 아무리 선과 악을 구분할 수 있다고 하더라도 사람이 하나님을 찾을 때 그가 가진 빛은 어둠이 되어 그의 지성과 이성으로는 도저히 하나님을 찾아 나아갈 수가 없다. 또 비록 인간이 이것이나 저것을 하도록 자극하는 의지를 가졌을지라도 그 모든 것은 죄의 노예가 되어 하나님이 그에게 부여하신 것 이

상의 올바른 일을 할 수가 있다.

제10조. 아담의 모든 후손들은 유전적인 악인 원죄의 노예가 되었고, 이는 펠라기우스자들이 말하는 단순한 모방이 아니다. 펠라기우스자들은 과오를 저지르고 있다…

제11조. 악은 참으로 죄이며, 모태에 있는 어린아이들까지 포함하여 온 인류를 정죄하기에 충분하며, 하나님도 악을 그렇게 생각하신다고 믿는다. 인간은 세례를 받은 후에도 죄과는 여전히 죄의 상태로 있으나 하나님의 자녀들에 대해서는 그 죄과에 대한 정죄가 없어지는데, 그것은 단순히 하나님의 자유로운 은혜와 사랑에 기인하는 것이다. 나아가서 죄과는 언제나 악한 열매와 반역의 열매를 생산하는 타성을 갖고 있음으로, 아무리 인간이 그것을 저항할지라도 사는 동안에 그러한 많은 약점과 불완전에 노출된다.

제12조. 모든 사람들이 빠져있는 이런 부패로부터 하나님은 그의 영원하시고 불변하시는 뜻에 따라 예수 그리스도 안에서 자신의 선하심과 자비로서 선택하신 사람들을 그들의 공로를 고려하지 않고 다만 자신의 자비의 풍성하심으로 그들 가운데 나타나시어 부르시고, 또한 그들 가운데 자신의 정의를 나타내기 위해서 나머지 사람들을 동일한 부패와 정죄 아래 남겨두신다고 믿는다. 하나님이 불변하시는 목적에 따라 예수 그리스도 안에서 그들을 구분하시기 전에는 구원받은 자들이 구원받지 못한 자들보다 더 나은 사람이 아니었다. 어느 누구도 선행으로 이러한 보상을 받는 것이 아니니, 그 이유는 본성적으로 사람은 하나님이 그 마음에 선을 주시지 않으면 스스로 단 한 가지도 선한 감정이나 생각을 품을 수가 없기 때문이다.

제13조. 예수 그리스도가 인간을 구원하셨다.

제14조, 제15조. 예수 그리스도는 참으로 인간이 되셨고, 한 품격 안에서 인간과 하나님이 되셨다. 그리고 그 두 본성은 서로 분리될 수 없이 연결되어 있다.

제16조. 하나님이 그의 아들을 보내시고, 그의 사랑과 측량할 수 없는

선을 우리를 향해 보여주시고, 그 아들은 모든 의를 성취하시기 위해 죽으시고, 죽은 자 가운데 살아나시어, 하늘로 오르셨음을 믿는다.

제17조-20조. 그리스도의 희생으로 인간은 하나님과 화목하게 되었고, 믿음을 통해 하나님께 나아갈 수 있게 되었다.

21조. 우리는 성령의 신비한 능력으로 인해 신앙으로 계몽되며, 이는 하나님이 뜻하신 사람들에게 주신 고마우신 특별한 은사이며, 선택된 백성들이 영광을 받을 이유는 없고 다만 그들이 다른 사람들보다 호의를 받은 것을 이중으로 감사할 것밖에는 없다. 또한 우리는 신앙이 다만 그들을 올바른 길로 인도하기 위해서 선택된 자들에게 주어졌을 뿐만 아니라, 끝까지 선택된 자들을 인도하기 위해서 주어졌다는 것을 믿는다. 그 일을 시작하신 이가 하나님이시기 때문에 하나님은 그 구원을 완전하게 이루신다.

제22조. 믿음으로 우리들은 새로운 생명으로 다시 태어났으나 본성적으로 죄를 지을 수 있다고 믿는다. 이제 우리들은 복음서에서 하나님이 우리에게 자신의 성령을 주시겠다고 한 약속을 받으며, 거룩하게 하나님을 두려워하며 사는 은혜를 믿음으로 받는다. 이 믿음은 거룩한 생활을 하지 못하게 방해하거나 의를 사랑하지 못하게 하는 것을 막아주고, 모든 선한 일에 반드시 열매를 맺게 하신다. 게다가 하나님이 우리 안에 우리를 위한 구원으로 역사하실지라도 또 우리의 마음을 새롭게 하여 선한 일을 결심하게 하시지만, 우리가 행하는 선한 행동들은 그의 성령으로부터 나온 것이며 그것이 우리의 의를 위하여 공을 세우는 것이 아니며, 또한 그 선행이 우리를 하나님의 아들로서 선택되게 하는 능력을 가신 것이 아니다. 그 이유는 만일 우리가 예수 그리스도의 구속하신 은혜에 의존하지 않는다면, 우리는 언제나 의심하여 마음에 쉼을 얻지 못할 것이기 때문이다.

제23조. 예수 그리스도가 이 세상에 오셨을 때 율법의 명령이 끝이 났으나, 비록 그 의식들이 더 이상 사용되지 않을지라도 그 의식 속에 담긴 본질과 진리는 그 의식들을 완성시키신 예수 그리스도 안에 그대로 남는다고 우리는 믿는다. 게다가 우리들은 우리의 삶을 다스리고 또한 복음의 약속

들의 확신을 위해 율법과 선지자로부터 도움을 받아야 한다고 우리는 믿는다.

제24조. 예수 그리스도가 우리의 유일한 변호자이시며, 그는 자신의 이름으로 아버지에게 구할 것을 우리에게 명하셨으며, 하나님이 그의 말씀으로 우리에게 가르치신 모범에 따르지 않고 우리가 기도하는 것은 옳지 않기 때문에 죽은 신자들을 중보로 한 인간의 착상은 남용이며, 예배의 올바른 길에서 벗어나게 하는 사단의 장난이라고 믿는다. 또한 우리는 하나님 앞에서 자신을 구속하려는 모든 여타 수단들을 예수 그리스도의 희생과 고난을 손상시키는 것으로서 배격한다.

마지막으로 우리는 연옥이 동일한 출처에서 나온 환영이라고 생각하며, 그 동일한 출처에서 수도원의 서약, 순례, 성직자의 결혼금지, 육식금지, 축일, 고백성사, 면죄부와 같은 것들이 나왔으며, 그들은 용서와 구원을 공로로 얻을 수 있다고 착각하는 것이다. 우리들은 이런 모든 것들을 거부하는데, 이는 공로의 거짓된 사상에 붙잡힌 것이요, 또한 양심에 멍에를 부과시키는 인간의 발명품이다.

제25조-27조. 하나님의 말씀을 따르는 공동체로서의 교회는 목회자를 가져야 한다.

제28조. 우리는 이 신앙으로 바르게 선언하노니 하나님의 말씀을 받지 않고, 신앙고백이 그 말씀에 종속되지 않으며, 성례를 사용하지 아니하는 하나님의 교회란 없다. 그러므로 우리는 교황의 집회들을 정죄하는데, 왜냐하면 하나님의 순수한 말씀이 그들로부터 사라졌고, 그들의 성례는 부패되고, 거짓되고, 파괴되고, 모든 미신과 우상숭배에 빠져 있기 때문이다. 그러므로 우리는 이러한 일에 참여하고 그런 교회에 다니는 모든 사람들이 그리스도의 몸으로부터 분리된다고 선언한다. 그렇지만 그럼에도 불구하고 교회의 흔적이 교황의 교회에도 남아 있음으로, 또한 세례의 덕과 본질이 남아 있기 때문에, 그리고 세례의 효과가 그것을 집행하는 사람에게 달려 있지 않기 때문에, 우리들은 교황청의 교회에서 세례를 받은 사람은 다

시금 세례를 받을 필요는 없다고 고백한다. 그러나 그 세례가 부패했기 때문에 어린아이들을 그 교황청의 교회에서 세례를 받게 할 수는 없다.

제29조. 교회는 그리스도가 세우신 질서에 따라 통치되어야 한다.

제30조. 모든 참된 목회자는, 그들이 어디에 있든지, 한 머리이신 예수 그리스도 아래에서 동일한 권위와 능력을 갖는다. 결과적으로 어느 교회도 다른 교회를 통치하거나 지배하려고 할 수 없다.

제31조, 32조. 교회의 지도자는 그들의 소명의 증거를 갖고 있어야 하며, 하나님의 섭리를 온전히 따라야 한다.

제33조. 그러나 우리는 모든 인간의 발명품을 배격한다. 또한 인간이 하나님을 섬긴다는 구실로 도입한 모든 율법들을 거부한다. 이들 인간들은 그런 것들로 인간의 양심을 속박하려고 한다. 또한 우리는 큰 자부터 작은 자에 이르기까지 하며, 모두 순종으로 행해야 할 것을 하나님으로부터 받았다. 이 점에 있어서 우리들은 주 예수 그리스도가 파문으로 선언한 것을 따라야 하고, 그것이 파문의 조건과 결과에 필요함을 고백한다.

제34조. 성례는 더욱더 확증을 얻기 위해 하나님의 말씀에 덧붙여진 것이요, 우리에게 하나님의 은혜의 보증이요, 서약이 된다. 이 수단을 통해 우리는 도움을 얻고 믿음에 위로를 얻는다. 왜냐하면 우리 안에 있는 허약함이 도사리고 있기 때문이다. 성례는 하나님이 성령으로 역사하시는 외적인 징표이며, 하나님은 어느 것도 우리 안에서 헛되게 작용하지 못하게 하신다. 하지만 성례의 본질과 진리는 예수 그리스도 안에 있으며, 표지는 단지 연기요 그림자에 불과하다는 것을 선언한다.

제35조-40조. 교회의 두 가지 성례전을 고백하고, 공인된 권세에 대해 인정하라.

    Philip Shaff, *The Creeds of Christendom* (Grand Rapids: Backer Book House, 1983)

5. 성 바돌로뮤 축일 학살, 1572년 8월 24일

젊은 시절에 성 바돌로뮤 축일 학살의 참사를 직접 목격했던 드 다우(De Thou. 1553-1617)는 프랑스에서 일어난 학살의 생생한 기록을 남겨 두었다.

학살 음모를 집행하는 책임을 맡았던 기즈는 학살이 자행되기 전 이른 저녁에 카톨릭을 믿는 스위스의 다섯 주(州)에서 온 용병들의 지도자들과 프랑스의 군대 책임자들에게 사람을 보내어 왕의 명령을 전달했다. 그는 왕의 명령에 다음과 같은 내용을 덧붙였다. "하나님 보시기에 혐오스럽던 이 반역자들을 응징하고, 그들의 일당을 모조리 없애버릴 시간이 다가왔다. 그 짐승들은 이제 그물에 걸렸으니, 절대 도망치지 못하게 하라. 왕국의 대적들을 멸절시킬 좋은 기회를 절대 놓치지 말라. 지나간 시절의 전쟁에서 국왕의 충성스러운 신하들을 잃고 많은 피를 흘린 대가로 얻었던 승리의 영광은 오늘 너희가 거두게 될 것에 비하면 아무 것도 아니다."

기즈는 이렇게 말한 후에 스위스와 프랑스 군대의 일부를 루브르 궁전 주위에 배치시키고, 나바르 왕의 부하들이나 꽁드의 왕자가 궁전을 떠나지 못하게 하라는 명령을 내렸다(콜리니의 집에 대해서도 같은 명령을 내렸다). 그는 군대의 총책임자였던 쟝 샤롱에게 사람을 보내, 해당 지역의 치안을 담당한 지휘관에게 명령을 내려 군대를 무장시켜 시청으로 가게 하였다. 비록 기즈는 아무런 직책도 지니고 있지 않았지만 여왕이 그를 매우 총애한다고 알려져 있었으므로 왕을 대신하여 군대의 무장을 명할 수 있었다. 기즈는 콜리니와 그의 일행들을 진멸시키려는 의도를 품고 있었으므로, 군대는 그의 뜻에 따라 콜리니의 일행들이 아무도 집 밖으로 도망치거나 숨지 못하게 하였다. 파리뿐 아니라 다른 모든 도시들에서도 동일한 조치가 취해졌다. 신호는 경종 소리를 울리는 것으로 정해졌고, 군인들은 왼쪽 팔에 흰 띠를 매었고 모자에는 하얀 십자가를 그려 넣었다. 군인들은 모든 광장과 교차로에 배치되었지만 근처에 있는 건물에 숨어 있었다. 한편 기즈와 앵글름은 자신들의 계획을 성공시키기 위해 세심한 주의를 기울였다.

자정이 되자 왕이 변심할 것을 걱정한 여왕은 앙주, 네베르스, 비라그, 따바느 공작과 드 라이스, 기즈 백작 등과 함께 왕의 방으로 갔다. 왕은 그녀가 자신을 비겁하다고 비난할까봐 학살을 시작하라는 명령을 내렸다. 여왕은 왕이 마음을 바꿀 것을 염려하여 재빨리 경종을 울렸다.

모든 개신교도들의 학살은 그렇게 결정되었고, 학살 계획은 여왕에 의해 승인되었다. 거기 모였던 자들은 나바르 왕과 꽁드의 왕자를 학살에서 제외시킬 것인지에 대하여 한참 동안 의논했다. 그 과정에서 모두가 나바르 왕을 살려두기로 동의하였는데 그 이유는 왕실의 품위와 새로운 동맹 관계 때문이었다. 한편 학살 계획의 모든 책임을 맡게 된 기즈공은 카톨릭을 따르는 스위스의 다섯 주에서 온 용병들의 지휘관과 프랑스 군대 지휘관들을 소집했다. 그는 그들에게 이르기를, 올가미에 걸린 짐승과 같은 반역자들의 무리에게 복수를 하는 것은 하나님의 뜻에 따르는 왕의 의지이며, 승리는 큰 위험 없이 쉽게 성취될 것이라고 하였다. 학살의 시작을 알리는 신호는 광장의 종소리로 정해졌고, 어두움 속에서 서로를 식별할 수 있도록 왼팔에는 흰 천을 매고 모자에는 흰색의 십자가를 그리도록 하였다.

한편 콜리니는 소란스러운 소리 때문에 깨어났지만 폭동이 일어난 것으로 생각했다. 그는 여전히 왕의 선한 의지를 확신하고 있었다. 그는 선천적으로 남을 잘 믿는 사람이었고, 사위인 텔리니의 말도 그를 안심시켰다. 그는 그 소동이 기즈에게 동조하는 사람들이 일으킨 것이며 곧 진압되리라고 믿었다. 왜냐하면 코세인의 휘하에 있는 근위대의 모습이 보였기 때문이다. 콜리니는 그들이 자기 생명을 지키고 재산을 보호해 주기 위해 파견되었다고 생각했다.

하지만 소리가 점점 더 커지고 누군가 안마당에서 화승총을 발사하는 소리가 나자, 콜리니는 무언가 잘못되어가고 있지만 수습하기에는 때가 너무 늦었다고 추측했다. 그는 침대에서 나와 가운을 입고 벽에 기대어 기도하기 시작했다.

라보네가 집의 열쇠를 가지고 있었지만, 코세인이 왕의 이름으로 문을 열 것을 명하자 별로 두려운 기색없이 순순히 열어주었다. 하지만 코세인은 집에 들어서자마자 자기 앞에 서 있는 라보네를 칼로 찔러 살해했다. 안뜰에 있던 스위스 사람들은 그 광경을 보자 집안으로 뛰어 들어가 문을 닫고 눈에 보이는 대로 테이블과 온갖 가구들을 문 앞에 쌓아 두었다. 그 와중에 어떤 스위스인이 코세인의 부하가 쏜 화승총에 맞아 숨졌다. 결국 학살을 공모했던 주범들은 문을 부수고 계단을 통해 올라왔다. 코세인, 아틴, 콜베란 드 코르딜락, 그리고 근위대의 1연대를 지휘하는 세누르 드 살라부스, 시에나의 아킬레스 페트루치 등이 몰려왔는데 모두 흉갑으로 무장하고 있었고, 기즈의 집에서 사환으로 자라난 독일 출신의 베스메도 있었다. 기즈공은 많은 귀족들과 함께 안마당에 있었다.

콜리니는 목사인 메를린과 함께 기도를 드린 후, 전혀 놀란 기색없이 그곳에 있던 사람들에게 말했다. "나는 그들이 무엇을 원하는지 분명히 알고 있고, 기꺼이 고통당할 준비가 되어 있습니다. 나는 죽음을 결코 두려워하지 않으며 오랫동안 이런 일이 있으리라는 것을 예상해 왔습니다. 나는 죽음이 내게 다가왔고 하나님 앞에서 언제든지 죽을 각오가 되어 있음을 행복하게 생각합니다. 왜냐하면 하나님의 은혜로 말미암아 나는 영원한 생명을 소망할 수 있기 때문이지요. 나에게는 더 이상 인간적인 도움이 필요치 않습니다. 그러니 친구들이여, 가능한 한 빨리 이곳에서 벗어나십시오. 당신들도 나의 고통에 연루될까 두렵습니다. 그렇지 않으면 훗날에 당신들의 아내들이 나를 당신들의 죽음을 야기시킨 원인으로 지목하여 저주할 것입니다. 하나님이 나와 함께 이곳에 계신 것만으로도 충분합니다. 나는 이제 곧 내 몸에서 빠져나갈 내 영혼을 그의 선하심에 맡깁니다." 이 말을 들은 후, 모여 있던 이들은 다락을 통해 지붕으로 올라가 근처의 다른 지붕으로 뛰어내려 이리 저리 몸을 피했다.

얼마 후 음모자들은 침실문을 부수고 들어왔다. 베스메는 칼을 들고 문 가까이에 서있던 콜리니에게 다그쳤다. "콜리니가 누구냐?" "내가 콜리니 일세." 그는 전혀 두려운 기색없이 대답했다. "젊은이, 이 백발의 노인을 정중하게 대해 주게. 이것이 무슨 경거망동인가? 자네가 내 목숨을 뺏지 않더라도 나는 이미 오랜 세월 살아왔네." 베스메는 그의 말을 듣자마자 칼로 그를 찔렀다가 빼냈다. 누군가의 칼이 콜리니의 입을 찔렀고, 그의 얼굴은 알아볼 수 없게 일그러졌다. 콜리니는 이렇게 무자비한 자들의 칼에 찔려 죽어갔다. 다른 기록에는 콜리니가 죽어가며 분노에 찬 어투로 다음과 같이 말했다고 전해진다. "군인도 아닌 일개 시종의 손에 이렇게 죽어가다니…" 그러나 살인자 가운데 속에 있었던 아틴은 그런 일이 없었다고 전하고 있으며, 콜리니가 그 같은 위험 앞에서도 두려워하는 모습을 보이지 않았고 단호한 자세로 임종을 맞았다고 덧붙였다.

기즈공은 안뜰에서 베스메에게 일이 어떻게 되어가는지 물었다. 베스메가 콜리니의 죽음을 알리자 기즈는 앵글룸이 직접 눈으로 보기 전에는 믿지 않으려 한다고 응답했다. 그는 부하들에게 콜리니의 시체를 창문을 통해 안뜰로 던지라고 하였고, 아래로 던져진 시체는 피투성이가 되어 거의 알아보지 못할 지경이었다. 의심 많았던 앵글룸은 콜리니의 얼굴을 뒤덮고 있던 피를 옷으로 닦아내어 그의 죽음을 직접 확인했다. 어떤 이들은 그가 발로 시체를 걸어 찼다고 말하기도 한다. 그것이 사실이든 아니든 간에, 기즈는 부하들과 콜리니의 집을 나서면서 이렇게 말했다고 한다. "기운을 내라, 친구들이여! 우리가 시작한 일을 완벽하게 끝내야 하지 않겠나. 이 일은 왕께서 친히 명하셨다." 그는 이런 말을 계속 되풀이했다. 궁전 시계의 종소리가 나자 사방에서 "전투 준비!"라는 함성이 울려 퍼졌고, 사람들은 콜리니의 집으로 달려갔다. 그들은 온갖 방법을 동원하여 콜리니의 시체를 훼손하고 모욕한 후, 근처 마굿간으로 가지고 가 머리를 베어 그것을 로마로 보냈다. 그들은 또한 시체의 손과 발을 절단하여 길거리와 세느 강변으로 끌고 다녔다.

어떤 아이들은 시체를 강에 집어 넣기도 하였다. 사람들은 그의 시체를 다시 끌어내어 쇠사슬로 묶어 몬트파우콘의 교수대에 거꾸로 매달아 놓았다. 그런 후 그 밑에 화형대를 설치하고 시체가 완전히 타버리지 않을 정도로 불을 지폈다. 콜리니는 이 땅에서의 삶을 마친 후에도 인간으로서 당할 수 있는 모든 종류의 고문을 당했다. 물에 던져지기도 하고, 불에 태워지며, 결국에는 교수대에 매달렸다. 며칠동안 교수대에 매달려 있는 콜리니의 시체를 보며 어떤 이들은 기뻐하였고, 다른 사람들은 오히려 더욱 분개하기도 하였다. 이 광경을 보며, 사람들의 분노와 광분이 왕과 프랑스에 좋지 못한 결과를 가져다 줄 것으로 생각한 사람이 있었다. 그는 죽은 콜리니의 절친한 친구였고 여전히 그에게 호의적인 마음을 품고 있었던 프란코스 드 몬트모렌시였다. 그는 콜리니와 함께 있다가 극적으로 탈출했고, 믿을 만한 사람을 시켜 한밤 중에 콜리니의 시체를 교수대에서 내려 챈틸리로 가져오도록 명했다. 그리하여 콜리니는 그 곳에 있는 예배당의 뜰에 장사되었다.

[Relation du massacre:
최근 호에 실린 성 바돌로뮤 축일 학살에 대한 기록]

거리는 시체로 가득 찼고, 강은 피로 물들었으며, 궁전의 문들에는 핏자국이 선명하게 남아 있었다. 사람들은 남자와 여자, 소녀들, 심지어는 갓난아이들의 시체를 가득 실은 마차를 센느강 속으로 밀어 넣었다. 파리 시내 곳곳에 피가 마치 냇물처럼 흘렀다… 어떤 말장수는 집 안에서 폭도들에게 폭행을 당한 후 강가로 끌려갔다. 그의 두 아이들은 폭도들에게서 아버지를 구하려는 마음으로 아버지로부터 떨어지지 않으려 했지만, 함께 끌려가 난도질을 당한 후에 강에 버려졌다. 스피레 니퀘트는 가난한 제본업자였고 일곱 명이나 되는 자녀들을 양육하고 있었다. 폭도들은 그를 파본을 태우는 화롯불 위에 올려 태우고 나서, 밖으로 내던져 두 동강 낸 뒤 강에 던져버렸다… 폭도들은 행정관의 아내였던 르클레로 하여금 이미 학살된 남편의 시체 앞을 지나가도록 강요했으며, 그녀가 임신 말기였음에도 불구하고 세느 강에 빠뜨려 죽게 하였다… 포목상이었던 쟝 드 콜롱의 아내는 자기 딸의 밀고로 발각되어 살해되었고, 그 딸은 어머니를 죽인 살인자와 결혼해야 했다… 한 어린 소녀는 살해된 부모의 피를 담은 통 속에 강제로 들어가야 했으며, 만일 위그노가 된다면 부모와 똑같은 운명이 될 것이라는 협박을 받았다 어떤 노인들은 보도의 연석(curbstone)에 머리를 받혀 숨진 후 강에 버려졌다. 한 어린 아이는 줄에 묶여 끌려 다니다가 그 줄에 목이 졸려 숨졌다. 겨우 아홉 살에서 열 살밖에 안된 아이들이 저지른 일이었다.

[학살 이후]

개신교 세력은 대부분 지방에서 소멸되었고, 나머지 사람들은 피할 곳을 찾아 흩어졌다. 국내에서 피할 곳을 찾지 못한 많은 사람들은 두려움에 떨며 집을 떠나 여러 곳을 헤매다가 국외로 피신하는 경우도 있었다. 영국의 여왕을 비롯한 여러 지도자들, 쥬리히와 베른의 여러 주(州)들, 그리고 특별히 제네바에서 그들을 받아들였다. 하지만 그들이 국외에 정착하는 것도 쉽지 않았는데, 그 이유는 폭도들에게 약탈을 당하고 재산을 포기하고 탈출하였음으로 그들 모두가 궁핍한 상태에 있었기 때문이었다. 베자와 그의 동료들은 각자 자신들의 재산에서 일부를 거두어 그들을 구제하는 일에 큰 힘을 쏟았다. 콜리니의 큰 아들과 둘째 아들은 위험한 상황에서 극적으로 탈출했다. 단델롯의 아들인 라발 백작과 텔리니의 아내로서 과부가 된 루이스 드 콜리니는 가장 먼저 제네바로 피신했다. 그들은 다시 발레로 가서 그 곳에서 몇 개월 머문 후에 마지막으로 베른에 가서 정착했다. 그들은 인도적인 차원에서 베푼 정부의 환대를 받았다. 그러나 많은 사람들은 집과 가족들로부터 멀리 떨어져 살아야 하는 망명 생활의 불편함을 참아낼 만한 용기가 없었다. 결국 그들은 자기 고향을 떠나지 못하고 압력에 굴복하였고, 시대의 조류에 편승하여 개신교를 버리고 과거의 신앙으로 되돌아갔다. 그들은 파리에 모여 신앙 포기각서를 작성하고 국가가 부과하는 의무를 이행할 것을 약속하였다.

프랑스 국왕은 자신이 바라는 대로 모든 일을 성공적으로 마쳤다고 여겼지만, 그의 심기를 불편하게 만드는 세 가지 요소가 아직 남아 있었다. 첫째 나바르 왕과 꽁드의 왕자가 자신들의 개신교 신앙을 버리지 않았다. 둘째 폴란드와 스위스가 파리의 학살을 곱지 않은 시선으로 보고 있었다. 셋째 로셀 지방은 무장한 개신교도들에게 피난처 구실을 하고 있었다.

> *Histoire des choses arrivées de son temps* (Paris, 1659). Trans. B. Wilson, *De Thou's History of His Own Time* (London, 1730). Cf. *Relation du massacre de la st. Barthelemy in archives curieuses*, VII, trans. James Mackinnon in *The Growth and Decline of the French Monarchy* (New York: Longmans, Green & Co., Inc., 1902). Cf. J. H. *Robinson, Readings in European History*, II (Boston: Ginn & Co., 1906).

6. 낭트 칙령, 1598년 4월 13일

> 92개 조항과 56개의 추가 조항으로 이루어진 이 방대한 문서는 헨리 4세가 "프랑스 내의 분쟁들을 평정"하고 위그노들을 안심시키기 위하여 작성한 것이다. 그 가운데 중요한 몇가지 조항을 아래에 실어 놓았다.

하나님의 은혜로 프랑스와 나바르의 왕이 된 나 헨리는 모든 백성들에게 문안하노라.

하나님께서 우리에게 내려 주시기를 기뻐하시는 무한한 은혜 가운데, 가장 뛰어나고 고귀한 것은 이 나라에 널리 퍼진 무질서와 분쟁들을 견뎌낼 만한 힘과 능력을 우리에게 부여하신 것이다. 프랑스는 너무나 많은 당파와 파벌로 분열되어 있었지만, 그 가운데 합법적인 정당은 거의 찾아보기 힘들었다. 하나님은 이같은 폭풍을 견뎌낼 힘을 우리에게 주셨다. 우리는 끝내 이 파도를 넘어 '국가의 평화'라고 하는 항구에 안전하게 도달하였다. 그에게 무한한 영광이 있으리로다. 우리는 선한 사업을 하는 가운데 우리가 가진 모든 방편들을 사용하면서 그의 은혜를 풍성히 깨달았다. 우리는 하나님의 선하심을 간청하고 기다렸으며, 또한 처음부터 이 나라에 허락하셨던 그의 보호하심과 은총을 간구하였도다…

우리는 이처럼 영속적이며 변경할 수 없는 칙령을 통하여 다음과 같이 선언하노라.

1. 먼저, 모든 파벌과 정당은 1585년 3월부터 왕위 계승 때까지 하나 혹은 두 개의 정당으로 재편성되어야 한다. 지금까지 있었던 모든 분쟁들은 마치 아무 일도 없었던 것처럼 말소되고 잊혀져야 한다.

3. 카톨릭 사도 교회와 로마 카톨릭 교회의 신앙은 프랑스 내의 모든 지역에서 회복되고 재건되어야 함을 명하노라. 이는 신앙의 방해를 받던 곳에서도 이제는 아무런 걱정이나 방해 없이 평화롭게 자유롭게 신앙 생활을 할 수 있음을 뜻한다. 성직자들이 하나님께 예배하는 것과 십일조를 모으는 것, 그리고 그들이 자신들에게 속한 합당한 수입을 거두는 것을 방해하는 행위는 누구에게든 허용되지 않는다. 교회를 핍박하던 기간 동안 교회의 재산과 말들과 물건들과 성직자들에게 속한 것으로 분류되는 수입을 탈취한 자는 반드시 그들에게 모든 소유를 되돌려 주어야 하며, 그들이 과거에 누린 모든 권리와 자유와 보증을 평화롭게 누릴 수 있도록 허용해야 한다.

4. 프랑스 국민들 사이에 차별이나 고통의 소지를 남겨두지 않기 위하여, 우리 왕국과 우리의 통치를 받고 있는 모든 나라에 있는 도시와 마을에 살고 있는 개신교라 불리는 종교에 속한 사람들이 괴롭힘을 당하거나 그들의 양심에 위배되는 어떤 일도 억지로 하도록 강요받지 않을 권리가 있음을 천명한다. 단 그들 역시 이 칙령의 정신에 따라 다른 신앙을 가진 사람들을 존중해야 그러한 권리를 누릴 수 있다.

7. 모든 귀족과 상류층의 사람들, 그리고 평민들은 개신교라 불리는 신앙을 고백할 수 있으며, 그 종교의 의식을 자신의 집에서 행할 수 있는 권

리를 지닌다.

9. 상술한 종교를 따르는 자들이 공적인 집회 장소를 세우고 신앙 행위를 하는 것도 허락한다. 그들은 상이한 계율과 견해를 지니고 있음에도 불구하고 1597년 8월말까지 공적인 모임을 여러 차례 가진 바 있다.

13. 이 칙령에 의해 허용된 지역 외에는 개신교가 성직자나 규율 그리고 질서 체계를 갖춘 종교의 모습으로 존재하는 것을 금하며, 아이들을 공적으로 가르치는 것도 금한다.

14. 상술한 개신교가 궁정에서 종교로서 기능하는 것도 금지되며, 파리시나 파리시와 동맹한 다섯 도시에서는 어떠한 모임도 가질 수 없다.

18. 프랑스 국민은 신분의 지위고하를 막론하고 누구든지, 개신교를 신봉하는 부모들의 의지와는 상관없이 억지로 혹은 그들을 설득하여 그들의 아이들로 하여금 영세를 받게 하거나 카톨릭 사도 교회나 로마 카톨릭 교회의 신앙에 동조하도록 강요하는 것을 금한다. 마찬가지로 개신교를 믿는 사람들도 카톨릭을 따르는 사람들을 설득하려 하지 말아야 한다. 그같은 행위를 한 사람은 특별히 엄중한 처벌을 받게 된다.

21. 개신교와 관련된 서적은 그 신앙을 받아들여도 된다고 공적으로 허용된 도시와 마을을 제외하고는 어디에서든 인쇄하거나 공적으로 판매할 수 없다.

22. 대학이나 학교에 학생을 받아들이거나, 병원이나 수용소 혹은 자선단체에 환자와 가난한 자들을 받아들이는 것에 대해서 개신교는 어떠한 차별이나 규제를 하지 말 것을 명한다.

23. 개신교를 따르는 자들은 혼인을 맺을 수 있는 친척의 촌수와 관련된 법규처럼 우리 국가에서 널리 인정되는 카톨릭 사도 교회와 로마 카톨릭 교회의 법을 존중할 의무가 있다.

  Robinson, *Reading in European History*, II. Cf. Dumont, *Corps Diplomatique*, V.

7. 낭트 칙령의 폐지, 1685

공포된 낭트 칙령은 위그노들에게 일정한 종교적 특권을 허락해 주었고 프랑스에 종교적 관용의 기준을 세워 놓았다. 하지만 루이 14세가 낭트 칙령을 폐지하자 엄청난 소동이 일어났다. 약 5 만명의 위그노들이 프랑스에서 떠나거나 추방되었고, 그들 중에 많은 수가 아메리카로 옮겨갔다. 위그노에 대한 이같은 박해는 루이 14세의 몰락을 가져온 중요한 원인이 되었다.

하나님의 은혜로 프랑스와 나바르의 왕이 된 루이는 모든 백성에게 문안하노라.

나의 조부였던 헨리 대왕께서는 국내외의 전쟁에서 용감히 싸웠던 부하들을 잃은 대가로 쟁취한 평화가 R.P.R.(Religion pretendue reformee, 개신교라 불리는 종교)로 인하여 위협받지 않기를 원하셨다. 헨리 대왕은 그보다 앞선 왕들의 통치 하에서 생겨난 그 종교를 1598년 4월에 낭트에서 칙령을 선포하심으로써 승인하셨다. 그 칙령에는 개신교를 신봉하는 자들이 따라야 할 행동 강령과 그들이 공적인 예배를 위해 모임이 허락되는 도시들이 제시되어 있었고, 그들을 적법하게 다스릴 특별 판사도 임명하도록 명시되어 있었다. 다시 말하자면 그 칙령에는 왕국의 평온함을 유지하고 개신교도와 카톨릭교도 사이의 혐오감을 줄이는 데 필요한 것이라고 여겨지는 내용을 담은 상세한 조항들이 있었다. 그는 경솔한 마음에서 교회를 떠난 자들을 다시 교회로 연합시킬 것을 결심하시고 그 일을 효율적으로 행할 수 있는 더 나은 상황을 이루려 하셨다.

· · · · · · ·

이제 개신교에 속해 있던 우리 백성들의 대다수가 카톨릭 신앙을 받아들였으므로, 우리는 지금까지의 노력이 의도된 목적을 달성하였다는 것을 깨달았도다. 여기에는 하나님의 도우심이 있었음을 감사하는 마음으로 인정하지 않을 수 없다. 그러므로 이제는 낭트 칙령의 조항들이나 개신교에 호의적으로 내려졌던 모든 명령들은 무효가 된 것이 사실이다. 또한 개신교가 저지른 온갖 해악들은 낭트 칙령이나 여러 가지 부수적인 칙령과 포고문들을 근거로 삼고 있었다. 따라서 이 거짓된 종교의 확산이 우리 왕국에서 야기시킨 분쟁과 혼란과 죄악들에 대한 기억을 완전히 없애버리기 위하여, 낭트 칙령과 거기에 부속된 모든 특별 조항들과 개신교에 이익이 되도록 제정된 모든 조항들을 완전히 폐지하는 것이 최선의 길이라는 결정을 내리게 되었다.

1. 상술한 이유들로 인하여 우리가 이와 같은 조치를 취하게 되었음을 널리 알리는 바이다. 짐의 확실한 지식과 완전한 힘과 왕의 권위로 공포하는 영속적이며 변경할 수 없는 이 칙령으로써, 조부께서 1598년 4월에 낭트에서 공포한 칙령과 그 모든 내용과 그 해 5월에 제정한 특별 조항들과 그 날에 내려졌던 승인은 폐지되었으므로 전면 무효이다. 1629년 7월에 님스에서 공포한 칙령도 폐지하노라. 개신교에 속한 자들의 편의를 위해 낭트 칙령이나 다른 칙령들과 명령들에 의해 제정된 모든 조항들과 특권들은 어떤 의도에서 만들어진 것이든 간에 무익하고 공허한 것임을 선포하노라. 이제 개신교는 자신들의 신앙이 승인된 적이 없었던 것 같은 상태로 지내게 될 것이다. 따라서 프랑스 왕국과 우리의 통치를 받고 있는 나라들과 지역 내에 위치한 개신교의 모든 집회 장소는 지체없이 철거되어야 할 것이다. 그것이 우리의 바램이며 또한 기쁨이다.

2. 개신교를 따르는 자들이 어떤 핑계로든 자신들의 신앙 행위를 위해 일정한 장소나 개인의 집에 모이는 것을 금한다.

4. 개신교의 성직자로서 카톨릭 사도교회나 로마 카톨릭 교회로 개종하기를 거부하는 자는 이 칙령을 공포한 후 2주일 안에 우리의 왕국과 영토를 떠날 것을 명하노라. 그 기간이 지난 후에도 프랑스를 떠나지 않거나, 혹은 상술한 2주 동안 설교와 훈계를 하거나 다른 종교적 기능을 수행하는

자는 갤리선(galley: 옛날 노예나 죄수들에게 젓게 한 2단으로 노가 달린 돛배)으로 보내 고통을 당하게 하리라.

7. 어린 아이들의 교육을 위해 개신교가 세운 사립 학교는 인정하지 않는다. 또한 개신교에 호의적인 것으로 여겨지는 모든 종류의 승인이나 허가도 철폐한다.

8. 차후로 개신교도에게서 태어난 아이라도 교구 신부에게 영세를 받아야 한다. 부모들은 그런 목적을 위해 자녀들을 카톨릭 교회에 보낼 것을 명한다. 이를 위반할 시에는 벌금으로 5백 리브르(옛날 프랑스의 화폐 단위)를 부과하며, 금액은 상황에 따라 더 증가할 수 있다. 그렇게 함으로써 아이들은 카톨릭 사도교회와 로마 카톨릭 교회에서 양육되어야 하며, 각 지방의 행정관들은 이를 철저히 감독할 것을 명한다.

10. 개신교도들은 아내와 아이들을 데리고 프랑스 왕국과 프랑스의 통치를 받는 국가의 영토를 떠날 때에 자신들의 소유나 가재 도구를 가지고 가는 것을 엄격하게 금한다. 이를 어길 경우 남자들은 갤리선(船)으로 보내며 여자들은 투옥되고 모든 재산은 몰수되는 벌을 받게 된다.

12. 개신교도들은 자신들과 다른 이들을 계몽하여 하나님을 기쁘시게 할 때에 자유를 누릴 수 있다. 그렇게 하는 자들은 프랑스 왕국과 프랑스의 통치를 받는 지역에 있는 도시나 마을에 거주할 수 있고, 자신들의 일을 계속할 수 있으며, 재산을 소유할 수 있고, 개신교도라는 이유로 방해를 받거나 손해를 보지 않을 것이다. 단 개신교의 신앙 활동에 참여하지 않으며, 기도나 예배를 핑계로 모임을 갖지 않고, 개신교의 색채를 띤 행위는 절대로 하지 않는다는 조건 하에서 자유를 누릴 수 있다. 이를 위반하면 위에서 언급한 대로 투옥되거나 재산을 몰수당한다.

Robinson, *Readings in European History*, II.

8. 피드먼트 학살, 1655

1655년 피드먼트에서 사보이 경이 자행한 왈도파에 대한 학살은 정의를 위한 기도로 여길 수 있는 고백을 이끌어 냈다. 33개의 조항은 1559년의 갈리아주의자들의 고백(Gallican Confession)을 요약한 것이다. 아래에 실어 놓은 서문과 결론은 반드시 이해할 필요가 있는 내용이다.

우리의 대적들은 우리를 그토록 잔혹하게 핍박하고도 만족하지 못하여, 우리의 재산과 토지를 강탈했습니다. 그들은 거짓된 소문을 사방에 퍼뜨림으로써 우리가 세상 사람들에게 증오스럽게 보이도록 만들려는 의도를 품고 있습니다. 그리함으로써 우리의 인격을 모욕할 뿐만 아니라 우리가 고백하는 거룩한 교리에 대한 왜곡된 중상모략을 일삼고 있습니다. 이런 사실을 잘 알고 있는 우리들은 우리가 지닌 신앙을 간단명료하게 밝힘으로써 죄악된 생각에 사로잡혀 있는 자들의 마음속에 올바른 사실을 알려주어야 할 의무가 있음을 느낍니다. 여기에 밝힌 신앙의 내용은 우리가 지금까지 하나님의 말씀에 일치한다고 고백하던 것이었습니다. 이로써 모든 사람들은 우리에 대한 비방이 모두 거짓이었음을 알게 되고, 우리가 그토록 올바른 신앙의 내용 때문에 얼마나 부당하게 미움을 받고 핍박을 받았는지 깨닫게 될 것입니다.

우리 신앙을 더욱 충분히 밝히기 위하여 1603년에 발표한 내용을 반복해서 여기에 실어 놓습니다. 우리는 프랑스, 영국, 벨기에, 네델란드, 룩셈브루크, 독일, 스위스, 보헤미아, 폴란드, 헝가리, 그리고 다른 국가의 모든 개혁 교회가 신앙 고백을 통해 밝힌 건전한 교리에 동의합니다. 또한 하나님의 도우심으로 생명을 지니고 있을 때나 죽음 앞에 섰을 때에 언제든지 인내할 수 있음을 밝혀놓은 아우그스부르그 신앙고백에도 동의합니다. 사도 시대로부터 여러 신앙의 선조들이 그랬던 것처럼, 하나님의 영원한 진리를 위해 생명이라도 기꺼이 바칠 준비가 되어 있습니다.

우리는 간절한 마음으로 모든 복음주의와 개신교 교회에 간청하오니, 우리가 비록 빈곤함과 비천함에 처해 있더라도 우리를 그리스도의 신령한 몸을 이루고 있는 참된 지체로 여겨주기를 바랍니다. 우리는 그의 이름을 위하여 고통 당하고 있습니다. 우리가 지금까지 풍성히 받았던 기도와 사랑의 구호품을 계속해서 보내주시기 바랍니다. 비록 우리는 겸손하게 감사하다는 말밖에 돌려드릴 것이 없지만, 주께서 당신들의 보상이 되어주시기를 진실된 마음으로 간청하고 있습니다. 주께서 당신들에게 이 땅과 앞으로 올 주의 나라에서 은혜와 영광의 고귀한 축복을 내려 주시길 원합니다. 아멘.

로마 카톨릭의 학자들이 우리와 모든 개혁 교회의 잘못이라고 지적한 신앙의 항목들에 대한 간단한 변명. 그들은 우리가 아래와 같은 사항들을 믿고 있다고 비난했습니다.
1. 하나님은 죄를 창조하신 분이다.
2. 하나님은 전능하지 않으시다.
3. 예수 그리스도는 십자가 위에서 절망에 빠졌다.
4. 구원 사역에 몸 담고 있는 자는 그가 하나님의 성령에 의하여 움직이는 곳에서는 통나무나 돌보다 더 생명력이 없다.
5. 예정설에 관한 견해에 따르면, 선을 행하든 악을 행하든 그것은 그리 중요하지 않다.
6. 선행은 구원에 필요하지 않다.
7. 죄의 고백과 회개는 전적으로 거부한다.
8. 금식이나 다른 육체적인 금욕은 방탕한 삶을 영위하기 위해 거부되어야 한다.
9. 성경을 자기 마음대로 설명하거나, 자기 마음에 떠오르는 기발한 생각에 따라 해석해도 된다.
10. 교회는 전적으로 타락했음으로 파괴해야 한다.

11. 세례는 필요하지 않다.

12. 성만찬에서 우리는 그리스도와 실제로 교통하지 않으며 단지 상징적으로 교통한다.

13. 행정관이나 왕 그리고 상전에게 복종할 의무가 없다.

14. 동정녀와 성인들을 멸시한다. 왜냐하면 그럴 마음이 없기 때문이다. 하지만 입으로는 그들이 찬양을 받고 모범이 될 가치가 있다고 말하고, 동정녀가 "모든 여자 가운데 복받은" 자라고 말한다.

위에 기록한 모든 조항들은 부당하게 우리를 비방하는 내용들입니다. 우리는 그런 내용을 믿거나 가르친 적이 없으며, 오히려 이교적이며 가증한 것으로 여기고 있습니다. 우리 가운데 그런 사실들을 따르려는 자들은 결코 용서치 않을 것입니다.

On the Late Massacre in Piedmont. Schaff, Creeds of Christendom.

9. 수장령, 1534

1534년 11월의 수장령은 영국 국교회의 최고 우두머리인 헨리 8세가 작성한 것이며, 예외 조항은 없다.

왕은 마땅히 영국 국교회의 최고 수장의 자리를 차지할 권위가 있지만, 그럼에도 불구하고 대주교구 회의에서 목사들의 확증과 승인을 통해 인정받아야 한다. 그럼으로써 영국 영토 내에서 그리스도에 대한 신앙을 통하여 덕을 증진하게 되고, 모든 잘못과 이단들, 또한 모든 범죄와 악습들을 억누르고 근절시킬 수 있다. 이러한 법규는 의회의 권위로 제정되어야 한다. 그리하여 전능하신 우리 주님의 왕권을 계승한 영국의 국왕들이 이 땅에서 영국 국교회(Anglicana Ecclesia)의 유일한 최고 수장으로 받아들여지고 인정되어야 할 것이다. 영국 국교회 최고 수장의 호칭과 품격뿐 아니라 그가 누리는 모든 명예와 위엄과 탁월함과 사법권과 특권과 권위와 특전과 이익은 영국 국왕의 것과 완전히 일치해야 한다. 주권자이신 우리 주님과 그의 계승자인 국왕은 때때로 모든 잘못과 이단과 악습과 범죄와 멸시와 악함을 억누르고 바로 잡으며 개선하고 정리하며 올바르게 하고 억제하고 고칠 수 있는 완전한 능력과 권위를 지니고 있다. 영적인 권위나 지배권은 전능하신 하나님께 기쁨이 되고 그리스도를 따르는 신앙 안에서 선행이 더욱 증진되도록 하기 위해 개선되고 억압되고 정리되며 교정되고 수정되며 억제되고 고쳐져야 마땅하다. 이 모든 일은 이 나라의 영토 안에 외부의 권위와 법규, 법률, 관습, 풍습 등이 공존하고 있더라도 우리 내부의 평화와 일치와 평온함을 보존하기 위한 조치이다.

Gee and Hardy, *Documents Illustrative of English Church History*.

10. 여섯 개의 조항으로 이루어진 법령, 1539

헨리 8세가 내려 친 "여섯 줄로 된 채찍"(Whip with Six Strings)은 복음주의에 동조하는 자들에게는 광범위한 박해를 가져왔으며, 영국이 카톨릭으로 회귀하는 전환점이 되었다.

첫째, 가장 복된 성만찬 예식에서 그리스도의 능력의 말씀(신부가 대신 말하는)의 힘과 효능으로 동정녀 마리아에게서 나신 우리 구주 예수 그리스도의 살과 피가 빵과 포도주에 실제로 존재하게 된다. 성변화(聖變化)한 후에는 빵과 포도주의 실체가 남지 않으며, 오로지 신인이신 그리스도의 몸 외에 어떤 것도 남지 않는다.

둘째, 그같은 성찬은 하나님의 법에 따라 이루어지므로 모든 사람에게 반드시 설명되어져야 할 필요는 없다. 빵의 모습을 띤 몸 속에 그의 피가 있음은 의심하지 말고 믿어야 한다. 포도주의 형태를 띤 그의 피와 함께 몸이 있음도 믿어야 한다. 그 둘은 비록 함께 있을 지라도 잘 구분된다.

셋째, 사제는 성직을 받은 후에도 하나님의 법에 의해 그 이전과 마찬가지로 결혼할 수 없다.

넷째, 순결이나 과부의 신분을 지키겠다는 서약을 신중하게 하나님 앞에서 한 남자나 여자는 하나님의 법에 따라 자신의 서약을 굳게 지켜야 한다. 그로 인하여 서약한 자들은 다른 그리스도인들이 누리는 자유도 누릴 수 없으며, 그런 자유가 없더라도 그들은 신앙의 생활을 즐겁게 영위할 수 있어야 한다.

다섯째, 개인의 미사는 계속되어야 하며 영국 교회도 그것을 허락하는 바이다. 그것을 통하여 훌륭한 그리스도인들은 스스로 올바른 모습을 유지하고자 애쓰며, 신령하고 선한 위로와 유익을 받게 된다. 그것은 하나님의 법에도 일치한다.

여섯째, 비밀 참회는 편리하고 필요한 것이므로 계속 유지되어야 하고, 하나님의 교회에서 종종 이루어져야 한다.

Gee and Hardy, Documents Illustrative of English Church History.

11. 후퍼 주교, 1551, 청교도의 시각

존 후퍼(John Hooper)의 *Godly Confession and Protestation of Faith*, 1550은 청교도의 초창기 관점을 보여주고 있다. 그는 신조에 일치하는 평범한 신앙을 주장했고, 비록 행정관이 포악하더라도 그에게 복종할 필요가 있다고 말했다. 그는 성경을 자신의 기준으로 강조했고, 자신의 생명을 잃어버리는 한이 있더라도 하나님의 말씀을 지키겠노라고 단언했다. 그가 남긴 기록은 주목할 만한 문서이다. 그가 자신의 교구에 있는 성직자들에게 보낸 훈령은 청교도의 시각을 더욱 분명하게 보여주고 있다. 아래의 글은 후퍼의 작품에서 발췌한 내용이다.

성부, 성자, 성령 하나님께 영광이 있으리로다. 교회가 맡은 봉사와 기능에 부여된 책임과 사명이 너무나 지대하므로, 성직을 충족시킬 만한 사명감을 지닌 자들이 그 자리에 임명되어야 한다. 사도 바울이 말한 대로, 그 직임을 맡는 자는 두 가지 면을 충족시켜야 한다. 첫째, 성직에 임명될 자들이 건전한 교리를 따르고, 가르치기를 좋아하며, 지식을 갖춘 상태에서 훈계하고, 악한 말을 일삼는 자들의 말을 잘 견디고 제대로 논박할 수 있어야 한다. 둘째, 그들의 삶과 습관에 책잡을 만한 것이 없어 어느 누구에게도 비난받지 말아야 한다. 목회자는 다음과 같은 요소들을 자질로 갖추어야 한다. 술취하지 말고, 겸손하며, 대접하기를 좋아하고, 신앙이 확고하며, 순결해야 한다. 방탕하지 말고, 분내지 말고, 술에 찌들지 말고, 싸우지 말며, 탐욕스럽지 말아야 한다. 자신의 가정을 잘 다스리고, 다른 사람에게 선행과 성실함의 모범을 보여주어야 한다. 목사의 경건한 생활과 언어 생활은 교리보다 더 다른 사람들을 변화시키는 힘을 발휘한다. 그와 마찬가지로 악하고 화를 잘내며 흉악한 삶의 모습을 드러내는 자는 다른 사람의 잘못을 교정하거나 바로잡는 데 필요한 권위를 지닐 수 없다. 당신이 마음 속에 옳지 못한 죄악의 모습을 담고 있다면 어떻게 다른 사람을 나무라거나 비난할 수 있겠는가? 당신이 하나님과 거룩한 결혼을 멸시하고, 매춘부나 첩을 집 안에 들이고, 다른 사람의 아내를 넘보고 있다면, 무엇을 근거로 사랑을 말하고 다른 사람에게 사랑을 소유하라고 말할 수 있겠는가? 술에 만취한 사람이 다른 사람더러 술취하지 말고 깨끗한 정신으로 살라고 한다면, 그는 부끄러움을 면치 못하게 될 것이다. 만일 목사가 매일 선술집이나 사창가에 드나들고, 카드와 주사위 놀이 같은 도박에 빠져 있다면, 그는 목회 사역을 감당하기 위해 필요한 권위를 어디서 어떻게 얻을 수 있겠는가?…

그런 까닭에 나는 여러분 모두에게 바라고 간청하노니, 그리스도를 위하여 당신의 빛을 사람 앞에 비추어 그들로 하여금 하늘에 계신 하나님께 영광을 돌리게 하라. 사랑하는 형제들이여, 나와 더불어 당신들의 성실함을 나타내어 부패하여 나락에 떨어져 있는 목회자의 위엄이나 품위를 다시 회복할 뿐만 아니라, 그로 인하여 하나님께 대한 진실되고 순수한 예배가 다시 회복되기를 바란다. 그리하여 무수한 영혼들이 나와 당신들의 신앙을 본받고, 건전한 교리와 깨끗한 언어 생활을 통하여 완전한 사랑을 배우는 단계까지 나아가기를 원한다. 그러면 그들은 모든 잘못과 무지에서 돌이켜 영혼의 목자 되시는 예수 그리스도께로 순순히 돌아갈 것이다…

글로스터의 주교인 존 후퍼는 글로스터 관구에 속한 모든 사제들과 목사들과 부목사들과 교회의 사역자들이 하나님의 말씀 안에서 일치와 조화를 이루고, 예배의 형식도 하나님 말씀에 부합되기를 원하노라.

1. 위에 서술한 사역자들은 한 사람도 신구약 성경이라 불리는 하나님의 말씀에 담긴 내용 외에도 인간의 구원을 위해 필요한 것이 있다고 가르치거나 설교하지 말아야 한다. 과거의 미신이나 천주교의 교리와 관련된 어떤 형태의 교리도 인정하거나 확증하지 않도록 주의해야 한다. 그런 교리들은 하나님의 거룩한 말씀의 권위에 의하여 온당하고 공정하게 인정받을 수 없다.

3. 앞에서 언급한 모든 목회자들은 사도 신경과 니케아 신경과 아타나시우스 신경으로 불리는 신앙의 항목들에 담긴 모든 교리들을 부지런히 가르치고 설교해야 한다. 그 신경들은 하나님의 말씀으로부터 지혜롭게 선별된 내용이므로 모든 기독교 교리의 개요를 제대로 담고 있다.

4. 모든 목회자들은 하나님의 교회가 신앙의 공동체이며, 그곳에서 하나님의 말씀이 올바로 선포되고 있다는 것과, 성만찬이 그리스도의 가르침에 따라 올바르게 베풀어지고, 그의 거룩한 말씀에 바탕을 둔 교리를 가르치고 있음을 성실하게 알리고 선포해야 한다. 하나님의 교회는 단순한 사람들의 모임이나 교제의 장소가 아니라, 하나님의 말씀을 듣고 순종하기를 원하는 사람들의 공동체이다.

5. 진실한 그리스도의 교회는 진리의 유일한 지주(支柱)이므로 믿음으

로부터 벗어날 수 없다. 그러나 어떤 사람도 죄와 거짓으로부터 자유로울 수 없는 것처럼, 이 땅에 있는 교회는 완벽하거나 완전히 거룩할 수 없고 잘못을 범할 수 있다.

6. 재세례파는 유아 세례를 거부하고, 어릴 적에 세례를 받았더라도 다시 세례를 받아야 한다고 주장한다. 또한 모든 재산은 공동으로 소유해야 하며, 국가의 모든 권위는 하나님의 교회에서 제거되어야 한다고 주장한다. 재세례파를 비롯한 그들의 분파가 내세우는 교리는 매우 유해하고 가증한 것이다.

7. 모든 목회자들은 인간이 자신의 선행을 통한 공적이 아니라 오직 예수 그리스도를 믿음으로써 의롭다고 인정받을 수 있다는 것을 가르치고 전파해야 한다. 선행은 칭의에 반드시 뒤따르는 것이기는 하지만, 의롭다 하심을 얻기 전에는 하나님 앞에서 어떠한 선행도 가치있다고 여겨지거나 높게 평가받지 못한다.

9. 연옥과 면죄부와 이 세상을 떠난 자들을 위한 기도, 성인 숭배와 기원, 성인이나 성상에 대한 예배 등을 주장하는 자들의 교리는 우리의 유일한 중재자이시며 구세주이신 그리스도의 영광에 정반대되고 해가 된다. 또한 십계명의 첫째 계명과 둘째 계명에 어긋난다.

10. 주의 몸과 피를 먹고 마시는 성만찬에서 빵과 포도주가 실제로 그리스도의 몸과 피로 변하는 화체(化體, transubstantiation)는 일어나지 않으며, 빵과 포도주 안과 아래와 곁에 그리스도께서 육체적으로 또는 공간적으로 임재하시지 않는다. 하나님의 아들이신 그리스도께서 인간이 되셨고, 그는 죽음으로 말미암아 세상의 죄를 대신 지셨음을 믿는 신앙 안에서 그리스도는 영으로 임하신다.

11. 합당치 않게 세례를 받거나 성만찬에 참석하는 자들은 외면적인 세례의 증거를 지니고 있거나 성만찬의 떡과 잔을 받는다 하여도 성만찬의 능력과 참된 효험을 받아 누릴 수 없다.

14. 사도 바울의 가르침에 따르면, 교회에서 다른 사람들이 이해할 수

없는 말로 노래하거나 말하는 것은 합당치 않다.

16. 교회의 의식은 어디에서나 획일화된 모습을 지녀야 할 필요는 없으며, 지나치게 자주 행하려 하지 않아도 된다. 의식은 시대나 각 나라의 관습이 지닌 다양성에 따라 합법적으로 변경되고 바뀌어야 한다. 그러나 하나님의 말씀에 위배되지 않도록 주의해야 한다.

28. 카톨릭의 미사는 하나님의 말씀과 그리스도의 가르침을 가로막는 대적에 지나지 않는다는 교리는 명백히 옳다. 비록 그 교리가 성경의 몇몇 교훈을 담고 있기는 하나, 그것은 마술사나 요술쟁이의 주문 정도에 지나지 않으며, 몇가지 거룩한 말들을 중얼거리거나 은밀히 말하는 것 이상으로 여겨지지 않는다.

31. 교리문답서는 매주일과 정해진 축일마다 아이들에게 들려주고 가르쳐야 하며, 저녁 식사 후 한 시간 내지 두 시간 정도 교육하는 것이 좋다. 순서에 맞춰 적절한 시험을 보아도 된다. 나이든 어른들도 아이들과 함께 그 자리에 참석해야 한다.

35. 로마 카톨릭의 주교는 영국과 아일랜드 영토에서 어떤 권위나 권력이나 사법권을 지니지 못한다.

37. 그리스도인이 중대한 범죄를 다룸에 있어 형벌을 내리거나 죽음과 같은 고통을 가하는 것은 합법적이다. 마찬가지로 나라를 방어하기 위한 전쟁에 참전할 때 무기를 지니고 나갈 수 있으며, 왕의 명령에 따라 무장할 수도 있다.

38. 교구 위원은 공중 기도 시간이나 설교 시간에 교회와 교회 현관, 교회 뜰에서 물건을 사고 팔지 못하고, 놀이를 하거나 과도하게 소란을 피우지 못한다.

  Visitation Book, 1551. *Later Writing of Bishop Hooper* (Cambridge: Parker Society, 1852).

12. 엘리자베스 여왕의 수장령, 1559

메리의 사후(1558)에 왕이 된 엘리자베스는 어머니의 결혼을 무효로 만든 로마카톨릭 교회에 대한 원한을 갖고 있었기 때문에 수장령(Supremacy Act)을 통과시켜 교황청과의 단절을 시도하였다.

[지상권 승인 선서]

1. 내 양심을 걸고 선언하노니, 여왕은 이 나라와 여왕의 통치를 받는 모든 지역의 유일한 최고 통치자이다. 영적인 것이나 교회의 일들, 세속의 모든 일들이나 소송도 여왕의 지배 아래 있다. 외국의 귀족이나 고위 성직자, 그리고 외국 정부나 권력자는 이 나라 안에서 어떠한 사법권이나 권력, 우월함, 혹은 교회적이거나 영적인 권위를 행사하지 못한다. 따라서 나는 모든 외국의 지배와 권력과 우월함과 권위를 철저히 배격하고 내쫓을 것이며, 이제부터 여왕의 고귀함과 그녀의 상속인과 합법적인 계승자를 믿고 헌신할 것을 명한다. 나는 여왕과 여왕의 계승자에게 부여된, 그리고 이 나라의 최고 권력자에게 속해 있는 모든 사법권과 탁월함과 특권과 권위를 지켜 나갈 것이다. 하나님이여, 이 모든 내용들을 이루어 나가도록 나를 도우소서.

Gee and Hardy, *Documents Illustrative of English Church History.*

13. 엘리자베스 여왕의 통일령(Act of Uniformity), 1559

고(故) 에드워드 6세께서 임종하셨을 때, 영국 국교회 주관으로 이루어진 예배와 기도, 성만찬의 집행, 장례식은 '공동 기도서'라는 제목을 가진 한 권의 책에 수록된 내용에 따라 일관된 순서로 진행되었다. 그 책에는 영국 국교회의 성만찬 집행과 다른 예식과 의식이 설명되어 있다. 에드워드 6세께서는 집권 6년째에 의회 법령에 의거하여 '공동 기도 방식과 성례 집행의 통일을 위한 법령'을 제정하셨다. 그 법령은 메리 여왕 즉위 1년에 의회 법령에 의하여 폐지되었다. 그로 인하여 하나님의 영광이 심각하게 훼손되고 그리스도 신앙의 진리를 고백하는 자들에게 불편한 마음을 심어 주었다.

따라서 현 의회의 권위에 의거하여 폐지되었던 상기 법령을 다시 제정하노라. 상술한 책에 대한 것 뿐 아니라 그 책에 담겨진 예배, 성례 집행, 의식, 예식들이 그 속에 포함되고 명시되어야 한다…

이 법령을 위반한 것으로 판명된 자는 합법적인 절차를 거쳐 유죄 판결을 내리는 차원에 그치지만, 그 사람이 두 번 위반하면 그는 일년 동안 감옥에 투옥하고, 실질적으로 그의 모든 영적인 권리를 박탈해 버린다. 상술한 법령을 두 번이나 위반한 자가 세 번째 위반을 하면, 그 사람은 유죄 판결을 받고 모든 영적인 권리를 실질적으로 박탈하고 무기 징역형에 처한다.

Gee and Hardy, *Documents Illustrative of English Church History.*

14. 스코틀란드 제1신앙고백서, 1560

이 고백은 개혁운동을 추진하던 때에 개혁의 원리로서 존 녹스가 만들어 사용하였다. 총 21개조로 발표되었고, 이후에 1580년에 제2신앙고백서가 첨부되었다.

제 1 조. 하나님. 우리는 유일하신 하나님을 고백하며 그에게만 의뢰하며, 섬기고 그 만을 예배하며 믿는다. 하나님은 영원하시고, 무한하시고, 불가해하시며, 전능을 가지시고 불가시한 분이시다. 그는 본질에 있어서는 하나이시면서, 성부, 성자, 성령의 세 위격으로 구별되신다. 우리는 이러한 하나님이 천지에 있는 모든 것 즉 보이는 것과 보이지 않는 것 모두를 창조

하시고 보전하시며, 측량할 수 없는 섭리로서 지배하심을 믿는다. 또한 하나님은 자신의 영광이 나타나도록 만물을 영원한 지혜와 선과 정의로 정하셨음을 우리는 고백한다.

제2조. 인간의 창조. 우리는 하나님이 인간을 창조하신 것을 고백하며 인정한다. 하나님은 우리의 원조상이 되는 아담을 자신의 형상을 닮아 지으셨고, 그에게 지혜와 주권과 정의와 자유의지와 자신에 대한 분명한 지식을 주시어 사람의 본성 안에 불완전한 것이 없게 하셨으나, 이런 영광과 완전에서 남자와 여자가 모두 타락하였다. 여자는 뱀 때문에 타락하였고, 남자는 타락한 여자의 말을 들어 타락하였다. 이는 선악과를 먹으면 반드시 죽으리라는 하나님의 말씀을 반역한 행동이었다.

제8조. 선택. 하나님의 아들 예수 그리스도 안에서 우리를 선택하신 영원한 성부 하나님은 창세 이전부터 그리스도를 우리의 머리로 삼으시고, 또 우리의 형제이며 우리의 목자로서 우리 영혼의 위대한 감독으로 정하셨다. 인간은 하나님의 정의와 인간의 죄의 적대관계 때문에 아무도 하나님께 이를 수가 없었다. 그러나 하나님의 아들이 우리에게 오셔서 우리의 몸과 살과 뼈를 취하셔서 하나님과 인간 사이의 중보자가 되시고 그를 믿는 자에게 하나님의 아들이 될 수 있는 권세를 주셨다… 하나님은 독생자를 우리의 형제가 되도록 우리 인간에게 내어주셨고, 우리의 유일한 중보자로서 그를 인정할 때 받을 은혜를 우리에게 주셨다…

제16조. 교회. 우리는 성부와 성자와 성령을 믿듯이 처음부터 이제까지 또한 세상 끝날까지 있을 하나의 교회 즉 그리스도에 대한 참된 신앙으로 예배하는 하나님의 선택을 받은 사람들의 하나의 교제를 믿는다. 또한 그리스도는 이러한 교회의 유일한 머리가 되시며 교회는 그리스도의 몸이며 신부이다. 이 교회는 보편교회를 의미하는데, 이는 교회가 모든 나라와 백성들, 말하자면 유대인이나 이방인을 막론하고 모두를 포함하고 있기 때문이다. 교회에서 성부 하나님의 성자 그리스도 예수와 교제하며 성령의 성화가 이루어진다. 그러므로 교회는 세속적인 사람들의 교제가 아니고 성도

의 교제라 불리어진다. 교회는 하늘의 예루살렘의 시민으로서 측량할 수 없는 열매를 받는데, 즉 하나님, 한 주님, 한 신앙, 한 세례를 가진 이 교회 바깥에서는 생명이 없으며 영원한 행복이 없다… 그리스도 예수가 없이는 생명도 구원도 없다. 그러므로 성부께서 성자 예수 그리스도에게 주신 사람들이 아니라면 그는 교회에 속할 수 없다.

Philip Shaff, *The Creeds of Christendom*.

15. 존 폭스(John Foxe), 1563

Acts and Monuments of the Chritian Martyrs, 1563. 폭스가 저술한 이 책은 초대 교회부터 폭스가 생존하던 시기까지 순교 당한 사람들에 대한 공식적인 혹은 개인적인 기록들을 모아 편집한 것이다. 놀라운 이야기를 담고 있는 이 서문에서, 폭스는 '천주교도들'이 자신들의 '죽음'을 염려하고 있다고 하였다. 그들에게 자행된 범죄는 세속 권력에 의해 자행된 것이 아니라 교회가 저지른 것이다. 왜냐하면 그들이 교황의 지배권을 인정하지 않았기 때문이다. "자신의 모습을 바르게 하라, 당신들이 저지른 살륙을 회개하라, 박해를 그치고, 하나님을 대적하여 싸우지 말라." 그리고 나서 그리스도의 용서를 받아라. 그 책은 엄청난 반향을 일으켰다. 주의깊고 정확하게 편집된 이 책은 여러 판이 발행되었다. 아래에 선택된 내용들은 평범한 사람들에 대한 기록이다.

서퍽(Suffolk)에서 자행된 박해: 1556년 5월 21일 베클스에서 집행된 세 명의 화형식

위에 열거한 사람들의 죽음 이후, 세 명이 서퍽에 있는 베클스에서 1556년 5월 21일경에 화형을 당했다. 그들의 이름은 다음과 같다. 윈스턴에 거주하며 노동자인 토마스 스파이서, 존 데니, 에드문드 풀. 토마스 스파이서

는 미혼이었고 열아홉 살이었다. 그는 서편주에 있는 윈스턴에 거주하였고 직업은 노동이었다. 그는 해가 뜨는 시간을 전후하여 (침대에 누워있는 상태에서) 같은 마을에 사는 제임스 링과 존 케레취, 그리고 같은 주의 더벤햄에 거주하는 윌리엄 다비어스에게 붙잡혔다.

그는 미사에 참석하고 성상을 받으러 천주교회에 가지 않았다는 이유로 존 타이렐 훈작의 명령으로 체포되어 서편의 판사가 있는 기펑홀로 끌려갔다. 판사는 노리치의 종교재판관이었던 더닝에게 압송할 때까지 스파이서 일행을 지하 감옥에 감금하라는 판결을 내렸다.

베클스에서 종교재판관은 진리에서 벗어나 있다고 여겨지는 그들을 설득하였지만, 목적을 달성할 수 없었다. 그들에게 유죄를 선고할 것을 결심한 그는 눈물을 터뜨리며 성모의 교회로 다시 돌아오라고 간청했다. 그는 그들에게 지금 속임을 당해 진리에서 떠나 있으므로 고집스럽게 자신의 생명을 내버리지 말라고 하였다.

그는 그토록 그들을 설득하려 한 후에, 판결문을 힘겹게 읽어 내려갔다 (그는 그 교구에서 처음으로 그러한 판결을 내렸기 때문이다). 곁에서 이 광경을 바라보던 행정관은 참다 못해 배교자들을 빨리 처단하라고 소리질렀고, 곧 재판은 끝이 났다. 종교재판관은 눈물을 흘리며 판결문을 읽은 후 그들을 세속 권력에 넘겨 주었다.

판결문

노리치의 주교인 홉튼과 종교재판관인 더닝은 아래와 같이 판결한다.

1. 그들은 로마의 교황이 카톨릭 교회에서 그리스도 다음 가는 최고의 위치에 있음을 믿지 않았다.
2. 그들은 교회의 예식에서 사용되는 거룩한 빵과 물과 재와 종려나무가 사람들로 하여금 신앙을 불러 일으킬 만큼 선하고 좋은 것임을 믿지 않았다.
3. 그들은 사제가 화체의 말을 한 후에 그리스도의 몸이 빵과 포도주에 실제로 임한다는 것을 믿지 않았다.

4. 그들은 성만찬에 실재로 임한 그리스도를 예배하는 것이 우상숭배라고 믿었다.

5. 그들은 빵과 포도주로 그리스도의 수난을 기억한다고 주장했다.

6. 그들은 열을 지어 십자가를 뒤따르지 않았고, 사제에게 죄를 고백하지도 않았다.

7. 그들은 선이나 악을 행할 수 있는 자유 의지를 가진 사람은 아무도 없다고 주장했다.

이와 같은 항목에 의거하여 이 세 사람에게 유죄를 선고한다. 이들은 내일 베클스에서 함께 화형에 처한다.

John Foxe, *Acts and Monuments*. Cf. S. R. Cattley edition(London: Seeley and Burnside, 1837-41).

16. 엘리자베스 여왕에게 보낸 로마 교황의 교서, 1570

교황은 프랑스와 스페인에 이 교서를 전달해 줄 것을 요청했다. "그 때부터 1588년에 스페인 함대가 패배할 때까지 영국과 카톨릭의 반개혁 운동 사이에 전쟁이 있었다. 그 원인의 한 편에는 영국인들의 극렬한 애국주의가 다른 한편에는 정치적인 야심과 종교적인 열망의 결합된 힘이 자리 잡고 있었다."

하늘과 땅의 모든 권세를 가지시고 가장 높은 곳에서 다스리시는 하나님께서 거룩한 카톨릭 사도 교회의 통치를 이 땅에서 단 한 사람, 사도들의 대표인 베드로와 베드로의 후계자인 로마 교황에게 맡기셨도다. 교황은 모든 나라와 국가를 다스리는 지배자로 세우심을 받았으니 각 나라의 권력을 빼앗고, 소멸시키며 흩어버리기도 하고 권력을 적절히 배분하며 권력자를 세울 권한이 있도다…

3. …나를 이처럼 정의의 최고 권좌에 임명하신 하나님의 권위에 의지하

여, 엘리자베스는 이단자이며 이단의 선동자임을 선언하노라. 그녀에게 충성하는 자도 저주를 면치 못할 것이며, 그리스도의 몸된 교회에서 출교 당할 것이다.

4. 엘리자베스가 지닌 영국에 대한 거짓된 통치권을 몰수하며, 모든 소유권과 작위와 특권도 박탈할 것을 명한다.

5. 엘리자베스에게 모종의 서약을 한 영국의 모든 귀족과 관료와 백성들은 이제부터 영원토록 그 서약으로부터 사면되었고, 더 이상 충성이나 복종할 의무가 없다. 모든 귀족들을 비롯한 영국의 백성들은 그녀의 경고나 명령이나 법에 절대 복종하지 말 것을 명한다. 이 명령에 복종하지 않는 자 역시 파문의 형벌을 피하지 못할 것이다.

    H. O. Wakeman, *History of the Church of England* (London: Rivingtons, 1899). Henry Bettenson, *Documents of the Christian Church* (New York: Oxford University Press, 1947).

17. 엘리자베스 여왕의 예수회와 카톨릭 신학생 규제 법령, 1585

엘리자베스 여왕의 목숨을 노리고 예수회가 꾸민 음모 때문에, 예수회를 규제하는 법령이 1585년에 통과되었다. 그 법령은 예수회 신부들을 영국에서 추방하고, 영국에 들어오는 예수회 신부는 반역죄를 적용한다는 내용이 들어있다. 제임스 1세의 통치 기간 동안, 1604년과 1606년, 그리고 1625년에 국가 전복 음모를 꾸몄다는 혐의로 로마 카톨릭 신부들이 추방되었다.

로마 카톨릭의 명령과 관례를 따라 해외에서 무수한 예수회 신부와 신학생들과 사제들이 영국의 영토와 여왕의 통치를 받는 자치령에 계속해서 밀려 들어오고 있다. 그들의 목적은 여왕의 권위를 떨어뜨려 백성들이 여왕의 위엄에 복종하지 않도록 하는 것이며, 그 뿐만 아니라 영국의 영토와 자치령 내에서 여왕을 반역하도록 선동하고 적개심을 불러 일으키는 것이다. 그리하여 왕족들을 위험에 빠지게 하여 온 나라를 파멸시키고 몰락시켜 완전히 전복시키려 하였다. 그러므로 적당한 방법을 동원하여 그들의 의도를 깨뜨리지 않으면 이 나라는 큰 위험에 직면하게 될 것이다.

이와 같은 현재의 상황을 타개하기 위해, 뛰어난 위엄을 지닌 여왕과 영적인 영역과 세속적인 영역을 주관하는 귀족들과 현재 의회의 하원들과 의회의 권위로써 이 법령을 제정하노니, 세례 요한 탄생 축일부터 모든 예수회의 수도사와 신학생과 사제들은 영국과 여왕의 통치를 받는 지역에서 추방하고, 로마 카톨릭의 주교 관할권으로부터 파생된 모든 권위와 권력과 사법권을 몰수하는 바이다. 의회의 현재 회기가 끝난 후 40일 안에 예수회에 소속된 모든 자는 이 나라와 여왕의 통치 아래 있는 지역에서 떠날 것을 명한다. 만일 바람과 날씨가 항해하기에 적합하지 않아 영국을 떠나지 못한다면, 40일이 지난 후에라도 바람과 날씨가 허락하는 대로 떠나야 한다…

[상기한 기간이 지난 후에 입국하는 예수회의 사제는] 반역죄를 선고 받아 온갖 고초를 당하고 재산을 몰수 당한다…

[예수회 수도사는 최고 통치자의 허락을 받는 경우에만 영국에 머무를 수 있다.]

Gee and Hardy, *Documents Illustrative of English Church History.*

18. 엘리자베스 여왕의 청교도 규제 법령, 1593

청교도를 규제하는 엘리자베스 여왕의 법령은 1593년에 이르러 최고조에 달했다. 그녀는 청교도, 비국교도, 분리파처럼 개신교나 중도파(via media. 천주교와 신교 중간의 영국교회)에 속한 자들을 용서하지 않았다.

선동적인 종파와 불충한 자들의 사악하고 위험한 행동 때문에 발생하는 엄청난 불편함과 위험을 예방하고 피하기 위해 이 법령을 제정하노라. 이는 뛰어난 위엄을 지닌 여왕과 영적인 일과 세속적인 일을 주관하는 귀족들, 의회의 하원 의원들과 현재 의회의 권위로 제정하는 것이다. 16세 이상 된 자로서 현재 의회의 회기가 끝난 후 40일 이후부터 여왕의 권위에 근거한 법률과 법규에 의해 세워진 교회나 공동 기도처에 가기를 거부하거나 신령한 예배에 참석하지 않았던 자는 이유를 불문하고 한 달동안 공인된 교회의 예배에 참석해야 한다. 또한 인쇄물이나 연설을 통해 영국의 영토와 여왕의 통치를 받는 지역의 백성들을 선동하거나 설득하여 여왕의 절대 권력과 권위를 부인하고 비난하도록 부추기는 자도 대상이 된다. 신령으로 예배를 드리러 교회에 가려는 사람을 악의를 가지고 의도적으로 방해하는 자와, 여왕이 법률로 정해 놓은 것에 위배되는 다른 종교의 색채를 띠고 있는 불법적인 모임이나 비밀 집회에 참석하는 자 역시 포함된다. 설득이나 꾀임 혹은 유혹에 넘어가 교회나 공동 기도처에 참석하기를 완강하게 거부하고 불법 종교 집단의 모임과 비밀 집회에 참석했던 자도 상기한 40일이 지난 후에는 한 달 동안 의무적으로 국교회의 예배에 참석해야 한다. 이 명령을 어기고 유죄 판결을 받는 자는 감옥에 투옥되며, 여왕이 제정한 법률로 공인된 교회나 공동 기도처에 참석하겠다는 서약을 하기 전에는 보석도 허락되지 않는다. 이 법령이 선포되고 시행된 후로는 영국 국교만을 따르겠다는 것을 공개적으로 서약하고 진술해야 한다.

현 의회의 권위로 이 법령을 공포하노니, 차후로 이 법령을 어기는 자는 누구든지 이 법령에 실린 내용에 따라 기존의 잘못된 신앙을 버리겠다는 서약을 하고, 일요일과 다른 축일에 교회에 나가 신령한 예배에 참석하고 봉사 활동에 임하며 설교를 듣고 말씀을 읽어야 한다. 또한 대중 앞에서 여왕이 제정한 법을 따르겠다는 공개적인 선언을 해야 한다. 그리하면 이 법령에 의하여 부과되었던 모든 형벌과 규제로부터 풀려날 것이다. 공개적으로 서약할 내용은 아래와 같다.

"나는 여왕의 신령하고 합법적인 통치와 권위를 비난함으로써 하나님께 극악무도한 죄를 범했음을 겸손하게 고백하며 인정합니다. 나는 이 나라의 신령한 법률에 역행하여, 교회에 출석하지 않고 신령한 예배에 참석하지 않았으며, 법으로 금지된 종교에서 주관하는 모임이나 비밀 집회에 상습적으로 참석했습니다. 나는 그같은 행동을 진심으로 유감스럽게 여기며, 여왕의 권력과 권위를 능가할 자가 없다는 것을 진심으로 인정하며 확신합니다. 이제 앞으로는 교회에 출석하여 신령한 예배에 참석하고 최선의 노력을 다하여 그같은 신앙을 지켜나감으로써, 여왕의 법과 법령에 항상 복종하고 따를 것을 진실한 마음으로 서약하고 맹세합니다."

Gee and Hardy, *Documents Illustrative of English Church History.*

19. 람베드 규약, 1595

람베드 회의는 엘리자베스 여왕이 소집하지 않았고, 개인적으로 그녀는 칼뱅파가 지나치게 금욕적이라고 생각하여 호의적으로 여기지 않았기 때문에, 1595년의 람베드 회의에서 의결된 규약들을 반대하고 승인해주지 않으려 했다. 켄터베리와 요크 지방의 대주교인 윗기프트와 휴톤이 그 규약들을 승인했으므로, 여왕의 태도가 중도파를 어떻게 생각하고 있는지 잘 보여주었다.

1. 하나님은 영원 전부터 어떤 사람은 영생에 이르게 하고 어떤 사람을 버릴 것을 예정하셨다.
2. 인간의 영원한 운명에 대한 예정을 결정짓는 궁극적인 원인은 영생하도록 예정된 사람의 믿음과 인내와 선행이 아니라 오로지 하나님의 선하신 뜻과 의지이다.
3. 예정된 사람의 수는 정해져 있으므로, 그 수가 늘어나거나 줄어들 수

없다.

4. 구원받도록 예정되지 않은 사람은 분명히 자신들의 죄악을 저주한다.

5. 진실하고 생명력이 있으며 의롭다고 인정받은 믿음과, 성별하시는 하나님의 영은 멸절되거나 쇠약해지지 않는다.

6. 진실로 신실한 사람, 즉 성별된 믿음을 소유한 자는 자신의 죄가 용서받았고 그리스도로 말미암아 영원한 구원을 얻었음을 흔들리지 않는 믿음 안에서 확신한다.

7. 구원의 은혜는 모든 사람에게 주거나 수여하거나 전달되지 않는다. 만일 그렇다면 어느 누구나 구원의 은혜를 통해 구원받으려 할 것이다.

8. 구원의 은혜를 부여받기 전에는 또한 하나님께서 이끌어 주시기 전에는 아무도 그리스도께 나아올 수 없다. 모든 사람이 하나님의 이끌림을 받아 그의 아들에게 나아올 수 있는 것은 아니다.

9. 구원받고 싶어하는 의지나 능력을 모든 사람이 지니고 있지는 않다.

Thomas Fuller, *Church History of Britain* (Oxford University Press, 1845), V, 220.

20. 천 명의 탄원, 1603

천 명의 청교도들이 제출한 이 청원서는 제임스 1세가 런던으로 가는 도중에 전달되었다. 그는 다음 해에 회의를 소집하여 성경의 새로운 역본을 승인하였다. 하지만 그는 약간 수정된 적이 있었던 "기도서"는 그대로 유지할 것을 주장했다.

인자하시며 경외로우신 국왕 폐하께

모든 선량한 그리스도인들에게 큰 위로가 되시며 영국의 교회와 정부를 평화롭게 통치하시는 폐하의 존전에 나아가는 것이 하나님께 기쁨이 되길 원합니다. 이 땅에서 복음을 전하는 사명을 맡고 있는 저희들은 교회 안에서 대중적인 인기에 영합하여 파벌을 조성하는 자들이 아니며, 국가 교회의 분열을 목적으로 삼는 분리주의자들도 아닙니다. 오히려 저희들은 그리스도의 신실한 일꾼들이며 국왕 폐하의 충성스러운 신하들로서, 교회 내에 만연되어 있는 무수한 악습들을 바로잡으려는 바램과 열망을 지니고 있습니다. 하나님께 복종하고 폐하를 섬기고 하나님의 교회를 사랑하는 저희들은 폐하께 저희들이 당하고 있는 남다른 슬픔을 아뢰고자 합니다. 폐하께서는 일전에 이런 글을 남기셨습니다. "왕은 훌륭한 의사처럼, 치료를 하기 전에 먼저 자기 환자가 선천적으로 지니고 있는 해로운 기질이 어떤 것인지 파악해야 한다." 이전에 저희들은 기도서에 명기된 시간들을 고쳐주실 것을 간청한 적이 있습니다. 그 청원서에는 목회 사역에 힘써야 하는 교회에 방해가 되는 요소들을 자세히 기록해 놓았습니다. 하지만 이제 폐하의 신하이며 목회자인 저희들은 인간적인 관례와 의식이라는 공동의 짐에 눌려 신음하다가, 폐하의 발 앞에 겸손히 엎드려 이런 곤경을 해결해 주실 것을 간청하기로 뜻을 모았습니다. 저희들이 폐하께 감히 간청하옵나니 아래에 기록한 잘못된 점들 가운데 옳지 못한 것은 제거해 주시고, 바로잡아 주시며, 완화시켜 주시기를 원하나이다.

1. 교회의 예식에 관한 청원: 유아에게 세례를 베풀 때에 불필요한 성호는 금해야 합니다. 여성은 세례를 베풀 수 없음을 분명히 해야 합니다. 모자나 백의(白衣)를 착용하도록 강요하지 말아야 합니다. 성찬식 이전에 자신을 먼저 돌아보아야 하며, 설교 시간을 통해 자신을 살피도록 해야 합니다. 기도서에 나와 있는 성직자들의 용어와 사면식, 결혼식 등에 사용되는 난해한 표현들은 바로잡아야 합니다. 너무 긴 예배 시간을 줄여야 하고, 교회 성가와 음악은 더 절제되어야 합니다. 주일을 범하지 말아야 합니다. 축일에 휴식할 것을 지나치게 강요하지 말아야 합니다. 규정된 교리의 통일이 시급합니다. 카톨릭의 사상을 교육시키거나 변호하지 말아야 합니다. 예수의 이름에 굴복할 것을 가르치는 목사들을 비난하지 말아야 합니다. 오직 정경만이 교회에서 낭독되어야 합니다.

2. 목회자들에 관한 청원: 능력과 자격을 갖추어 성실하게 복음을 증거할 수 있는 자 외에는 어느 누구도 목사가 되지 못하게 해야 합니다. 이미 목사가 되었으나 올바르게 설교하지 못하는 자는 면직시키거나, 그들의 삶의 가치를 존중하는 차원에서 그들이 설교자로서 신분을 유지할 수 있도록 집중적인 교육 과정을 이수하게 해야 합니다. 목회자가 되기 위한 예비 과정이 반드시 필요합니다. 목사의 결혼을 합법화시킨 에드워드 왕의 법령은 재생되어야 합니다. 목사들은 왕의 지상권만을 강조하는 종교 규약에 서명하도록 강요받지 말아야 합니다.

3. 교회의 생존과 보존을 위한 청원: 주교들은 일시적 성직급(commendam)을 받지 말아야 합니다. 어떤 이들은 자신의 교구에서 성직록(聖職祿)을 받고 목사관도 있으면서 일시적 성직급까지 받고 있습니다. 이중으로 성직록을 받는 자가 반드시 두 가지 직무를 담당하고 있는 경우는 매우 드물며, 어떤 이들은 서너가지 직위를 더 가지기도 합니다. 주교 직분과 대학에 부가되는 수입은 현직에 있는 목회자에게 양도되어야 합니다. 평신도에게 넘어가는 교회 수입의 60-70%는 현직 목사들의 생계를 위해 회수 되어야 합니다.

4. 교회의 질서를 위한 청원: 징계와 파문은 그리스도께서 친히 베풀어 주신 가르침에 따라 이루어져야 합니다. 그렇게 해야 많은 범죄 행위가 조금이라도 근절될 것입니다. 다시 말해서 파문은 평신도나 재판관이나 관료의 이름으로 집행되지 말아야 합니다. 사소한 잘못을 이유로 파문 결정을 내리는 것은 부당합니다. 담당 목사의 동의가 없으면 파문시킬 수 없습니다. 관료는 부당한 세금을 징수하도록 강요받지 말아야 합니다. 관료는 관할 지역이 아닌 곳에서 세금을 징수해서는 안됩니다. 카톨릭의 정경에 대한 승인은 취소해야 합니다. 교회 법정에서 이루어지는 소송에 소요되는 기간(보통 2, 3, 4, 5, 6, 심지어는 7년이 걸리기도 한다)은 단축되어야 합니다. 사람들로 하여금 스스로를 꾸짖도록 하기 위해 서약하는 "직권상 다른 직무를 겸하는"(Ex Officio) 선서는 남용되지 말아야 합니다. 결혼 예고 없

이도 결혼할 수 있는 자유가 조심스럽게 허용되어야 합니다.

아직도 많은 악습이 영국의 교회 안에서 습관적으로 시행되고 있습니다. 폐하께서 용납하신다면 저희들은 여러 경로를 통하여 그런 악습들이 성경에 부합되지 않음을 증명할 수 있습니다.

Gee and Hardy, *Documents Illustrative of English Church History*. Cf. Fuller, *Church History of Britain*.

21. 신성 동맹과 서약, 1643

스코틀랜드 사람들은 영국 기도서를 자신들에게 강요하려는 시도에 대항하여 1638-39년에 칼뱅파의 성격이 강한 국가적인 서약을 작성하여 승인했다. 1643년의 "신성 동맹과 서약"은 스코틀랜드 서약에 바탕을 두고 있다. 스코틀랜드로부터 군사적인 원조를 받는다는 조건으로 영국의 의회는 1643년 서약을 승인했고, 1644년에 그 서약은 18세 이상되는 모든 영국인들에게 강제적으로 부과되었다.

신앙의 개혁과 수호, 국왕의 명예와 행복, 영국과 스코틀랜드와 아일랜드 세 왕국의 평화와 안전을 위한 신성 동맹과 서약.

영국, 스코틀랜드, 아일랜드 왕국의 귀족, 남작, 훈작, 상류층, 시민, 목사, 그리고 모든 계층의 평민들은 하나님의 섭리에 따라 같은 왕의 통치 아래에서 살아가며 같은 개혁 신앙을 보유하고 있다. 우리는 하나님의 영광과 우리 구세주이신 예수 그리스도의 나라가 임하기를 고대하며, 국왕의 위엄과 그의 후손의 명예와 행복이 유지되고, 왕국의 진정한 자유와 안전과 평화 속에서 모든 개인들의 사적인 생활도 보장되기를 원한다. 종교 개혁 이후 세 왕국에서 진실한 신앙과 신앙 고백을 방해하려는 하나님의 대적들이 반역적이고 잔인한 음모를 꾸며 반란을 시도했으며, 근년에 이르러 그들의 격분과 세력과 무례함은 날로 증가하고 있다. 아일랜드 교회의 비참한 상태, 영국 교회의 궁핍한 상태, 스코틀랜드 교회의 위험한 상태는 현실을 잘 보여주는 명백한 증거이다. 우리는 그동안 탄원과 충고, 그리고 항의와 같은 여러 가지 방법을 동원해 보았으나 여의치 못하여, 이제 우리 자신과 신앙이 완전히 소멸되고 파괴되는 것을 방지하기 위해 신중한 숙고를 통해 상호 신성 동맹과 서약을 체결하기로 결정하였다. 우리 세 나라는 가장 높으신 하나님 앞에 손을 들고 맹세하노라.

  1. 우리는 공동의 적을 물리치고 스코틀랜드 교회가 지닌 개혁 신앙의 보존을 위해, 각자의 처소와 직업에서 신실하고 진실하게 그리고 끊임없이 교리와 예배와 학문과 교회 조직을 지키기 위해 노력할 것이다. 영국과 아일랜드 왕국도 하나님 말씀과 개혁 교회의 모범에 따라 교리와 예배와 학문과 교회 조직에서 신앙의 개혁을 이루었다. 우리는 세 왕국에 있는 하나님의 교회들이 신앙 안에서 연합하고 일치하며, 신앙 고백서와 교회 조직의 형태와 예배 규칙서와 문답서도 통일 되도록 노력할 것이다. 우리와 우리 후손들은 한 형제로서 믿음과 사랑 안에서 살아갈 것이며, 우리 주께서도 우리 가운데 거하시기를 기뻐하실 것이다.

  2. 우리는 단합된 모습으로 천주교와 성직자 제도(대주교, 주교, 종교재판관, 주교 대리, 수석 사제, 참사회, 부제, 그리고 계급 구조에 근거한 교회의 직원들에 의해 이루어지는 천주교의 교회 정치), 미신, 이단, 분리주의, 신성모독, 그리고 건전한 교리와 경건의 능력에 위배되는 모든 것들을 근절하기 위해 노력할 것이다. 그리하면 다른 이들의 죄악에 동참하지 않고 그들로부터 해를 당할 위험도 예방하게 된다. 세 왕국의 주는 한 분이시며 그의 이름도 하나이다.

  3. 우리는 변치 않는 성실함과 진실과 지조로써 우리 각자의 직업 속에서 의회의 권리와 특권 그리고 왕국의 자유를 지키며, 왕의 위엄과 권위를 보존하고 수호하기 위해 노력할 것이다. 왕국의 진실한 신앙과 자유가 보존되고 지켜지는 모습 속에서 세계는 우리의 충성심을 목격하게 될 것이며, 우리가 국왕 폐하의 힘과 위대함을 훼손시키려는 생각이나 의도가 전

혀 없음도 알게 될 것이다.

4. 우리는 종교 개혁을 방해하고, 군주를 백성들로부터 이간시키며, 한 나라를 다른 나라로부터 이간시키고, 백성들 사이에 분파와 파벌을 조성함으로써 동맹과 서약을 깨뜨리려는 선동자와 불순분자를 색출하는 데 온 힘을 쏟을 것이다. 그들은 공개 재판에 회부되어 각자 저지른 죄에 상응하는 처벌을 받게 된다. 세 왕국의 대법원은 저마다의 고유 권한을 가지며, 동시에 그들의 결정은 세 왕국에서 동일한 효력을 발휘한다.

5. 세 왕국이 누리는 복된 평화의 기쁨은 과거에 익히 없었던 것으로 하나님의 섭리로써 주어진 것이며, 최근 각국의 의회에서 통과되어 체결되었다. 세 왕국은 굳건한 평화와 일치를 후손에게 물려주기 위해 각국의 상황과 형편에 맞게 힘을 쏟을 것이다. 이러한 평화를 의도적으로 방해하는 자는 상기한 조항에 의거하여 처벌받게 된다.

6. 우리는 각자의 위치와 소명에 따라, 왕국의 신앙과 자유와 평화라는 공동의 목적 위에서, 이 동맹과 서약에 동참하는 모든 자들이 서약을 준수하고 이행할 수 있도록 지원하고 보호할 것이다. 이처럼 복된 연합과 통일을 분열시키려는 어떠한 단체나 교파나 테러 집단의 도전에도 우리는 직간접적으로 아무런 영향을 받지 않을 것이다. 그들이 반대파를 형성하여 이탈을 부추기거나 연합 운동에 무관심하고 중립적인 자세를 취하도록 부추긴다 하여도 우리는 견뎌내야 한다. 이것이 하나님의 영광과 왕국의 안녕과 국왕의 명예를 위한 길이다. 우리는 평생토록 열정적으로 그리고 끊임없이 모든 반대 세력을 물리칠 것이며, 모든 방해 요소와 장애물을 극복하는 데에 힘을 쏟을 것이다. 우리 힘으로 물리치거나 극복할 수 없는 것은 주변에 널리 알릴 것이며, 그리하면 적절한 때에 예방되거나 제거될 것이다. 우리는 모든 일을 하나님 보시기에 합당한 대로 행할 것이다.

세 왕국은 하나님과 그의 아들 예수 그리스도를 대적하여 많은 죄를 범하고 그를 노엽게 하였고, 그 결과 현재의 고통과 위험이 도래하였다. 우리는 하나님과 세계 앞에 고백하며 선언하노니, 우리 세 왕국은 죄악을 범하여 순수한 신앙의 열정마저 비천하게 만들고 말았다. 특히 우리는 더할 나위 없는 복음의 유익을 귀하게 여기지 않았다. 복음의 순수함과 능력을 드러내기 위해 힘을 기울이지 않았다. 그리스도를 마음에 받아들이고 그와 함께 동행하려고 애쓰지 않음으로써, 우리 가운데 무수한 죄와 더러움이 넘치게 하였다…

겸손한 마음으로 주께 간구하오니, 당신의 성령으로 이 세상 끝까지 우리를 강건하게 하시며, 우리의 열망과 행동이 열매를 맺게 당신의 백성들의 구원과 안전으로 이어지게 하시고, 반그리스도적인 독재자들의 압제 밑에서 신음하는 그리스도의 교회들이 용기를 얻게 하옵소서. 그리하여 하나님의 영광이 나타나며, 예수 그리스도의 나라가 확장되고, 기독교 국가들이 평화와 안전을 누리게 하소서.

Gee and Hardy, *Documents Illustrative of English Church History.*

22. 알미니우스 신조(1610)

16세기 후반에 화란에서는 인간의 이성을 강조하며 신앙의 실천을 중시하는 인문주의적 경향이 나타났고, 이 진보사상의 선두주자는 야곱 알미니우스(Jacob Arminius, 1560-1609)였다. 그는 하나님의 은혜의 보편성과 인간의 자유의지에 대한 공감을 갖고 예정설을 반박했으며, 그의 사후에 유고 그로티우스를 대표로 하는 진보주의자들이 화란 국회에 칼빈주의의 5대교리를 논박하는 항의문을 발표하였다.

제1조. 하나님은 이 세계가 창조되기 전에, 그 아들 예수 그리스도 안에서 영원하고 불변한 목적을 갖고, 성령의 은혜를 통해 예수를 믿고 신앙 안에서 은혜를 통하여 끝까지 견디는 사람을, 타락한 종족 가운데서 구원하기 위해서 그리스도 안에서 그리스도 때문에 그리고 그리스도를 통하여 구원하신다. 한편 하나님은 믿지 않는 불신자들을 죄와 진노 아래 내버려

두시고 그들을 요한복음 3장 16절과 다른 성경 구절에 나와 있는 대로 그리스도께 유리되어 있는 사람으로 정죄하신다.

제 2 조. 세상의 구주이신 예수 그리스도는 모든 사람을 위하여 십자가에 죽으셔서 자기의 죽음으로써 모든 사람을 위한 구원과 죄의 용서를 이루셨다. 그러나 요한복음 3장 16절과 요한일서 2장 2절에 기록된 대로 믿는 자 이외에는 이런 죄용서함을 받을 수 없게 하셨다.

제 3 조. 인간은 반역과 죄의 상태에서는 자유로운 의지도 갖지 못하고 구원하시는 은혜도 갖지 못한다. 그리하며 인간은 스스로 선한 것을 생각하지도 행할 수도 없다. 결국 구원하는 믿음만큼 참으로 선한 것은 없다. 그러므로 인간은 성령을 통하여 그리스도 안에서 하나님에 의해 거듭나며, 이해력과 감정과 의지와 그 모든 능력에 있어서 새로워져야 할 필요가 있다. 그리할 때에야 요한복음 15장 5절에 나온 바대로 참으로 선한 것을 이해하고, 생각하며, 뜻하고, 실천할 수 있다.

제 4 조. 하나님의 은혜는 모든 선의 시작과 과정과 성취이므로 아무리 거듭난 사람이라 할지라도 일깨우며 협력하시는 은혜가 없이는 선을 행하거나 악의 유혹을 이겨낼 수 없다. 그러므로 인간이 생각한 모든 선한 행위와 운동(movement)은 그리스도 안에서 하나님의 은혜로 귀결된다.

그러나 그 은혜가 작용하는 양식에 있어서 인간은 그 은혜를 거절할 수 있다. 사도행전 7장과 그밖에 성경 구절들에는 성령을 거절했다는 많은 수의 이야기가 기록되어 있다.

제 5 조. 참된 신앙으로 그리스도와 연합한 사람들은, 그리하여 생명을 주시는 하나님의 영을 받은 사람들은, 사단과 죄와 세상과 그밖에 육에 대항하여 싸워 승리할 수 있는 충분한 힘을 부여받는다. 요한복음 10장 28절에 기록된 대로 성령의 도우시는 은혜와 모든 유혹에서 성령으로 도우시는 예수의 은혜로, 그리스도가 그의 손을 그들에게 뻗치심으로 (만일 그들이 이 싸움을 할 준비가 되어있다면 그리하여 그리스도의 도움을 구한다면 그들은 반드시 도움을 받을 것이다), 사단이 그들을 속임수와 폭력으로 오도

하거나 그리스도의 손에서 빼앗을 수 없도록 붙드신다. 그러나 그들이 그리스도 안에서 시작한 생활을 저버리고, 이 세상을 붙잡으며, 그들을 구원한 거룩한 교리로부터 이탈하거나, 그들의 선한 양심을 상실하고, 은혜를 소홀히 하는 그런 태만으로 인해 은혜를 상실할 수 있느냐에 관한 문제는, 확신을 갖고 가르치기 전에, 성경에 대한 정확한 심사가 있어야 한다.

이 신조들은 하나님의 말씀과 일치하고, 교회에 적합하며, 구원을 위해 충분함으로, 이 신조를 더 높이거나 더 낮추려는 그 어떤 시도도 필요가 없다.

Henry Bettenson, *Documents of the Christian Church* (Oxford University Press, 1967)

23. 화란의 도르트 신조(1618)

알미니우스의 진보주의 신학자들로 인해 정치적 종교적 갈등이 발생하자 화란의 도르트에서 세계 각지의 대표들이 모여 종교회의를 주재하였다. 그들은 만장일치로 알미니우스주의를 정죄하고, 무조건적인 선택과 은혜의 불가항력 등 엄격한 칼빈주의를 채택하여 정통파의 승리를 안겨다 주었다.

거룩한 예정

제1장 7조. 선택은 하나님께서 영원부터 중보자요 택한 자의 머리와 구원의 기초가 되신 그리스도 안에서 구원받은 자의 일정한 수를 뽑으신 것이다. 이는 하나님이 선하신 주권에 따라서 은혜로 된 것이며, 변할 수 없는 하나님의 뜻이다.

이 선택된 사람들은 그 본성이 버림받은 사람보다 더 선하거나 가치있는 것이 아니라 다같은 비참한 상태에 처해 있었다. 하지만 하나님은 그리스도에 의해 구원을 받도록 그들을 그에게 넘겨주시고 그들이 그의 말씀과 성령에 의해 부름을 받고 교통하도록 이끄신다. 또한 그들에게 참된 신앙과 의롭다는 인정과 성화를 주시고 그의 아들과의 강력한 교통을 가지며 마침내 하나님의 자비를 드러내어 그의 영광스러운 은혜의 풍족함을 찬양하도록 그들을 영화롭게 하실 것을 결정하셨다.

그리스도의 죽음과 인간의 구원

제2장 8조. 그리스도의 죽으심은 하나님의 가장 은혜로우신 뜻과 목적으로 된 것인데, 하나님의 아들의 보배로운 죽음으로 인해 모든 택함받은 자들이 생명을 얻어 구원에 이른다. 하나님이 택함받은 자들에게 믿음으로 의롭게 되는 선물을 주신 것은 그들에게 완전한 구원을 이루어주시기 위함이다. 즉 하나님의 뜻은, 그리스도께서 십자가에서 피흘려 죽으심으로, 영원 전부터 아버지께서 아들에게 주신 모든 사람을 구원하는 것이다.

인간의 타락

제3장 4장 8조. 모든 인간은 죄에서 잉태하며, 본질상 진노의 자식이다. 그러므로 인간은 스스로 선행을 할 수 없고, 죄악에 빠져서 죽을 수밖에 없는 노예상태가 되었다. 그러므로 성령의 중생케 하시는 은혜가 없이는 어느 누구도 하나님께로 올 수 없고, 하나님께 오려고도 하지 않으며, 죄악에서 새롭게 될 수 없다.

인간의 회심

제3장 4장 11조. 하나님은 택한 자들로 기쁘신 뜻을 이루시며, 참 회개를 이루신다. 그때에 택한 자들에게 외적으로 복음이 선포되도록 역사하시고, 성령으로 하나님의 영에 속한 일들을 분별하게 하시며, 새롭게 하는 영으로 사람의 깊은 곳까지 임하셔서 닫힌 마음을 여시고 굳은 마음을 부드럽게 하신다. 또한 마음의 할례를 이루어 죽었던 영혼을 소생시키시고, 악하고 불순종하는 완악한 마음을 순종하는 부드러운 마음으로 변화시키신다. 아울러 힘과 능력을 주시어 마치 나무가 열매를 맺듯이 선한 행실의 열매

를 맺게 하신다.

성도의 견인

제5장 3조. 죄에 거하며 사단의 유혹을 받아 회개하지 않는 사람은 스스로 강하다고 하는 생각을 버리지 않는 한 이 은혜 안에 거할 수 없다. 그러나 은혜를 주시는 하나님은 그리스도 안에 있는 성도들을 이 세상 끝까지 자비로 지켜주시고 능력으로 보존해주신다.

    Philip Shaff, *The Creeds of Christendom* (Grand Rapids: Backer Book House, 1983)

24. 웨스트민스터 신앙고백(1648)

크롬웰이 이끄는 혁명군이 전쟁에서 승리한 후 청교도들은 정치적 입지가 견고해졌고, 그리하여 영국과 아일랜드에서는 장로교에 기반을 둔 교리, 예배 의식, 치리, 그리고 교회 정치 등을 세울 것을 결의하고, 이러한 일을 추진하기 위하여 이들은 총회를 웨스트민스터에서 열었다. 그리하여 이 웨스트민스터 회의에서는 오늘날 장로교회의 기본 신앙고백서요 지침서인 대 소요리문답과 더불어 웨스트민스터신앙고백서를 작성하였는데, 이는 청교도들의 줄기찬 신앙 투쟁의 승리를 의미하는 것이었으며, 결국 이 고백서는 개혁파 교회의 신앙의 골격이 되었다.

성경에 관하여

제1장 1조. 하나님이 만드신 빛과 창조와 섭리의 역사가 하나님의 선과 지혜와 권능을 잘 드러내므로 사람들은 핑계할 수 없으나 그런 창조의 역사만으로는 구원을 이루는데 필요한 하나님의 뜻에 관한 지식을 얻기에 불충분하므로 하나님은 여러 경우에 여러 모양으로 자신을 계시하시고 교회에 선포하셨다. 그리고 그는 후에 보다 진리를 확고히 보전하며, 육의 부패

와 사단과 세상의 악에 대비하여 교회를 보다 견고히 두기 위해서 그 진리를 전적으로 기록하여 두시기를 원하셨으니 이것이 성경이다. 그리하여 하나님은 자신의 뜻을 자기 백성에게 계시하시던 이전의 방식들을 중단하셨다.

하나님과 삼위일체에 관하여

제2장 1조. 살아계신 참된 하나님은 한분만이 계시다. 하나님의 존재와 완전성은 영원하시며 가장 순수한 영이시다. 그는 몸이나 지체들이나 혹은 욕정을 갖지 않으시고, 보이지 않으시며 영원토록 변하지 않으시며, 무한하시다. 또한 그의 뜻을 온전히 알 수는 없고, 그는 전능하시며 가장 지혜롭고 거룩하시다. 그는 가장 자유로시며 가장 절대적이시다. 그는 자신의 불변하시고 의로우신 뜻에 따라 만물을 자기의 영광을 위하여 운행하신다. 그는 가장 자애롭고 은혜로우시며 오래 참으시고 선과 진리로 풍성하시다. 그는 죄와 허물을 용서하시며 자기를 열심히 찾는 자들에게 상을 베푸신다. 그렇지만 그가 행할 마지막날의 심판은 가장 정의롭고, 모든 죄를 미워하시며, 결코 그 죄를 간과하지 않으신다.

하나님의 영원한 예정에 관하여

제3장 3조. 하나님은 자신의 영광을 위하여 어떤 사람들과 천사들을 영원한 생명으로, 또 다른 사람들은 영원한 죽음으로 예정하셨다.

제3장 4조. 이처럼 미리 예정된 천사들과 사람들은 하나님의 불변의 계획 속에 있는 것으로서 그 수는 증가되지도 감소되지도 않는다.

제6장 1조. 인류의 최초의 조상은 사단의 간계와 유혹을 받아 금단의 열매를 먹음으로 죄를 지었으며 하나님은 자신의 영광을 위하여 그의 거룩하고 현명한 결정에 따라 인간의 그러한 죄를 허용하셨다.

하나님과 인간의 계약

제7장 3조. 하나님은 인간이 타락하여 하나님이 인간과 최초로 맺은 행

위계약을 준수할 수 없게 되자, 제2의 계약을 즐겨 맺으셨는데, 그것이 은혜계약이다. 하나님은 이 계약으로 죄인들에게 그리스도에 의한 생명과 구원을 은혜로 주시고 그들이 구원을 얻기 위해 그를 믿을 것을 요구하시며 생명으로 인치신 모든 사람들에게 성령을 약속하시어 그들이 즐겨 믿을 수 있게 하셨다.

자유의지에 관하여

제9장 3조. 인간은 죄로 인해 타락함으로서 구원에 동반하는 그 어떤 영적인 선도 행할 능력과 의지를 상실하였다. 그리하여 인간은 죄로 인해 죽은 자연인으로서 이런 선과는 전적으로 반대되어 스스로는 이런 선을 위하여 자신을 준비시킬 수가 없다.

의인에 관하여

제11장 1조. 하나님은 유효적으로 부르신 사람들을 또한 의롭다고 인정하신다. 이는 하나님이 그들에게 의를 주입시키는 것이 아니라 그들의 죄를 용서하시고 그들을 의롭다고 간주하시는 용납에서 오는 것이다. 이는 인간에게 있는 그 어떤 업적 때문에 오는 것이 아니고 오직 그리스도의 공로 때문이다…

성화에 관하여

제13장 2조. 성화는 전인적인 것이지만 현세에 있어서는 온전하지 못하다. 사람들의 모든 부분에는 부패한 잔해가 있어서 계속적으로 화해할 수 없는 싸움이 일어나고, 육체의 정욕이 영에 대항하고 또한 영이 육체에 대항한다.

구원하는 신앙에 관하여

제14장 1조. 선택된 사람들이 자신의 영혼의 구원을 믿게 하는 신앙의 은혜는 그들의 마음속에 있는 그리스도의 영의 역사이다. 또 이 은혜는 보통 말씀의 역사에 의해 받는다. 즉 이 신앙의 은혜는 말씀의 역사와 성례전

의 집행과 기도를 통하여 증진되고 강화된다.

선행에 관하여

제16장 2조. 선행은 하나님의 계명에 복종하는 행위이며 살아있는 신앙의 열매요 증거이다. 신자는 이러한 선행에 의하여 자신의 신앙의 확신을 강화시키며, 형제들을 교화하며… 하나님을 영화롭게 한다.

제16장 3조. 이러한 선행은 그들의 능력에서 나온 것이 아니라 전적으로 그리스도의 영으로부터 나온다… 그러나 그들이 성령의 특별한 감화를 받지 않으면 그 어떠한 의무도 수행할 필요가 없는 것처럼 태만하여서는 안 되고 다만 그들 안에 있는 하나님의 은혜를 부지런히 일깨워야 한다.

성도의 견인에 관하여

제17장 1조. 하나님이 그의 성령에 의해 유효적으로 부르시고 성화시킨 사람들은 전적으로 은혜의 상태에서 떨어져 나갈 수 없고, 그 은혜 안에서 끝까지 견디어 영원히 구원을 받을 것이다.

은혜와 구원의 확신에 관하여

제18장 4조. 구원을 받은 신자들도 그 확신이 여러 모양으로 흔들리고 중단될 수 있음으로 구원의 확신을 보존하는 일에 게으르거나 양심을 해치거나 성령을 슬프게 하는 죄에 빠지지 않도록 해야 한다…

그리스도인의 자유와 양심의 자유에 관하여

제20장 1조. 그리스도께서 복음으로 신자들을 위하여 이루신 자유는 죄와 하나님의 정죄의 진노와 도덕법의 저주로부터의 자유이며, 또 현세의 악한 세상과 사단의 노예와 죄의 지배에서 구출된 데 있다… 또한 이 자유는 노예적인 공포에 의해서가 아니라 어린아이와 같은 사랑과 자의로 되는 하나님에 대한 철저한 순종에 있다. 이 모든 것은 율법 아래 있던 신자들도 마찬가지로 공통된 것이었으나 새 계약 아래 있는 그리스도인의 자유는 더

크게 확장되어 유대 교회가 지키던 의식적 율법의 멍에로부터 자유로워져서… 율법 아래 있던 신자들이 가졌던 것보다 더 충분한 성령과의 교통을 누리게 되었다.

최후심판에 관하여

제33장 3조. 그리스도께서는 역경 가운데 있는 경건한 자들의 보다 큰 위로를 위하여 심판의 날이 있을 것이라고 분명히 말씀하시었다. 그러나 그리스도께서 언제 오실는지 모르기 때문에 그들은 모든 육적인 것들을 버리고 항상 깨어 있어야 한다.

Philip Shaff, *The Creeds of Christendom* (Grand Rapids: Backer Book House, 1983)

25. 시민 협정에서의 발췌문, 1649

'신성 동맹과 서약'은 영국에 개신교 체계를 정착시켰다. 주교 제도는 폐지되었고, 1645년에 "예배규칙서"(Directory)가 기도서의 자리를 대신 차지했다. 이처럼 강요된 칼빈주의는 많은 사람들의 반감을 샀고, 1648년에 크롬웰을 따르는 군대(Grand Army)가 획일적으로 강요되는 신앙에 반대하는 악정(惡政) 진정서(remonstrance)를 배포했다. 1649년 내전이 끝나갈 무렵 크롬웰이 권력을 잡았을 때, 시민들은 천주교인과 주교 제도 지지자를 제외한 모든 사람들에게 신앙의 자유를 허용하는 협정을 맺었다.

9. 신앙에 관해 다음과 같은 사항에 동의한다. (1) 기독교 신앙은 공적인 고백으로 받아들여져야 하며, 하나님의 말씀에 따라 기독교 신앙은 교리와 예배와 학문 분야에서 가장 올바른 모습으로 개혁되어야 한다. 신앙 교육은 국가적인 차원에서 이루어지지만, 강요해서는 안된다. 신앙 교육을 위해, 그리고 건전한 교리에 반대되는 이단과 그릇된 사상들을 발견하여 논

박하기 위해 유능한 교사들을 부양하는 것은 법으로 보장되어야 한다. 교사들의 생활비는 국고에서 충당한다. 카톨릭이나 고위 성직자 제도는 이 나라에서 공적으로 제시되거나 고백될 수 없다. (2) 어느 누구도 공적인 신앙 고백을 하도록 강요받지 않으며, 신앙을 고백하지 않았다고 하여 처벌받지 않는다. 하지만 건전한 교리와 친교를 통한 신앙의 확립을 위해 노력해야 한다. (3) 예수 그리스도를 믿음으로써 하나님에 대한 신앙을 표현하는 고백의 내용이 상기한 교리와 예배와 학문과 조금 다르더라도 속박을 받지 않으며, 오히려 자신의 양심에 따라 공적인 예배당이 아닌 다른 장소에서 신앙의 행위를 솔직히 고백한 자는 보호받아야 한다. 이같은 자유를 남용하여 다른 사람들에게 해를 입히거나 공적인 질서를 문란하게 하는 자는 용납하지 않는다. 그럼에도 불구하고 여기에 명기한 신앙의 자유에는 카톨릭과 고위 성직자 제도는 절대 포함되지 않는다. (4) 이 협약에 명시되어 있는 자유에 역행하는 모든 법과 명령과 법규는 폐지되거나 효력을 상실하게 된다.

Gee and Hardy, *Document Illustrative of English Church History.*

26. 크롬웰의 시대

아래의 문서는 크롬웰 시대의 종교적 혼란 상태를 어렴풋이 알 수 있는 단서를 제공해준다.

트레다 공략에 관한 크롬웰의 기록, 1648

나는 병사들에게 무기를 아끼지 말라고 명했다. 그날 밤 약 2천명의 남자들을 죽였고, 많은 관리들과 군인들은 도시 반대편의 다리를 통해 도망갔다. 성 베드로 성당의 첨탑에서 약 백명을 체포하고, 서쪽 문과 그 문 곁에 있는 '성 일요일의 탑'이라 불리는 둥근 탑에서 여러 명을 붙잡았다. 그들은 자비를 베풀어 달라고 사정했으나, 나는 성 베드로 성당의 첨탑에 불을 놓으라고 명령했다. 누군가 불길에 휩싸인 탑 속에서 죽어가며 소리질렀다. "제기랄, 망할 자식, 나를 태워죽이다니…"

이제 이 일이 어떻게 이루어졌는지 말하고자 한다. 나는 우리의 힘이나 능력이 아니라 하나님의 성령을 힘입어 위대한 일을 이룰 것이라는 확신이 들었다. 병사들로 하여금 그토록 용기를 내도록 하신 이는 하나님의 성령이시다. 그가 당신의 사람들에게 용기를 심어주셨고, 그것을 다시 거두어 가셨다. 적군에게도 용기를 주시고 다시 거두어 가셨다. 그러나 당신의 백성들에게 또 다시 용기를 주셨고, 그 용기로 인하여 이처럼 위대한 승리를 이끌어 내셨다. 그러므로 모든 영광을 하나님께만 드리는 것이 마땅하다.

이 사람들은 맨처음 수도원이었던 곳에 모여 집회를 가지기 시작했다. 점차 수가 늘어나자 교만해진 이들은 성 베드로 성당에 모여 공개적으로 미사를 드렸고, 바로 그곳에 개신교도들이 들이닥쳤다. 바로 그 장소에서 천 명 정도가 도망치다가 살륙되었다. 탁발 수도사들도 대부분 거기에서 살해 되었는데, 두 명은 그곳을 빠져나갔다. 그 중 한 명은 피터 타프 신부인데, 다음 날 군인들에게 체포되어 처형되었다. 나머지 한 명은 탑에서 체포되었는데, 탑 위에 있던 모든 사람들이 죽었다는 소리를 듣자 자신이 수도사라고 밝혔다. 하지만 그도 죽음을 면하지 못했다.

우리 병사는 백 명 정도가 사망했고, 많은 부상자도 발생했다.

찰스 1세의 처형 허가장

영국의 국왕 찰스 스튜어트에 대한 대법원의 판결문, 주후 1649년 1월 29일.

영국 국왕 찰스 스튜어트는 대역죄와 그 외의 중범죄를 범했으므로, 이 법정은 그의 머리를 몸에서 절단함으로써 처형할 것을 선고하노라. 이 판결문에 따라 사형 집행을 명한다. 사형은 1월 30일인 내일 오전 10시와 오후 5시 사이에 화이트홀 앞의 대로에서 공개적으로 집행될 것이다. 이 허가장은 자네들에게 사형을 집행할 권한을 부여해 줄 것이다. 영국의 모든 관리와 군인과 시민들은 사형 집행을 도와 줄 의무가 있다.

프란시스 핵커 대령, 헝크스 대령, 파이레 중위와 그들의 부하들에게 법의 이름으로 명함.

존 브래드쇼

토마스 그레이

올리버 크롬웰

외 47명.

찰스 1세의 처형

그의 나이 49세에 이처럼 끔찍한 살인과 반역이 자행되었다. 그는 상당히 건강했고 몸에는 활기가 넘쳤다. 살인자들은 그를 본 후에 이렇게 털어 놓았다. "그처럼 완벽하고 상처없는 건강한 몸은 본 적이 없다. 그의 체질이나 골격은 너무 뛰어나 계속 살았더라면 누구보다도 장수했을 것이다." 그의 시체는 며칠동안 일반인들에게 공개되어, 그의 죽음을 모든 사람들이 확인했다. 그는 약품 처리된 후, 관에 담겨 성 요한 성당으로 옮겨졌다. 그 곳에서도 며칠동안 머물러 있었다. 왕의 시체는 아무런 의식도 없이 매장되었고, 그 광경을 보며 눈물을 흘리거나 한숨을 쉬는 사람도 거의 없었다…

기독교 국가의 왕과 귀족들은 죽음을 당한 군주로부터 빼앗은 전리품을 서로 차지하려 하였다. 추기경 마카린은 오래 전부터 크롬웰의 행동을 칭찬했으며, 파리의 궁전을 장식했던 값비싼 침대와 커튼과 카페트를 구입했다. 찰스 1세에게 악의를 품고 있었던 스페인 대사는 많은 그림과 값비싼 물건들을 구입하여 배에 실어 스페인으로 코루나 항으로 옮겨가, 그 짐들을 열 여덟 마리의 노새에 실어 마드리드로 운반했다. 스웨덴의 여왕인 크리스티나는 훈장과 보석과 고가의 그림을 매입했으며, 크롬웰이 파송한 대사를 환대하고 동맹을 맺었다. 플랑드르 지방의 통치자였던 레오폴드 대공은 엄청난 돈을 지불하고 유명한 그림들을 사들였다… 주변 국가의 귀족들은 이런 방법으로 크롬웰이 영국에서 군주 정체를 뿌리 뽑도록 연합하여 도와주었다.

> T. Carlyle, *Letters and Speeches of Oliver Cromwell*, I(London, 1904); S. Gardiner, *The Constitutional Documents of the Puritan Revolution*, 1628-1660 (London, 1889); Earl of Clarendon, *History of the Rebellion and Civil Wars in England* (Oxford, 1843).

27. 5마일령, 1665.

각 지역에서 비국교도들의 거주를 제한한 법령이다.

여러 명의 교구 사제, 교구 목사, 부목사, 강사, 그리고 성직에 몸담고 있는 자들이 공동 기도서에 규정되어 있는 많은 사항들을 시행할 것을 거짓없이 동의한다고 공표하지 않았다. 그들은 영국 교회의 용례에 따르는 성례의 집행과 다른 교회의 의식이나 예식도 행하지 않았고, 국왕 집권 14년에 의회에 의해 제정된 법령인 "공동 기도와 성례 방식 통일령"을 받아들인다는 서명도 하지 않았다. 또한 상기한 법령과 후속 법령에 따라 주교, 사제, 부제로 나누어진 교회의 조직 형태도 인정하지 않았다. 그들을 비롯한 많은 사람들은 영국 교회의 규정에 적합하게 안수를 받지 않았으며, 대사령을 선언한 이후에도 그들은 이 나라의 법률에 위배되는 색채를 띠고 있는 종교의 불법적인 모임과 예배와 비밀 집회에서 설교를 하였다. 그러나 그들을 영국의 여러 지방에 분산시켜 국왕의 신하가 마음에 담고 있기에 적합하지 않은 분리주의의 유해한 원칙과 반항심을 제거할 수 있는 기회를 주었다.

2. 그러므로 영적이고 세속적인 일을 주관하는 귀족들의 충고와 동의를 힘입어, 왕의 뛰어난 위엄과 현 의회의 하원과 의회의 권위로서 이 법령을 제정하노니, 상기한 교구 사제, 교구 목사, 부목사, 강사, 그리고 성직에 몸

담고 있는 자들과 성직을 맡고 있다고 사칭하는 자들과, 모든 유급 목사들과 교회의 직분을 맡고 있는 자들, 그리고 앞에서 말한 법령에 규정된 내용에 동의한다고 선언하지 않은 자들은 아래의 서약에 서명할 것을 명한다.

"나는 왕을 대적하는 모든 불법적인 행동은 하지 않을 것을 맹세한다. 왕족과 왕에 의해 임명되어 공직을 수행하는 자들에게 대항하여 무장하는 반역적인 행동을 혐오한다. 나는 정부나 국가의 교회를 개조하려는 노력은 결코 하지 않을 것을 서약한다."

3. 왕국의 법률에 위배되는 종교의 불법 모임과 비밀 집회와 예배에서 설교하는 자는 누구든지 체포한다. 그들은 주후 1665년 3월 24일 이후부터 영국 국왕의 영토와 웨일즈와 베릭의 지정된 도시나 마을에서 5마일 밖으로 벗어날 수 없다. 이 나라의 법률에 위배되는 종교의 불법 모임과 비밀 집회와 예배에서 설교했던 교구 사제, 교구 목사, 부목사, 강사, 그리고 성직에 몸담고 있는 자들에게도 대사령을 적용하여 지정된 지역이나 마을의 5마일 범위에서 생활할 수 있도록 허락하다. 상기한 서약에 서명을 하기 전에는, 그리고 그들이 거주하는 지역의 재판관이 허락하기 전에는 인접한 도시나 지역의 왕래도 허용되지 않는다. 그들에게는 40파운드의 벌금을 부과한다. 그 중 $\frac{1}{3}$은 국왕과 그의 계승자들에게 귀속되며, $\frac{1}{3}$은 그들이 거주하는 교구의 빈민들의 구제를 위해 사용된다. 그리고 나머지 $\frac{1}{3}$은 벌금을 낸 자들이 소송하는 데 소요된다. 주로 빚 반환 소송, 고소장과 조서 작성, 웨스트민스터 법원의 공판 기록 열람 비용 등에 쓰인다. 또한 그들이 순회 재판, 고등 형사 재판소 등으로 옮겨 다닐 때 소요되는 비용으로 사용된다. 그들은 지정된 지역의 법원에서 재판을 받을 때 법의 보호를 받지 못한다.

> Peter Bayne, ed., *Documents Relating to the Settlement of the Church of England by the Act of Uniformity of 1662* (London: W. Kent Co., 1862).

참고 문헌

Baird, H. M., *The History of the Rise of the Huguenots of Franace*. New York: Charles Scribner's, 1900.

Butterwort, C. C., *English Primers*. Philadelphia: University of Pennsylvania Press, 1953.

McNeill, John T. Ed., Calvin: *Institutes of the Christian Religion*, Vol 1 (Philadelphia: The Westminster Press)

McNeill, John T. Ed., Calvin: *Institutes of the Christian Religion*, Vol 2, (Philadelphia: The Westminster Press)

Placher, William C., *A History of Christian Theology* (Philadelphia: The Westminster Press, 1983)

Clark, H. W., *History of English Non-Conformity*, 2 vols. London: Chapman and Hall, Ltd., 1911-13

Cragg, G. P., *Puritanism in the Period of the Great Persecution*, 1660-1688. Cambridge, Eng.: Cambridge University Press, 1957.

D'Aubigne, M., *History of the Reformation in England*, 2 vols. Ft. Washington, Pa.: Christian Literature Crusade, 1961.

Dawley, P. M., *John Whitgift and the English Reformation*. New York: Charles Scribner's Sons, 1954.

Dickens, A. G., *Thomas Cromwell and the English Reformation*. New York: The Macmillan Company, 1960.

Dort, J. L. C., *The Old Religion, English Reformation*. London: SPCK, 1956.

Dugmore, C. W., *The Mass and the English Reformers*. London: Macmillan & Co., Ltd., 1958.

Foxe, John, *Book of Martyrs*. Various editions.

French, Allen, *Charles I and the Puritan Upheaval*. Boston: Houghton Mifflin Company, 1955.

George, Charles and Katharine, *Protestant Mind of the English Reformation, 1570-1640*. Princeton: Princeton University Press, 1961.

Gerl, P., The Revolt of the Netherlands, 1555-1609. London: Williams and Norgate, Ltd., 1932.

Haller, William, *Rise of Puritanism*. New York: Columbia University Press, 1938.

Hutchinson, F. E., *Cranmer and the English Reformation*. New York: The Macmillan Company, 1951.

Jordan, W. K., *Development of Religious Toleration in England*, 4 vols. Cambridge: Harvard University Press, 1941.

Mackinnon, James, Groth and Decline of the French Monarchy, New York: David Mckay Co., Inc., 1902.

Milton, John, *Paradise Lost, Paradise Regained, Samson Agonistes*. Various editions.

Parker, T. M., *the English Reformation to 1558*. New York: Oxford University Press, 1952.

Patterson, M. W., *A History of the Church of England*. New York: David Mckay Co., Inc., 1909.

Pollard, A. F., *Thomas Cranmer*. London: Longman, Green & Co., Ltd., 1904.

─────, *Wolsey*. London: Longmans, Green & Co., Ltd., 1929.

Powicke, F. M., *Reformation in England*. New York: Oxford University Press, 1941.

Read, Conyers, *Social and Political Forces in the English Reformation.* Princeton: D. Van Nostrand Co., Inc., 1953.

Renwick, A. M., *Story of the Scottish Reformation.* Grand Rapids, Mich.: Wm. B. Eerdmans Publishing Co., 1960.

Smith, L. B., *Tudor Prelates and Politics,* 1536-1558. Princeton: Princeton University Press, 1953.

Sykes, Norman, *From Sheldon to Secker,* 1660-1768. Cambridge, Eng.: Cambridge University Press, 1959.

White, H. C., *Social Criticism in Popular Religious Literature in the Sixteenth Century.* New York: The Macmillan Company, 1944.

Zoff, Otto, *The Huguenots.* New York: L. B. Fischer Publishing Co., 1942.

연 대 표

1534	수장령
1536	칼빈의 기독교강요
1539	여섯 개 조항(The Six Articles)
1540	예수회가 교황 바울 3세에 의해 승인되다.
1541	프란시스 사비에르(1506-1552)가 인도로 항해하다.
1555	크래머, 리들리, 라티머가 순교하다.
1559	통일령
1563	39개신조
1564-1616	윌리암 세익스피어
1562-1563, 1567-1570	프랑스의 위그노 전쟁

1572	성 바돌로매 날의 대학살
1581	화란의 독립
1598	낭트 칙령
1603	천 명의 탄원서(Millenary Petition)
1608-1674	존 밀톤
1611	킹 제임스 역 성경
1618-1648	30년 전쟁
1619	도르트 대회
1620	아메리카에 청교도들이 상륙하다.
1647-1648	웨스트민스터 회의
1649	찰스 1세가 처형되다.
1655	왈도파 대학살, Piedmont
1682	갈리칸 선언
1665	5마일령
1667	밀톤의 실낙원
1678	존 번연의 천로역정
1685	낭트 칙령의 철회
1689	윌리암과 메리의 관용령

제 2 장
합리주의의 기승

I. 이성시대

    과학적이고 합리적인 정신이 현대인의 종교적 표현을 바꾸어 놓았다. 이런 합리적 정신은 17세기에서 시작하여 독일 계몽주의에서 그 정점을 이루었다.

    1648년에 웨스트팔리아 평화조약은 종교가 주도적 원인이었던 마지막 전쟁을 종식시키고, 유럽대륙의 개신교에게 신앙의 자유를 가져다주었다. 웨스트팔리아 조약은 옛 세대의 종말과 새 시대의 시작을 의미했다. 결국 이 새로운 시대는 새로운 권위를 살폈으니, 그 권위가 바로 인간의 이성이었다. 이성은 교회를 단순히 정신적 상징으로 대치시키고, 인간으로 하여금 이성이 인간 기원의 모든 비밀을 풀어줄 것처럼 믿게 만들었다. 그러므로 교황 이노센트 10세가 웨스트팔리아 조약을 "과거나 현재나 미래에 아무런 영향을 끼치지 못할 쓸데없는 조약"이라고 비난한 것은 이성시대에 교회의 권위가 얼마나 추락했는가를 보여주는 예언적 상징이라고 말할 수 있을 것이다. 말하자면 전통적인 기독교에 영향을 준 과학의 시작은 교황이 여전히 파문하고 면직시킬 수 있는 권한이 있다 하더라도, 사람들은 그런 교황의 권세를 경멸하고 무시했으며, 프로테스탄트 교회의 설교도 강단에서 위력을 발휘하지 못했다. 왜냐하면 인간의 삶은 종교가 아닌 다른 세계 즉 이성이 중심이 되고 있었기 때문이다.

이런 인간 이성에 대한 의존은 기독교에서 새로운 것은 아니다. 이성시대의 첫 출발은 헬라 철학이 기독교 전통에 영향을 준 초기 시대로 거슬러 올라간다. 또한 인간 이성에 대한 의존은 기독교 역사의 발자취에서 많은 사상가들 속에 발견된다. 한편 이성의 의존은 르네상스 시대에 에라스무스, 토마스 모어와 같은 사람들 속에서 만개했고, 루터가 1521년의 보름스 국회에서 성경과 올바른 이성에 호소한 것은 신앙을 검증하고 성경을 해석하는데 있어 이성을 사용한 역사적 선례를 남겼다고 말할 수도 있을 것이다.

또한 자연에 대한 인간의 탐구는 이 세계가 마치 인간이 조작할 수 있는 커다란 기계와 같다는 인상을 심어주었다. 말하자면 코페르니쿠스(Nicolaus Copernicus, 1473-1543)의 지동설은 이전의 기독교 우주관인 지구 중심의 우주관에서 태양 중심의 우주관으로 바꾸어 놓았고, 케플러(Johann Kepler, 1571-1630)와 갈릴레이(Galileo Galilei, 1564-1642)는 코페르니쿠스의 이론을 실증적으로 증명하였다.

한편 뉴톤(Sir Isaac Newton, 1642-1727)은 유럽을 다시 한 번 흥분으로 몰아넣었으니, 그는 수학의 이론으로 천체의 운행을 설명할 수 있는 논리인 만유인력의 법칙을 내 놓았던 것이다. 이런 뉴톤의 수학적 인과관계의 법칙은 우주에 나타난 자연법으로 우주관을 설명하는 근거를 만들어 주었다. 이는 하나님이 우주의 주재라는 신학적 가설을 해체시키는 인식을 보급시켰다. 뉴톤의 이런 사상은 불변하는 우주의 법칙을 발견하기 위한 단계를 조성시켰고, 뉴톤의 법칙으로 무장한 사람들은 옛 형태의 권위에 도전하며 이성의 존귀를 가져 왔다.

이렇게 모든 분야에 우주의 가이드로서 이성에 대한 인간의 확신은 보이는 과학적 성취에 열을 올리게 했고, 인간의 이성이 왜 종교적 계시보다 열등하냐는 목소리를 높이게하여 기독교적 신앙과 위신에 결정적 몰락을 가져왔다. 자유의지는 찬양되었고, 예정과 타락은 무시되었다. 원죄에 기초한 전통적인 강조에서 나타나는 것처럼 인간 이성과 문화에 대한 불신이 이성과 문화에 대한 의존과 존귀로 대치되었다. 이제 성경과 제도적 교회의 권위는 시대에 뒤떨어진 것으로 보였다.

이런 현상은 과학에서뿐만 아니라 철학에서도 마찬가지로 나타났다. 데카르트(Rene Descartes, 1596-1650)는 프랑스에서 태어났지만 대부분의 생애를 네덜란드에서 보내며, 1637년에 방법론 서설(*Discourse on Method*)을 출판했다. 그는 모든 개념은 그 사실이 입증될 때까지는 의심의 대상이 될 수밖에 없다고 말하였다. 데카르트는 그러한 근거를 자신의 사상 체계에서 찾았다. "나는 생각한다. 그러므로 나는 존재한다." 이를 근거로 그는 수학적인 분명성을 갖고 존재와 사상이 통합되는 하나님의 존재를 증명하고, 하나님 안에서 그 근거를 갖는 물질을 보여주려고 노력하였다.

로크(John Lock,1632-1704)는 이성주의의 흐름에 커다란 영향을 주었다. 그는 1690년의 "인간오성론"(*Essay Concerning Human Understading*)에서 인간의 오성에 생득적인 지식이 공급될 수 있다는 것을 부인하였다. 그는 인간의 마음은 백지라고 하였다. 그 백지의 마음에 우리의 감각이 인상을 새기고, 그것을 마음이 이념으로 형성하여 지식을 인식하게 된다는 것이다. 그래서 로크는 지식의 합리성은 감각이나 경험에 의해서 판단된다고 주장하였다. 그리고 그는 신의 존재도 인과 관계에서 증명될 수 있다고 보았다. 또한 그는 "기독교의 합리성"이란 책에서 기독교의 우수성을 합리성에서 찾았고 기적조차도 비이성적이 아니라고 하였다. 그는 성경의 윤리적 명령도 이성의 명령과 일치한다고 믿었다. 그는 참으로 이성과 경험이 모순되지 않는다는 것을 보여주려고 노력했다. 하지만 그는 당대의 철학자들과는 달리 그리스도를 자신의 진정한 메시아로 받아들였으며, 존 톨란드(John Toland)를 계시된 성경을 피상적인 것으로 만드는 자라고 비난하였다. 로크가 죽었을 때, 그는 영국교회의 찬사를 받았고, 그의 관용과 정치적 사상은 18세기에 크게 영향을 끼쳤다.

이렇게 대륙의 철학자이든 영국의 이성론자이든 그들은 종래에 볼 수 없었던 이성으로 신을 증명하고 설명하려는 물결을 야기시켰다. 동시에 이성의 합리적인 사고가 신앙을 압도하는 시대를 도래시켜 기독교에 나타나는 비과학적이고 비합리적인 신앙의 요소들을 제거하고 기독교를 합리적인 종교로 인식시키려는 분위기를 형성하였다. 이런 합리적인 사상은 근대 사상을 주도한 계몽주의 운동(Enlightment)의 기초를 이루었으며, 신앙이 아니라 이성적 사고에 근거하여 하나님의 존재를 생각하고자 하였다. 서양 기독교는 바로 이런 계몽주의 사상을 타고 이신론 논쟁을 벌였다.

II. 이신론 논쟁

계몽주의는 유럽의 지성, 이성, 자연, 인간, 신 등의 개념을 하나의 세계관으로 통합한 운동이다. 그 핵심은 이성이었고, 계몽주의자들은 이성에 의한 절대 진리의 검증을 주장하였다. 이성에 근거하여 사물을 보는 이러한 계몽주의 운동은 신앙에도 똑같이 적용되어 자연적 종교를 찾으려는 노력의 결과로 이신론이 생겨났다.

합리주의의 한 형태인 과학적 우주론으로서의 이신론은 일종의 자연종교 체계로서의 초월신을 주장하지만, 그 신은 우주의 창조자일뿐 세상의 운행과는 아무런 상관이 없는 타계의 신이다. 그러므로 이신론은 교회의 타락을 초래하여 심지어 사람들로 하여금 신과 악마, 천국과 지옥, 구원과 심판과 같은 절대적 진리도 믿지 않으려는 풍조가 생겨나게 했다.

특별히 이들의 주장이 기독교에 직접적인 혼란을 가져온 부분이 바로 계시 문제였다. 그들은 자연법칙을 계시로 대치하였다. 그래서 영국의 이신론자였던 톨랜드(John Toland, 1670-1722)는 "신비하지 않는 기독교"(*Christianity not Mysterious*, 1696)라는 책을 저술하였는데, 그는 증명할 수 없는 믿음은 모두 거절하였다. 그는 증명되지 않는 미신적인 구속에서 인간은 자유롭게 되어져야 한다고 주장하였다. 그는 성경을 합리적인 것만 받아들이려 하였고, 직업적인 종교주의자들을 예수의 분명하고 단순한 가르침을 애매하게 만드는 자들이라고 비난하였다. 이러한 주장은 기독교의 역사성과 계시를 철저히 파괴하는 역할을 하였다. 그러므로 종교지도자들은 그의 책을 공개적으로 사람들이 보는 앞에서 불태웠고, 심지어 그의 책을 밟는 기쁨을 누리기 위해서 집 마당에 일부러 그의 책을 갖다 놓기도 하였다.

1730년에 마태 틴달(Matthew Tindal, 1657-1733)은 "창조만큼 오래된 기독교"(*Christianity as Old as Creation*)를 썼다. 그는 그 책에서 자연종교가 인간이 필요로 하는 모든 것이며, 이는 이성에 의해 이해될 수 있는 것이라고 주장하였다. 그는 기독교에서 중요한 것은 창조만큼 오래되었다고 말하며, 이성에 맞지 않는 것은 피상적이며 미신적이라고 하였다. 또한 기적은 하나님이 만들어 놓으신 기계적인 법에 대한 모독이라고 주장하였다.

이처럼 계시된 기독교에 대한 공격과 주장들이 이신론자들 중에서 자유롭게 순환되었으나, 그렇다고 해서 이러한 이신론자들의 주장이 모두에게 수용된 것은 아니었다. 이들에 대한 반대 세력도 만만치 아니했다. 이신론을 정면으로 반대한 대표자는 윌리엄 로(William Law, 1686-1761)였다. 그는 "이성의 진상"(*The Case of Reason*, 1732)이란 책을 통해 이성이 도리어 무질서의 원인이요 인간의 부패의 원인이라고 선언하고, 하나님은 인간의 이성을 초월하시는 분이라고 논박하였다.

한편으로 이신론에 관한 논쟁은 조셉 버틀러의 "종교의 유추"(*Analogy of Religion*, 1736)의 출판으로 잠잠해지는 듯이 보였다. 버틀러는 전통적인 장로교 집안에서 자라나서 초기에 영국교회에 입교하였는데, 그는 그 책이 출판된 지 2년 후에 브리스톨의 주교가 되었고, 나중에는 두르함의 주교가 되었다. 그는 그 책에서 이신론자들이 계시를 반대하는 것과 같은 방법으로 우주와 자연의 과정에서도 반대할 수 있기 때문에, 역으로 설명한다면, 이신론자들에게도 하나님을 우주 위의 창조자로 신앙할 개연성이 있다고 하였다. 즉 그는 하나님이 존재하시며, 자연 질서의 운행은 동일하다는 이신론의 입장을 받아들였으나, 인간의 지식은 한계가 있으며 계시에 대한 이의처럼 자연에 대한 이의가 제기되기 때문에 계시와 자연의 저자는 동일한 분이라고 추정하였다. 이러한 개연성의 이론은 이신론자들에 대한 해답이 되었고, 수년동안 영국과 미국의 대학에서 과제물로 읽혀졌다.

이러한 이신론자들과 반이신론자들의 지속되는 서로간의 비판 속에서 18세기의 가장 영향력있는 영국 철학자인 흄(David Hume, 1711-1776)이 등장하였다. 그는 1739년에 발표한 "인간본성"(*Treatise of Human Nature*)에서는 이렇다할 주목을 받지 못하더니, 1757년에 "종교의 자연 역사"(*Natural History of Religion*)에서 이신론과 반이신론 사이에서 그 시대의 위대한 사상가로 부상했다. 그는 인과 관계의 이론으로 자연법칙을 해석하고 믿었던 이신론의 이론은 우리의 경험을 한 둘 연결시킨 정신작용의 허구에 불과하다고 비난하였다. 한편으로 그는 이신론자들을 논박한 것 못지 않게 기독교의 입장을 반대하였다. 말하자면 그는 경험 뒤에 있는 영원한 "나"를 부정함으로써 영혼 불멸성에 대한 철학적 근거를 부정했으며, 기적을 부인함으로써 교회에 심각한 도전을 안겨 주었다. 그는 "기적에 관한 에세이"(*Essay on Miracle*, 1748)에서 철학적 관념을 적용하여 기적의 정당성을 부정하고, 우리의 지식은 경험으로부터 오는 것이므로 경험은 자연의 이치와 맞아야 한다고 주장하였다. 그리하여 그는 기적을 주장함에 있어 인간의 오류와 속임수의 가능성을 생각해보아야 한다고 결론내린 것이다.

그러나 특별히 독일과 프랑스의 대륙에서는 18세기 후반에 이신론이 새로이 활성화되었는데, 그중에서 볼테르(1694-1778)는 그 선두주자라고 말할 수 있을 것이다. 그는 1726년부터 3년간 영국에 머물면서 이신론과 많이 친숙해졌다. 그는 하나님을 믿었으나 자연에 근거한 단순하고 윤리적인 종교를 고집했으며, 기독교를 비합리적인 사기라고 비난하였다. 그는 교회와 성경 그리고 당대의 여러 기독교 쟁점들에 대해 비난했으며, 결국에는 무신론으로 기울어 모든 권위를 불신했다.

한편으로 임마누엘 칸트(Immanuel Kant, 1724-1804)는 이성의 계몽된 시대를 그 정점으로 몰고 갔다. 칸트는 라이프니츠, 볼프, 흄, 루소 등의 지성인들에게서 영향을 받았지만, 1781년 순수이성비판을 출판하여 서양 사조의 새로운 전환기를 가져왔다. 즉 그의 논증은 이성에 대한 논증을 새로운 국면으로 이끌어갔다. 그는 경건한 집안에서 태어났기 때문에 기독교를 값어치없는 것으로 버릴 수는 없었고, 그의 철학적인 통찰은 흄처럼 단순히 회의주의에만 머물수 없었다. 그는 이전의 이성의 체계를 무너뜨리고, 지식의 새로운 이론을 만들어냈다.

그는 순수이성비판(1781)에서 신앙의 길을 열기 위한 이성의 한계를 설정하고, 우리의 외부적인 세계에 대한 지식은 시공간의 형태와 열두 범주로 우리의 마음에 들어온 감정의 결과라고 주장하였다. 그는 인간은 외부세계의 직접적인 지식을 가질 수 없다고 말하고, 다만 우리들은 우리의 마음에 조직된 감각만을 갖는다고 하였다. 그는 마음이 로크가 주장하는 것처럼 텅 비어 있는 것이 아니라 그 자체의 법을 가지고 있다고 말하고, 밖에서 들어오는 것들은 이 법에 의해 분류된다고 보았다. 그는 이것을 범주라고 규정하였다. 결국 지식은 밖에서 들어오는 법(경험론)과 마음안에 있는 법(생득적인 것)의 소산이라고 보았던 것이다.

그러나 그에 의하면 지식 자체가 다 나타나는 것은 아니다. 어떤 의미에서 마음이 만들어 놓은 범위 안의 것만이 지식이 된다. 그래서 우리의 지식이란 존재하는 것 모두를 보여주지는 못한다는 것이다. 그래서 외부세계와의 접촉이 경험을 이루나 우리들은 그 어떤 실제적인 실체를 알지 못한다고 하였다. 그래서 신이나 자연 종교를 객관적으로 다 서술할 수는 없다고 말한다.

하지만 이렇게 인간이 절대 지식에는 도달하지 못하지만, 행동을 하려 할 때 일종의 도덕적 의무감 같은 감정을 의식한다. 그는 이 문제를 실천이성비판(1788)에서 사람이 행동을 하려 할 때 어떤 '범주적 명령'을 받게 된다고 말하고, 이 범주적인 명령이 사람을 사람답게 하는 도덕적 법칙이며, 이것이 우리 의식 속에 내재되어 있다는 것이다. 이 범주적 명령의 개념에는 세 가지가 있는데, 그것은 자유, 영생, 그리고 하나님이다. 그래서 이 자유, 영생, 하나님에 대한 도덕적 의무감을 실천함으로 사람은 하나님의 아들이 된다는 것이다. 그리고 이 아들을 가장 상징적으로 잘 나타내 보이신 이가 바로 그리스도이며, 교회란 바로 이 도덕적 명령을 실천하는 자들의 공동체라고 말한다.

이러한 주장을 한 칸트는 합리주의적인 이신론의 수렁에서 계시종교를 구했다. 하지만 그렇게함으로써 그는 성경과 교회의 분명한 자리를 빼앗기고, 실제적으로는 종교를 도덕명령과 그 명령에서 산출된 실천으로 축소시켰다. 말하자면 그가 발전시킨 도덕의식은 필연적으로 종교 의식을 옹호하지는 못했던 것이다.

한편 영국의 퀘이커 교도인 토마스 페인(Thomas Paine, 1737-1809)은 1776년에 "상식"(*Common Sense*, 1776)을 통해 미국혁명과 밀접히 관련되었다. 그는 그 책에서 미국사람들에게 정치적인 자유의 문제에 관심을 불러일으켰다. 또한 그는 "인간의 권리"(*Rights of Man*, 1791)를 통해 프랑스혁명과도 밀접히 관련되었다. 그는 그 시대의 어느 사람보다도 더욱 왕성하게 이신론을 대변했다. 그는 프랑스에서 민주적인 노력을 기울였고, 루이 16세의 처형에 반대하다가 감옥에 갖히기도 하였다. 그는 하나님의 존재와 기적에 대해 많은 기독교들에게 의문을 가져다 주었다. 말하자면 본질적인 신앙을 거부한 그의 이론은 무신론적은 아니었지만 탈신앙적이었다.

이러한 이성주의에 근거한 이신론의 득세는 기독교의 초기 역사에 대한 회의론을 불러 일으켰고, 기독교의 역사적인 뿌리는 신적인 것이라기보다는 인간적이라는 극단적인 회의론이 대두되었다고 말할 수 있다. 이제 인간의 생각과 권리를 종교적인 권위로 억압할 수 없는 시대가 되었다. 이성론자들은 여러 가지 이론으로 서로 엇갈린 기독교에 대한 해석을 가했고, 결국 이러한 결과는 기독교에 대한 냉소주의를 낳았다. 한편 이러한 이성주의에 대한 반작용이 낭만주의 운동을 태동시켰고, 이성주의에 대한 가장 효과적인 대처는 다음 장에서 살펴볼 스페너와 진젠돌프 그리고 요한 웨슬리로 이어지는 경건주의 운동에서 찾을 수 있을 것이다.

1. 데카르트(Rene Descartes, 1596-1650)의 회의주의

> 데카르트는 지식은 오직 마음이 충분히 이해할 수 있는 것만이라고 단정하여 유럽 사상계에 심각한 혼란을 야기시켰다. 그는 모든 개념은 입증될 때까지 의심의 대상이며, 어떠한 입증도 수학적인 정확성을 가지고 증명할 때까지는 받아들일 수 없다고 말함으로 인식에 있어서 역사적인 전환점을 이루었다.

앞서 말한 바와 같이 나는 오래 전부터 실생활에 있어서 매우 불확실한 것임을 알고 있지만 마치 그것들이 의심하지 않는 것이 가끔 필요함을 느꼈다. 그러나 이제는 내가 오로지 진리 탐구에 몰두하고자 하기 때문에 이와 아주 반대되는 일을 해야 한다고 생각한다. 즉 조금이라도 의심할 수 있다고 생각되는 모든 것을 거짓된 것으로 버리고, 전혀 의심할 수 없는 어떤 것이 내 신념 속에 남아 있는가를 보아야 한다고 생각하였다.

우리의 감각은 때때로 우리를 속이기 때문에 감각이 우리의 마음속에 그려주는 대로 있는 것은 옳지 않다고 나는 생각했다. 그리고 기하학의 가장 단순한 문제에 관해서도 추리를 잘못하여 여러 가지 오류 추리를 하는 사람들이 있음으로 나도 다른 누구 못지 않게 잘못에 빠질 수 있다고 판단해서 내가 전에 논증으로 보았던 모든 추리를 잘못된 것으로 버렸다. 마지막으로 우리가 깨어 있을 때에 갖는 모든 생각과 똑같은 것이 우리가 잠들고 있을 때에도 우리에게 나타나는데, 이때 참된 것은 하나도 없음을 생각하고, 나는 이 모든 것이 내 꿈의 환상보다 더 참되지 못하다고 가정하기로 결심했다.

그러나 금방 그 뒤에 그렇게 모든 것이 거짓이라고 생각하고 싶어하는 동안에도 그렇게 생각하는 나는 반드시 어떤 무엇이어야 한다는 것을 깨달았다. 그리고 '나는 생각한다. 그러므로 나는 존재한다'라는 이 진리는 아주 확고하고 확실하여 회의론자들의 제아무리 터무니없는 사상들을 합치더라도 이것을 뒤흔들어 놓을 수 없음을 주목한다. 그리하여 나는 주저없이 이것을 내가 찾고 있던 철학의 제일원리로 받아들일 수 있다고 판단한다.

그 다음에 내가 무엇인지를 주의하여 검토하고 또 내가 신체를 전혀 갖고 있지 않으며, 도대체 세계도 없고 내가 있는 장소도 아예 없다고 가상할 수 있으나, 그렇다고 해서 내가 전혀 없다고 가상할 수는 없다. 오히려 이와는 반대로 다른 것들의 진리성을 의심하려고 생각하는 바로 이 사실로부터 내가 있다는 것이 아주 명백하고 확실해진다. 역으로 말해서 만일 내가 생각하기를 그치기만 하면 설사 내가 그때까지 상상해 온 나머지 모든 것이 참이라 하더라도 내가 있다고 믿을 아무 이유도 없다는 것을 알았다. 여기서 나는 내가 하나의 실체요, 그 본질 내지 본성은 오직 생각하는 것이요, 또 존재하기 위하여 아무 장소도 필요없고, 어떠한 물질적인 것에도 의존하지 않는 것임을 깨달았다. 따라서 바로 나 즉 나를 나 되게 하는 정신은 신체와 전혀 다른 것이요 또 신체보다 인식하기가 더 쉬우며, 설사 신체가 없다고 하더라도 어디까지나 온전히 스스로를 보존하는 것이다.

이 다음에 나는 일반적으로 한 명제가 참이 되고 확실한 것이 되기 위해서 필요한 것이 무엇인지를 생각해 보았다. 왜냐하면 방금 나는 참되고 확실한 한 명제를 발견했음으로 그 확실성이 무엇에서 성립하고 있는지도 알아야 하겠다고 생각했기 때문이다. 그리고 '나는 생각한다. 그러므로 나는 존재한다'라는 명제에 있어서 내가 진리를 말하고 있음을 나에게 확신하기 위해서는 내가 아주 명석하게 본다고 하는 것 외에는 아무것도 없음을 깨닫고, 나는 우리가 아주 분명하게 마음속에 생각하는 것은 모두 참되다라는 것을 일반적 규칙으로 인정할 수 있다고 판단하였다.

Rene Descartes, *Discourse on method* (New York: Liberal Arts Press, 1956)

2. 경험론자 데이비드 흄(David Hume, 1711-1776)의 기적론

흄은 경험론자로서 철저한 회의주의 입장을 취하여 기독교의 기적을 부인하였다. 그의 기독교 기적에 대한 비판은 기독교의 초기 역사에 대한 회의론을 불러 일으켰고, 기독교의 역사적인 뿌리는 신적인 것이라기보다는 인간적이라는 극단적인 회의론을 대두시켰다.

우리는 사람들이 증언한 것 그리고 증인이나 목격자의 보고서에 의거하는 것보다 살아가는 데 더 일반적이며 유용하고 필수적이기조차 한 그런 이성적 추리 같은 것은 없다는 것을 살펴볼 수 있다…
이런 종류의 논증에 있어서 우리가 갖는 확신은 오직 인간의 증언이 진실하다고 하는 것에 대한 우리의 관찰 결과에서만 나온다는 것을 살펴보는 것으로 충분할 것이다. 모든 대상들이 다 서로 관찰 가능한 연관성을 가지고 있지는 않다는 것, 그리고 우리로 하여금 한 대상에서 다른 대상을 이끌어 낼 수 있도록 해주는 추론들 모두는 단지 그 대상들이 지속적이고 규칙적으로 연접해 있다고 하는 우리의 경험에 기초하고 있을 뿐이라는 사실은 일반적인 격언이다. 어떤 사건에 대한 어떤 사람의 증언을 위해 이 격언에 예외를 허용할 필요가 없다는 것은 자명한 일이다. 어떤 사건과 그 사람과의 연관성은 그 자체로 볼 때 다른 어떤 사건과 마찬가지로 거의 필연적이지 않은 것 같다. 사람들이 기억력이 어느 정도까지 확실하게 뛰어나지도 않고, 진리에의 경향과 결백함의 원리도 통상 가지고 있지 않고, 오류를 범하고도 부끄러움을 느낄 줄 모른다면, 우리는 인간의 증언을 결코 믿을 수 없을 것이다. 또한 만일에 사람들은 어느 정도까지 확실한 기억력도 가지고 있고 진리를 사랑하고 결백함의 원리도 가지고 있으며, 오류를 범하면 부끄러워 할 줄도 안다는 것은 인간 본성의 본래적인 성질들이라는 것이 경험에 의해 밝혀지지 않는다면, 우리는 인간의 증언을 결코 믿을 수 없을 것이다. 헛소리로만 해되는 사람, 혹은 잘못과 나쁜 짓을 행하기로 유명한 사람은 우리에게 영향력을 행사할 수 없다.

그리고 목격자와 인간의 증언으로부터 나온 증거는 지나간 경험에 근거를 둔 것이므로, 증거는 경험에 따라 다르고 또한 어떤 지속적인 것이냐 아니면 가변적인 것이냐에 따라서 증거는 증명으로 간주될 수도 있고, 개연적인 가능성으로 간주될 수도 있다. 이런 종류의 모든 판단들을 숙고함에 있어 고려해야 할 수많은 상황들이 있는 것이고, 그런 판단들에 연관하여 발생할 수 있는 모든 논쟁들을 우리로 하여금 판결하게 하는 궁극적인 기준은 언제나 경험과 관찰로부터 나온다…

기적이란 자연법칙들에 대한 위반이다. 그리고 아주 확고하게 변경불가능한 경험이 자연법칙들을 성립시키므로, 사실 그 자체의 본성에 의거하여 기적에 반대하는 증명은 경험에 근거한 어떤 논증이 그렇다고 상상할 수 있는 것처럼 완전하다. 모든 사람은 죽을 수밖에 없다는 것, 납은 그 자체로는 공중에 떠 있을 수 없다는 것, 불은 나무를 태우고 물에 의해 꺼진다는 것과 같은 사건들이 가능한 일 이상인 이유는 무엇인가? 만일 그렇지 않다면 이들 사건들이 자연법칙에 응하는 것처럼 드러나 보일 뿐이고, 이들 법칙들에 대한 위반 혹은 그런 사건들이 계속되도록 보호하는 기적이 요구되어 있는 것인가? 그것이 자연의 통상적인 과정 안에서 발생한다면, 기적이라고 생각될 것은 아무 것도 없다. 건강해 보이는 사람이 갑자기 죽은 것은 기적이 아니다. 왜냐하면 그 같은 죽음은 비록 항상 그런 것은 아니지만 종종 일어나는 일로 목격되기 때문이다. 그러나 죽은 사람이 다시 살아난다면 그것은 기적이다. 왜냐하면 어떤 시대에도 어떤 지역에서도 그런 일이 목격된 적이 없기 때문이다. 그러므로 모든 기적적인 사건에 반대할 수 있는 한결같은 경험이 존재함이 틀림없다. 그렇지 않다면 어떤 사건이 그 같은 명칭을 부여받을 수도 없을 것이다. 한결같은 경험은 증거가 될 수 있기 때문에, 사실의 본성으로부터 나오는 직접적이면서도 충분한 증거는 어떤 기적적인 것이 실재한다는 것을 공격할 수 있다. 그와 같은 경험의 증거는 파괴될 수 없으며, 우월한 힘을 갖는 반대되는 증거에 의하지 않는다면, 그 기적은 믿을 수 없는 것이 된다.

증언이 다음과 같은 것, 즉 그것의 거짓됨이 그것이 확정하려고 하는 사실보다 더 기적적인 것일 때가 아니면, 어떤 증언도 기적을 확증하기에 충분하지 않으며, 또한 그 경우에 논증들의 상호 파괴가 있어서 우월한 것이 열등한 것을 공제한 후에도 남는 힘만큼의 확신을 우리에게 부여한다는 것은 분명한 귀결이다(그리고 이것이 우리의 주목을 받을 가치가 있는 일반적인 격률이다). 어떤 사람이 죽었다가 다시 살아난 것을 보았다고 누군가 나에게 말할 때, 나는 즉시 곰곰이 생각하게 된다. 그렇게 말한 사람은 속고 있는 것이거나 속이고 있는 것이 아닐까? 그가 말하는 사실이 실제로 일어났다고 하는 것이 가능할까? 하고 나는 하나의 기적을 다른 기적에 대칭시켜 저울질해 보아서 내가 발견해 낸 우월성에 따라서 결정을 내리고 그보다 더 큰 기적은 언제나 인정하지 않는다. 만일 그의 증언이 허위라는 것이 그가 말하고 있는 사건보다 더 기적적인 것이라고 한다면, 그때 비로소 그는 나의 믿음이나 견해를 지배하려고 할 수 있을 것이다.

앞선 추리에서, 우리는 기적이 존재한다는 증언이 완전한 증명에까지 도달할 수도 있을 것이며, 그 증언이 거짓이라고 하면, 그것이 더 큰 놀라운 일이 될 수도 있을 것이라고 가정해 보았다. 그러나 우리는 그렇게까지 개방적으로 생각할 필요는 없다는 것과 충분한 증거에 기초하여 설정된 기적적인 사건이란 결코 존재한 적이 없었다는 것을 제시하는 일은 쉬운 일이다.

그 이유는 다음과 같다.

첫째, 모든 기만으로부터 우리를 완전히 보호해 줄만큼 충분히 분별력이 있고 교육받아 학식 있는 사람들, 그리고 다른 사람을 속이려고 한다고는 도저히 생각할 수 없을 만큼 고결한 사람들, 그들이 잘못을 저지르고 있다고는 생각할 수 없게 인류에게 믿음을 주고 명성을 가진 사람들, 그리고 또한 너무도 유명하여 세상에 알려지지 않을 수 없을 정도로, 그리고 공공연한 방식으로, 이행된 사실들을 증거로 대는 사람들, 이런 사람들 모두에 의해 증명된 어떤 기적은 전 역사를 통해 아직 발견된 적이 없다. 그런 모든 정황들은 사람들이 증언할 때 우리로 하여금 충분히 믿게 하는 데 필수적인 것들이다.

둘째로, 우리는 인간 본성에서 일종의 원리를 찾아 볼 수 있다. 그것은 어떤 경이적인 것에 대한 누군가의 증언으로부터 가질 수도 있는 확신을 극단적으로 감소시키는 것으로 판명되리라는 것이다. 우리가 추리할 때 통상적으로 의존하게 되는 기준은 우리가 아직 경험하지 못한 대상들을 우리가 경험했던 대상들과 유사하리라는 것이다. 즉 우리가 늘 통상적인 것이라고 알아 왔던 것들은 언제나 일어날 확률이 가장 높은 것이리라는 것이다. 그리고 논증에 대립되는 것이 있다면, 과거에 가장 많이 관찰되었던 어떤 것을 택하게 될 수밖에 없다는 것이다. 그렇지만 이 규칙에 따라서 나아갈 때, 우리는 일상적인 시각에서 볼 때 이상하고 믿기 어려운 어떤 사실을 당연히 거부하게 됨에도 불구하고 어떤 것이 아주 부조리하고 기적적인 것으로 받아들여 질 때, 이것은 정신의 능력 모두를 파괴시켜 버릴 수밖에 없는 바로 그런 상황 때문에 더욱더 그같은 사태를 인정하게 된다. 기적으로부터 발생하며, 느낌이 좋은 감정인 놀라움과 경이는 그런 감정을 불러일으킨 사건을 믿게 만드는 감각적인 경향이 있다. 그리고 이것은 이런 종류의 쾌락을 즉각 즐길 수도 없고, 그들에게 알려진 그 같은 기적적인 사건들을 믿을 수도 없으며, 더 나아가서 간접적으로나 혹은 반동으로도 그 쾌락에 동참하기를 꺼려할 뿐만 아니라 다른 사람들의 감탄을 야기시키기를 좋아하지도 그것을 뻐기지도 않는 사람들에게까지 영향을 미친다…

셋째로, 모든 초자연적이고 기적적인 이야기들에 대항할 강력한 추정 근거는 그런 이야기들이 야만적인 나라와 무지한 나라들에 주로 널리 퍼져 있다는 것이 관찰된다는 점이다. 또는 만일 문명인이 그 이야기들 중에 어느 것을 인정했다고 한다면, 그 사람은 언제나 들려 오는 풍문들에 수반되는 힘 때문에 그리고 어쩔 수 없이 그것을 인정하기 때문에 그 이야기를 전해 들었다는 것을 발견하게 될 것이다…

　현명한 독자는 이들 기이한 역사가들의 글을 읽고서 그같이 경이로운 사건들이 요즘 세상에는 전혀 일어나지 않는다는 것은 이상한 일이라고 말하는 경향이 있다. 그러나 모든 시대에서 사람들이 거짓말을 할 수 있다는 것은 놀라운 일이 아니다…

　그래서 위의 내용들을 토대로 어떤 종류의 기적을 위한 증언도 그것이 기적일 가능성을 밝혀주지 못하며, 더군다나 기적에 대한 증거가 될 수는 없다는 것이 드러난다. 그리고 또한 그것을 증거에 해당하는 것이라고 상상한다 하더라도 그것을 밝혀보려고 애쓰는 사건 그 자체의 본성으로부터 생겨나는 또 다른 증거에 의해 공격당할 것이라는 것도 드러난다. 사람들의 증언에 권위를 부여하는 것은 오직 경험뿐이다. 그리고 자연법칙을 우리가 신뢰하는 것도 그 같은 경험이 있기 때문이다. 그러므로 이들 두 종류의 경험이 서로 모순될 때, 우리는 하나의 경험으로부터 다른 하나의 경험을 빼버릴 수밖에 없으며, 남는 것에서 생기는 확신에 따라 둘 중 하나의 경험에 근거한 생각을 받아들일 수밖에 없다. 그렇지만 여기에서 설명한 원리에 따라서 아무 것도 남지 않는다는 것을 다음과 같은 격률로 나타내 볼 수 있을 것이다. 즉 인간의 어떤 증언도 기적을 증명할 만큼의 힘은 가질 수 없으며, 따라서 그런 증언이 어떤 종교 체계를 뒷받침해 줄 정당한 근거가 될 수는 없다는 것이다.

　그러나 영국사를 쓰는 모든 역사가들이 1600년 1월 1일에 엘리자베스 여왕이 죽었다고 썼다고 해보자. 그리고 그녀가 죽기 전과 마찬가지로 죽은 후에도 그녀의 주치의들과 모든 조정 신하들이 평상시와 마찬가지로 호위병들과 함께 있는 그녀를 보았다고 썼다고 해 보자. 또한 그녀의 계승자가 의회에 의해 인준되고 선포되었다고 썼다고 해 보자. 그리고 또한 매장 후 한 달 뒤에 다시 살아나서 왕권을 되찾고, 그후 3년 동안 영국을 다스렸다고 해 보자. 그렇다면 나는 그와 같이 말도 안되는 이야기에 역사가들이 동의하고 있다는 것에 놀라며, 그처럼 이상한 이야기를 믿을 생각은 추호도 없다. 나는 그녀가 죽은 것처럼 꾸며졌고, 그 뒤에 일어난 모든 상황들도 다 꾸며진 것이라는 것을 결코 의심하지 않는다. 나는 그런 일을 다 꾸며진 것이고, 그런 일은 정말로 일어났던 것도 아니고, 또 일어날 수도 없다고 단언하겠다. 여러분은 엘리자베스 여왕이 그 같은 바보 같은 농간으로 얻는 이득은 거의 없고, 아니 전혀 없다… 그렇지만 나는 여전히 사람들의 속임수와 어리석음은 너무나도 일상적인 현상이고, 따라서 자연법칙에 대한 뚜렷한 위반을 인정하기보다는 차라리 아주 이상한 사건은 사람들의 의견일치로부터 생겨났다고 믿는다고 그들에게 답하겠다…

David Hume, "Of Miracle," from *An Enpuiry Concerning the Human Understanding* (Oxford: The Clarendon Press, 1877, 1894).

3. 자유사상가 볼테르(Voltaire, 1694-1778)의 냉소주의

볼테르는 프랑스의 이신론자이며 자유사상가로서 예수회 학교에서 교육을 받았을지라도 기존의 종교를 대담하게 풍자하여 논박했다. 그리하여 그는 이런 독설 때문에 바스티유 감옥에도 갇히기도 하였는데, 그의 반항적인 정신은 프랑스 혁명의 사상 분야에 영향을 끼쳤고, 모든 분야에 걸친 그의 냉소주의는 많은 대적자를 낳았다. 아래의 글은 볼테르가 취한 파스칼에 대한 독설을 담은 글이다.

파스칼의 명상록에 대한 비판

파스칼의 명상록에 대해 내가 오래 전부터 발표해온 비판의 글을 여러분이 상기해주기를 바란다. 그렇다고 해서 나를 사로몽의 모든 책들을 불살라 버리게 한 에제이카와 비교해서는 안될 것이다. 나는 파스칼의 재능과 유려한 문장을 높이 평가한다. 그러나 그를 존중할수록 나는 그가 종이 위에 아무렇게나 내팽개치듯 쓴 글들을 다시 검토하여 수정했어야 옳았다고 생각한다. 그래서 나는 그의 재능을 찬탄하는 까닭에 그의 생각 몇 가지를 비판하지 않을 수 없다. 이 명상록을 쓸 때 파스칼의 기본 의도는 인간의 비참함을 명확하게 드러내 보이려고 한 것 같다. 그는 애써 우리 모두를 악하고 불행한 것으로 묘사하려고 하였다. 마치 예수회 종파들에 대항하듯 인간의 본성에 대항하여 글을 쓴 것이다. 몇몇 사람들에 국한된 속성을 우리들 인간 전체의 본성으로 만들고 있다. 아름다운 문장으로 모든 인류에게 모욕을 주고 있는 것이다.

나는 이 지고한 염세주의자에 대항하여 인류의 편을 들고자 한다. 그가 말하듯 그처럼 우리가 악하지도 불행하지도 않다는 것을 감히 주장한다. 만일 그가 집필을 계획했던 책에서 그의 명상록에 나타나는 의견을 더욱 개진해 나갔다면, 그 책은 유려한 문장으로 표현된 오류와 교묘하게 추론된 허위로 가득찬 것이 되었을 것이라고 나는 생각한다. 기독교의 교리를 증명하기 위해 근래에 쓰여진 그의 저서들도 의도하는 다르게 오히려 역효과를 낸다고 나는 본다. 그의 저서들은 예수 그리스도나 사도들보다도 더 아는 게 많다고 자처하고 있지 않은가? 그것은 떡갈나무를 갈대로 둘러 싸서 보호하려는 행위와 같다. 그러한 갈대들을 치워버린다고 해서 그 나무에 해가 될 것은 없다.

나는 신중을 기해서 파스칼의 명상록 중 몇 부분을 선택하여 그에 대한 나의 견해를 피력하고자 한다. 옳고 그른지에 대한 판단은 여러분에게 맡긴다…

파스칼의 내기에 대한 주장에 대해서 말한다면, 그는 신이 존재한다는 쪽에 걸지 않는다는 것은 그가 존재하지 않는다는 쪽에 거는 것과 같다고 말했는데, 이는 분명히 옳지 않은 말이다. 무언가 확실히 알고자 하는 사람이라면, 이쪽에도 저쪽에도 걸지 않을 것이 분명하기 때문이다.

더구나 이 항목은 약간 무례하고 유치해 보인다. 이득과 손해 도박이라는 관념은 엄숙한 주제에 적합하지 않다.

또한 어떤 사물을 믿음으로써 내가 이득을 가진다고 해서 그것이 곧 그 사물의 존재를 증명해주는 것은 아니다. 만일 당신이 옳다는 것을 내가 믿어준다면 당신이 내게 온 세상을 다 주겠다고 말했을 때에 나는 당신이 옳기를 진심으로 바랄 것이다. 그러나 당신이 그것을 증명해주지 않는 한 나는 당신을 참으로 믿을 수 없는 것이다.

우선 우리의 이성을 설득시켜 달라고 파스칼에게 말하리라. 신이 있다면 내가 이로울지 모른다. 그러나 당신의 사상체계에서처럼 신은 극소수의 사람들만을 위해 존재하시고, 그 소수의 선택받은 자들이 그토록 엄청난 존재들이고 우리 스스로 할 수 있는 것이라곤 아무 것도 없다면 당신 말을 믿는다고 우리에게 이로울 게 어디에 있는가? 그 반대를 믿는 편이 더 이롭지 않은가? 백만 명 중 한 사람만이 겨우 기대할 권리를 가질까 말까한 그 영원한 행복을 당신은 감히 어떻게 우리에게 제시하려 드는가? 우리를 설득시키기를 원한다면, 다른 방식을 택하라. 도박이니 우연이니 내기니 동전의 앞면이니 뒷면이니 하지 말라. 우리가 원하고 우리가 나아가야 할 길에 가시덤불을 덮어서 우리를 두렵게 하지 말라. 오묘하지만 연약한 자연의 소리가 신이 존재하고 있음을 보여주는 것이라고 소리높여 외치지 않는다면, 당신의 논리는 무신론자들을 만들어내는 데 적격일 것이다.

볼테르 "철학서한"(*Letters Philosophiques*), 박영혜 역(서울: 삼성문화문고, 1978)

4. 임마누엘 칸트(Immanuel Kant, 1724-1804)의 순수이성비판

칸트는 1781년에 순수이성비판을 출판하여 서양 사조의 새로운 전환기를 가져왔다. 그는 이전의 이성의 체계를 무너뜨리고 지식의 새로운 이론을 만들어냈다. 그는 이성주의와 낭만주의의 두 극단을 피하고 인간의 심원한 감정을 실천적인 종교의 확신과 도덕적 행동의 기초로 보았다

이성의 사변적 원리에서 성립한 모든 신학의 비판

순수이성비판 제3장 제7절 이성의 사변적 원리에서 성립한 모든 신학의 비판

나는 신학을 근본적 존재자의 인식으로 이해하고 있거니와 그것은 단지 이성신학이거나 혹은 계시신학이다. 이성신학에서는 그 대상을 단지 순수이성의 선험적 개념에 의해서 생각하는 것이 있는 바 이것을 선험적 신학이라고 부르며 또 자연(우리의 마음)에서 취한 개념을 통하여 그 대상을 최고의 예지자라고 부르는 것이 있는 바 이것은 자연적 신학이라고 부르지 않으면 안된다. 선험적 신학만을 용인하는 자는 이신론자라고 부르고 또 자연적 신학도 용인하는 자를 일신론자라고 부른다. 이신론자는 우리가 근본적 존재자의 현존재를 단지 이성에 의해서만 안식할 수 있다는 것을 승인하지만 그러나 이 근본적 존재자에 관한 우리의 개념은 단지 선험적인 다시 말해서 모든 실재성을 갖고는 있지만 그러나 그 이상 더 자상하게 규정할 수 없는 존재자의 개념에 불과한 것이다. 자연신학은 이성이 자연과의 유추에 의해서 대상을 상세히 규정할 능력을 갖는다. 다시 말하자면 대상을 오성과 자유를 통하여 다른 모든 물의 근본적 원인을 자체 중에 포함하는 존재자로 규정할 능력을 갖고 있다고 주장한다. 이리하여 전자는 근본적 존재자를 다만 세계원인(이 존재자의 본성의 필연성에 의해서인지 혹은 자유에 의해서인지는 미결문제로 남겨두고)으로 표상하고 후자는 세계창조자로 표상한다.

선험적 신학은 근본적 존재자의 현존재를 경험 일반으로부터(경험이 속하는 세계에 대해서는 무어라고 규정하는 바 없이) 도출된다고 생각하거나 혹은 전혀 경험의 조력을 요하지 않고 단지 개념만으로 그 현존재를 인식하려고 하는 바 전자를 우주론적 신학이라고 부르고 후자를 존재론적 신학이라고 부른다.

자연신학은 세계 창조자의 특질과 현존재를 이 세계에서 발견되는 성질 즉 질서와 통일에서 추리하거니와 세계에는 두 가지 종류의 인과성과 그

규칙 즉 자연과 자유가 있다는 것을 인정하지 않으면 안된다. 그러므로 자연신학은 이 세계로부터 올라갈 최고의 예지자를 모든 자연적 질서와 완전성의 원리로 보거나 혹은 모든 도덕적 질서와 완전성의 그것으로 본다. 전자의 경우에는 자연신학 후자의 경우에는 도덕신학이라고 부른다.

도덕신학은 신학적 도덕이 아니다. 왜냐하면 신학적 도덕은 최고 세계 지배자의 현존재를 전제하는 도덕법을 포함하지만 도덕신학은 그와 반대로 도덕을 근거로 하고 최고존재자의 현존재를 확신하는 것이기 때문이다.

사람들은 일반적으로 신이라는 개념을 단지 맹목적으로 활동하는 영원한 자연과 같은 만물의 근원으로 보는 것이 아니라, 오성과 자유에 의하여 만물의 창조자가 되어야 할 최고존재자로 보고 있다. 그리고 또 이러한 개념만이 우리의 관심을 끈다. 그렇기 때문에 엄격하게 말하면 이신론자에게서는 신에 대한 모든 신앙이 거부되고, 결국 근본적 존재자나 혹은 최상의 원인의 주장만이 남게 된다. 그러나 그 누가 그 무엇을 감히 주장하지 않는다고 해서 그가 그것을 전연 부인하려 한다고 책할 수는 없는 것이다. 그렇기 때문에 이신론자는 신을 신앙하지만, 일신론자는 최고 예지자(summam intelligentiam)를 신앙한다고 말하는 것이 온당하고 공평할 것이다…

나는 신학에 관해서 이성을 단지 사변적으로 사용하려고 하는 모든 시도는 전연 아무런 성과도 거둘 수 없고, 그 내적 성질로 보아 공허하고 무의미하다고 주장한다. 또한 그 자연적 사용의 원리는 전혀 신학으로 이끌어 가지 못하고 따라서 도덕법에 근거를 두지 않고서는, 또는 그 지도를 받지 않고서는 결코 이성의 신학이 있을 수 없다는 것을 주장한다. 왜냐하면 오성의 모든 종합적 원칙은 경험 내부에서만 사용되는 것이고, 최고존재자의 인식을 위해서는 이성의 선험적 사용이 요구되지만, 그러나 우리의 오성에는 그러한 능력이 갖추어져 있지 않기 때문이다. 만일 경험적으로 타당한 인과성의 법칙이 근본적으로 존재자로 이끌어가는 것이라 한다면, 그 때에는 근본적 존재자가 경험의 대상의 연쇄중에 속하지 않을 수 없을 것이다. 그러나 그렇게 되면 근본적 존재자로 모든 현상과 마찬가지로 그 자체가 다시 피제약적인 것이 되고 말 것이다…

나는 새로운 증명이나 개작된 낡은 증명을 사절한다. 왜냐하면 단지 사변적인 모든 증명은 결국 유일한 증명 즉 존재론적 증명에 귀착하는 것이기 때문에 여기서는 물론 선택의 필요가 없다. 그러므로 나는 저 탈 감성적인 이성의 독단적인 옹호자가 아무리 귀찮게 굴더라도 크게 두려워할 필요가 없다…

그러나 이성이 단지 사변적 사용에 있어서 비록 이처럼 큰 의도 즉 최상의 존재자의 현존재에 도달하기에 매우 불충분하다 하더라도 이 존재자의 현존재의 인식이 어떤 다른 원천에서 유래할 수 있었다 할 경우에 그 인식을 규정하고 이것을 제 자신 및 모든 지성적 의도와 일치시키고 근본적 존재자라는 개념과 어그러질 수 있는 모든 것 그리고 경험적 제한이 섞인 모든 것으로부터 순화시키는 점에서 이성은 막대한 효용을 갖는다…

Kant, 순수이성비판, 전원배 역, 삼성출판사 1979

5. 임마누엘 칸트의 영혼불멸성

칸트는 인간이 절대 지식에는 도달하지 못하지만, 어떤 행동을 할 때 일종의 도덕적 의무감 같은 감정을 의식하게 되는 그는 이런 문제를 실천이성비판(1788)에서 다루었다. 그는 사람이 행동을 하려 할 때 어떤 '범주적 명령'을 받게 된다고 말하고, 이 범주적인 명령이 사람을 사람답게 하는 도덕적 법칙이며, 이 개념 속에서 그는 하나님의 존재를 증명하려고 하였다.

현세에서 최고선을 낳는 일은 도덕법이 규정할 수 있는 의지의 필연적 목표이다. 그러나 심정이 도덕법에 완전히 일치함은 최고선의 최상 조건이다…

그러나 의지가 도덕법에 완전히 일치하는 것은 거룩한 신성을 의미한다. 즉 감성계의 어떠한 이성존재자도 그 생존의 어느 순간에 있어서나 소유할 수 없는 완전성을 의미한다. 그럼에도 불구하고 그러한 일치는 실천적으로 필연한 것으로서 요구된다.

그러므로 그것은 저 완전한 일치로 향하는 무한한 전진 중에서만 발견될 수 있다. 이러한 실천적인 전진을 우리 의지의 진정한 목표로 가정하는 것은 순수한 실천 이성의 원리들에 의해서 필연적인 것이다.

그러나 이 무한한 전진은 동일한 이성 존재자의 무한히 계속되는 생존과 인격성(이런 생존과 인격성을 사람들은 영혼의 불멸이라고 하지만)을 전제하여야만 가능하다. 그러므로 최고선은 영혼불멸의 전제 아래서만 실천적으로 가능하다. 따라서 영혼의 불멸은 도덕법과 불가분적으로 결합된 것이요 순수한 실천 이성의 요청이다(나는 영혼은 불멸이라는 것을 이론적인 명제이기는 하나 그것이 선천적 무제약적으로 타당한 실천 법칙에 떨어질 수 없이 붙어 있는 한에서 이론적으로는 증명할 수 없는 명제라고 이해한다.

무한한 전진에서만 도덕법과 완전히 일치하는 데 도달할 수 있다는 우리의 본성의 도덕적 사명에 관한 명제는 사변이성의 무능력을 보충하는 데에 유익할 뿐만 아니라 종교에 관해서도 유익하다.

이 명제가 없으면 도덕법은 관대한 것(미지근한 것)으로 따라서 인간의 기분에 일치하는 것으로 생각됨으로써 도덕법이 그 신성성에서 끌어내려지고 만다. 혹은 사람은 그의 사명과 기대를 그가 도달할 수 없는 목적에 즉 의지가 신성성을 완전히 획득하는 것으로 확대해서 인간의 자기 인식에 흔히 위반하는 광상적인 신지의 꿈 가운데에 잠기게 된다…

시간적 제약이 없는 무한 존재자는 인간에게는 끝이 없는 이 시간적 계열에 있어서 도덕법과 전적으로 일치함을 보게 된다. 이 무한자는 각 사람에게 최고선의 몫을 각각 결정하지만, 이런 경우에 배분에 공정을 기하기 위해 그의 명령이 가차없이 요구하는 것의 신성성은 이성적인 존재자의 현실적 존재를 굽어 살피는 지성적 직관으로만 발견될 수가 있는 것이다. 이 같은 몫을 받으려고 하는 기대에 관해서, 피창조자(인간)가 품을 수 있는 유일한 심사는, 그가 이제까지 수많은 시련을 거쳐 이제 동요할 염려가 없는 것 같은 도덕적 지조의 의식뿐일 것이다…

순수이성의 요청으로서의 신의 현존

도덕적 법칙은 감성적 동기를 가담시키는 일이 없이 순수이성에 의해서 지정되는 것의 실천적 과제, 즉 최고선을 형성하는 첫 번째로 중요한 부분(요소)인 도덕성의 필연적 완성이라고 하는 과제에 이르렀다. 그리고 이 과제는 영원한 미래에서만 완전히 해결될 수가 있는 데서, 마음의 불사(不死)를 요청하기에 이른다. 그래서 이같은 도덕적 법칙은 더욱더 나아가서 최고선을 형성하는 두 번째 요소 즉 이 도덕성에 상응하는 행복의 가능성을 문제로 삼지 않으면 안된다. 그리고 이것은 이전 경우와 같이 이해 관계를 조금도 고려하지 않고 편애하지 않는 어디까지나 공평한 이성에 의해 이런 결과(행복)에 대응하는 원인(신)의 현실적 존재 즉 신의 실재를 최고선(최고선은 우리의 의지의 대상으로서, 순수이성의 도덕적 입법과 필연적으로 결합해 있다)을 가능하게 하는 필연적 조건으로서 요청되지 않으면 안된다. 그래서 우리는 도덕성과 행복과의 이러한 연관을 독자가 납득할 수 있도록 설명하고 싶다고 생각한다.

행복이란 이 세계에 있어서의 이성적 존재자가 그의 실재의 전체에 있어서 무슨 일이든 바라는 대로나 뜻대로 된다고 생각하는 상태이다. 그 때문에 행복은 자연과 그의 목적 전체와의 일치에, 따라서 또 그의 의지를 규정하는 주요한 근거와의 일치에 의존한다. 그런데 도덕적 법칙은 자유의 법칙으로서 자연이나 자연과 욕구 능력(동기로서의)과의 일치 등에 조금도 관계를 가지지 말아야 하는 것 같은 규정 근거에 의해서 명령한다. 그렇지만 이 세계에서 행위하는 이성적 존재자는 무어라고 해도 동시에 세계와 자연 그 자체의 원인은 아니다. 그 때문에 도덕적 법칙 속에는, 도덕성과 행복과의 사이에, 바꾸어 말하면 이 세계에 그 일부분이 속하고 따라서 또 이 세계에 의존하고 있는 것 같은 이성적 존재자에게 그의 도덕성에 비례하여 주어질 만큼의 행복과의 사이에, 필연적 연관을 성립시키게 하는 근거는 전혀 포함되어 있지 않는 것이다. 그 때문에 그는 이런 자연의 원인이 될 수가 없는 것이며, 또 그 행복에 관해서 말하면 그 자신의 모든 힘을 다해서도 여전히 자연을 그의 실천적 원칙과 완전하게 일치시킬 수가 없는 것이다. 그럼에도 불구하고 순수이성의 실천적 과제에 맞붙지 않으면 안된다고 한다면, 도덕성과 행복 사이의 연관이 필연적인 것으로서 요청되는 것이다. 바꾸어 말하면 우리는 사이의 연관이 필연적인 것으로서 요청되는 것이다. 바꾸어 말하면 우리는 최고선의 촉진에 힘써야 한다(그 때문에 최고선은 꼭 가능하지 않으면 안된다). 그래서 또 이 연관의 근거, 즉 행복과 도덕성을 엄밀히 일치시키는 근거를 포함하는 것 같은 원인 - 바꾸어 말하면 전 자연의 원인이고 게다가 자연과는 다른 것 같은 원인 - 신의 현실적 존재가 요청되는 것이다. 그런데 이같은 최상의 원인은 자연과 이성적 존재자가 이 도덕적 법칙의 표상을 의지 규정의 최상의 근거로 하는 한 자연과 법칙의 표상과의 일치의 근거도 포함하는 것이다. 그 때문에 이 최상 원인은 자연과 도덕과의 형식적인 일치의 근거를 포함할 뿐만 아니라, 또 자연과 이성적 존재자의 동인으로서의 그의 도덕성과의 - 바꾸어 말하면 그의 도덕적 지조와의 일치의 근거도 포함하는 것이다. 그 때문에 이 세계에 있어서의 최고선은, 자연의 최상 원인 - 즉 도덕적 지조와 합치하는 원인성을 가지는 것 같은 원인이 상정되는 한에 있어서만 가능하다. 그런데 도덕 법칙에 따라 행위할 수가 있는 것 같은 존재자는 곧 예지자(이성적 존재자)이며, 또 이런 존재자에게 있어서 이같은 법칙의 표상에 따르는 원인성은 곧 이 존재자의 의지이다. 그 때문에 자연의 최상원인은 그것이 최고선을 위해 전제되지 않으면 안되는 한에 있어서 오성과 의지에 의해서 자연의 원인(따라서 자연의 창시자)인 존재자 즉 신이다. 그 때문에 파생적 최고선(최선의 세계, 이 세계에 있어서의 최고선)을 요청하는 것은, 동시에 근원적 최고선의 현실적 존재-즉 신의 실재(현존)를 요청하는 것과 다름없다. 그런데 최고선을 촉진하는 것은 우리의 의무였다. 그 때문에 또 이 최고선의 가능성을 전제하는 것은 우리의 권능일 뿐만 아니라 또 유한한 이성적 존재자, 곧 인간에게 있어서는 소홀히 할 수 없는 필요로서의 의무와 결합된 필연성이기도 하다. 이렇게 최고선은 신의 현존이라고 하는 조건 아래서만 달성되는 것이기 때문에 신의 현존을 전제하는 것은 의무와 불가분리적으로 결합되어 있다. 다시 말해서 신의 현존을 상정하는 것은 도덕적으로 필연적인 것이다…

Kant, *The Critique of Practical Reason and Other Works on Ethics*, trans T. K. Abbott(New York: Longmans, Green & Co., Ltd., 1879)

6. 토마스 페인(Thomas Paine, 1737-1809)의 이성시대

토마스 페인은 프랑스 혁명 시대에 어느 사람보다도 더욱 왕성하게 이신론을 대변했다. 그는 프랑스에서 민주적인 노력을 기울였고, 루이 16세의 처형에 반대하다가 감옥에 갖히기도 하였다. 그는 하나님의 존재와 기적에 대해 많은 기독교들에게 의문을 가져다 주었다. 아래에 실린 페인의 "이성시대"(*The Age of Reason*)는 이신론의 주요한 부분을 잘 말해 준다.

믿음에 관한 저자의 고백

나는 오직 한 하나님이 있음을 믿으며 나는 이 세상 너머의 행복을 소망한다.

나는 모든 인간의 평등성을 믿으며, 종교적인 의무는 정의를 행하고 자비를 사랑하고 우리의 동료 피조물들을 행복하게 하는 데 있음을 믿는다.

그러나 내가 이와 더불어 많은 다른 것들을 믿는다고 생각하지 않도록 하기 위해 나는 이 작품의 과정에서 내가 믿지 않는 것들을 선언하고 그것들을 믿지 않는 것에 대한 이유를 밝힐 것이다.

 나는 유대교회, 로마교회, 헬라교회, 터어키 교회, 프로테스탄트 교회, 그외에 내가 알고 있는 그 어느 교회에서 고백된 신경들을 믿지 않는다.

 모든 국가적 교회의 제도들은 그것이 유대인이든 크리스천이든 이슬람인이든 간에 인류를 노예화시키고 공포에 떨게 하고 권력과 이득을 독점하는 인간 발명품에 지나지 않는 것으로 보인다.

 나는 이러한 선언으로 다른 믿는 사람들을 정죄하려는 것은 아니다. 그들은 내가 나의 신앙을 갖는 것과 동일한 신앙권리를 갖는다. 그러나 인간은 정신적으로 충실해야 하는 것이 인간의 행복에 필수적이다. 그런데 불충성은 믿느냐 믿지 않느냐 달려 있지 않다. 불충성은 믿지 않는 것을 믿는다고 고백하는 데 있다.

 정신적인 거짓말이 사회 속에서 발생시키는 도덕적인 비행을 추산하기는 불가능하다. 어떤 사람이 마음의 정결을 부패시키고 타락시켰을 때, 즉 그가 믿지 않는 것에 대한 믿음의 고백을 했을 때, 그는 스스로 모든 다른 범죄에 자신을 의탁한 것이 된다. 말하자면 그는 이득을 위해서 사제의 거래에 참여하고, 그 거래를 위해 자신을 위증하기 시작한다. 이보다 더 도덕에 파괴를 가져다주는 것이 있느냐?

 내가 미국에서 "상식"(*Common Sense*)이라는 책을 출판했을 때, 나는 종교제도의 혁명에 의해 정부 제도의 혁명이 뒤따를 수 있다는 가능성을 보았다. 그것이 유대인이든, 기독교인든, 회교도들이든 간에 교회와 정부의 간음적인 연합은 신경과 종교의 원리에 대한 어느 논의도 하지 못하게 고통과 벌로서 금지시켰고, 정부 제도가 바뀔 때까지는 그 문제에 관한 것은 세상에 정당하게 공개적으로 제기될 수 없었다. 그러나 이런 문제를 공개적으로 논의할 수 있는 곳에는 종교제도의 혁명이 뒤따를 것이다. 즉 인간이 발명한 것과 사제의 고안물 등이 감지될 것이고, 인간은 순수하고 뒤섞임이 없는 오직 하나님에 대한 온전한 신앙으로 돌아갈 수 있을 것이다.

 오늘날 모든 국가 교회나 종교는 하나님으로부터 어떤 특별한 사명을 받았다고 위장함으로써 스스로를 내세웠고, 어떤 개인들과 교통했다. 말하자면 하나님에게 가는 길이 모든 사람에게 열려 있지 않은 것처럼 유대인들은 그들만의 모세를 가졌고, 기독교인들은 예수 그리스도와 그의 제자들과 성인들을 가졌으며, 회교도들은 모하멧을 가졌다.

이들 각 교회들은 그들이 계시 또는 하나님의 말씀이라고 부르는 어떤 책들을 가졌다. 유대인들은 하나님의 말씀이 하나님에 의해 모세에 의해 직접적으로 주어졌다고 말하고, 기독교인들은 하나님의 말씀이 거룩한 영감에 의해 왔다고 말하며, 회교도들은 하나님의 말씀(코란)이 하늘로부터 온 한 천사에 의해 주어졌다고 말한다. 이들 각 교회들은 다른 이들을 불신앙자라고 정죄하며, 자신의 편에서 다른 모든 이들을 불신한다.

그러므로 단어에 대한 올바른 개념을 갖는 것이 필연적이기 때문에 나는 이 주제에 관한 진술을 전개함에 있어서 계시라는 단어에 대해 몇 가지 생각해 볼 것이다. 종교에 대해 적용할 때, 계시라고 하는 말은 하나님이 인간에게 직접적으로 교통했다는 것을 의미한다.

어느 누구도 그가 원하시기만 하면 교통하실 수 있는 전능자의 능력을 부인하거나 논쟁할 수는 없을 것이다. 그러나 어떤 사례에 대해, 그 어떤 것이 한 사람에게 계시되었고 다른 사람에게는 계시되지 않았다고 말한다면, 그것은 오직 그 사람에게서만 계시이다. 그가 그것을 두 번째 사람에게 말할 때, 아니 세 번째 네 번째 기타 등등의 사람들에게 말할 때에는 그것은 계시가 될 수 없다. 말하자면 그것은 오직 첫 번째 사람에게만 계시이고, 모든 다른 사람들에게는 풍문일 뿐이다. 결과적으로 다른 사람들이 그 계시를 믿으라는 의무감은 없다고 할 수 있다.

이차적으로 전달된 즉 말이나 문서에 의해 우리에게 전달된 것을 계시라고 부르는 것은 언어적 개념에 있어서 모순이 있다. 계시는 필연적으로 첫 번째 전달자에게 한정되어 있다. 계시가 전달되어진 후에 계시받은 그 사람이 다른 사람에게 말하는 것은 그에게 계시라고 전달된 것의 설명에 지나지 않는다. 그가 아무리 그것을 믿음의 의무로 삼을지라도, 그것을 동일한 방법으로 믿으라고 속박할 수는 없다. 왜냐하면 그것은 계시가 아니며, 그에게 되어진 계시에 대한 그의 말일 뿐이기 때문이다.

계시는 어떤 사람이 전에는 알지 못하던 것이 그에게 전달된 것을 말한다. 그러므로 내가 어떤 것을 행하고 또는 어떤 것이 행해지는 것을 내가 보았다면, 내가 그것을 행했고 또는 보았다는 것을 나에게 말해줄 계시란 더 이상 필요없다.

그러므로 계시란 인간이 스스로 행위자나 증인이 되는 이 땅의 것들에 관해서는 적용시킬 수가 없다. 그러므로 성경의 거의 전부가 되는 모든 역사적인 이야기들은 결과적으로 계시라는 말의 범위나 의미 속에 들어올 수가 없고, 그리하여 그것은 하나님의 말씀이 아니다…

참된 계시의 구성

그러나 어떤 사람은 말할 것이다. "우리들은 하나님의 말씀-계시-을 갖고 있지 않지 않습니까? 나는 그렇다라고 대답한다. 여기에 하나님의 말씀이 있다. 즉 계시가 있다.

그런데 하나님의 말씀은 우리가 보는 창조의 세계이다. 어느 인간도 위조하거나 변경시킬 수 없는 이 말씀(창조) 속에 하나님의 계시가 있다. 하나님은 인간에게 이 창조를 통해 보편적으로 말씀하신다.

인간의 언어는 국지적이고 변화가 많다. 그러므로 그것은 불변하고 보편적인 정보의 수단으로서 사용할 수 없다.

하나님이 예수 그리스도를 보내신 개념, 즉 그들이 말하는 것처럼 이 땅의 한쪽 끝에서 다른 쪽 끝에 이르는 모든 민족에의 기쁨의 소식은 세상의 범주를 알지 못한 사람들의 무지, 즉 수 세기 동안(철학자들의 발견과 항해자들의 경험과는 대조되어) 마치 이 땅이 납작하여 사람이 그 끝까지 걸을 수 있는 것으로 믿었던 사람들로 인해 생겨난 것이다.

그러나 어떻게 예수 그리스도가 모든 민족들에게 알려지게 되었는가? 그는 오직 한 언어만을 말할 수 있었다. 그 언어는 히브리어였다. 그렇지만

이 땅에는 수 백개의 언어가 상존하고 있다. 어떤 두 민족도 동일한 언어를 좀처럼 사용하지 않는다. 서로의 말을 이해할 수가 없다. 번역에 관해서 아는 사람들은 원작의 아무런 부분도 손상을 주지 않고 한 언어를 다른 언어로 번역하는 것은 거의 불가능한 일이라는 것을 안다. 말하자면 언어의 번역과정에서 빈번히 실수가 있게 마련이다. 이것 외에 출판의 기술은 그리스도가 살던 당시에는 전무했다.

어떤 목적을 성취하려는 수단들은 그 목적의 성취와 동등한 것이어야 한다. 그렇지 않다면 그 목적은 성취될 수 없고 이런 면에서 유한한 능력과 지혜 그리고 무한한 능력과 지혜의 차이점이 나타나게 된다. 인간은 빈번히 자신의 목적을 성취하지 못한다. 이는 그 목적을 이루기 위한 자연적인 능력의 부족 때문이다. 그리고 적절히 능력을 적용시킬 수 있는 지혜의 부족 때문이다. 그러나 무한한 능력과 지혜는 인간이 실패하는 것처럼 실패할 수가 없다. 수단과 목적이 항상 동등하다. 그러나 인간의 언어는 보편적인 언어가 아니다. 그 때문에 인간의 언어는 불변하고 단일한 정보의 보편적인 수단으로서 사용될 수가 없다. 즉 언어는 하나님이 인간에게 자신을 보편적으로 드러내시는데 사용할 수 있는 수단은 아니다.

그러므로 하나님에 관한 우리의 모든 개념과 사상들을 통합할 수 있는 것은 오직 창조 속에 있다. 창조는 보편적인 언어로 말한다. 이는 인간의 말이나 언어에 종속되지 않고, 다양한 의사표현을 한다. 창조는 모든 인간들이 읽을 수 있는 현존하는 원본이다. 그것은 조작되거나 위조될 수도 없다. 그것은 상실될 수도 없다. 변경되지도 않는다. 질식되지도 않는다. 창조는 출판할 것인가 하지 않을 것인가를 결정하는 인간의 의지에 종속되지 않는다. 창조는 스스로 한쪽 끝에서 다른 쪽 끝까지 나타낸다. 창조는 모든 민족과 모든 세계에 선포한다. 이 창조의 하나님의 말씀은 인간이 하나님을 알기에 필요한 모든 것들을 드러낸다.

우리들은 하나님의 능력을 묵상하기를 원하느냐? 그렇다면 우리들은 창조의 방대함 속에서 하나님의 능력을 볼 수 있다. 우리들은 하나님의 지혜를 묵상하기를 원하느냐? 우리들은 불가해한 타자에 의해 통치되는 불변의 질서 속에서 그것을 볼 수 있다. 우리들은 하나님의 관대함을 묵상하기를 원하느냐? 우리들은 그가 이 땅을 채우신 그 풍성함 속에서 그것을 볼 수 있다. 우리들은 그의 자비를 묵상하기를 원하느냐? 우리들은 감사하지 않는 사람들에게조차도 그 풍성함을 아끼지 않으시는 하나님의 모습 속에서 그의 자비를 볼 수 있다. 우리들은 하나님이 무엇인가를 알기를 원하는가? 인간이 만든 성경이라고 부르는 책에서 그것을 찾지 말고 창조라 불리는 성경에서 그것을 찾으라.

인간이 하나님의 이름에 붙이는 유일한 관념은 모든 사물의 첫 번째 원인자라는 개념이다. 첫 번째 원인이 무엇인가를 인간이 생각한다는 것은 참으로 어려울지라도, 그렇지만 하나님이 모든 사물에 첫 번째 원인자라는 것을 불신하는 것이 오히려 더 어렵다는 열 가지 중요한 난제로부터 우리는 믿음에 도달할 수 있다. 우주가 목적을 갖고 있지 않다고 생각하는 것은 형언하기 어렵다. 그러나 우주가 어떤 목적을 갖고 있다고 하는 것은 더더욱 어렵다. 시간이라고 부르는 것의 영원한 지속을 생각하는 것은 인간의 능력 너머에 있는 어려운 일이다. 그러나 시간이 없을 때 시간을 생각하는 것은 더 더욱 어려운 일이다.

비슷한 추론 방식으로 우리가 보는 모든 것은 내적인 증거를 갖는데, 이것들은 스스로 생겨나지 못한다. 모든 인간도 스스로 생겨날 수는 없다. 아버지도 자신을 만들 수가 없다. 할아버지도 자신을 만들 수 없다. 조상들의 어느 누구도 스스로 생겨나지 않았다. 또한 어느 나무도 식물도, 동물도 스스로 될 수는 없다. 이런 증거로부터 나타나는 확신은 영원히 존재하는 첫 번째 원인에 대한 믿음이다. 그것은 우리가 알고 있는 물질적인 존재와는 전적으로 다른 속성을 갖는다. 오직 그의 능력에 의해 모든 것이 존재한다. 그러므로 우리는 그런 능력을 가진 첫 번째 원인자를 하나님이라고 부른다.

인간이 하나님을 발견하는 것은 이성의 활동에 의해서이다. 그런데 당신들이 그런 이성을 제거해 보라. 그러면 인간은 어느 것도 이해할 수 없게 된다. 이런 경우에 인간에게 성경이라고 하는 책을 읽어준다면, 이는 말에게 성경을 읽혀주는 것과 같다. 이렇게 말해도 이성을 거부하려는 사람들이 있으니 어쩜이뇨?

인간을 속이게 위해 모든 시대에 거의 보편적으로 사용되어진 수단에 관해서

우주에 현존하는 하나님의 참된 말씀과 하나님의 말씀(인간이 만든 출판된 책속에서 보는 것처럼)이라고 부른 것 사이에 화해할 수 없는 불일치를 볼 때, 나는 모든 시대에 아마 모든 나라에서 사용되고 부과된 세 가지 주요 수단들을 말하고자 한다.

이 세 가지 수단은 신비, 기적, 예언이다. 첫 번째 두 가지 즉 신비와 기적은 참된 종교와는 양립될 수 없고, 세 번째는 항상 의심스럽게 생각해 보아야 한다.

신비와 관련해서 우리가 보는 모든 것들은 어떤 의미에서 모두 우리에게 신비가 된다. 우리 자신의 존재 자체도 신비이다. 살아있는 모든 식물세계도 신비이다. 우리들은 참나무 씨앗이 땅에 던져졌을 때, 그것이 자라나서 어떻게 참나무가 되는지를 설명할 수가 없다. 우리들은 우리가 보는 씨앗이 어떻게 증폭되어 우리에게 풍성한 이득을 가져다주는지를 알지 못한다. 그러나 이 사실은 신비가 되지 못하는데, 왜냐하면 우리들은 그것을 눈으로 보고 있기 때문이다. 우리들은 우리가 사용하는 수단들을 안다. 그것은 땅에 씨앗을 뿌리는 것에 지나지 않는다. 그러므로 우리들은 우리가 알기에 필요한 것만큼은 안다. 하지만 우리가 알지 못하는 부분과 설사 우리가 안다 하더라도 우리가 실행할 수 없는 것을 하나님은 그 일을 떠맡으시고 우리를 위해 그 일을 감당하신다. 그러므로 우리들은 그것을 비밀로 내버려두는 것이 더 낫게 된다.

그러나 모든 피조된 것이 이런 면에서 신비일지라도 신비라는 말은 도덕적인 진리에는 적용할 수가 없다. 그것은 희미한 것을 빛에 적용시키는 것과 같다. 우리가 믿는 하나님은 도덕적 진리의 하나님이시다. 신비나 애매한 것의 하나님이 아니시다. 신비는 진리의 대적자이다. 진리를 흐리게 만들고 왜곡하여 진리를 표출하는 것은 인간이 발명한 연무에 지나지 않는다. 진리는 결코 신비 속에 싸여 있지 않다. 어느 때에라도 감추어져 있는 신비는 대적자의 역사이지 진리 자체의 역사가 아니다.

그러므로 하나님에 대한 믿음과 도덕적 실천이 되는 종교는 신비와 연관을 맺고 있지 않다. 그 속에 신비를 갖지 않는 하나님에 대한 믿음은 모든 믿음 중에서 가장 쉬운데, 왜냐하면 이전에 보았던 것처럼 필연적으로 진리가 우리에게 나타나기 때문이다. 그리고 도덕적인 진리의 실천은, 다시 말해서 도덕적으로 선하신 하나님에 대한 실천적인 모방은, 하나님이 우리를 향해 자비스럽게 행하시는 것처럼 서로를 향해 우리의 행동을 그렇게 나타내는 것이다. 우리들이 하나님을 섬긴다는 개념은 하나님이 만드신 살아있는 창조의 행복에 기여하는 것이다. 이것은 이 사회로부터 스스로 물러남으로써 되는 것도 아니며 이기적인 헌신으로 운둔자적인 삶을 소비함으로써 오지 않는다.

그러므로 종교의 참된 본질과 계획은 신비로운 것이 없는 것을 증명하는 것이고, 신비로운 모든 것들로 방해받지 않다는 것을 입증해주는 것이다. 종교는 모든 살아있는 영에 의존하는 것이고 모든 이해와 명철의 수준에 따르는 것이다. 사람들은 무역의 신비와 비밀을 배우는 것처럼 종교를 배우지 않는다. 인간은 묵상함으로써 종교의 이론을 배운다. 그것은 그가 보는 것과 읽는 것에 대한 마음의 행동과 실천으로부터 나온다.

정책적이든 경건한 사기행각에서 오든 간에 인간들이 창조에 있어서의 하나님의 말씀과 사역에 양립되지 않고 인간 이해와 조화되지 않는 종교제도를 세울 때, 그들은 모든 질문과 추론에 방해되는 말을 선택하고 만드는 것이다. 신비라는 단어는 이런 목적에 상응한다···

신비들이 모든 일반적인 목적에 상응하는 것처럼 기적은 종종 하나의 보조물로서 뒤따라 나온다. 신비는 인간의 정신을 혼란케 하고 기적은 인간의 감정을 혼돈시킨다. 신비는 알아들을 수 없는 말이요, 기적은 속임수이다.

그러나 이런 주제로 더 나아가기 전에 기적을 어떻게 이해할 것인지를 묻는 것이 적절할 것이다.

모든 것이 신비가 된다고 말하는 것과 동일한 의미로 모든 것이 기적이 된다고 말할 수 있다. 어느 기적도 다른 기적보다 더 크다고 말할 수 없다. 그것이 아무리 크다고 할지라도 코끼리가 진드기보다 더 커다란 기적이 될 수 없다. 산이 원자보다 더 큰 기적이 될 수 없다. 전능한 능력자에게서 어느 것도 어려울 것이 없다. 하나를 만드는 것보다 일백만 개를 만드는 것이 더 어렵다고 할 수 없다. 그러므로 모든 것이 어떤 의미에서 기적이고 반면에 이 세상에 기적이란 없다고 할 수도 있다. 우리의 능력과 이해로 비교할 때에 그것은 기적이지만 그것을 수행하는 능력과 비교할 때에 그것은 기적이 아니다. 그러므로 그 어느 것도 기적이라는 말을 부착시킬 수 있는 개념이 없다.

인류는 자연이라고 부르는 법칙들을 생각하고 그에 따라 행동한다. 그러므로 기적은 이런 법칙들의 활동과 영역에 반하는 어떤 것이다. 그러나 우리가 그 법칙들의 전 범위를 알지 못한다면 즉 자연의 능력이라고 하는 것을 알지 못한다면 우리는 우리에게 나타나는 그 어느 것도 놀랍다거나 기적이라든가, 자연적인 능력에 벗어난다거나 반하는 것이라고 판단할 수 없다.

신비와 기적이 과거와 현재의 일에 국한되는 것이라면 예언은 미래의 일과 관련되며 이는 믿음의 문제이다. 과거에 되어진 것만을 아는 것으로는 충분치가 않고 미래에 일어날 것을 알아야 한다. 예언자는 다가올 시대의 상정된 역사가이다…

하나님이 어떤 이에게 미래에 일어날 사건을 교통하신다고 가정한다면,

전달된 사건은 이해될 수 있는 언어로 되어졌다고 믿는다. 하나님이 듣는 사람들의 이해의 범위 바깥에 있는 방식으로 애매하고 느슨한 방식으로 하지 않았을 것이며, 이후에 모든 시대에 어느 환경에서도 일어날 수 있다고 적용되는 방식으로 모호하게 교통하시지는 않았을 것이다. 하나님이 인류에게 농담적인 방식으로 인간을 다루리라고 생각하는 것은 하나님을 망령되게 하는 것이다. 하지만 성경이라는 책 속에서 예언이라고 부르는 모든 것들은 이런 묘사로 일관하고 있다.

예언은 기적과 마찬가지로 그것이 참이라고 말하지 못한다. 예언을 들은 사람들은 그 사람이 예언을 말하고 있는지 거짓을 말하고 있는지 말할 수 없다. 또한 그 예언이 그 사람에게 계시되었는지 또는 그가 단순히 그렇게 생각했는지도 말할 수 없다. 그가 예언하고, 예언이라고 생각한 그것이 발생했다고한다 할지라도 매일의 일상에서 일어나고 있는 많은 일들 가운데 그것이 예언된 것인지, 추측된 것인지 우연적인 것인지를 알지 못한다. 그러므로 예언은 쓸모가 없고 불필요한 특징을 갖고 있다. 가장 안전한 쪽은 그러한 일들에 신뢰를 주지 않는 것이다.

전반적으로 말해서 신비, 기적, 예언은 쓸데없는 부속물이다. 그것들은 많은 사람들이 이단이라고 부르는 수단들이다. 이단이 온 세상에 퍼져 있고, 그런 종교가 성행하고 있다. 한 사기꾼의 성공이 다른 사람들에게 용기를 부여하고 있다.

Thomas Paine, *The Age of Reason*(New York: G. P. Putnam's Sons, 1896).

참고 문헌

Becker, Carl, *Heavenly City of the Eighteenth Century Philosophers*. New Haven: Yale University Press, 1932.

Bredvold, L. J., *A New World of Enlightenment*. Ann Arbor: University of Michigan Press, 1961.

Cassirer, E., *Philosophy of the Enlightenment*. Boston: Beacon Press, 1955.

Cragg, G. R., *From Puritanism to the Age of Reason*. Cambridge, Eng.: Cambridge University Press, 1950.

Cragg, Gerald R., *The Church and the Age of Reason 1648-1789* (New York: Penguin Books, 1985)

Creed, J. M. and J. S. Boys Smith, *Religious Thought in the Eighteenth Century*. New York: Cambridge University Press, 1934.

Crocker, L. G., *Age of Crisis: Man and World in Eighteenth Century French Thought*. Baltimore: The Johns Hopkins Press, 1959.

English Philosophers, Locke, Berkeley, Hume. New York: P. F. Collier, Inc., 1910.

French and English Philosophers, Descartes, Rousseau, Voltaire, Hobbes. New York: P. F. Collier, Inc., 1910.

Hazard, Paul, *The European Mind* 1680-1714. London: Hollis & Carter, Ltd., Publishers, 1953.

Hume, David, *Works*. Various editions and selections

Kant, Immanuel, *Critique of Pure Reason, Critique of Practical Reason, Religion Within the Limits of Reason Alone*. Various editions and selections.

Lecky, W. E. H., *History of the Rise and Influence of the Spirit of Rationalism in Europe.* New York: George Braziller, Inc., 1866.

Manuel, Frank E., *Eighteenth Century Confronts the Gods.* Cambridge: Harvard University Press, 1959.

McGiffert, A. C., *Protestant Thought Before Kant.* New York: Charles Scribner's Sons, 1911.

Nicholson, H. G., *Age of Reason, Eighteenth Century.* New York: Doubleday & Company, Inc., 1961.

Paine, Thomas, *Age of Reason, Rights of Man.* Various editions.

Palmer, R. R., *Catholics and Unbelievers in the Eighteenth Century.* Princeton: Princeton University Press, 1939.

Sampson, R. V., *Progress in the Age of Reason.* Cambridge: Harvard University Press, 1957.

Santillana, G. and Edgar Zilsel, *Development of Rationalism and Empircism.* Chicago: University of Chicago Press, 1941.

Stephen, Leslie, *History of English Thought in the Eighteenth Century,* 2 vols. New York: G. P. Putnam's Sons, 1876.

Sykes, Norman, *Church and State in England in the Eighteenth Century.* Cambridge, Eng.: Cambridge University Press, 1934.

Torrey, N. L., *Spirit of Voltaire.* New York: Columbia University Press, 1938.

Voltaire, Francois, *Works.* Various editions and selections.

연 대 표

1637	데카르트, "방법론 서설"(Descartes, *Discourse on Method*)
1648	웨스트팔리아(Westphalia) 평화조약
1656	파스칼, *Provincial Letters*
1685	낭트 칙령의 취소(Revocation of Edict of Nantes)
1687	뉴톤(Newton), *Principia*
1690	로크(Locke), "인간오성론"(*Essay Concerning Human Understanding*)
1696	톨란드(Toland), "신비하지 않은 기독교"(*Christianity Not Mysterious*)
1730	틴달(Tindal), "창조만큼 오래된 기독교"(*Christianity as Old as Creation*)
1732	윌리암 로우(Law), "이성의 진상"(*Case of Reason*)
1736	버틀러(Butler), "종교의 유추"(*Analogy of Religion*)
1748	데이비드 흄(Hume), "철학 에세이"(*Philosophical Essays*)
1759	예수회가 포르투칼로부터 축출되다.
1767	예수회가 스페인과 프랑스로부터 축출되다.
1773	예수회가 해체되다.
1776	미국의 독립선언.
	토마스 페인(Paine), "상식"(*Common Sense*)
	흄(Hume), "자연종교에 관한 대화"(*Dialogue on Natural Reilgion*)
	기본(Gibbon), "로마제국의 쇠락"(*Decline and Fall of the Roman Empire*)
1780	레싱(Lessing), "인간교육"(*Education of the Human Race*)

1781	칸트(Kant), "순수이성비판"(*Critique of Pure Reason*)
1788	칸트(Kant), "실천이성비판"(*Critique of Practical Reason*)
1789	바스티유의 함락
1791	페인(Paine), "인권"(*Rights of Man*)
1793	칸트(Kant), "오직 이성의 한계 안에 있는 종교(*Religion Within Limits of Reason Alone*)
1794	페인(Paine), "이성시대"(*Age of Reason*)

제3장

경건주의와 복음주의 운동

I. 경건주의

종교개혁 이후에 발달된 교리적 논쟁은 개신교의 정체성을 다지기 위한 노력이었다. 그러나 이러한 교리적 논쟁은 이성주의의 합리적인 사고 논리와 병행하여 신앙을 신학화시키고 논리화시키는 정통주의(Orthodox)를 잉태시켰다.

이런 개신교 정통주의는 지나치게 교리적 논쟁으로 흐르면서 실생활과는 동떨어져서 그 생명력을 점점 상실해갔고, 신앙을 개인적인 경험과 분리시켜 중세의 스콜라주의적인 형태를 띠었다. 그들은 단순히 설교를 규칙적으로 청종하며 성례의식을 엄격히 참례하기만 하면, 제대로 된 신앙인이 된다고 생각하였다. 이러한 신앙형태는 결국 형식주의를 가져왔다.

그러므로 이러한 신앙생활에 불만을 느낀 사람들은 정통주의에 반발하여 경건주의 운동을 일으켰다. 이는 독일 교회 내에서의 루터파가 교회의 정통주의를 거치면서 또 다시 중세화되어 가는 것을 방지하고, 종교개혁자들의 신앙과 경건을 회복하자는 교회 내적인 운동이었다. 즉 경건주의는 스콜라주의적인 경향에서 탈피하여 그리스도인으로서 경험과 감정을 중요시하고, 평신도들도 그리스도인의 삶을 이루는데 적극적인 참여를 해야한다는 것을 강조하였다. 또한 종교의 경직화와 제도화를 방지하고, 기독교의 본질을 신자 자신의 내적 변화에 따른 체험과 그리스도 안에서의 새로운 삶에 대한 전적인 헌신 그리고 성경에 중심을 둔 신앙, 인간의 죄의식과 그리스도를 통한 죄용서, 실천적인 거룩, 사람들의 필요에 대한 따뜻한 관심을 가졌다.

이러한 경건주의 운동의 대표자는 필립 스페너(Philipp Jacob Spener, 1635-1705)였다. 그는 30년 전쟁의 말기 시대에 독일 북부 알사스 지방에서 태어났다. 그는 신비주의 경향이 짙었던 아른트(Johann Arnt, 1555-1621)와 "네덜란드의 경건주의자"들에서도 영향을 받았고, 영국의 청교도주의자인 백스터(Richard Baxter)로부터도 감화를 받았다.

그는 공식화된 독일 루터교회를 통해 개혁을 이루려고 하였으나 좌절을 겪었고, 그 뒤에 그는 독자적으로 그의 집에서 사람들을 모아 소집단을 형성하여 성경연구와 기도 그리고 토론 등 신령한 신앙생활을 시도하였다. 이런 신령한 삶을 추구하는 그리스도인의 모임을 그는 collegia pietatis라고 불렀다. 이는 교회 안의 작은 교회를 의미하였다.

또한 1675년에 스페너는 "경건한 소망"(Pia Desideria)을 출판하였는데, 그 책에서 그는 경건한 평신도들도 설교자로서 활동할 수 있고, 모든 크리스천들은 사랑과 경건과 겸손을 보여야 한다고 강조하였다. 그는 소그룹의 사람들에게 성경을 열심히 공부할 것과 날마다 기도와 실천적인 그리스도인의 삶을 살 것을 촉구했다. 이는 신조 중심의 교회에서 성경연구 중심의 교회와 경건생활 위주의 교회를 의미했다.

한편 그는 1691년에 베를린으로 초대를 받아 거기서 남은 여생을 보냈는데, 정통주의자들은 그를 모든 측면에서 공격하였다. 1695년에는 비텐베르그의 신학 교수들이 그를 264가지 종류의 잘못을 지적하며 이단적인 시각으로 그를 비난하였다. 그 이유는 그가 정통교회의 권위를 위협한다고 생각했기 때문이었다. 그러나 이런 모든 비난에도 불구하고 그는 자신의 신념을 굽히지 않고 경건주의 운동을 펼쳤다.

이처럼 스페너가 베를린에서 경건주의 활동을 펼치고 있을 때에 그에게 영향을 받은 프랑케(Herman Francke, 1663-1727)가 1689년에 라이프지히에서 경건한 소그룹 운동을 시작했다. 프랑케는 그의 대적자들로 인해 라이프지히 대학에서 밀려났는데, 그러자 그는 곧바로 새로이 신설된 할레 대학에서 교편을 잡았고, 그 대학에서 경건주의 운동을 주도하였다. 그리하여 할레 대학은 곧 경건운동의 중심 대학으로 부상하였고, 그 대학은 뜨거운 선교에 관심을 가졌다. 개신교가 선교의 눈을 뜨기 전에 프랑케와 그의 동료들은 선교에 대한 사명에 불타서 할레 대학에서 선교사들을 훈련시켜 파송하였다. 바로 이들이 18세기 근대선교의 선교의 문을 열었던 것이다. 이들이 파송한 선교사는 인도에까지 일찍이 들어갔다.

또한 프랑케의 가난한 이들에 대한 관심은 1698에 고아원을 설립케 했으며, 그는 고아원의 운영을 위해서 여러 나라의 독지가들에게 도움을 청하기도 하였고, 많은 날 동안 지속적인 기도를 통해서 고아원 운영에 대한 결실을 맺었다고 전한다. 아울러 그는 성경학교를 설립하여 많은 평신도들에게 신학적인 지식과 성경지식을 보급하였다. 그러므로 그가 교육한 많은 원생들이 성경지식의 습득과 더불어 열정을 갖고 인도와 아메리카 지역에 선교사로 나갔다. 그리하여 덴마크의 프레드릭 2세(1699-1730)가 인도로 가려는 선교사를 찾았을 때, 오직 프랑케의 문하생들만 선교사로 자청하였다고 전한다.

스페너와 프랑케의 활동으로 독일의 개신교회는 다시금 열심있는 목회자들과 평신도들을 찾아볼 수 있게 되었다. 성경을 꾸준히 연구하고, 사회봉사가 확장되었다. 목회자들의 영적인 능력이 향상되고, 평신도의 교회참여가 확장되었으며, 교회의 질적인 향상과 기독교적인 실천을 일깨워 주었다. 성경읽기의 생활화와 신앙생활의 구체화를 가져왔다. 그리하여 경건주의 운동은 독일의 개혁교회뿐만 아니라 노르웨이, 스웨덴, 덴마크까지 확산되어 일반 시민들을 신앙의 순수와 경건으로 일깨웠다. 나아가서 유럽과 미국의 루터교회, 웨슬리의 감리교회, 나아가서 미국의 대각성 운동에 많은 영향을 끼쳤다.

그러나 한편으로 경건주의의 운동이 미친 부정적인 요소들도 있었으니, 경건주의는 하나님의 나라에 들어가기 위한 공로 사상에 치우쳐 세상에 대한 금욕적인 태도를 가졌다. 또한 경건주의자가 아닌 사람들에 대한 신앙적인 질타를 통해 스스로 교회 안의 교회가 되는 분리현상을 낳았으며, 대학과의 연관성에도 불구하고, 종교를 좁은 시야의 세계로 만들어 신앙의 감정주의를 낳았다.

한편으로 우리는 복음적인 경건주의를 전술한 스페너나 웨슬리에게만 한정시킬 수 없을 것이다. 퀘이커교의 창시자인 조지 폭스(George Fox, 1624-91)를 경건주의에 포함시키지 않을 수 없다. 그는 잉글랜드의 레스터스의 한 마을에서 태어났는데, 아버지가 직공일을 하고 있었으므로, 그도 아버지를 따라 구두 수선공의 교육을 받았다. 그가 어느 정도 교육을 받았는지는 알 수 없으나 별다른 정규교육을 받지 않은 것으로 보인다. 그러던 그는 18세 되던 해(1647)에 깨달음을 얻기 위해서 가정을 떠나 떠돌던 중에 깊은 회심을 하였다. 이런 체험이 그로 하여금 영국의 전통적인 종교가 갖지 못하는 눈을 열게 했다.

조지 폭스는 당시 영국 교회의 종교적 관습들을 부정하고, 노팅험의 한 교회에서 성령이 모든 권위의 인도자라고 주장하다가 옥살이를 하였고, 1650년에는 더비에서 신성모독자라는 죄목으로 투옥되었다가, 그곳에서 케이커(떠는 자)라는 별명을 얻게 되었다. 그는 영국 북서부 지역에 큰 반응을 얻기도 하였으나, 그와 그의 추종자들은 여러 번 체포와 구금을 당했다. 왜냐하면 그들은 선서를 하지 않았고, 십일조도 납부하지 않았기 때문이다. 이로 인해 폭스는 1649-73년 사이에 무려 8년간의 구금을 당했다. 그는 감옥에서 나온 후에 감옥의 인권 개선을 위해 노력하기도 하였다.

1660년에 왕정복고가 이루어지자 퀘이커교도들은 더 많은 박해를 당했으며, 1671-73년에는 북아메리카의 영국식민지에서 선교하였고, 77-84년에는 네덜란드를 비롯한 유럽을 순방하며 선교했다. 그는 1675년에 자신의 생애에 대한 대략적인 개관을 "일기"(Journal)라는 책에 썼는데, 그는 그 책에서 자신이 체험한 내적인 빛에 대해서 자세히 서술했다. 그는 평화주의를 가르쳤으며, 인간의 상태에 깊은 관심을 가졌다. 많은 박해 중에서도 그는 적대하는 사람들을 향해 자비와 평화로 맞섰다. 그는 많은 사회봉사 사업과 학원 사업을 벌렸고, 그 시대에 경건의 다리를 놓았다.

한편 프랑스의 블레이즈 파스칼(1623-1662)은 철학에 바탕을 둔 경건주의자였다고 말할 수 있을 것이다. 그는 처음에 종교적 관심에는 별로 흥미가 없던 사람이었다. 그러나 1654년 11월 23일 밤 그는 종교적인 체험을 겪고 나서 깊은 종교심을 갖게 되었다. 그후에 그는 얀센주의를 옹호하고 예수회과 도덕주의자들을 맹렬히 비판했다.

그는 자신의 명저인 팡세에서 인간의 문제는 종교의 문제라고 결론짓고, 신에게 순종하여 그의 계시를 받아들일 때에만 온전한 지식을 얻는다고 말하였다. 파스칼은 또한 진정한 신앙은 이성을 초월하여 오직 예수를 믿음으로써만 발견할 수 있다고 말했다. 인간의 회의주의적인 탐구는 결국 하나님을 발견케 하는 도구일 뿐이며, 우리가 아무리 행복을 추구하지만 참된 종교가 없이는 그 행복을 찾을 수 없다고 말했다. 그는 신앙과 이성의 문제에 대해 다음과 같이 말했다. "사람이 종교를 따르는 것은 은혜이지 이성이 아니다. 종교를 회피하게 하는 것은 정욕이지 이성이 아니다"

또한 그는 유명한 내기 논쟁에서 "신은 불가해하지만 분명히 신은 있든지 없든지 둘 중에 하나일 것이다. 만약에 신이 없다면 그만이지만 신이 있다면 신을 믿지 않은 사람은 영원한 불행을 겪을 것이고 신이 있다고 믿은 사람은 영원한 행복을 소유하게 될 것이다. 그러므로 신이 있다고 하는 편을 선택하는 것이 옳은 것이다"라고 논증하였다. 천재적인 소질을 갖고 있었던 파스칼은 수학과 과학에서도 훌륭한 업적을 남겼고, 그의 경건한 기독교 사상은 훗날 실존주의자들에게도 많은 영향을 끼쳤다.

Ⅱ. 복음주의 운동

독일에서 정통주의와 이성주의에 반대하여 신앙의 순수를 찾는 경건주의 운동이 일어나던 때에 영국에서도 교회의 영적 갱신을 이루기 위하여 복음주의 부흥운동이 일어났다. 이 운동은 일찍이 성경 읽기와 기도운동 그리고 빈번한 성만찬 거행 등을 집행하며 경건생활을 모색했던 집단들에서 일어났다. 그러나 이러한 운동이 하나의 파워로 규합되어 영국의 부흥을 일으킨 자들은 존 웨슬리와 그의 동생인 찰스 웨슬리 그리고 조지 휫필드(G. Whitefield, 1714-1770)였다. 이들은 옥스포드 대학에서 성경공부와 규칙적인 신앙 모임을 갖고, 일정한 시간에 기상하여 성경읽기와 기도를 했으며, 수시로 감옥을 방문하여 복음을 전하였다. 그리하여 이들의 모임은 신성클럽(Holy Club)이라 불리게 되었는데, 이들의 생활방식을 본따 나중에 감리교(Methodist)란 말이 생겨났다.

말하자면 이 복음주의 운동은 근본적으로 계몽주의에 영향을 받은 이신론에 대한 반동이었다. 신앙에 대한 이성주의의 발흥 때문에 기독교가 마치 하나의 연구 대상이 되어버린 현상은 이제 이론적인 기독교에서 실천적인 기독교로 탈바꿈할 시기가 도래를 의미하였다. 이때에 영국에서 선두에 등장한 사람이 요한 웨슬리였다.

요한 웨슬리는 경건한 가정에서 태어나 경건훈련을 충실히 받고 자라났다. 그는 무엇보다도 복음서에서 나타난 하나님의 계시의 진리를 믿고 배웠으며, 신앙을 말씀의 권위에 의존할 수 있도록 양육받았다. 또한 청년이 되어 옥스포드 대학을 졸업한 그는 임직을 받고 아버지를 도왔으나 만족을 느끼지 못하고 1735년에 동생인 찰스 웨슬리와 함께 선교사가 되어 미국의 조지아주의 인디언을 위해 파송되었다. 이때에 그는 대서양을 건너다가 큰 풍랑을 만났는데, 그런 위험 가운데서도 하나님을 찬양하며 소망을 갖는 모라비안들에게서 감화를 받았다. 그후에 그는 미국의 사바나(Savannah)에 도착하여 모라비안 선교사인 슈팡겐베르그(Spangenberg)를 만났고,

계속된 모라비안들과의 접촉에서 자신의 신앙에 대해 점검해 볼 수 있는 좋은 기회를 가졌다.

1738년에 그가 영국으로 다시 돌아왔을 때, 그는 완전한 회심의 기회를 모라비안인인 뵐러(Peter Bohler)를 통해 받았다. 그는 자신의 일기에서 본인이 미국에 있는 사람들을 회심시키러 갔으나 정녕 그 자신은 하나님께 회심하지 않았다고 고백한다. 이렇게 그는 하나님의 죄용서하심과 화목에 대한 내적인 확신이 부족했다. 그러나 올더스게일에 있는 모라비안의 모임에 참석하여, 그는 극적인 회심을 경험하였다.

하지만 그의 회심에는 학자들간의 약간의 차이가 있다. 즉 칼슨 감독은 웨슬리는 올더스게일 이전에 이미 하나님 앞에서 참으로 거듭난 신자라고 주장하고, 또 다른 학자들은 웨슬리의 회심 시기를 순수성을 갖고 헌신했던 1725년으로 본다. 그러나 캐논 박사와 웨슬리 학자들은 1738년 5월 24일의 올더스게일 사건을 웨슬리의 참된 복음적 회심이었다고 주장한다.

케논 박사는 1725년을 회심의 시기로 보는 이론에 대해 그것은 성경적이고 복음적인 중생이라기 보다는 일종의 도덕적 결심과 회심을 동일시함으로써 본질적인 그릇됨이 있다고 비판했다. 왜냐하면 회심이란 웨슬리 자신이 이해한 대로 하나님이 하시는 역사로서 이를 통하여 인간 자신이 과거의 자아에서 벗어나 새사람이 되며 하나님이 자녀로 전환되는 것을 의미하기 때문이다.

이렇게 모라비안을 통해 참된 신앙을 깨달은 그는 모라비안의 집단 거주지인 헤른후르트에가서 진젠도르프를 만나 2주 동안 머물며 새로운 변화를 보였다. 하지만 그는 절대적인 구원의 신비적 확신을 위해 기다리면서 성경을 읽거나 성찬도 참여하지 않는 모라비안의 정적주의를 불신하였다. 그는 이러한 그들의 금욕주의나 신비주의를 비판하고, 더욱더 행동적이고, 실천적인 활동에 관심을 기울였다.

그리하여 그는 브리스톨의 탄광에서 일하는 갱부들과 빈민가의 방탕아들 그리고 황무지에 사는 무지한 군중들에게 복음을 전하였다. 또한 1739

년 4월에 그는 휫필드의 조언에 따라 야외 전도설교를 시작하였고, 이때에 그의 설교의 결과로 사람들이 신체적인 변화를 체험하여 어떤 이는 부르짖고 어떤 이는 땅에 넘어져서 몸을 비틀곤 하였다. 이 일로 인해 웨슬리는 성직자들로부터 비난을 받기도 하였으나, 그는 아랑곳하지 않고 복음을 전하였다. 그는 생애의 분명한 목적을 영국 국교회를 개혁하고, 성경적 교회를 온 지역에 전파하는 것이었다. 그리하여 그는 교회의 분립을 반대하였다. 하지만 그의 추종자들과 성공회의 마찰로 교회를 분리하지 않을 수 없게 되었고, 그리하여 결국 감리교인들은 연합회단(United Society)을 조직하여 본격적으로 독립된 집단을 형성하였다.

또한 그는 감독으로서 주의 만찬을 보다 효과적으로 시행할 사역자들을 원하였기에 그는 1784년에 최초로 그의 손을 토마스 코크(Thomas Coke)에게 손을 얹고 안수하고 그를 미국의 감리교회 감독자로 세웠다. 거기서 코크와 프란시스 아스버리는 곧 감독의 직임을 받았고, 1795년에는 영국에서 감리교와 국교회와의 공식적인 분리가 이루어졌다. 그때 이래로 감리교는 세계에서 가장 커다란 개신교회 중의 하나로 성장했다.

한편 웨슬리의 사상적 특징을 설명한다면 그는 모라비안과 윌리암 로에게서 많은 영향을 받았으나, 이들의 신비주의적인 경향은 경시하였다. 또한 그는 구원에 오직 필요한 칭의시키는 믿음과 죄인을 용서하시는 하나님과의 화목의 표증인 내적인 확신, 그리고 그리스도인의 진실한 삶의 열매로서의 선행을 강조했다. 또한 옥스포드 시절부터 인연을 맺은 휫필드와의 관계 때문에 그에게서 칼빈주의 신학사상이 그 배경에 깊이 깔렸다. 하지만 1741년에는 어쩔 수 없이 휫필드와의 관계를 단절할 수밖에 없었다. 그 이유는 웨슬리는 휫필드가 주장하는 칼빈주의 예정론을 고수하지 않았기 때문이다. 웨슬리는 구원이 모든 사람을 위해 있다고 믿었다.

또한 웨슬리의 선교운동의 특징은 자신의 복음적 회심 체험에 둔 성경적 구원의 확신이었다. 그는 종교적 체험을 통해 변화된 삶을 살면서 형식과 규례를 벗어난 복음을 선포하였다. 그는 신학적인 면에서는 알미니우스

적이었으나, 교의적인 면에 있어서는 복음주의적이었다. 훌륭한 조직, 평신도 설교자, 따뜻한 친교, 개인적 회심, 열정적인 설교, 영적 찬송 등이 영국의 웨슬리안 복음주의를 사람들의 삶에 강력한 영향을 주어 프랑스 혁명의 파괴로부터 영국을 구원하였다.

한편 웨슬리와 더불어 죠지 휫필드도 교파를 초월한 전도를 행하며, 부흥운동을 펼쳤다. 그는 영국이 낳은 위대한 설교자로서 글로스터에서 태어났고, 옥스포드의 펨브로크 대학에서 공부하였으며, 웨슬리와 함께 신성클럽을 조직하여 함께 교제를 나누었다. 그는 그곳에서 복음주의적 회심을 체험하였고, 목사안수를 받은 뒤에 그의 설교의 효과는 너무도 뛰어나서 다수의 사람들을 미치게 만들었다고 주교들의 불평어린 보고가 전해진다.

이런 휫필드의 주된 설교의 주제는 인간의 구제될 수 없는 죄악성과 그리스도의 효과적 구원에 관한 내용이었다. 또한 그는 사유하시는 하나님의 은총과 복음을 믿은 후에 따르는 봉사의 생활을 강조하였다. 그러므로 그의 설교는 중복되는 것이 많았는데 그럼에도 불구하고 그의 열정적 설교는 생동감이 넘쳤다. 그의 천국과 지옥에 대한 설교는 마치 앉아 있는 청중들을 실제로 천국과 지옥에 있는 것과 같은 실제감을 주었고, 그는 극적인 요소를 더하기 위하여 적절한 질문과 감탄의 말을 하기도 하였다. 그의 이런 극적이고 감성적인 설교는 모든 회중들의 마음을 녹일 정도였다.

열정적인 휫필드의 설교는 영국에서 뿐만 아니라, 스코트랜드에서도 인기가 있었다. 그 이유는 스코트랜드인들은 휫필드의 칼빈주의적인 복음 설교를 좋아했기 때문이다. 휫필드는 35년간을 부흥 사역을 하면서 미국을 일곱 번이나 방문하였고, 조지아주에는 고아원을 설립하였으며, 이를 위한 모금을 위해 전도 여행을 떠나기도 하였다.

그는 칼빈주의자였지만 교파를 초월하여 성령을 통한 회심과 거룩을 믿는 모든 자들을 환영했다. 그는 하나님의 백성을 사랑하는 마음으로 교파의 장벽을 극복하고 세계를 향해 설교했던 것이다. 한편 그는 여러 곳을 순회하며 설교하였으며, 요한 웨슬리와 손잡고 복음을 함께 전하였다. 그러나 깊은 교제를 나누었던 웨슬리 형제와의 교우는 전술한 바와 같이 칼빈주의 예정론에 대한 견해 차이로 금이 가고 말았다.

1. 제이콥 스페너(Philip Jacob Spener, 1635-1705)의 만인제사장직

그는 1675년에 "경건한 열망"(*Pia Desideria*)를 출판했는데, 그는 그 책에서 루터의 만인제사장직을 신자들에게 심어주기를 원했다. 그리하여 그는 경건한 평신도들도 설교자로서 활동할 수 있고, 모든 신자들은 성경을 열심히 공부해야 하며, 날마다 기도와 실천적인 그리스도인의 삶을 살아야 한다고 촉구했다.

루터의 저술을 주의깊게 읽어본 사람들은 누구나 이 거룩한 사람이 얼마나 열렬하게 이 영적 제사장직을 변호하였는지 관찰할 수 있다. 그에 따르면 주님은 목회자들뿐만 아니라 모든 기독교인들을 제사장으로 삼으시고 성령으로 기름부으시며 영적 제사장의 행위들을 수행하도록 하셨다. 베드로가 "오직 너희는 택하신 족속이요 왕같은 제사장들이요 거룩한 나라요 그의 소유된 백성이니 이는 너희를 어두운데서 불러 내어 그의 기이한 빛에 들어가게 하신 자의 아름다운 덕을 선전하게 하려 하심이라"(벧전 2:9)고 말한 것은 단지 설교자들만을 언급한 것이 아니다. 이에 관한 우리의 종교개혁자 루터의 견해가 무엇이고 영적인 기능은 무엇인지를 보다 상세하게 읽어보고 이해하기를 원하는 사람은 "교회의 목회자들이 어떻게 선택되어 임명되는지"에 관하여 루터가 보헤미아인들에게 설명한 논문을 읽어보라. 그 책을 살펴보면 모든 신자들은 예외없이 모든 영적 직분들에 개방되어 있다. 비록 그 임무를 공적으로 항상 수행하는 일은 그 목적을 위해 임명된 목회자들에게 맡겨져 있으나 긴급한 경우에는 다른 사람들도 그 직분을 행할 수 있다. 특히 공적인 행위들과 관련되지 않은 일들은 모두 사람들이 일상생활에서 가정에서 끊임없이 이를 행할 수 있다.

실제로 로마 카톨릭 교회에서는 이 모든 영적 직분들을 오직 성직자들에게만 맡기고 모든 기독교인들에게 보편적으로 적용되는 "영적"이라는 말을 오직 이들에게만 적용시킨다. 마치 평신도들이 부지런히 하나님의 말씀을 연구하는 것은 물론이고 그들의 이웃을 교육하고 권면하고 징계하고 위로하는 일이나 공적으로 목회에 관한 일을 개인적으로 하는 것이 합당하지 못한 것처럼 모든 나머지 기독교인들을 그러한 직분에서 배제시킨다. 왜냐하면 그들은 이 모든 일들이 오직 목회자의 직무에 속해 있다고 생각하기 때문이다. 그 결과 소위 평신도들은 마땅히 관심을 기울여야 할 일에 태만하게 되고, 심각할 정도로 무식하게 되고 따라서 무질서한 생활을 하게 된다. 반면에 소위 영적 계급이라고 불리우는 계층의 사람들은 자신이 하고 싶은 대로 행동할 수 있다. 왜냐하면 아무도 감히 그들의 계획을 살펴보거나 이의를 제기할 수 없기 때문이다. 앞서 말한 바와 같이 성경강독을 금한 것과 성직자들의 주제넘은 독점행위는 로마 카톨릭 교회가 불쌍한 기독교인들에게 그 세력을 뻗치고 기회 있을 때마다 그것을 보존해온 중요한 수단 중 하나이다. 루터가 모든 기독교인들은 영적 직분을 수행하기 위해 부름을 받았으며(이것은 공적으로 그 직분을 행하도록 부름은 받았다는 의미는 아니지만), 만일 그들이 기독교인이 되기를 원한다면 그들은 그런 것들을 수행하여야 할 의무가 있다고 지적한 것은 교황제도에 치명적인 해를 입혔다.

모든 기독교인들은 자기 자신과 자신이 소유하고 있는 것, 기도, 감사, 선행, 구호금 등을 바쳐야 할 뿐만 아니라 하나님의 말씀을 부지런히 공부하여 하나님이 자신에게 주신 은혜에 따라 한 지붕 밑에 사는 사람들을 가르치고 징계하고 권면하고 회심시키며, 그들의 생활을 살펴보고 그들을 위해 기도하고 가능한 한 그들의 구원에 관심을 가져야 한다…

반면에 이러한 가르침을 알지 못하고 또 실천하지 않을 때 모든 자기만족과 게으름이 파생된다. 모든 사람들은 자신의 직무 사업, 교역 등을 하도록 부름을 받은 것과 마찬가지로, 목회자들은 결코 그러한 직업에 종사하도록 부름받은 것이 아니므로 오직 목회자들만이 신령한 일을 수행하고 하나님의 말씀에 전념하고 기도하고 연구하고 가르치고 권면하고 징계하는 등의 일을 할 수 있다고 상상한다. 반면에 다른 사람들은 그러한 일들로 인해 걱정해서는 안되며 실제로 만일 그들이 그러한 일에 조금이라도 관계한다면 그것은 목회자의 일에 참견하는 것이 된다고 생각한다. 물론 이것은 신도들이 마땅히 목회자들에게 관심을 기울이며 그들이 어떤 일을 등한히 여길 때 사랑으로 권면하며 전반적으로 그가 힘쓰는 모든 일을 돕는 것을 언급한 것은 아니다.

우리는 이런 제사장직을 적절하게 사용하면 목회사역에 아무 해를 끼치지 않을 것이다. 사실상 목회사역이 마땅히 이루어야 하는 바를 이루지 못하는 주요한 이유 중의 하나는 보편적인 제사장직의 도움이 없이는 목회사역이 너무나 허약하기 때문이다. 만약 어떤 사람이 자신의 목회적 보살핌을 받도록 맡겨진 많은 사람들의 교육에 필요한 모든 일을 다독이며 가장 맏형이 되는 목회자는 자신의 임무와 공적, 또는 사적인 일을 행하는 데 있어서 훌륭한 도움을 받을 수 있을 것이며, 따라서 그의 짐이 그다지 무겁지 않을 것이다.

루터의 시대 이래로 그다지 다루지 않았던 이 모든 문제를 어떻게 사람들에게 보다 잘 알리고 보다 광범위하게 시행하느냐에 대한 보다 많은 고찰이 있어야 한다. 앞에서 성경읽기와 이해를 위한 입문적인 훈련을 위해 제안한 것이 이를 위해 많은 공헌을 할 것이다. 나로서는 만일 각 회중 가운데 이 두 가지 활동(즉 성경을 부지런히 대하고, 특별히 형제적인 사랑과 권면으로 제사장의 임무를 시행한다면)을 하려는 사람들이 있다면, 상당한 성과를 거두게 될 것이다. 그때에 다른 많은 것들도 얻게 되어 결국 교회는 몰라보게 성장할 것이다.

70가지 질문과 대답 가운데 하나님의 말씀에 따라 짧게 묘사된
영적 제사장직

영적 제사장직은 무엇인가?

이는 우리 주 예수 그리스도께서 모든 사람을 위해 사신 권리인데, 그는 모든 신자를 성령으로 기름부으신다. 그 때문에 신자들은 하나님께서 받으실 만한 희생제물을 드릴 수 있게 되었고, 자신을 위해서나 남을 위해서 기도하거나 교화할 수 있게 되었다.

10. 누가 그러한 영적 제사장이냐?

구분 없이 모든 크리스천들이 영적 제사장이다(벧전 2:9). 이는 노인이나 젊은이나 남자나 여자나 자유자나 노예나 할 것 없이 모두에게 해당된다(갈 3:28).

11. 제사장이라는 이름은 오직 사역자들에게만 해당되는 것이냐?

아니다. 직무에 따른 사역자들만이 제사장이 아니다. 신약성경 어디에서도 그들 사역자들을 제사장이라고 부르지 않았다. 다만 그들은 그리스도를 섬기는 자요, 하나님의 신비의 종들이요, 감독이요, 장로요, 복음과 말씀의 사역자들이라고 불렸다. 그러므로 제사장이라는 이름은 모든 크리스천들을 위한 일반적인 이름이고, 사역자들에게 적용되는 것이 아니다(고전 4:1, 3:5; 딤전 3:1-2, 5:17; 엡 3:7; 행 26:16; 눅 1:2).

12. 사역자들만이 오직 영적이냐?

아니다. 이런 특징은 모든 크리스천들에게 적용된다(롬 8:5, 9).

13. 영적인 제사장의 직무는 무엇인가?

그것은 다양하지만, 세 가지 주요 직무로 나눌 수 있다. (1) 희생의 직무 (2) 기도와 축복의 직무 (3) 거룩한 말씀의 직무이다. 첫 번째 두 직무는 제사적인 직무라고 할 수 있고, 나머지 하나는 예언적인 직무라고 할 수 있다.

14. 영적인 직무는 무엇을 희생하는가?

무엇보다도 더 이상 자신을 섬기지 않고, 그를 사시고 구속하신 그리스도를 그들이 갖고 있는 모든 것으로 섬기는 것이다(롬 6:13, 14:7-8; 고전 6:20; 고후 5:15; 시 4:5, 110:3; 벧전 3:18). 그러므로 구약성경에서 희생제물이 다른 동물들과 구분된 것처럼 그들은 이 세상과 부정한 것들로부터 자신을 구별지어야 한다(출 12:3-6; 롬 12:2; 고후 6:14-18; 약 1:27). 이 때문에 그들을 선택된 백성이라고 부르는 것이다(계 20:26; 벧전 2:9).

15. 우리는 특별히 어떻게 우리의 몸과 지체를 하나님께 드리는가?

죄를 위해서 우리의 몸을 사용하지 않고 오직 하나님의 영광과 그 봉사를 위해서 사용함으로써 가능하다(롬 12:1, 6:13, 참조. 질문 14). 따라서 자신을 복종시킴으로써(고전 9:27), 우리의 지체를 통해 악한 역사를 이루는 악의 의도를 억누름으로써, 심지어 성경은 우리의 지체를 짜를 것을 요청한다(마 5:29-30).

16. 우리는 어떻게 우리의 영혼을 하나님께 드릴 것인가? 우리의 몸을 하나님이 내주하시는 거룩한 성전이 되게 함으로써(고전 3:16-17), 우리의 이성의 능력을 그리스도께 순종함으로써(고후 10:5), 우리의 뜻을 참된 복종과 순종으로 하나님의 뜻에 맡겨둠으로써(삼상 15:22; 마 6:10, 26:39; 히 10:5-7), 참된 회개로써 우리의 영혼이 하나님이 받으실 만한 희생제물이 됨으로써(시 51:16-17).

26. 모든 사람들이 설교자가 되며, 설교의 직무를 행할 수 있는가?

아니다. 모든 사람들 앞에 공적인 설교의 직무를 행하는 일은 특별한 소명이 요청된다. 어느 사람이 다른 사람들보다 이런 능력을 갖고 있다고 사칭한다면, 또는 그 사람이 사역자들의 직무를 침해한다면, 그는 죄를 짓는 것이다(롬 10:15); 히 5:4). 이 때문에 어떤 이는 교사로 어떤 이는 방청자로(고전 12:28-30). 부르시지 않았는가? 다른 사람에 대한 각 사람의 의무는 "교리집"(*Table of Duties in the Catechism*)에 나타나 있다.

27. 그렇다면 우리들은 어떻게 하나님의 말씀에 종사할 것인가?

그들은 하나님의 말씀을 자신을 위해 사용할 것이며, 다른 사람들 중에서 또는 다른 사람들과 함께 그것을 사용할 것이다.

28. 하나님의 말씀을 자신을 위해서 어떻게 사용할 것인가?

하나님의 말씀이 회중들 속에서 설교될 때에 하나님의 말씀을 들음으로써, 또한 하나님의 말씀을 성실하게 읽거나 읽혀줌으로써.

29. 모든 크리스천들이 성실하게 성경을 읽는 것이 합당한가?

그렇다. 성경은 하늘 아버지께서 그의 자녀들에게 주신 편지이므로 어느 하나님의 자녀도 그 편지를 읽는 것에서 제외될 수 없다. 모든 크리스천들은 성경을 읽을 권리와 의무가 있다(요 5:38).

30. 설교자들과 그들이 들려주는 말씀을 단순히 믿는 것이 더 좋은 것이 아니냐?

아니다. 모든 크리스천들은 설교자의 가르침이 인간의 생각이나 믿음에 기초하지 않고 거룩한 진리에 기초하고 있는지를 살필 수 있도록 성경을 검색해 보아야 한다(행 17:11).

32. 그러나 성경에 아주 많은 것들이 교육받지 못한 사람들에게는 아주 모호하거나 그 단수가 높지 않은가?

성경 그 자체는 모호하지 않다. 왜냐하면 성경은 빛이지 어둠이 아니기 때문이다(시 119:105; 벧후 1:19). 그러나 성경 속에는 무식자나 유식자나 할 것 없이 그 단수가 매우 높은 말씀들이 많이 있다. 우리의 어두운 눈 때문에 그런 것들이 우리에게 모호하게 보인다(고전 13:9-10).

33. 이 때문에 교육받지 못한 사람들이 성경을 읽지 않는 것이 더 좋을 것이 아닌가?

아니다. 학식자들이 성경의 많은 부분에서 자주 그 의미를 놓친다는 것을 고백할지라도, 그들은 성경 속에 있는 의미를 많이 찾아 나아가는 데 장애를 받지 않는다. 마찬가지로 교육받지 못한 경건한 영혼들도 그들의 믿음을 강화시켜주는 하나님의 말씀을 찾는 데 방해를 받지 않는다.

37. 진리를 확증시켜주는 성경을 읽을 때 어떻게 해야 하느냐?

(1) 성령의 은혜를 위한 신실한 기도가 없이 성경을 손으로 취해서는

안된다. 또한 마음에 하나님의 역사와 능력을 순전히 받아들이려는 생각이 없이 성경을 취해서도 안된다. 인간의 단순한 지식에 머물러서도 안되고 하나님의 영광으로 깨달은 것을 순종해야 한다.

(2) 이성이 주인이 되게 해서는 안되고, 성령이 주시는 말씀에 유념해야 한다. 즉 어떻게 성경이 구성되어 있는가를 살피고, 앞에 나오는 구절과 뒤에 나오는 구절을 서로 비교하며, 그들의 의미를 파악하라. 모든 말씀이 성령에 의해 계획적으로 기록되었다는 것을 믿으라. 지금 읽은 부분을 성경의 다른 구절들과 서로 비교하라.

(3) 읽은 모든 것을 자신에게 적용하라. 성경말씀이 어떻게 자신과 관련되는지 또는 교화에 얼마나 유익한지를 살피라.

(4) 먼저 분명히 주어진 말씀을 붙잡고 그 위에 믿음을 세우라. 그리고 주어진 말씀에 따라 삶을 정돈할 것을 추구하라.

(5) 만약에 즉시 이해하지 못하는 말씀이나 이해하기에는 너무 어려운 것이 발견된다면, 먼저 그것을 그냥 지나치라. 그것을 하나님께 맡기라. 반복된 성경읽기와 기도 후에 즉 하나님께 충실할 때에 전에는 이해할 수 없었던 구절이 깨달아질 때가 있다.

(6) 하나님이 깨닫게 하신 것은 겸손히 받아들이고 실천하라. 그리고 하나님의 은혜에 감사하라.

(7) 경건한 사역자들과 다른 크리스천들과 성경말씀에 대해 나누라. 스스로 깨닫지 못한 말씀에 대해서는 사역자들과 다른 크리스천들의 조언을 구하라. 하나님의 은혜에 의해서 어떤 성경구절의 참된 의미를 깨닫게 되었을 때, 하나님을 두려워하는 겸손한 마음으로 그 말씀을 받으라…

40. 성경의 더욱 조심스러운 탐구는 사역자들에 맡기고 나머지 사람들은 단순히 따라가는 것이 더 좋지 않은가?

모든 크리스천들이 하나님이 계시하지 않은 것을 찾아나가지 않고 단순히 믿음의 문제로 이성을 억누르려는 단순성이 있다. 그러나 단순성이 지식의 성장을 추구하지 않는 그런 것이라면, 이는 하나님의 뜻에 반하는 것이고 수치스러운 무지이며, 방종이고 풍성한 하나님의 계시에 대한 불평이다. 우리는 단순하지 말고 현명하고 명철해야 한다. 그래서 선과 악을 식별할 수 있는 감각을 가져야 한다(히 5:14; 롬 16:19; 고전 14:20; 엡 1:15-19, 4:14; 골 1:9-12, 28…).

52. 그러나 믿는 크리스천은 그들의 동료들 중에서 거룩한 하나님의 말씀을 어떻게 사용하여야 하느냐?

성경은 교훈과 책망과 바르게함과 의의 훈련(딤후 3:16)과 위로(롬 15:4)를 위해 주어진 것이다. 따라서 믿는 크리스천은 이런 의도를 갖고 성경을 사용하여야 한다. 즉 성경이 모든 곳에서 보여주는 것처럼 가르치고, 잘못된 것을 고쳐주고, 교훈하고, 책망하고, 위로해야 한다.

53. 모든 크리스천이 이렇게 할 수 있는가?

그렇다. 하나님이 각 사람에게 주신 은사에 따라서 하는 것이다. 하지만 모든 사람이 전체 회중 앞에서 공개적으로 이를 행할 수는 없다. 다만 사적으로 기회가 주어졌을 때에 공식적인 사역자의 공적 직무에 방해됨이 없이 이를 행해야 한다.

60. 그러나 여성도 이런 사제적 직무를 사용할 수 있는가?

확실히 그렇다. 왜냐하면 유대인이나 헬라인이나 노예나 자유자나 여자나 남자나 모든 사람들이 그리스도 안에서 하나라고 했기 때문이다(갈 3:28). 그러므로 영적인 것과 관련해서 그리스도 안에서 남자와 여자의 구별은 폐지되었다. 하나님이 믿는 여성에게 영적인 은사를 주셨기(요엘 2:28-29, 행 21:9; 고전 11:5) 때문에 질서에 따라 여성들이 활동하는 것을 금할 수 없다. 사도들은 그들과 함께 일하며 남성들을 교화시켰던 경건한 여성들에 관해 이야기한다. 사도들은 이런 일 때문에 여성들을 견책한 것이 아니라, 도리어 그들을 칭찬하고 사랑했다(행 18:26; 롬 16:1-2; 빌 4:2-3; 딛 2:3-5).

61. 그러나 여성이 가르치는 것은 금지되는가?

그렇다. 즉 공적인 회중 앞에서 여성들은 가르칠 수 없다. 그러나 공적인 회중 이외의 다른 가르치는 모임에서는 그것이 허락된다는 것을 성경구절들과 인용한 사도들의 모범에 의해서 분명히 알 수 있다(고전 14:34; 딤전 2:11-12).

62. 크리스천은 무슨 방법으로 이런 직무를 행할 수 있는가?

하나님과 사랑이 그들에게 기회를 주셨을 때 그렇게 할 수 있다. 강제적으로 그렇게 하는 것이 아니라, 사랑 안에서 도움을 원하는 사람들에게 그렇게 해야 한다.

63. 그러한 목적을 위해서 사람들이 함께 모일 수 있는가?

사람이 함께 있을 때, 서로 교화시킬 수 있다. 마찬가지로 몇몇 좋은 친구들이 함께 설교를 음미하고, 들은 것을 회상하고, 성경말씀을 읽고, 그들이 들은 말씀을 어떻게 실천에 옮겼는지를 두려움으로 전해준다면, 이는 좋은 것이다. 그러나 분리나 공적인 집회로 오해되지 않도록 그 모임이 너무 커서는 안된다. 또한 그런 모임에 참석하는 사람들은 공적인 예배를 소홀히 하거나, 정죄해서도 안되고, 또한 임직받은 사역자를 무시해서도 안된다. 그들은 그들의 소임을 지켜야 하고, 필요한 일들을 빠뜨려서도 안되며, 고용주나 부모의 뜻에 대한 그들의 소명을 게을리해서도 안되고, 모든 악한 형태를 피해야 한다.

64. 어느 사람이 스스로 교사로서 세움받았다고 하거나 다른 사람들이 그를 그러한 사람으로서 임명할 수 있는가?

아니다. 이 제사장직은 모든 사람들에게 공통된 것이다. 그런 제사장직에 따라서 각 사람은 다른 사람들로부터 배우기도 하고, 거룩한 질서 속에서 가르치기도 해야 한다.

> Philip Jacob Spener, *Pia Desideria* (Devout Wishes), *The Spiritual Priesthood*, Philip Spener, trans A. G. Voigt(Philadelphia: The Fortress Press Society, 1917).

2. 헤르만 프랑케(Herman Francke, 1663-1727)의 거룩한 사랑

프랑케는 스페너의 뒤를 이어 경건운동을 이끈 주도적 인물로 지성과 재능을 겸비한 인물이다. 그는 할레 대학의 교수가 되어 할레 대학을 경건운동의 중심 대학으로 발전시켰고, 많은 선교사들을 파송하는 열의를 가졌다. 그는 아래에 나오는 "세 가지 실천적 강론"(*Three Practical Discourse*)에서 하나님과 인간의 사랑이라는 주제 속에서 독자들에게 권면한다.

인간을 향한 하나님의 사랑

그렇다. 하나님이 인간을 사랑하셨다. 하나님이 인간을 사랑한다는 것을 모세는 신명기 33:3의 자신의 축복에서 확고히 말하고 있고, 우리 주 예수 그리스도는 그 사랑을 이렇게 표현하신다. "하나님이 세상을 이처럼 사랑하사 독생자를 주셨으니"라고 말이다. 이는 사도 바울이 "자비" 또는 "인간을 향한 하나님의 사랑"이라고 부른 사랑이다(딛 3:4). 프랑케는 그 어떤 도움이나 지원을 필요로 하지 않는 "하나님의 장엄함, 말할 수 없는 영광, 무한한 능력과 권세, 한없는 축복과 행복"에 관해 말한다. 한편 프랑케는 죽음에 처해 신음하고, 죄로 가득하며, 파멸의 구렁텅이로 빠져들고 있는 인간의 모습과 불균형잡힌 관계성을 묘사한다.

하나님의 사랑의 대상인 인간 안에서 우리는 사랑스런 것들을 아무 것도 발견될 수 없으며, 오히려 그 반대로 인간 안에는 주님에게 불경되는 것들로 가득하여, 하나님의 분노와 증오를 불러온다. 어느 누구도 보편적인 죄의 얼룩에서 자유로울 수 없으며, 자신을 특별한 사람으로 간주할 수 없다. 사도는 유대인들과 가장 검고 역겨운 색깔을 가진 이방인들을 대표로 하여 그들 모두가 가장 극악무도하고 가증스러운 죄를 지었다고 선언한다. 사도는 이를 로마서의 첫 세 장에서 분명히 보여준다. 이는 인간의 타락의 의미와 그 본성의 끔직한 부패상을 우리에게 설명해주는 에스겔 16장과 시편 5장에 덧붙일 수 있을 것이다. 하지만 인간이 이토록 한탄스러운 상태에 있을지라도 하나님의 사랑은 여전히 작용하여 하나님은 우리 인간이 구원받고 돌아오도록 부르신다.

그러므로 다시금 곰곰히 생각해 보라. 거룩하신 사랑의 하나님이 인간을 사랑하도록 움직이게 만든 것을 말이다. 이는 인간 안에 하나님이 사랑할 만한 어떤 가치있는 위엄성이 있어서가 아니라 전적으로 순전히 하나님의 무한한 사랑과 긍휼이 동기가 되어진 것이다.

· · · · · · · ·

이 거룩한 사랑은 인간의 공로에 의한 어떤 자격을 요구하지도 않고 다만 이전의 사악한 삶에 대한 가식없는 참회를 동반한 인간의 부족과 무가치함을 깊이 인식하는 것만을 요구한다. 인간은 사악한 생활로 인해 아주 오랫동안 순전한 천상의 사랑의 즐거움을 박탈당했으나, 이제 무한한 하나님의 무한한 사랑을 얻은 후에는 보다 커다란 관심을 갖고 다시는 불신앙과 불순종에 의해 자신의 삶의 위로를 상실하지 않도록 조심해야 할 것이다. 또한 인간은 하나님의 사랑이 그 안에서 자유롭게 아무런 적의가 없이 역사하시도록 노력해야 할 것이다. 또한 하나님의 사랑이 주어질 때마다 그것을 받을 준비가 되어 있고, 죽은 마음을 활력있게 하고, 차가운 마음에 불을 지피고, 얼음같이 굳은 마음을 녹이고, 세속적인 마음을 더욱 정결케하고, 그 사랑을 전파하고, 하나님의 사랑의 그 놀라운 영광과 아름다움을 보여주고, 마침내 그 모든 죄와 비참으로부터 온전히 구원받아야 할 것이다.

· · · · · · · ·

먼저 당신의 눈을 돌려 하나님의 사랑을 당신이 얼마나 가치있게 여기고 그 사랑에 어떠한 대가를 지불하고 있는지를 생각해 보아야 한다. 즉 당신은 하나님의 사랑을 가장 위대하고 값어치있는 보물로 여기는지 아니면 어떤 커다란 만족을 줄 수 없는 하찮은 것으로 여기는지를 생각해보아야 한다.

나아가서 당신에게 하나님의 사랑이 부여될 때, 그 사랑을 당신의 마음 속에 어디에 모시는지, 즉 당신의 영혼의 모든 노력을 기울여 그 사랑을 수용하는지를 생각해 보라.

당신은 하나님의 사랑이 온전히 역사하시도록 하는지, 그리고 그 사랑의 본질이 당신을 변화시켜 당신과 연합하도록 노력하는지를 생각해 보라.

마지막으로 당신의 영혼의 현재의 성향이 이 하나님의 사랑과 관련해서 어떠한지를 생각해 보라. 즉 당신의 감정과 사상과 의도와 기질과 행동 등이 어떠한지를 생각해 보라. 한 마디로 말해서 당신의 내적 외적 상태의 사람의 형태나 방식이 하나님의 사랑이 당신에게 참된 영향력을 행사하도록 노력하는지, 매일의 삶에서 그 사랑이 기저를 이루고 있는지, 그리하여 하나님의 사랑이 그의 작정하시는 때에 그의 역사를 이루어 행복한 결말에 이르도록 희망하는지 생각해 보라.

그러나 슬프도다! 당신의 영혼 속에 하나님의 사랑을 발견할 수 없고, 다만 그 반대가 되는 즉 죄와 허영에 대한 사랑만을 발견할 수 있다니 말이다. 정말로 만약 그렇다면 당신은 속히 하나님의 사랑에 안길 수 있도록 노력해야 한다. 왜냐하면 하나님의 사랑은 마치 자애로운 어머니가 잃어버린 자녀를 찾는 것처럼 당신을 찾고 있고, 당신에게 부여하기로 작정하신 그 위로를 그 아들이 받을 수 있도록 끊임없이 인내하며 기다리고 계시기 때문이다.

두 번째로 당신은 당신의 이웃에게 증거해야 하는 그 사랑의 본질과 그 태도를 생각해보아야 한다. 당신을 향한 하나님의 사랑의 순수성이 당신의 이웃을 향한 순수하고 비이기적인 사랑으로 역사되고 있는지 생각해 보아라. 그리고 거룩한 사랑의 긍휼하심이 당신의 이웃을 향한 자비의 그릇으로, 마음의 친절과 겸손으로, 온유와 오래 참음으로, 그리고 완전의 띠(골 3:12)에 수반된 여타 덕들로 옷입을 수 있도록 영향을 미치고 있는지를 생각해보아라. 참으로 우리를 향한 하나님의 선하신 뜻과 사랑이 사도가 디도서 3:4과 비교되는 디도서 3:1의 비유처럼 이웃을 향한 우리의 사랑과 애정의 끊임없는 모델이요 근거가 되도록 해야 한다.

마지막 세 번째로 하나님 자체가 사랑이시다. 그러므로 결과적으로 사랑이 가장 보편적이고 본질적인 방식으로 사랑이신 하나님과 연결되는 가장 근접한 방법임을 고려해야 한다. 당신은 사랑의 이 대양(sea)의 근저에 이르러야 한다. 이 사랑의 대양은 결코 마르지 않으며, 우리의 좁은 이성으로 측량할 수 없다. 그러므로 당신의 믿음을 지식을 능가하는 그 사랑에 침잠케하고 아무런 두려움과 근심없이 그 속에 잠기라. 만약 당신이 이 사랑의 깊은 곳에서 당신 자신을 삼키운 바 된다면, 당신은 확실히 자기 자신을 발견케 될 것이고, 그 지극한 완전과 영광이 나타나는 그곳에서 영원히 살게 될 것이다.

신실한 자들이 가난한 자들에게 자비를 베풀어야 하는 의무에 관한 24가지 동기들

마가복음 8:1 하반절. 가난한 자에게 자비와 은전을 베풀어야 할 의무의 순전한 시행을 고무시키기 위해 다음과 같은 동기들이 매우 강력히 요청된다.

1. 그리스도인이 자비를 베풀어야 하는 첫 번째 동기는 인간을 향한 하나님의 말할 수 없는 사랑과 자비 때문이다. 이 사랑은 우리 주님에 의해 요한복음 3:1에서 이렇게 설명되어졌다. "하나님이 세상을 사랑하사 독생자를 주셨다"는 것이다. 무슨 목적으로 말인가? "그를 믿는 모든 사람들이 멸망치 않고 영원한 생명을 얻게 하려 함이다."

인간을 향한 하나님의 동일하신 사랑이 사도에 의해 에베소서 2:4과 로마서 8:32에 제시된다… 하나님이 자신의 독생자를 가장 끔직한 십자가의 죽음에 넘겨주고 우리를 영원한 사망과 정죄에서 구속하셨다. 이 사랑을 곰곰히 생각하는 자들과 이 사랑을 그의 마음속에 살아 움직이게 하는 자는 가난한 이웃에게 그 사랑과 유사한 사랑을 부여하도록 자극을 받을 것이다. 이 거룩한 사랑은 마음속에 다음과 같은 생각을 갖게 할 것이다. "무한히 위대하신 하나님이 독생자를 아끼지 않으시고 나를 위해 무상으로 내어주실 정도로 자비를 베푸시지 않았는가? 그런데 내가 나의 도움을 필요로 하는 주변의 많은 비참한 사람들을 보고 나의 세상적인 물건들과 수입들을 아낄 정도로 그렇게 인색해서 되겠는가? 그래서는 안된다. 내가 가난한 자들에게 모든 것을 아낌없이 줄지라도 그것은 주님이 내게 부여한 그 사랑과 비교가 되지 않지 않는다.

11. 마태복음 25장에 나타난 마지막 심판에 관한 묘사는 궁핍한 가운데 있는 가난한 자들을 도우라는 또 다른 강력한 조언이 된다.

사랑과 자비가 부족한 것은 마지막 심판날에 받을 중대한 범죄에 해당된다. 만약 이런 무자비한 기질이 그리스도의 가난하고 궁핍한 지체들에게 나타난다면 말이다. 우리가 그리스도의 입에서 나오는 이런 감동적인 초청의 말씀을 생각할 때에 그리스도의 가난한 지체들을 향한 마음으로 녹아들지 않을 만큼 그렇게 완고할 수 있겠는가? "이르시되 내 아버지께 복 받을 자들이여 나아와 창세로부터 너희를 위하여 예비된 나라를 상속하라 내가 주릴 때에 너희가 먹을 것을 주었고 목마를 때에 마시게 하였고 나그네 되었을 때에 영접하였고 벗었을 때에 옷을 입혔고 병들었을 때에 돌아보았고 옥에 갇혔을 때에 와서 보았느니라." 반면에 무자비한 자들에게 선언하시는 주님의 말씀을 읽지 못하느냐? "이르시되 저주를 받은 자들아 나를 떠나 마귀와 그 사자들을 위하여 예비된 영영한 불에 들어가라 내가 주릴 때에 너희가 먹을 것을 주지 아니하였고 목마를 때에 마시게 하지 아니하였고…" 마지막날에 선한 자와 나쁜 자가 받을 최종적 선언을 곰곰이 묵상하는 자는 탐욕스런 구두쇠가 도움을 요청하는 가난한 자들을 돕는 것을 뒤로 미루는 경솔한 방편과 변명에서 피할 수 있게 해줄 것이다. 사람들을 이렇게 말한다. "너무 많은 사람들이 있습니다. 모든 사람에게 줄 수는 없습니다. 왜냐하면 내가 이 다음에 궁핍해질 때가 온다면 누가 나를 도울 것입니까? 나는 대가족을 거느리고 있습니다. 여유분을 남겨야지 가난한 자들에게 줄 수는 없습니다." 또 다른 사람들은 이렇게 말한다. "하나님은 이런 곤궁한 시간이 마침내 어디에서 끝나게 될 것인지를 아십니다. 그것이 그렇게 분명하지만 인간은 노년기에 따르는 궁핍한 때를 대비해서 양식을 준비해야 합니다."

그와 같은 변명이 스스로 크리스천이라고 칭하는 사람들로부터 빈번히 나오고 있다. 그들은 또한 이 세상의 불확실한 부에 대해 너무 열심을 낸다. 하지만 그들은 고통과 재난의 날을 막을 수 있는 그 어떤 보호막도 없다.

그들은 다음과 같은 것들로 염려해야 한다. 즉 그러한 무자비한 심판이 이곳에서 자비를 베풀지 않은 사람들에게 주어진다면 내가 어떻게 그 끔찍한 날에 머리를 들 수 있을 것인가? 내가 나의 형제들에게 완고하고 무자비하였는데, 어떻게 심판자로부터 자비를 기대할 수 있겠는가?

물론 내가 어떤 자선으로 자비를 얻을 수 없는 것은 참이다. 왜냐하면 내가 그렇게 행하는 것은 의무이지 공로가 아니기 때문이다. 그러나 무한히 자비로우신 주님은 나의 형제에게 행한 적은 자선을 마치 자신에게 베푼 것처럼 간주하시고 그에 따른 커다란 보상을 주신다. 그러므로 나의 매일의 삶과 가난한 자들과의 모든 대화에서 내 안에 무자비한 기질이 거하지 못하게 하고, 가난한 자들을 향한 그 어떤 거친 태도도 보이지 말라.

21. 인생이 짧고 불확실한 것은 가난한 자들을 기억하고 그들의 궁핍을 적절히 도울 것을 회유하는 좋은 방책이 된다.

우리는 다시금 이 끔찍한 말, 즉 누가복음 12:20을 생각해야 한다. "하나님은 이르시되 어리석은 자여 오늘 밤에 네 영혼을 도로 찾으리니 그러면 네 예비한 것이 뉘 것이 되겠느냐." 그런 말씀을 생각할 때에 우리는 탐욕으로부터 벗어날 수 있을 것이고, 누가복음 16:9에 "내가 너희에게 말하노니 불의의 재물로 친구를 사귀라 그리하면 없어질 때에 저희가 영원한 처소로 너희를 영접하리라"고 명령하신 주님의 말씀으로 가르침 받게 될 것이다. 예수 그리스도 안에서 놀랍게 나타난 그 영원한 사랑이 당신의 마음속에 이 모든 은혜를 심게 하고, 하나님의 영의 치유하시는 영향으로 끊임없이 그 은혜들에 물을 주라.

Herman Francke, *Three Practical Discourses* (London: Joseph Downing, 1716)

3. 조지 폭스(George Fox, 1624-91)의 신비경험

조지 폭스는 퀘이커교의 창시자로서 1675년에 자신의 생애에 대한 대략적인 개관을 담은 "일기"(*Journal*)를 썼는데, 그는 그 책에서 자신이 체험한 내적인 빛에 대해서 자세히 서술했다.

나는 요한계시록에 쓰여진 것들이 크게 열리는 것을 경험했다. 그것에 관해 내가 이야기했더니 목사들과 신앙고백자들은 계시록이 닫혀진 책이니 그러한 생각을 갖는 것은 좋지 않다고 하며 이야기하지 못하도록 했다. 그러나 그리스도는 닫혀진 것을 여실 수 있는 분이시며 서신서가 앞선 시대에 살았던 사람들을 위해 쓰여진 것이라고 한다면 요한 계시록은 다가올 것들에 관해 쓴 책이므로 그 내용은 우리에게 필요한 것들이라고 말했다.

커다란 열림을 경험했어도 내 마음은 고통과 유혹이 자주 찾아왔다. 그래서 낮에는 밤이 빨리 찾아오기를 바랬으며 밤에는 낮이 빨리 되기를 바랬다. 또한 고통 가운데 열림을 경험하였기 때문에 다윗처럼 "날은 날에게 말하고 밤은 밤에게 지식을 전하니"라고 말할 수 있었다. 내가 열림을 경험하였을 때 낮과 밤은 서로 대답하며 성령에 답하였다. 그것은 성경에 대한 놀라운 열림을 경험하였기 때문이며 내가 고통을 경험할 때에 하나의 고통은 또 다른 고통에 대한 해답이 되었다.
 나는 금식을 주로 많이 했다. 한적한 곳을 여러 번 거닐었다. 때로는 성경책을 집어 들고는 속빈 나무나 조용한 곳에서 밤이 맞도록 앉아 있었다. 밤에는 자주 나 자신에 대해서 애통해 하면서 걸어다니곤 하였다. 주님이 내 안에 첫 번째 일을 이루시는 동안에 나는 자주 슬픔에 빠져 있었다. 이렇게 고통스러워 하는 동안에는 어떠한 신앙고백자와도 교제하지 않았다. 오로지 주님 앞에 나 자신을 포기하고 사악한 사람들과의 관계를 끊었다. 나아가 부모님과 다른 모든 친척들과도 작별을 한 채 주님이 이끄시는 대로 나그네처럼 이리저리 떠돌아 다녔다. 도착한 곳에서 방을 잡고 머물기도 하고 때가 되면 또 떠났다. 신앙고백자나 하나님을 모독하는 사람들을 모두 싫어하였기 때문에 좀처럼 한곳에 오래 머물러 있을 수 없었다. 나는 영적 진리에 민감했기에 그런 종류의 사람들과 이야기함으로써 상처를 받는 것이 싫어서였다. 이런 까닭에 나그네처럼 떠돌아 다니며 하늘의 지혜를 구했다. 세상 일에서 벗어나 오직 주님만을 의지했다.
 내가 겪은 고통이 말할 수 없는 것이었던 것처럼 내가 겪은 은혜 또한 말할 수 없는 엄청난 것이었다. 엄청난 절망 속에 빠져 있을 때 주님은 내 영혼을 끊임없이 사랑해 주셨다. 고통과 괴로움이 커졌을 때에 주님의 사랑은 지극하게 넘쳐났다.
 주님이 나에게 옥스포드나 케임브리지에서 공부한 것이 그리스도의 일꾼이 되기에 충분한 자격을 주는 것이 아니라는 사실을 알게 하신 이후로 나는 목회자들을 덜 중요하게 여기게 되었다. 오히려 분리주의자들을 더 중요하게 여겼다. 이들 분리주의자들 가운데는 영적인 진리에 더욱 민감한 사람들이 더러 있었고, 그 중에 많은 사람들이 영적 진리를 깨닫게 되었다. 그들도 마침내 어떤 열림을 경험하였기 때문이다.
 목회자들에게 실망하였듯이 나는 분리주의자들에게도 실망을 하고 말았다. 분리주의자들은 경험이 많은 사람들을 높이 평가했는데, 그 모든 사람들 가운데서 내가 처한 상황을 말할 수 있는 한 사람도 찾지 못했다. 그들에 대한 기대나 모든 사람들에 대한 희망이 사라지게 되어 외부적으로 아무런 도움을 얻지 못하고 무엇을 할 것인가 모르고 있었다. 바로 그때에 이런 목소리가 들려 왔다. "오직 한 분이 계시니 그분은 예수 그리스도로 나의 처지를 말할 수 있는 분이시다." 그 목소리를 듣고 나서 기뻐서 어쩔 줄을 몰랐다.

그때 주님은 내가 이 땅에서는 내 처지에 관해 들어줄 수 있는 사람이 한 사람도 없다는 것을 깨닫게 해주셔서 그러므로 나는 모든 영광을 하나님께 돌릴 수 있었다. 예수 그리스도는 뛰어나신 분으로서 우리를 깨우치시고 우리에게 은총을 베푸시며 믿음과 능력을 주시는 분이시다. 이처럼 하나님께서 역사하시면 누가 우리를 가로 막겠는가? 이러한 사실을 나는 경험으로 알았다.

주님을 좇아가는 열망이 점점 자라갔다. 다른 사람이나 책이나 글에 도움을 받지 않고 하나님과 그리스도만을 온전히 알고자 하는 열망이 점점 자라갔다. 그리스도와 하나님에 대해 성경책에서 읽기는 하였어도 하나님을 알지 못하였다. 하지만 이제 계시를 통해 열쇠를 가지신 분이 그 문을 여셨으며 생명의 아버지이신 하나님께서 성령을 통해 하나님의 아들이신 그리스도께 나를 인도하셨다. 그 다음에 주님은 나를 다정하게 곁으로 인도하시어 하나님의 사랑을 보게 하셨다. 그 사랑은 참으로 끝이 없는 영원한 것이었다. 이는 사람의 생각을 뛰어 넘어 역사나 책에서 볼 수 있는 그런 종류의 사랑이 아니었다.

그때 나는 모든 교파들이 두려웠다. 하나님의 사랑을 통해 그들이 어떠한 처지에 놓여 있는가를 정확히 볼 수 있게 되었다. 그 사랑은 또한 내 자신의 모습을 깨닫게 해주었다. 나는 목사든지 신앙고백자든지 간에 그리스도 외에는 어느 누구와도 교제하지 않기로 하였다. 주님은 내게 빛과 생명이 되는 문의 열쇠를 가진 분으로서 그 문을 내게 열어 주셨다. 나는 세속적인 이야기나 그러한 말을 하는 사람들을 두려워하였다. 그들에게는 타락과 부패에 찌든 모습밖에는 볼 수 없었기 때문이었다.

내가 깊은 수렁에 빠져 있을 때 내가 다시 회복될 수 있으리라는 것을 생각할 수 없었다. 고통과 슬픔과 유혹이 너무 커서 그렇게 유혹을 받을 때마다 절망하게 될 것이라는 생각을 여러 번 하였다. 하지만 주님께서 어떻게 사단에게 시험받으셨으며 어떻게 사단을 이기셨는가 그리고 그 사단의 머리를 어떻게 상하게 했는가를 알게 하셨을 때 그리스도와 그리스도의 능력과 빛과 은혜와 영으로 말미암아 나도 그러한 상황을 극복할 수 있었던 것이다. 내가 그리스도를 분명히 믿었기 때문에 그리스도께서는 내가 그러한 상황에 처했을 때에 나에게 희망과 믿음을 주셨던 것이다. 주님은 나를 일깨워 주셨으며 나에게 빛을 주시어 믿게 하셨다. 주님은 나에게 희망을 주셨으며, 내 속에 직접적으로 희망을 나타내 보이셨다. 내게 그러한 은혜와 영을 주셨을 때에 나는 깊은 수렁과 연약함 속에서 그 은혜를 풍성하게 발견하였던 것이다.

나를 사로잡은 여러 번의 깊은 절망과 슬픔에서 주님은 나를 자비로 지키셨다. 나는 내 마음속에 두 가지 갈망이 있다는 것을 알았다. 첫 번째는 피조물을 좇는 것이며 두 번째는 창조주이신 하나님과 그의 아들 예수 그리스도를 좇고자 하는 갈망이었다. 나는 이 세상은 그 무엇으로도 내게 아무런 유익을 줄 수 없다는 것을 알았다. 내가 왕의 궁전에서 음식을 먹고 신하들을 거느린다해도 아무런 소용이 없다는 것을 깨달았던 것이다. 주님이 당신의 능력으로 나를 위로하시지 않는 한 아무 것도 내게 위안이 될 수 없는 것이다. 어떤 때는 하나님의 크신 사랑을 깨닫고 그 무한하신 사랑에 감탄한 나머지 마음을 가누지 못할 때가 있었다.

어느 날 홀로 바깥을 거닐다가 집에 돌아왔을 때 나는 갑자기 하나님의 사랑에 잡히게 되었다. 그때 나는 하나님의 사랑의 위대하심을 감탄할 수밖에 없었다. 그러한 상태에 있는 동안 영원한 빛과 능력을 통한 하나님의 사랑이 내게 열렸다. 나는 그 사랑을 통해 모든 것이 그리스도 안에서 그리스도로 말미암아 행하여졌으며 행해질 것이라는 것을 깨닫게 되었다. 또한 그리스도께서 어떻게 사단을 이기고 무너뜨렸는가를 분명히 깨닫게 하셨다. 아울러 이제까지 내게 있었던 모든 고통은 내게 유익한 것이었으며 믿음의 시련을 통해 그리스도께서 내게 주신 시험임을 깨닫게 되었다. 나는 고통과 유혹을 통해 주님이 깨닫게 하시는 힘으로 모든 것을 깨닫게 되었다. 믿음이 힘있게 솟아났다. 그리하여 모든 일이 생명되신 그리스도로 말미암아 되어진 일임을 깨닫고 주님께 믿음을 굳게 두었다. 빛이 가까이 옴에 따라 빛에서 벗어나 있는 모든 것들이 보였다. 어두움과 죽음 그리고 불의와 불경건 등이 분명하게 빛 가운데서 드러났다.

나는 랭카아셔에 있는 한 여자가 22일 동안 금식을 하였다는 이야기를 들었다. 그래서 그 여자를 만나보려고 그곳으로 갔다. 하지만 그 여자를 만났을 때 나는 그 여자가 시험을 받고 있다는 것을 알았다. 주님으로부터 들은 말을 그 여자에게 하고 나는 그곳을 떠나왔다. 그 여자의 아버지는 높은 직위를 가진 신앙고백자였다. 지나가다가 나는 더킹휠드와 맨체스터에 있는 신앙고백자들에게 갔다. 그곳에 잠시 머물면서 그들에게 진리를 전파하였다. 그때 가르침을 받아들이고 영적인 진리를 깨닫는 사람들이 몇몇 있었으며 그로 말미암아 주의 진리 안에 굳게 섰다. 그러나 신앙고백자들은 화가 나서 완전함이나 죄 없는 거룩한 삶에 대한 설교를 더 이상 듣고 있을 수 없다고 반박했다. 비록 그들이 자신들이 변호하던 어둠과 죄 아래 사로 잡혀 있었으며 그들 안에 영적 진리에 민감한 마음이 억제되어 있기는 했어도 주님의 능력이 모든 사람들에게 임했다.

이 당시에 브로튼에서 침례교도들이 그들의 교파에서 떨어져나간 사람들과 함께 대집회를 열었다. 분리주의자들도 그 모임에 갔으며 나도 그곳에 참석했다. 침례교도들은 많이 오지 않았으나 다른 사람들이 많이 와 있었다. 주님이 내 입을 여시어 영원한 진리가 사람들 가운데 선포되었다. 그리하여 주님의 능력이 참석한 모두에게 내렸다. 주님의 능력이 힘 있게 역사하던 그날에 나는 성경이 크게 열리는 것을 경험하였다. 그 지역에 있는 사람들도 영적인 진리를 깨닫게 되었다. 그들은 어두움에서 빛으로 사단의 권세에서 하나님께로 돌이켰다. 많은 사람들이 일어나서 하나님을 찬양했다. 신앙고백자들과 여러 다른 부류의 사람들이 함께 토론을 벌이는 동안에 몇몇 사람들이 영적인 진리를 깨달았다.

하지만 나는 가끔씩 커다란 유혹을 받았다. 나의 내적인 고통이 심히 컸다. 그러나 나는 하나님 이외에는 나의 상태를 회복시킬 수 없다는 것을 깨달았다. 나는 다시 노팅험셔로 돌아왔다. 그곳에서 주님이 나에게 사물의 이치를 열어보이셨다. 겉보기에는 해로워 보이지 않으나 속으로는 해로움이 가득한 것들의 본성을 깨닫게 해주셨다. 그러한 것들이 곧 사람들의 마음과 생각 속에 있다는 것이었다. 개와 돼지 그리고 뱀의 본성과 소돔과 애굽의 본성, 파라오와 가인과 이스마엘 그리고 에서 등의 본성을 드러내 보이셨다. 이들의 본성들을 사람들의 겉으로는 보이지 않을지라도 사람들의 내적인 속에서 보았다. 나는 주님께 외쳤다. "주님 내가 왜 이러한 악들에게 유혹을 받아야만 합니까?"라고 말하자 주님은 그런 모든 상황을 네가 느껴야만 한다고 말씀하셨다. 그러한 대답을 듣고 나는 하나님의 무한하신 사랑을 깨달았다. 어둠과 죽음의 바다가 있지만 무한하신 빛과 사랑의 대양이 어둠의 바다 위로 넘쳐 흐른다는 사실을 알게 되었다. 그러한 점에서 나는 하나님의 무한하신 사랑을 깨달았으며 하나님의 커다란 열림을 경험하였다. 나는 영적으로 바벨론과 소돔과 애굽과 무덤의 상태에 있었다고 말할 수 있었으나 하나님의 영원하신 능력으로 그곳에서 빠져 나와 그들의 권세를 누르고 그리스도의 능력 속으로 들어갈 수 있게 되었다고 말할 수 있었다. 나는 거두어들여야 할 하나님의 씨앗들이 천지에 수두룩하게 널려 있는 것을 보았다. 씨는 뿌렸으나 아무도 거두어 들이는 사람이 없었다. 나는 이를 보고 통탄의 눈물을 흘렸다.

그때에 내가 분별력 있는 젊은이라는 소문이 크게 퍼졌다. 그래서 목사를 비롯한 많은 신앙고백자들이 나를 보러 멀리에서도 왔다. 주님의 능력이 나타나서 나는 커다란 열림과 예언을 경험하였다. 나는 그들에게 하나님에 관한 말씀을 전하였다. 사람들은 관심있게 몰려와 조용히 말씀을 경청했다. 그리고나서 밖으로 나가 나에 대한 소문을 퍼트렸다. 그때에 유혹이 다시 찾아와 나를 넘어뜨리려 했다. 내가 성령을 거스려 죄를 지었다고 정죄하려 했다. 그러나 나는 어떻다고 말을 할 수가 없었다. 그때에 바울의 상황이 생각났다. 그는 삼층천에 이끌려가서 말할 수 없는 것들을 보았음에도 사단의 사자가 그를 치려고 나타났던 것이 떠올랐다. 그러므로 나는 그리스도의 능력으로 그런 유혹을 물리칠 수 있었다.

John L. Nickalls, *The Journal of George Fox* (Cambridge University Press, 1952)

4. 로버트 바클레이(Robert Barclay, 1648-90)의 퀘이커교 교리

조지 폭스의 제자 중 한 사람인 바클레이는 퀘이커교의 이론적 토대를 놓았는데, 그는 상당한 학식을 가진 자였다. 그는 1676년에 "변증"(*Apology*)을 이라는 퀘이커교의 교리를 변호하는 15가지 명제를 내놓았다.

첫 번째 진술: 지식의 참된 근원에 관하여

모든 행복의 최고조를 아는 것은 하나님을 아는 참된 지식에 달려 있다 ("참 하나님을 알고 하나님이 보내신 예수 그리스도를 아는 것이 영생이니라"). 지식의 근원과 근저를 올바르게 이해하는 것이 알고 믿는 데 가장 우선해서 필요하다.

두 번째 진술: 직접적인 계시에 관하여

"인자 외에는 아버지를 아는 자가 없고, 인자가 곧 아버지를 나타"낸다는 것과 인자의 계시를 아는 것은 성령 안에서, 성령에 의해서 가능하다. 그러므로 성령의 증거는 하나님에 관한 참된 지식이 있고, 오직 계시될 수 있는 유일한 것이다. 태초에 하나님은 성령의 감동으로 이 세상의 혼돈을 놀라운 질서로 바꾸어 놓으셨고, 인간을 산 영이 되게 창조하셨다. 그리하여 인간은 이 세상을 통치하며 다스리게 되었다.

또한 동일한 영의 계시에 의해 하나님은 사람의 아들들, 즉 족장들이나 예언자들 그리고 사도들에게 자신을 드러내셨다. 외적인 모습이나 출현 그리고 꿈이나 내적인 심령 속에 있는 객관적 표명들이건 간에 하나님의 계시는 믿음의 옛 공식적인 대상이었고, 아직도 여전히 그러하다. 왜냐하면 성도의 믿음의 대상은 다양한 상황 하에 있을지라도, 모든 세대에 동일하다. 게다가 참된 믿음을 세우는데 절대적으로 필요한 거룩한 내적 계시들은 성경의 외적 증거들이나 건전하고 올바른 이성과 결코 모순되지 않는다. 한편 이 거룩한 계시는 더욱더 고귀하고 확실한 법칙이므로 시금석으로서의 성경의 외적 증거나 인간의 자연적인 이성에 의해 검증을 받지 않는다. 왜냐하면 이런 거룩한 계시나 내적인 조명은 그 자체로 증거하며 분명성을 갖고 있어, 성경이나 이성과 동일하게 저항할 수 없을 정도로 감동적이며 정돈된 명철을 갖고 있기 때문이다.

세 번째 진술: 성경에 관하여

진리의 성경은 하나님의 영의 계시로부터 성도들을 통해 나온다. 그것은 다음과 같은 것을 포함한다. 즉 (1) 다양한 세대에 하나님의 백성들의 행동과 그 행동에 수반되는 많은 놀라운 섭리에 관한 신실한 역사적 기술들, (2) 여러 가지 일들에 관한 예언적 설명들, 이 가운데는 이미 발생한 것도 있고, 아직 발생하지 않은 것들도 있다. (3) 다양하면서도 귀중한 설명들, 권면들 그리고 선언들 속에 담긴 그리스도의 모든 주요 교리에 관한 풍성한 설명들, 이는 하나님의 영의 감동으로 여러 가지 경우에 교회들이나 그들의 목사들에게 선포되거나 쓰여진 것이다. 그럼에도 불구하고 그것들은 근원의 선언에 불과하며 근원 자체가 아니기 때문에 모든 진리와 지식의 주요 근거로서 인정받지 못하며, 신앙과 삶의 적절한 주요 법칙이 되지 못한다. 하지만 그것이 첫 번째 근원의 참되고 신실한 증거를 가져다주기 때문에 모든 탁월성과 확실성을 갖고 있는 성령에 종속되는 부차적 법칙으로 간주된다. 우리들이 성령의 내적 증거에 의해 오직 그것들을 알 수 있는 것처럼, 성도가 모든 진리로 인도되는 가이드가 성령이라는 것을 증거해줌으로, 성경에 따르면, 성령은 첫 번째 제일가는 인도자가 된다.

네 번째 진술: 인간의 타락의 상태에 관하여

모든 아담의 후손들, 즉 유대인이나 이방인들은 첫 번째 아담 때문에 또는 세속적인 사람 때문에 모두 타락했고 죽은 바되었으며, 하나님의 씨 또는 내적인 증거의 감정을 잃어버리고 뱀의 씨나 권세 그리고 그 본성에 종속되었다… 그러므로 인간은 이 상태에서는 아무 것도 올바르게 알 수가 없다. 하나님에 관한 것과 영적인 일들에 관한 인간의 생각과 개념은 악한 씨와 단절되어 거룩한 빛과 하나가 되기까지는 그 자신이나 다른 사람들에게 무익하다. 이런 교리는 자연적인 빛을 찬양하는 소시누스파나 펠라기안파들에 의해 거부되었고, 카톨릭 교도들이나 하나님의 참된 은혜가 없이도 복음의 참된 사역자가 될 수 있다고 확신하는 대부분의 프로테스탄트들에게서도 역시 거부되었다….

다섯 번째 진술과 여섯 번째 진술: 그리스도에 의한 보편 구속에 관하여, 모든 인간을 조명하는 구원의 영적 빛에 관하여

일곱 번째 진술: 칭의에 관하여

이 빛을 저항하지 않고 받아들이는 많은 사람들은 거룩하고 순수한 영적 탄생을 이루며, 거룩, 의, 순결 그리고 그 외에 하나님께서 받으실 만한 많은 축복의 열매들을 맺는다. 우리들 안에 형성된 예수 그리스도를 증거하는 거룩한 탄생과 우리 안에 역사하시는 하나님의 활동으로 우리는 거룩하게 되어 하나님이 보시기에 의롭다 칭해졌다… 그러므로 그것은 우리의 의지로 일어난 우리의 역사도 아니요 우리의 선한 공로 때문도 아니다. 다만 그리스도가 주신 선물과 은혜로 우리 안에 그런 역사가 일어났다. 그는 우리가 죄인되었을 때에 하나님과 우리를 화해시켰다. 그 때문에 우리는 그의 지혜로 구원받으며 의롭다 칭함을 입는다.

여덟 번째 진술: 완전에 관하여

거룩하고 순결한 탄생은 사망의 육체를 일으켜 세웠다. 그리하여 죄는 십자가에 못박혔고 제거되었다. 신자의 마음은 악한 것의 유혹이나 주장에 순응하지 않고 하나님의 법을 위반하거나 실제적인 죄를 짓지 않도록, 그런 면에서 완전을 이룰 수 있도록 진리와 연합하고 그것에 복종한다. 그러나 이런 완전은 영원히 성장하는 중이다. 아직도 그는 여전히 죄를 짓고, 아직도 주님을 성실하게 모시지 않을 가능성이 그 마음 안에 여전히 있다.

아홉 번째 진술: 인내와 은혜로부터 타락할 가능성에 관하여

열 번째 진술: 사역에 관하여

은혜에 의해서 또는 하나님의 빛에 의해서 영적인 것에 관한 모든 참된 지식을 받는다. 그런 권능에 의해 그 마음속에 그 빛이 조명될 때, 복음의 참된 사역자들은 사역을 위해 서임받고 준비된다. 즉 모든 전도자들과 기독교 목사들은 이끄심과 감동에 의해 복음의 역사로 인도되고 명령받는다. 그들은 어느 장소든, 어느 사람에게든, 어느 때든 사역하게 된다. 게다가 이런 권세를 갖는 사람들은 인간의 위임이나 어떤 인증과 상관없이 복음을 설교해야 한다. 한편으로 이 거룩한 은사의 권세를 원하는 사람들이 아무리 많이 배우고 권위가 있다고 할지라도 속이는 자나 복음의 참된 사역자가 되지 않을 수 있다. 이 거룩하고 흠없는 은사를 받은 사람은 그것을 은혜로 받았기 때문에 돈을 위한 거래로서 그것을 사용하는 것이 아니라 아무런 대가 없이 무상으로 주어야 한다…

열한번째 진술: 예배에 관하여

하나님에 대한 모든 참되고 받을 만한 예배는 성령의 내적이면서 직접적인 감동이나 이끄심으로 이루어진다. 성령은 어느 장소나 어느 시간 사람에 의해 제한을 받지 않는다…

열두번째 진술: 한 주와 한 믿음이 있는 것처럼 한 세례만이 있다.
그 세례는 육체의 오염을 씻어내는 것이 아니라 예수 그리스도의 부활로 하나님 앞에서 선한 양심의 응답이다. 이 세례는 순결하고 영적인 것인데, 이는 성령과 불세례를 의미한다. 이 세례로 우리는 그리스도와 함께 장사되고, 우리의 죄로부터 씻음받고 새로운 생명 속에서 걷게 된다. 요한의 세례는 형상에 불과하여 그것은 일시적으로 명령된 것이다. 그것은 영원히 계속되지 않는다. 유아세례는 인간의 전통에 불과하다. 성경에는 그런 교훈과 실제가 전혀 나타나지 않는다.

열세번째 진술: 성찬, 또는 그리스도의 몸과 피에 참여하는 것에 관하여
그리스도의 몸과 피를 나누는 성찬은 내적이고 영적인 것이다. 그것은 곧 그리스도의 육체와 피에 참여하는 것이다. 성찬에 의해 내적인 사람은 매일 그리스도가 내주하는 그 마음을 자라게 한다. 그리스도가 그의 제자들과 떡을 나눈 것은 하나의 모형인데, 그들은 그것을 한동안만 교회에서 사용했다. 사람들은 연약한 자를 위해서 그런 물질을 받았다.

열네번째 진술: 순전히 종교적인 문제에 있어서 그리고 양심과 관련해서 정부관리의 권세에 관하여
하나님만이 오직 옳게 지시하고 통제하는 분이시기 때문에 이 세상의 통치를 담당한다는 권세를 내세워 다른 사람의 양심을 제어할 수는 없다. 그러므로 양심에 따라 그리고 예배나 의견의 차이점 때문에 생겨난 모든 사형, 추방, 벌금, 구금 외에 인간이 당하는 모든 것들은 가인의 영과 살인자로부터 나온 것이며, 이는 진리와는 반대되는 것이다. 어느 사람도 양심을 구실삼아 그의 이웃의 생명이나 물건을 잘못 다루거나 파괴할 수 없고, 또는 인간 사회와는 일치될 수 없는 일을 행할 수 없다. 모든 경우에 법은 위반자들 때문에 있는 것이고, 정의는 외모를 떠나서 모든 사람에 시행되어져야 한다.

열다섯번째 진술: 인사와 유흥에 관하여

종교의 주된 목적을 아는 것은 인간으로 하여금 이 세상의 헛된 대화로부터 구원해주고 하나님과의 내적인 교제로 이끌어준다. 우리가 하나님 앞에 항상 두려움을 갖는다면 우리는 행복해질 수 있다. 그러므로 말이나 행동의 모든 헛된 습관은 이런 두려움을 갖는 사람들에게서 모두 배척되어야 하고 버려져야 한다. 사람에게 모자를 벗어 보이는 것이나 몸을 구부리거나 껴안는 것은 바보스럽고 미신적인 형식에 불과하다. 이런 모든 것은 이 세상의 헛된 영광과 멋을 부리려는 교만을 부추길 뿐이다. 마찬가지로 무익한 놀이, 하찮은 유흥, 스포츠, 게임 등은 귀중한 시간을 잡아먹는 것이며, 인간의 마음속에 있는 하나님의 증거를 혼란케하는 것들이다.

Robert Barclay, *Apology for the True Christian Divinity* (New York: S. Wood & Sons, 1826)

5. 파스칼(Blaise Pascal, 1623-1662)의 회심

파스칼은 과학적인 진리를 통해 인간의 본질과 운명을 탐구한 철학자이다. 그는 1654년에 회심을 경험하고 그후부터 존재의 문제에 대해 기독교적인 해결책을 찾으려고 노력하였다. 그는 포트 로얄에 살며 얀센주의를 옹호했으며, 예수회가 얀센주의의 지도자인 아놀드(Arnauld)를 공격했을 때, 그를 변호했다. 한편 그가 죽은 지 8년 뒤에 그의 단편적인 글을 모은 팡세가 출간되었으며, 그 내용은 주로 인간의 본질과 하나님과의 관계를 주로 다루었는데, 놀라운 파스칼의 통찰력을 보여준다.

1654년 은총의 해
11월 23일 월요일, 성 클레멘트의 날 —
저녁 10시 반경부터 12시 반경까지

불

아브라함의 하나님, 이삭의 하나님, 야곱의 하나님, 철학자와 학자의 하나님이 아니시다(출 3:6; 마 22:32)

감사, 감사, 기쁨, 평화.

예수 그리스도의 하나님

Deum meum et Deum vestrum(내 하나님 너희 하나님, 요 20:17).

하나님을 제외한 모든 세상의 것을 잊은 날

그는 복음서에서 가르쳐진 방법으로만 발견될 수 있는 분이시다.

인간영혼의 위대함

"의로우신 아버지여 세상이 아버지를 알지 못하여도 나는 아버지를 알았사옵고 저희도 아버지께서 나를 보내신줄 알았삽나이다"(요 17:25).

기쁨 기쁨 기쁨의 눈물.

Derelinquerunt me fontem aquae vivae("생수의 근원된 나를 버린 것" 렘 2:13). "나의 하나님, 나의 하나님, 어찌하여 나를 버리셨나이까?"(마 27:46)

하나님으로부터 나를 영원토록 분리시키지 마소서.

"영생은 곧 유일하신 참 하나님과 그의 보내신 자 예수 그리스도를 아는 것이니이다"(요17:3).

예수 그리스도, 예수 그리스도

> Emile Cailliet and John C. Blankenagel, *Great Works of Pascal* (Philadelphia: Westminster Press, 1948)

6. 파스칼의 신앙내기론

파스칼은 신앙을 내기라고 정의하고 사람들은 모두 신앙 쪽에 내기를 거는 것이 유익하다고 역설한다.

신앙은 내기이다.

종교를 공격하기 전에 적어도 자기가 공격하고 있는 종교가 어떤 것인가를 알아주었으면 좋겠다. 만약 이 종교가 신에 대하여 명백한 관념을 가지고 있다든가 신을 뚜렷이 알 수 있음을 자랑하고 있다면 그렇게 명백한 신의 존재에 대한 관념은 이 세상에서는 나타낼 수 없다는 것이 공격의 자료가 될 것이다. 그러나 반대로 인간은 어둠속에서 신으로부터 멀리 떨어져 있고 신은 그들이 알아차릴 수 없는 위치에 있으며 성경에서 신은 자신을 "숨어 계신 분"이라는 말로 부르고 있음을 가르쳐주고 있다.

그리고 신은 진실로 자기를 찾는 자에게 자신을 알리시려고 교회 안에 명백한 표징을 만들어 두셨다는 것과 그럼에도 불구하고 전심으로 신을 구하는 자만이 알 수 있도록 그 표징을 감추어 두었다는 이 두 가지 진리를 구하는 데 게으르면서 아무도 진리를 나타내려 하지 않는다고 말하는 건 아무 소용이 없는 것이다. 그들이 현재 그 속에 있고 교회를 비난하고 있는 어둠은 교회가 주장하는 두 가지 일 중에서 한 가지를 확증하는 것이며 따라서 교리를 파괴하기보다는 그것을 확립하는 결과가 되기 때문이다.

종교를 공격하기 전에 우선 진리를 구하는 데 노력을 기울이고 그 다음에 교회가 진리를 구하기 위해 제공해 주는 것으로는 아무 만족도 얻을 수 없었노라고 말하지 않으면 안된다. 그들이 그렇게 말했다면 교회의 주장 중에서 하나를 공격한 셈이 된다. 그러나 나는 이성을 가진 사람은 결코 그렇게 말할 수 없음을 여기서 밝히고자 한다. 또 실제로 그렇게 말한 사람은 하나도 없었다고 단언할 수 있다. 그런 정신을 가진 사람이 어떠한 행동을 하리라는 것은 잘 알 수 있는 것이다. 그들은 성경의 어느 한 편을 읽는

데 많은 시간을 보내고, 신앙의 진리에 관해 성직자들에게 질문도 하며 그것으로써 진리의 연구에 최선을 다했다고 믿어 버린다. 그리고 나서 그들은 서적을 읽고 사람들에게 물어 보았으나 아무 소용이 없었노라고 자랑삼아 말한다. 그러나 내가 자주 말한 바와 같이 그런 게으름은 용서할 수 없는 일이라고 말하고 싶다.

문제는 얼굴도 모르는 그런 사람들의 사소한 이해관계에 관한 것이 아니므로 이렇게 처리해서는 안될 것이다. 그것은 우리 자신뿐만 아니라 우리들 전부에 관한 문제이기도 하다.

영혼의 불멸은 우리와 심각하고도 매우 중대한 관계를 가진 것이므로 모든 감정을 잃어버리지 않는 한 그것이 무엇인지를 아는데 무관심할 수는 없을 것이다. 우리의 모든 행위와 사랑은 희망을 가질 수 있는 축복이 있는가 없는가에 따라서 각각 다른 길을 걸어갈 수밖에 없는 것이다. 우리의 궁극의 목적인 이 점을 신중히 생각하여 보조를 정하지 않는다면 올바른 의식과 판단을 가지고 한 걸음도 나아갈 수가 없는 것이다.

우리의 모든 행위의 기초가 여기에 있음으로 이 문제를 해명하는 것이야말로 우리의 첫 번째 의무이며 관심사인 것이다. 나는 이 문제에 대해 아직 납득하지 못하고 있는 사람들을 전력을 다하여 배우려고 애쓰는 사람들과 그것을 염두에조차 두지 않는 사람들로 구분할 수 있으며 이 사이에는 커다란 차이가 있는 것이다.

이런 문제로 의혹에 빠져서 진지하게 고뇌하는 것을 큰 불행으로 생각하고 거기서 벗어나기 위해서라면 그 어떤 일도 서슴지 않으며 그 연구를 중요하고도 진실한 과제로 삼고 있는 사람들에 대해서는 동정하지 않을 수 없다

그러나 이 인생의 궁극의 목적에 대하여 아무런 사색도 하지 않고 하루하루를 보내고 있는 사람들, 자기가 납득할 만한 빛을 찾지 못했다는 이유만으로 그 빛을 달리 구하려 하지 않는 사람들, 일반민중들의 단순한 믿음 때문에 받아들여지고 있거나 그 자체가 분명하지 않지만 사실은 견고한 바

탕에 근거한 것인가를 철저히 규명하려 하지 않는 사람들을 나는 다른 눈으로 바라보고 있는 것이다. 그들 자신과 그 영원한 생명에 대하여 또 그들의 전부가 관계를 가진 문제에 대하여 그처럼 태만하다는 사실에 가엾다는 생각보다는 분노를 느낀다. 그것은 나를 놀라게 하고 두렵게 한다. 그것은 기이한 일이기도 하다. 나는 영적인 신앙의 경건한 열의에서 이런 말을 하는 것은 아니다. 오히려 인간은 이해관계나 자애의 입장에서 말한다 해도 그런 생각을 가져야 할 것이다. 그러기 위해서는 가장 무식한 사람들이 보고 있는 바를 보는 것만으로도 충분하다.

이 세상에 진실로 견고한 만족이란 있을 수 없고 우리의 모든 쾌락도 공허한 것에 지나지 않지만 우리의 무한한 불행과 우리를 시시각각으로 위협하는 죽음이 머지 않아 우리를 영원한 파멸이나 불행의 필연 속으로 몰아넣고야 말리라는 것은 높은 정신적 수련의 소유자가 아니라 해도 이해할 수 있는 것이다.

세상에 이보다 더 현실적이며 무서운 것은 없다. 될 수 있는 한 용감하게 행동하라. 이것이 세상에서 가장 아름다운 생애를 기다리는 마지막인 것이다. 현세에는 내세를 그리워하는 희망뿐 행복이란 없으며 인간이란 내세에 가까이 가면 갈수록 더 행복해짐을 생각해 보라. 영원에 관해 완전한 확신을 갖는 자에게 이미 불행이란 있을 수 없으며 영혼에 대하여 아무런 광명도 가지고 있지 않는 자에게 행복이 있을 수 없다는 것이 의심스러운 일인지 그렇지 않은 일인지를 말해보라…

인간이 자신의 처지를 이해하는 것보다 중대한 일은 없고 또 영원처럼 두려운 것도 없다. 그러므로 자기 존재의 파멸이나 영원한 비참의 위험에 대하여 관심을 갖지 않는 사람이 있다는 것은 결코 정상적인 일이라고 할 수 없다. 그런데 그들은 그밖에 일들에 대해서는 이와는 대조적인 태도를 취하고 있는 것이다. 즉 극히 사소한 일까지도 신경을 쓰고 또 그것을 예측하고 감지하는 것이다. 그리고 어떤 지위를 상실한다거나 자기 명예가 손상되었다고 상상하거나 해서 분노와 절망으로 나날을 보내는 사람들이란 마침내 죽음으로써 모든 것을 잃어버릴 줄 알면서도 아무 불안이나 동요도 일으키지 않는 바로 그러한 사람들인 것이다. 같은 마음속에 더구나 같은 시간에 사소한 문제에 대한 이런 민감과 가장 큰 문제에 대한 이런 무감각을 함께 본다는 것은 이상한 일이다. 그것은 결코 풀 수 없는 수수께끼요 정상을 벗어난 가면에 불과하며 그 원인은 바로 전능한 신임을 나타내고 있다…

우리들의 영혼은 육체 속에 던져져 있으며 거기서 수와 시간과 공간의 삼차원을 발견하게 된다. 영혼은 그 위에서 추리하고 그것을 자연 또는 필연이라고 부르며 그외의 것은 믿을 수 없다.

무한에 하나를 더해도 무한은 조금도 늘어나지 않는다. 무한의 길이에 1피트를 더해도 역시 마찬가지인 것이다. 무한 앞에 유한은 사라져 버리고 단순한 무로 돌아갈 뿐이다.

우리의 정신이나 정의도 신 앞에서는 그와 같다. 우리의 정의와 신의 정의 사이에는 하나와 무한 사이와 같은 커다란 불균형은 없다. 신의 정의는 그의 자비와 같이 큰 것이어야 한다. 그러나 신으로부터 버림을 받은 자들에 대한 정의는 신의 택함을 받은 자에 대한 자비만큼 크지 않고 또 우리에게 그리 큰 자극을 주는 것도 아니다…

만일 신이 존재한다면 신은 무한히 불가해한 존재이다. 왜냐하면 그는 부분도 한계도 갖고 있지 않음으로 우리와 아무 관련이 없기 때문이다. 그러므로 우리는 신이 무엇인지 또 그 신이 있는지 없는지조차도 알 수가 없다. 그렇다면 누가 감히 이 문제를 풀려 하겠는가? 그러나 우리는 신과 아무 관련을 맺지 않고 살아갈 수는 없다.

그렇다면 누가 기독교도에게 자기들의 신앙의 이유를 밝히지 못한다고 비난할 수 있겠는가? 그들은 이유를 분명히 밝힐 수 없는 종교를 믿고 있는 것이다. 그들은 그 종교를 세상 사람들에게 설명하는 것을 어리석은 짓이라고 단언한다. 그런데도 당신은 그들이 그것을 입증하지 못한다며 불평하고 있는 것이다. 만일 그들이 그것을 입증한다면 그들은 약속을 어긴 것이다. 입증하지 않는 것이야말로 그들이 분별을 잃지 않았다는 증거이다. 좋다. 그것이 이 종교를 그런 식으로 제공하는 사람들의 변명이 될는지 모르지만 또 그 종교를 이유없이 전도한다는 그들의 비난을 면할 수 있을는지는 모르지만 이 종교를 받아들이는 사람들의 변명은 되지 않는 것이다. 그렇다면 이 점을 깊이 생각하여 신이 있는가 없는가를 말해보자. 그런데 우리는 어느 쪽으로 기울어질 것인가? 여기서 이성은 아무런 결론도 내릴 수 없다. 거기에는 우리를 격리시키는 한없는 혼돈이 있을 뿐이다. 이 무한한 거리의 극단에서 일종의 도박이 벌어져 노름패의 앞면이나 뒷면이 나올 것이다. 당신은 어느 쪽에 걸 것인가? 이성으로는 어느 쪽에도 걸 수가 없다. 이성으로서는 하나도 지적할 수 없다.

그렇다면 어느 한쪽을 택한 사람에게 잘못했다고 비난해서는 안된다. 당신은 그것에 대해서 아무 것도 모르기 때문이다. 아니 내가 비난하는 것은 어느 쪽을 택한 것에 대해서가 아니라 택한다는 행위 그 자체에 대해서이다. 왜냐하면 앞면을 택하건 뒷면을 택하건 양쪽이 모두 잘못이며 옳은 것은 전혀 내기를 하지 않는 것이다. 그렇다. 그러나 도박을 전혀 안할 수는 없다. 이것은 자기 마음대로 할 수 있는 일이 아니다. 당신은 이미 시작한 것이다. 그러면 어느 쪽을 택할 것인가? 반드시 택해야만 하는 것이라면 당신은 어느 쪽을 택하는 것이 이익이 되는가? 당신이 잃어버리는 것은 진과 선 두 가지이며 내기하는 것도 두 가지 즉 당신의 의지와 이성, 당신의 지식과 행복이다. 그리고 당신의 본성이 피하는 것은 오류와 비참의 두 가지이다. 아무래도 선택해야 하는 이상, 한쪽을 택하고 다른 한쪽을 버렸다고 해서 당신의 이성이 더 손상되는 것은 아니다. 이것으로 한 가지 점은 끝나는 셈이다.

그러나 당신의 행복은? 신이 있다는 앞면을 취하여 손득을 계산해보자. 두 가지 경우를 생각해보자. 만일 당신이 이긴다면 당신은 모든 것을 얻게 될 것이다. 그러나 진다 해도 잃는 것은 하나도 없다. 그러니 주저하지 말고 신이 있다는 편에 걸어라… 무한한 곳 이길 운이 무한하고 잃을 운이 무한하지 않은 곳에선 망설일 필요가 없다. 그때는 모든 것을 걸어도 좋다.

그러므로 내기가 강요된 경우에는 무가치한 것을 잃을는지도 모르지만 그 대신에 무한한 것을 얻을 수도 있는데 생명을 걸지 않으려는 것이야말로 분명히 제정신을 잃은 증거이다. 왜냐하면 이길는지 질는지가 불확실한 상태로 내기를 거는 것은 확실하다 하더라도 또 거는 것의 확실성과 승패의 불확실성 사이에 있는 무한한 거리를 인간이 확실하다고 생각해서 거는 유한의 선과 확실하지 않은 무한의 선을 동일하게 만든다 하더라도 아무 소용 없는 일이기 때문이다. 그러나 실제로는 그런 것이 아니다. 내기를 하는 사람은 모두가 불확실한 것을 얻기 위하여 확실한 것에 거는 것이다. 그러나 그가 유한을 확실히 걸고 유한을 불확실하게 얻고자 한다 해도 이성에 어긋나는 일은 아니다. 거는 것의 확실성과 얻는 것의 불확실성 사이에는 무한한 거리가 가로놓여 있는 것이다. 그것은 잘못이다. 실제로 무한은 이득이 되는 확실성과 손해를 보는 확실성 사이에 있는 것이다. 그런데 이득을 보는 불확실성은 이득과 손해의 운수의 비율에 따라 거는 확실성에 비례하는 것이다. 그러므로 양쪽에 같은 운이 있다면 내기는 대등하게 행해지는 것이다. 그때에는 거는 것의 확실성과 얻는 것의 불확실성이 같아지는 셈이다. 이 둘 사이에 무한한 거리가 있다는 것은 사실과 맞지 않는다.

이처럼 이득과 손해에 같은 운이 있는 내기에 유한을 걸고 무한을 얻으려는 경우 우리의 충고는 무한한 힘을 갖게 된다.

이것은 증명할 수 있는 것이다. 만약 인간이 어떤 진리를 알 수 있다면 이것이 바로 그 진리인 것이다.

나는 이것을 긍정한다. 그러나 한 걸음 더 나아가서 내기의 내용을 알 수 있는 방법은 없을까? 있다. 성경과 그밖에 것들이 바로 그것이다. 그렇다. 그러나 나는 손이 묶여 있고 또 입은 막혀 있다. 내기를 해야 한다고 강요를 받고 있지만 자유로운 몸은 아니다. 나는 석방될 수 없고 또 믿을 수 없도록 되어 있다. 도대체 당신은 나더러 어떻게 하라는 것인가?

-그 말은 옳다. 그러나 이성이 당신을 그렇게까지 했는데도 믿지 못한다면 당신에게는 믿을 수 있는 힘이란 없음을 알아야 한다. 그러므로 신에 관한 증거를 많이 만들어서 믿도록 하지 말고 당신의 욕망을 줄임으로써 납득하도록 노력하라. 당신은 신앙을 가지게 되기를 원하는데 그 길을 모른다. 불신앙을 치료하려고 그 약을 구하고 있는 것이다. 전에는 당신과 같이 묶여 있었지만 이제는 모든 재산을 내걸고 있는 사람들을 본받아야 한다. 그 사람들은 당신이 가기를 원하는 길을 알고 있다. 그들은 당신이 낫기를 바라는 그 병을 이미 치유한 것이다. 그들이 다시 시작하던 그 방법을 배워야 한다. 그것은 이미 알고 있듯이 모든 것을 행하는 것이다. 그것은 바로 성수를 받고 미사를 드려 달라고 부탁하는 것 등이다. 그러면 당신은 스스로 믿게 될 것이며 또한 어리석게 되는 셈이기도 하다. 그러나 바로 그 점을 나는 두려워하는 것이다. 그것은 또 무엇 때문인가? 당신이 무슨 손해를 입게 된단 말인가? 그러나 거기에 이르는 길을 당신에게 가르쳐 주기 위해서 한 마디 말한다면 당신에게 커다란 장애가 되고 있는 욕정은 줄어들게 될 것이다.

결론적으로 당신이 이편에 가담하면 어떤 재난이 닥치는가? 당신은 충실하고 정직하고 겸손하고 은혜를 잊어버리지 않고 우정에 성실하고 진실하게 될 것이다. 그리고 해로운 쾌락이나 영예나 향락 등에도 빠지지 않게 될 것이다. 오히려 당신은 무엇인가를 얻게 될 것이다. 나는 당신이 그 때문에 이 세상에서 득을 얻게 될 것이다. 그리고 당신이 가는 이 길의 발걸음마다 이득의 확실성이 많으며 당신이 내기에 걸었던 아무 가치도 없으리라는 사실을 점점 더 확실히 알게 될 것이다. 그리고 당신은 확실하며 무한한 것을 얻을 수 있는 내기를 걸었으며 또 그 때문에 어떤 손해도 입지 않았음을 알게 될 것이다.

아 이이야기는 나를 감격시킨다. 나를 황홀하게 한다. 만약 이 이야기가 당신의 마음에 들고 당신에게 믿음직스럽게 여겨진다면 그것은 전에도 후에도 무릎을 꿇고 저 무한하고도 불가분의 존재에게 그의 모든 소유물을 바치고 당신도 당신 자신의 소유물을 당신의 행복과 그의 영광을 위해 바치도록 기도하고 있는 한 인간에 의해 만들어졌다는 사실을 알아주기를 바란다. 그리고 힘이란 이처럼 겸허한 마음과 언제나 함께 있음을 알아주기를 바란다.

Pascal, *Thoughts*, trans, W. F. Trotter(New York: P. F. Collier and Son, 1910)

7. 윌리암 로(William Law, 1686-1761)의 진지한 소명

윌리암 로는 이신론의 반대자였으며, 이성은 종교에서 최종적인 권세를 지니지 못하며, 모든 무질서의 원인이라고 하였다. 또한 그는 본성상 종교는 인간의 이해를 초월하는 것이라고 생각하였다. 그리하여 그는 그리스도인들에게 신앙을 진지하게 취할 것을 요청하고 참된 그리스도인이라면 우리가 행하는 모든 삶이 그리스도께 맞추어져 있어야 한다고 주장한다.

기도는 사적이든 공적이든 경건의 실제이기도 하고 특별한 부분이기도 하지만 기도가 사적이든 공적이든 경건 그 자체는 아니다. 경건은 하나님께 드려지고 바쳐진 삶을 의미한다.

그러므로 더 이상 자기의 뜻이나 자기의 방식이나 세상 정신을 따라서 삶을 영위하지 않고, 오직 하나님의 뜻을 따라서 삶을 영위하는 바로 그 사람이 경건한 사람이다. 무슨 일을 하든지 하나님을 생각하고, 무슨 일을 하든지 하나님을 섬기고, 모든 일을 하나님의 이름으로 행함으로써 자기의 일상적인 삶의 모든 부분들을 다 경건의 한 부분으로 만드는 사람, 바로 그 사람이 경건한 사람이다. 그리고 그 사람은 하나님의 영광에 걸맞는 원리를 따라서 모든 일을 행하는 사람이다.

우리는 하나님만이 우리 기도의 원리와 척도가 되어야 함을 기꺼이 인정한다. 그리고 기도할 때에는 온전하게 하나님만 바라보고 하나님만 위하여 행동해야 함을 인정한다. 또한 하나님의 영광에 부합한 목적과 일을 위하여 하나님의 영광에 부합한 방식으로만 기도해야 함도 다 인정한다.

자 그러면 어떤 사람이든지 그가 어째서 엄격한 경건의 자세로 기도해야 하는지 그 이유를 발견하도록 해 주어라. 그러면 그는 삶의 다른 모든 부분에서도 기도할 때처럼 그렇게 엄격한 경건의 자세를 취해야 할 확고한 이유를 발견하게 될 것이다.

우리는 하나님이 우리 기도의 원리와 척도가 될 이유에 대하여 이의를 제기할 여지가 조금도 없다. 우리는 오직 그만 바라보아야 하며, 오직 그의 뜻대로만 기도해야 하는 이유에 대하여 다른 생각을 가질 수 없다. 그러나 우리가 하나님만 전심으로 바라보고, 하나님으로 우리 삶의 다른 모든 활동들의 원리와 척도로 삼을 것도 동등하게 필요함을 알게 된다.

그것이 삶의 어느 방면에 관한 것이든 관계하지 아니한다. 우리의 은사들을 사용하는 것, 곧 시간이나 돈 같은 것을 엄격하게 하나님의 뜻대로 사용하지 않거나, 하나님의 영광에 부합하게 사용하지 않는 것은 하나님의 뜻대로 하지 아니하는 기도나 매 한 가지로, 하나님을 크게 모독하는 것이며 큰 잘못을 범하는 것이다.

우리가 기도할 때 하나님의 뜻대로만 해야 한다든지, 우리의 기도가 지혜롭고 거룩하고 하늘의 영 이외에 아무 것도 담고 있지 않아야 한다는데 대한 다른 이유는 전혀 없다. 이에 대하여 이견을 말할 수 없다. 오직 우리의 삶이 같은 본질을 가지고, 같은 지혜와 같은 거룩함과 같은 하늘의 특성을 가지고 있기 위하여이다. 그리고 우리가 하나님께 기도할 때 가지는 정신으로 하나님을 위하여 살려 함이다.

그러므로 우리가 하나님의 성령을 주십사고 기도하는 것이 분명하게 지혜롭듯이, 그 하나님의 성령을 우리 모든 행동의 원리로 삼는 것도 분명하게 지혜로운 일임에 틀림 없다. 그렇듯이 우리의 삶을 통하여 하나님만 위하여 살아가는 것도 우리의 의무임에 분명하다.

우리가 기도할 때 전적으로 하나님만 바라보지 않는 한, 하나님께 기도한다고 말할 수 없다. 그러나 그보다 더한 것은 우리가 우리의 모든 일상의 삶 속에서 하나님을 위하여 살지 아니하거나 하나님이 우리의 삶의 모든 방면의 원리나 척도가 되지 아니하는 한, 하나님을 위하여 산다고 말할 수 없다는 점이다. 많은 사람들의 삶을 영위하는 모습을 볼 때 괴이한 것이 섞여 있음은 이 점을 알지 못하거나 최소한 이 점을 숙고하지 않기 때문이다. 어떤 시간이나 장소에서는, 그들은 매우 엄격한 모습을 보인다. 그러나 교회의 예배 의식이 끝나면, 교회당에 거의 나가보지 아니한 사람들과 같이 행동한다. 그들의 삶의 방식, 시간과 돈을 사용하는 방식, 염려하고 두려워하는 방식, 즐거워하고 탐닉하는 방식, 일하거나 오락을 하는 방식이 세상 사람들과 다름이 없다. 그래서 그들은 세상의 무분별한 사람들의 조롱거리가 되고 비웃음거리가 되는 것이다. 진정으로 하나님께 자신을 드리는 경건의 삶을 영위하지 않고, 때때로 열리는 기도회나 참석하는 정도의 헌신밖에는 하지 않기 때문이다. 기도는 하면서도 일하는 것이나 노는 것에 시간을 보내고 돈을 사용하는 어떤 것에서도 기도할 때 지닌 지혜와 하늘의 특성에 부합되지 않는 삶을 영위하는 것은 무모한 일이다.

우리 자신이 하나님께 드려질 수 없고 열납받지도 못할 삶의 방식에 참여하는 것은, 우리 기도를 게을리하거나 기도를 하나님께 무가치한 제물이 되게 드리는 것과 동일하게 불신앙적이다.

그 문제를 간단히 요약하여 말한다면 이성과 종교가 우리 삶의 모든 일상적인 행동들의 원리나 목적들을 규정하여 준다면, 하나님께 예배하는 것이 필요한 만큼, 그러한 원리들로 우리 모든 행동들을 통제하는 것이 필요하다. 만일 종교가 우리들에게 먹고 마시고 시간을 보내고 돈을 쓰는 일 등에 관하여 무엇인가를 가르치고, 세상을 사용하고 세상을 경멸하는 법을 가르치고, 일상적인 삶에 어떤 품격을 지닐 것인가를 가르치고, 병들고 가난하고 늙고 궁핍하고 기근 들린 사람들에게 어떻게 행동하며, 모든 사람들에게는 어떤 마음의 정의를 가지고 대하여야 하는가를 가르친다면, 또한 특별한 사랑을 가지고 대해 주어야 하는 사람들이 누구인가를 말하고, 우리 자신을 죽이고 부인하는 법을 가르친다면, 이러한 신앙의 여러 부분들을 기도와 관련된 어떤 교리들을 다룰 때와 같은 정확성을 가지고 지켜나가지 않아도 된다고 생각한다면, 그 사람의 논리는 매우 빈약한 것이다…

왜 기독교인들은 경건에 이르지 못하는가?

보다 선한 유의 삶을 살아가는 사람들의 삶조차도 이상할 정도로 그렇게 기독교의 원리들에 반대된 이유가 어디에 있는지 그것을 살펴보는 것은 바람직한 일이 아니겠는가?

그 문제에 대한 해답을 곧바로 제시하기 전에 그리스도인들 사이에서 다반사로 맹세하는 악행이 어째서 가능해졌는지 살펴보는 것이 좋을 것이다. 이제 나는 묻는다. 어떻게 해서 사람들은 그와 같은 신성모독을 자행하고 있는가? 몰라서나 약해서 그렇게 되었다고 핑계대는 것은 당치도 아니한 소리이다. 그렇게 하는 것은 주님의 분명한 계명의 말씀을 노골적으로 대적하는 것이다. 우리 복되신 구주의 가장 명백한 교리들을 거역하는 것이다.

그런데 지금 어째서 대부분의 사람들이 이러한 추악하기 그지 없는 악행을 저지르는지 그 이유를 발견하여 보려고 한다. 그것은 사람들이 자기들의 모든 행동을 통하여 하나님을 기쁘시게 하려는 의도를 그렇게 많이 가지고 있지 않기 때문이다. 그러나 사람으로 하여금 자기의 모든 삶의 행동으로 말미암아 하나님을 기쁘시게 하려는 의도를 가질 만큼의 경건심을 길러주기만 하면, 그는 더 이상 맹세하는 일을 않게 될 것이다. 모든 일을 통하여 하나님을 기쁘시게 하는 것이 이 세상에서 가장 행복하고 가장 선한 일이다. 이러한 진지한 의도를 가지는 것은 작은 부분이기는 하지만 신앙심에 필수적인 부분이다. 신앙심에 있어서 그렇게 많은 진전을 보지 못한 자들은 그리스도의 제자로 자신을 바라볼 수 없다. 그리고 보다 선한 유의 사람들의 삶에서조차 그러한 죄와 어리석음이 섞여 있는 것은 순전히 신앙심이 결여된 탓이다.

　초대 그리스도인들로 하여금 그렇게 탁월한 신앙심의 본이 되게 한 것, 성도들과 모든 영광스러운 순교자들과 신앙고백자의 선한 교제를 이룩한 것은 바로 이 보편적인 의향이었다. 여러분이 여기서 멈추어서 스스로에게 다음과 같이 자문하여 보라. 나는 어째서 초대교회의 그리스도인들과 같이 경건하지 못한가? 그러면 여러분은 답을 얻게 될 것이다. 무식해서나 연약해서가 아니라 순전히 내가 철저하게 그러한 삶을 살 의향을 가지지 않았기 때문이다. 여러분은 그들이 드렸던 주일 예배를 드린다. 여러분이 그러한 일에는 그렇게 철두철미한 것은, 그렇게 하겠다는 의향을 온전하게 가지고 있기 때문이다. 여러분이 초대교회 그리스도인들의 일상적인 삶과 같은 삶을 삶 속에서 영위하려고 단단히 마음만 먹는다면 곧 모든 행동을 통해서 하나님을 기쁘시게 하려고 마음만 먹는다면, 곧 여러분은 교회의 예배의식에서처럼 철저하게 그러한 삶을 영위하는 것이 가능함을 발견하게 될 것이다. 이 세상에서 가장 행복하고 가장 선한 일을 갖고 모든 행동을 통하여 하나님을 기쁘시게 하려는 의도를 가지게 될 때, 사업이나 쾌락이나 어느 것이든지, 일상 삶에서 허무하고 당치도 않는 일에 크게 혐오감을 느끼게 될 것이다. 느끼되 지금 예배시에 하나님을 모독하는 어느 것이든지 느끼는 정도의 큰 혐오감을 가지게 될 것이다. 그리고 여러분이 공중예배를 게을리 하는 것을 두려워하는 것만큼, 시간이나 기회를 허비하는 어리석은 방식의 삶을 두려워하게 될 것이다.

　장사는 사람이 이러한 의도를 가지기만 해보라. 그러면 그는 가게의 성자가 될 것이다. 그의 매일의 사업은 지혜롭고 이치에 맞는 행동들의 현장이 될 것이며, 하나님의 뜻과 기뻐하심에 복종하는 데서 그러한 사업이 이루어져 나감으로 말미암아 그 사업이 하나님께 거룩한 것이 될 것이다. 그가 팔고 사고 일하고 여행하고 하는 모든 일이 지금은 자기에게나 다른 사람들에게 어떤 유익을 줄 수 있기 때문에 하는 일이다. 그러나 지혜롭고 영적이고 거룩하지 아니한 것은 하나님을 기쁘시게 할 수 없으니, 그는 다른 방식이나 다른 목적을 위하여 일하거나 사거나 팔거나 하니 아니하고 이제는 그렇게 하는 것이 지혜롭고 이치에 맞고 거룩하기 때문에 한다. 그러므로 이제 그는 자기 형제들과 자기로 금방 부요하게 하고 금방 더 크게 할 방식과 수단이 무엇인가에 대하여 생각하지 아니할 것이다. 또는 금방 그 가게가 잘 되어 출세도 하고 즐거움도 누려볼 방법이 없는가 하고 생각하는 일을 멈추게 될 것이다. 대신에 세상의 일로써 하나님께 가장 열납받으실 만한 방식과 수단은 무엇인가? 무역과 장사하는 일을 거룩하고 경건하고 신앙심 깊게 운영하려면 어찌해야 하나하고 그 방도만을 숙고할 것이다…

이 교훈이 우리가 하나님의 은혜가 전혀 필요하지 않다거나, 아니면 우리 스스로의 능력으로 자신을 완전하게 한다는 것을 상정하는 것은 아니다. 다만 모든 삶의 행동을 통하여 하나님을 기쁘시게 하려는 진지한 의도가 부족함으로 그러한 규모없는 삶에 떨어진다는 말이다. 그러한 유의 일을 은혜의 일반적인 방편을 통하여 꾀할 수 있는 힘이 우리에게 있다. 그러나 우리가 완전하게 되려는 마음을 먹지 않기 때문에 우리의 현재의 은혜의 상태에서 가능한 그 완전을 가지지 못한 것이다.

이 교훈은 그리스도인의 일반적인 삶 속에서 진정한 자기 부인과 진정한 자기 제어, 탁월한 사랑과 심오한 겸비, 천상적인 감동과 세상을 진정으로 경멸하는 것, 진정한 그리스도인의 온유, 진정한 그리스도인의 열심, 탁월한 경건심을 발견할 수 없는 것은 그리스도인들이 이러한 덕행을 철저하게 이행하고 본을 보이겠다는 의향을 가질 정도가 되지 못하기 때문이라고 가르친다.

참된 경건의 마음

선한 그리스도인은 모든 장소를 거룩하게 생각하여야 한다. 왜냐하면 하나님은 모든 곳에 계시기 때문이다. 그렇듯이 그리스도인은 자기 삶의 매국면을 성결의 문제로 보아야 한다. 왜냐하면 그 매국면마다 하나님께 드려져야 하기 때문이다.

　교구목사의 직무는 거룩한 직무이다. 왜냐하면 그 직무는 거룩한 일을 수종들기 때문이다. 그리고 제단에 참여하는 것이기 때문이다. 그러나 세상적인 일은 주님을 섬기는 것으로써 주님의 신적인 뜻을 준행하여 나감으로써 주께 거룩하게 되어야 한다.

　세상의 모든 사람들과 모든 일들은 하나님을 섬기기 위하여 드려진 장소나 일들이 사람들과 똑같이 하나님께 속한다. 그러하듯이 모든 일들은 하나님의 영광을 위하여 사용되어야 하고, 모든 사람들은 자기들의 여러 가지의 지위와 직업들을 통하여 하나님의 영광을 나타내도록 행동하여야 한다.

　그러므로 세상의 일들을 감당해야 하는 사람들은 스스로 자신들을 위하여 자유롭게 살아가도 되는 것으로 생각하여서는 안된다. 자기들의 재미와 자기들의 기질을 위하여 송두리째 자기들의 일을 드려서는 안된다. 왜냐하면 그러한 사람들의 일은 세상적인 성질을 가지고 있기 때문이다. 그러나 그들은 제단에 드려진 사람들이나 물건들만큼 세상과 모든 세상적인 직업들도 진정으로 하나님께 속한 것이기 때문에 오직 전적으로 하나님을 위하여 삶을 영위하는 것이 세상적인 직무를 감당하는 사람들의 마땅한 의무이다. 신적인 예배를 위하여 드려진 사람들의 의무만큼이나 그들도 그러한 의무를 가지고 있는 것이다. 모든 세상이 하나님의 것이니, 온 세상이 하나님을 위하여 행동하여야 한다. 모든 사람들이 하나님으로부터 모든 능력을 얻고 여러 가지의 역할을 감당할 기능들을 공급받는 사람들이나 동일한 관계를 하나님과 맺고 있음으로 모든 사람들은 자기들의 모든 능력과 기능을 다하여 하나님을 위하여 행동할 마땅할 의무를 가지고 있다.

　모든 일들이 하나님의 것이니 만큼 모든 것들이 하나님의 것들로 사용되고 그렇게 간주되어야 한다. 사람들이 땅에 있는 것들을 남용하여 스스로를 위하여 살아가는 것은 하나님을 대적하여 배역하는 일이다. 하늘에 있는 천사들이 하늘에 있는 것들을 함부로 사용하여 자기들의 영광을 도모하는 것이나 마찬가지이다. 사물들이 그 쓰임에 있어서는 다를 수도 있고 응당 그래야 한다. 그러나 그럼에도 모든 것들은 하나님의 뜻을 따라서 사용되어야 한다. 사람들마다 종사하는 분야가 다를 수 있고 달라야 한다. 그럼에도 모든 사람들은 오직 하나님의 신실한 종들이 하나님께서 부르신 소명을 의롭고 거룩하게 감당하듯이 동일한 목적을 위하여 행동한다. 교구목사들은 특별한 방식으로 전적으로 하나님을 위하여 살아야 한다. 곧 거룩한 직무를 수행함으로써 기도와 성례와 영적인 선을 열심히 전파하여야 한다. 그러나 다른 직무에 종사하는 사람들도 그들의 특별한 방식으로 하나님의 신실한 종들처럼 행동하는 것이 마땅하다. 하나님께서 자기들에게 맡겨주신 소명을 감당하면서 전적으로 하나님을 위하여 살아야 한다. 이것이 교구목사들과 다른 소명을 받은 사람들과의 유일한 차이이다.

당신의 영광으로 살아 있는 모든 것에게 빛과 생명을 주시고, 당신의 임재로 모든 곳을 채우시고 당신의 능력으로 주시고 모든 존재들을 지탱하시고, 당신의 섭리로 모든 사건들을 통치하시는 하나님, 우리 모든 이들의 오직 유일하신 한 분 하나님 아버지가 계시듯이, 살아 있는 모든 것은 하늘에 있는 것이나 땅에 있는 것이나, 보좌에 있는 사람들이든지 방백이든지, 사람들이든지, 천사들이든지, 모두 다 한 정신으로 오직 "전적으로 그 모든 자들의 오직 유일하신 참 하나님의 영광과 찬송을 위하여 살아야 한다."

그러므로 모든 그리스도인들은, 남자와 여자나 자신들을 생각하기를 거룩함을 위하여 드려진 존재들로 생각하는 것이 절대적으로 필요하다. 그러므로 자기들의 모든 일상생활을 이성과 경건의 원리로 규제하여야 한다. 그렇게하여야 삶의 모든 일상적인 방식이 전능하신 하나님을 계속 섬기는 것으로 변환되어 갈 수 있게 되는 것이다.

    William Law, *A Serious Call to a Devout and Holy Life* (Boston: Larkin, Greenough, Stebbins, 1808)

8. 요한 웨슬리(John Wesley, 1703-91)의 올더스게일 사건과 부흥운동

웨슬리는 자신의 회심체험을 올더스게일 사건에 두고 있다. 이에 관해서는 학자들 간의 차이가 있지만, 아무튼 그가 신앙의 확신을 갖고 보다 왕성하게 활동하게 된 시점은 모라비안인인 뵐러(Peter Bohler)를 만난 다음부터였다.

내가 다시 뵐러를 만났을 때 그는 내가 논하고 싶었던 문제 즉 성경과 경험의 문제를 논의할 것을 수락했다. 이같이 된 경위는 다음과 같다. 처음에 나는 성경을 나의 의논의 대상으로 삼았다. 그러나 내가 인간들의 주석을 제쳐 놓고 단순히 하나님의 말씀을 상고하여 그것들을 함께 비교하여 애매한 구절을 보다 분명한 구절에 의하여 해명해 보려고 노력했다. 그때에 나는 그 구절들이 모두가 나에게 부정적이라는 것을 발견하게 되었다.
그래서 나는 나의 마지막 본거지로 물러날 수밖에 없었다. 즉 "경험은 성경에 대한 문자적인 해석과는 결코 일치하지 않는다." 그러므로 나는 경험에 대한 살아 있는 몇 명의 증인들을 발견하기까지는 그것을 진실로 용인할 수 없는 것이었다.
그는 어느 때라도 만일 내가 그것을 원한다면 내일이라도 그러한 것을 보여주겠노라고 답변하였다. 따라서 다음날 그는 다른 세 명들과 더불어 내게 다시 왔다. 그들은 모두 그들 자신의 개인적인 경험에 의거하여 그리스도에 대한 참된 산 신앙은 모든 과거의 죄들에 대한 용서의 느낌 및 현재의 죄들로부터 완전한 자유의 느낌과 분리될 수 없다는 것을 증거하였다.
그들은 입을 모두어 이 신앙을 하나님의 선물, 그의 거저 주시는 선물이라는 것, 하나님은 그것을 간절하고 끈질기게 찾는 모든 영혼에게 확실히 수여해 주시리라는 것을 말하였다.
나는 이제 확신하게 되었다. 나는 하나님의 은총에 의하여 다음과 같은 방법으로 그것을 끝까지 추구하기로 결심하였다. 1) 나는 전체적으로나 부분적으로나 나 자신의 행위 또는 의에 의지하는 것을 전적으로 배격함으로써 그렇게 하기로 하였다. 나는 비록 알고 있지는 못했지만 젊었을 때부터 나의 구원의 희망은 나의 행위를 기초로 삼고 있었다. 2) 은총의 다른 수단들을 계속해서 사용함으로써 그렇게 하기로 하였다. 즉 의롭게 하고 구원하는 믿음 자체를 위하여 계속적으로 기도하였고 나를 위하여 피 흘리신 그리스도를 전적으로 의지하였다. 그리고 그 분을 나의 그리스도로, 나의 유일한 칭의, 성화, 구속을 신뢰하였다.

"이로써 보배롭고 지극히 큰 약속을 우리에게 주사 이 약속으로 말미암아 너희로 정욕을 인하여 세상에서 썩어질 것을 피하여 신의 성품에 참예하는 자가 되게 하려 하셨다"(벧후 1:4). 나는 5시경에 성경을 펴서 이 말씀을 읽었다. 밖을 나오기 전에 읽은 말씀은 "네가 하나님의 나라에서 멀지 않다"(막 12:34)는 말씀이었다. 오후에 나는 세인트 폴 교회에서 와달라는 요청을 받았다. 그곳에서 부른 찬송가의 가사는 다음과 같았다

여호와여 내가 깊은 데서 주께 부르짖나이다. 주여 내 소리를 들으시며 나의 간구하는 소리에 귀를 기울이소서 여호와여 주께서 죄악을 감찰하실진대 주여 누가 서리이까? 그러나 사유하심이 주께 있음은 주를 경외케 하심이니이다. 이스라엘아 여호와를 바랄지어다 여호와께는 인자하심과 풍성한 구속이 있음이라. 저가 이스라엘을 그 모든 죄악에서 구속하시리로다.

별로 마음이 내키지 않은 채 저녁에 올더스게일 가에 있는 어느 모임에 가게 되었다. 그 모임에서 어떤 한 사람이 루터의 로마서 주석의 서문을 읽고 있었다. 그 설교자는 그리스도를 믿는 믿음을 통하여 하나님께서 마음의 변화를 이루는 역사를 행하신다고 설명했다. 그때에 내 마음이 이상하게 뜨거워짐을 느꼈다. 구원을 받기 위하여서는 오직 그리스도만을 믿는 것임을 느꼈다. 뿐만 아니라 주께서 내 모든 죄를 씻으시고 나를 죄와 사망의 법에서 구원하셨다는 확신이 생겼다.

악의적으로 나를 이용했거나 박해한 사람들을 위하여 나는 있는 힘을 다하여 기도하기 시작했다. 그리고나서 그곳에 있는 모든 이들에게 내 마음속에 있는 것들을 터놓고 간증하였다. 하지만 얼마 안 있어서 원수 같은 마귀는 넌지시 이렇게 속삭였다. "이것은 믿음이 아니야? 그렇다면 기쁨은 어디에 있느냐?" 그때에 나는 깨달았다. 평화와 죄에 대한 승리는 우리 구원의 대장되시는 주님을 믿는 믿음에 있어서는 필수적인 것을! 뿐만 아니라 깊이 애통하는 사람에게 있어서 오는 그 기쁨은 하나님의 뜻에 따라 때로는 주시기도 하고 때로는 주지 않으시기도 한다는 것을 깨달았다.

집에 돌아온 후에 나는 여러 가지 시험으로 인해 몹시 괴로웠다. 그러나 큰 소리로 외쳤더니 그 고통은 사라지고 말았다. 하지만 그 시험은 자꾸 되풀이되었다. 그럴 때마다 눈을 들어 주님을 향했다. 주님께서는 항상 "주의 거룩한 곳에서 나에게 도움을 주셨다." 나는 이런 체험과 이전에 내가 일관했던 신앙의 상태 사이에는 커다란 차이가 있다는 것을 발견하였다. 나는 싸웠다. 그렇다. 나는 율법 아래서 뿐만 아니라 은혜 아래서 있는 힘을 다해 싸우고 있었다. 과거에는 자주는 아니었지만 때때로 승리하였다. 하지만 지금은 늘 승리하는 사람이 되었다.

잠에서 깬 순간 나의 주님은 나의 마음과 말 속에 계셨다. 오로지 내 눈이 주님만을 지켜보고 내 영혼이 주님만을 계속해서 섬기는 곳에 내 모든 힘이 자리잡고 있다는 것을 발견하였다. 오후에 세인트 폴 교회에 다시 갔을 때에 거기서 부르는 찬송가 속에서 하나님의 말씀을 맛볼 수 있었다. 그 찬송가의 가사는 다음과 같았다. "내 노래로 항상 주의 자비하심을 찬송하리니 내 입으로 주의 진리를 영원히 증거하리라." 하지만 그럼에도 불구하고 원수 마귀는 나에게 두려움을 넣어주었다. "네가 정말 믿는다면 왜 뚜렷한 변화가 없지?" 나는 대답했다. "잘은 모르겠지만 이것만은 확실히 안다. 나는 지금 하나님 안에서 평화를 누리고 있다. 지금 나는 죄를 짓고 있지 않다. 나의 주님은 내일 일을 염려하지 말라고 말씀하셨다. 나는 이것을 분명히 안다." 그로부터 나에게 평안이 임했다.

1759년 11월 25일

오후 집회에서 하나님의 임재를 피부로 경험하였다. 확신보다는 위로의 역사가 강하게 일어났다. 그러나 전에 이곳 에버튼에 있으면서 살펴 본 대로 역사하시는 방법에 있어 상당한 차이가 있음을 알 수 있었다.

이번에는 황홀경에 들어가거나 큰 소리로 외쳐대거나 고꾸라져 경련을 일으키거나 하는 사람은 없었다. 다만 몇몇이 가볍게 떨더니 작은 소리로 중얼댈 뿐 많은 사람들은 넘치는 평화 속에서 새 힘을 얻었다.

고함이나 경련, 환상, 신비 체험들 초자연적인 현상들을 너무 과신하여 그것이 내적인 역사의 전부인양 생각하고 이런 것들이 없으며 모두 헛된 것이라고 주장하는 데에 위험이 있다. 반대로 이런 현상들을 너무 소홀히 취급하여 무시해 버리거나 이런 현상들 속에는 하나님이 계시지 않을 뿐 아니라 오히려 하나님의 역사를 반대할 뿐이라고 주장하는 데에도 또한 위험이 따른다. 반면에 진리는 다음과 같이 정리될 수 있다. 1) 하나님은 타락된 죄인들에게 급작스럽고 강하게 역사하신다. 이런 사람들은 자연히 급작스레 고함을 지르거나 육체적인 경련을 일으키게 된다. 2) 믿는 사람들을 고무하고 북돋아 주기 위해서 하나님이 자신의 역사를 더 뚜렷이 보여 주시려고 신비한 꿈이나 입신 또는 환상을 보도록 은혜를 베풀어 주신다. 3) 시간이 지나면서 이런 경험들은 자연의 은총과 일치하게 된다. 4) 사단은 하나님의 연사를 방해하려고 이런 현상들을 모방하여 유혹한다. 그렇다고 이런 유혹을 물리치기 위해 전체 현상들을 포기해 버리는 것은 현명한 일이 못된다. 처음에는 이런 것은 의심할 여지없이 하나님의 은총이었다. 아직도 어느 정도는 그렇다. 그리고 하나님은 어떤 현상이든 그것이 진실된 것인가 아니면 잘못되거나 왜곡된 것인가를 분별할 수 있는 능력을 주신다.

John Wesley, *The Journal of John Wesley*, A. M., ed. Nehemiah Curnock(New York: Eaton & Mains, 1909)

9. 요한 웨슬리의 "그리스도인의 완전"

"그리스도인의 완전"은 웨슬리의 설교 중에 최초로 출판된 것으로서 그는 그리스도인은 완전에 이를 의무를 갖고 있다고 주장한다. 그는 구원에 필요한 칭의시키는 믿음과 죄인을 용서하시는 하나님과의 화목의 표증인 내적인 확신, 그리고 그리스도인의 진실한 삶의 열매로서의 선행을 강조했는데, 특히 "그리스도인의 완전"에 관한 설교에서 사랑은 율법의 완성이요, 완전과 영광과 행복이 있다고 말한다.

아마도 그리스도인의 완전에 대한 일반적인 편견은 주로 그 본질에 대한 오해에서 일어나는 것 같다…

첫째로 우리는 모든 은혜 받는 방법에 참석할 필요가 없어지거나 모든 사람, 특히 믿음의 식구들에게 시간이 허락하는 대로 선을 행하는 것이 필요 없게 되는 것을 의미하는 완전은 이 세상에 없음을 인정할 뿐 아니라 이를 열렬히 주장한다. 주의 피로 말미암는 구속을 새로 발견한 그리스도 안의 젖먹이뿐만 아니라 장성하여 온전해진 사람도 기회 있을 때마다 떡을 먹고 포도주를 마셔 그리스도를 기념하여 자기 몸을 쳐 복종케 하기 위하여 금식하고 절제하면서 성경을 상고하며 무엇보다도 은밀한 중에나 큰 집회에서나 심혈을 기울여 기도하는 것은 빠뜨릴 수 없는 의무임을 우리는 믿는다.

둘째로 우리는 구원에 근본적으로 저촉되지 않는 일들에 있어 무지나 실수에서 완전히 해방되며 여러 가지 시험도 당하지 않고 썩을 몸이 영혼을 다소라도 압박하는 많은 약점에서 아주 벗어나는 것을 의미하는 완전은 이 세상에 존재하지 않음을 믿는다. 누구든지 흙의 장막에 거하는 자로서 육체적 약점이나 여러 무지한 일에서 완전히 면제된다든지 또는 어떤 사람이 실수하거나 시험에 드는 것이 불가능하다고 상상할 만한 근거를 성경에서 발견할 수가 없다.

그렇다면 완전한 자란 어떤 사람을 두고 하는 말인가? 그것은 '그리스도의 마음을 품은 자요 그리스도께서 행하신 대로 행하는 자요 손이 깨끗하고 마음이 성결한 자이며 육과 영의 온갖 더러운 것에서 깨끗해진' 자이다. 어떠한 경우에도 실족되지 않는 자요 따라서 죄를 범하지 않는 자이다. 좀 더 구체적으로 말해서 성경에 완전한 사람이라고 한 자는 그의 안에서 하나님이 '내가 너희 모든 더러운 것에서와 모든 우상에서 너를 정결케 할 것이며 내가 너희를 모든 부정함에서 구원하리라'고 하신 미쁘신 말씀을 성취하신 사람으로 안다. 완전한 사람이란 하나님의 아들 예수 그리스도의 피가 그를 모든 죄에서 깨끗하게 하셨음으로 주께서 빛 가운데 계신 것처럼 빛 가운데 행하고 그 안에 어두움이 아주 없는 사람이다.

이제 이 사람은 모든 사람에게 '내가 그리스도와 함께 십자가에 못박혔나니 그런즉 이제는 내가 산 것이 아니요 오직 내 안에서 그리스도께서 사신 것이라'고 간증할 수가 있다. 그는 마음과 온갖 행실이 그를 부르신 하나님이 거룩하신 것처럼 거룩하다. 그는 마음을 다하여 주 하나님을 사랑하며 힘을 다하여 그를 섬긴다. 그는 이웃 즉 모든 사람을 제 몸과 같이 사랑한다. 그것도 그리스도께서 우리를 사랑하신 것같이 사랑한다. 그는 자기를 욕하고 핍박하는 자를 그렇게 사랑한다. 그의 영혼은 실로 긍휼과 자비와 겸손과 온유와 오래 참음으로 충만한 그야말로 사랑의 덩어리이다. 그의 생활도 여기에 부합되어 믿음의 행위와 소망 중에 오래 참음과 사랑의 수고로 가득하다. 그리고 그가 무엇을 하든지 간에 말에나 행실에 있어서 주 예수의 이름으로 주의 사랑과 능력을 힘입어 행한다. 한 마디로 말해서 그는 하늘에서 하나님의 뜻이 이루어진 것처럼 땅에서 하나님의 뜻을 행한다.

완전한 사람이 된다는 것은 다른 것이 아니라 철저히 거룩해지는 것이다. 그것은 어셔(Usher) 대주교의 말을 빌린다면, 그리스도로 말미암아 우리의 모든 언행심사에서 우리를 어두움에서 불러내어 그의 놀라운 빛 가운데로 들어가게 하신 하나님의 영광을 나타내기 위하여 우리의 마음과 우리

입으로 하는 말과 우리 손으로 하는 일 모두를 하나님이 기뻐받으실 만한 영적 산 제사로 드리고 항상 하나님의 사랑으로 불타는 것이다. 오! 우리들과 진정으로 주 예수를 좇는 모든 사람들이 이렇게 완전해져서 하나가 되기를!

이것이 우리가 처음부터 전하던 교리이고 지금도 전하는 바이다. 실로 완전을 온갖 광명에 비추어보며 하나님의 말씀과 하나님의 자녀들의 체험과 대조해 봄으로써 그리스도인의 완전의 본질과 특성을 더 깊이 알게 되었다. 우리의 처음 생각과 나중 생각이 서로 모순되는 점이 전혀 없다. 완전에 대한 처음 생각은 그리스도의 마음을 품는 것이요, 그가 행하신 대로 행하는 것이며, 그가 품으셨던 마음을 온전히 품는 것이요, 항상 그가 행하신 대로 행하는 것이다. 다시 말해서 내적으로나 외적으로나 하나님께 헌신하고 마음과 삶 전체를 헌신하는 것이다. 지금도 가감함이 없이 이와 동일한 견해를 갖는다.

John Wesley, *A Plain Account of Christian Perfection* (London: Epworth Press)

10. 웨슬리와 모라비안들

모라비아 형제들과 웨슬리 형제 간의 차이점을 담은 이 짧은 발췌문은 웨슬리가 초기에 가졌던 좋은 감정을 버리고 왜 모라비아형제들에게 경계심을 갖게 되었는가를 잘 보여준다.

독자들에게

진젠도르프 백작의 지시를 받는 사람들(이들을 모라비아 형제단이라고 부른다)은 아주 말을 그럴싸하게 하고 그러기에 모든 율법폐기론자들 중에서 가장 위험스럽다. 그 때문에 나는 이런 교묘한 사냥꾼들부터 피할 수 있는 경계를 두고자 한다.

모라비안 교리와 우리들의 교리 간의 차이는 이렇게 말할 수 있다.
"1. 그리스도가 모든 인간의 구원을 위해 필요한 모든 것을 이루셨다."
이는 상당히 애매모호한 말이다. 그리스도는 모든 인간의 절대적 구원을 위해 필요한 모든 것을 이루신 것이 아니다. 왜냐하면 그리스도께서 이루신 모든 것에도 불구하고 그리스도를 믿지 않는 자는 정죄를 받는다. 그러나 그리스도는 모든 인간의 조건적인 구원을 위해 필요한 모든 것을 이루셨다. 즉 인간들이 그리스도를 믿는다면 그는 구원을 받을 것이다. 사랑으로 역사하는 믿음과 함께 끝까지 믿는 자는 구원을 받는다.
"2. 우리는 단지 그리스도를 믿는 것 외에 구원에 필요한 것은 어느 것도 할 필요가 없다."
우리들이 믿음에 관한 백작의 정의 즉 "그리스도가 인간이 되시고 우리를 위해 죽음으로 고통을 당하셨다(16번째 강화)는 진리의 역사적 지식"을 허락한다면, 이 주장은 그리스도의 전반적인 계시에 직접적으로 파괴적이다.
"3. 오직 한 가지 의무 한 가지 명령 즉 그리스도를 믿는 것만이 있을 뿐이다."
거의 모든 신약성경의 구절은 이런 주장이 거짓임을 입증해준다.
"4. 그리스도께서 모든 다른 계명과 의무를 제하시고 완전히 율법을 폐하셨다"
이는 그리스도의 경건한 선언과 얼마나 상반되는지!
"내가 율법이나 선지자나 폐하러 온 줄로 생각지 말라 폐하러 온 것이 아니요 완전케 하려 함이로다 진실로 너희에게 이르노니 천지가 없어지기 전에는 율법의 일점 일획이라도 반드시 없어지지 아니하고 다 이루리라"고 하지 않았는가!
"신자는 율법에서 자유로와졌다."
신자는 "율법의 저주에서 자유로와졌다"거나 "신자가 율법에서 자유로와졌다", 또는 "죄와 사망의 능력에서 자유로와졌다"는 것을 우리는 안다.

그러나 어디에 하나님의 율법에서 자유로와졌다는 것이 쓰여있느냐?
"신자는 어느 것도 행하거나 하지 말라는 것으로 의무화되지 않는다. 그것은 명령된 것을 행할 수 있는 신자의 자유와 상치되는 것이다."
이로 보건대 당신의 자유는 하나님을 불순종하는 자유이고 우리의 자유는 모든 일에 하나님을 순종하는 자유이다. 우리가 율법을 세우면서 동시에 믿음을 통해 율법을 폐하겠는가?
"5. 우리는 칭의되는 순간에 전적으로 성화되어지며 죽음의 날에 더 이상의 거룩이 없다. 완전한 성화와 완전한 칭의가 한 순간에 동시에 이루어진다"
이는 말씀의 신조 그리고 우리의 경험과 상반된다.
"6. 신자 그 자신 속에서는 결코 성화나 거룩이 이루어지지 않는다. 오직 그리스도 안에서만 거룩해진다. 신자는 그 자신 속에서는 전혀 거룩이 없다. 신자의 모든 거룩은 전가된 것이지 본질적인 것이 아니다."
거룩은 하나님의 형상이고, 그리스도 안에 있는 마음이며, 하나님과 인간의 사랑이고, 겸손과 온유와 절제와 인내와 정결이다. 이는 오직 신자에게 전가된 것이고, 신자는 전혀 이런 거룩을 가질 수 없다고 당신들은 확고히 믿는데, 그렇다면 절제는 술고래에게도 전가되는가? 또는 정결이 매춘부 소굴에 있는 창녀에게도 전가되는가? 아니다. 오직 신자들만이 참으로 정결하고 절제한다. 그렇다면 신자는 그 자신 속에 거룩이 있지 않은가?
신자는 하나님을 사랑하거나 또는 사랑하지 않지 않는가? 신자가 하나님을 사랑한다면 그는 그 속에 하나님의 사랑을 갖고 있는 것이다. 그가 겸손하고 온유하고 인내한다면, 그는 그 속에 그런 성품들을 갖고 있는 것이다. 만약 그가 그 자신 속에 그런 것들을 갖고 있지 않다면, 그는 겸손할 수도 온유할 수도 인내할 수도 없다. 그러므로 당신은 모든 신자가 그 자신으로부터는 아닐지라도 그 자신 속에 거룩을 갖고 있다는 것을 부정할 수 없다. 신자가 전혀 거룩하지 않다면, 그는 주님을 볼 수가 없다.
그리고 일반적으로 거룩이 그리스도 안에 있는 마음이라면, 어느 사람이 "신자는 자신 안에는 거룩이 없고 오직 그리스도 안에만 있어, 그리고 그리스도 안에 있는 마음은 역시 신자들의 마음 안에 있어, 그러나 거룩은 그리스도 안에 있는 것이지 신자 안에는 없어, 오직 그리스도 안에만 있어" 이런 몰지각한 허튼 소리는 얼마나 자기모순을 일으키는가!

"7. 인간이 기도를 하고 성경을 읽고 교통하는 것을 의무의 문제로 간주한다면, 그래서 이런 것들을 행하는 것에 따라 자신을 판단하거나 이런 것들을 행하지 않았을 때 괴로움에 빠진다면, 그는 노예 상태에 있는 것이고, 아직 전혀 믿음이 없는 것이다. 그는 단지 율법의 공로로 구원을 추구하고 있는 것이다."

그렇다면 지금 당신이 하고 있는 순종은 불신앙의 증거이고, 불순종은 믿음의 증거인가! 어둠을 빛으로 빛을 어둠으로 바꾸는 것이 아니냐?

John Wesley, *The Works of the Reverend John Wesley, A. M.*, ed. John Emory (New York: Methodist Episcopal Church, 1831)

11. 메토디스트 사회를 위한 법칙들(1743)

웨슬리는 다가올 진노를 피하려는 모든 사람들은 메토디스트단에 적합한 자들이라고 생각하여 종파와 상관없이 가입을 원하는 모든 자들을 받아들였으나, 웨슬리단에 계속적으로 거하려는 자는 1743년에 채택한 규칙들을 지켜야 한다고 주장하였다.

구원의 의욕을 증거하려는 사람들로부터 다음의 것들이 기대된다.

첫 번째로 아무런 해를 끼치지 않음으로써, 즉 이는 모든 종류의 악을 피하는 것인데, 그 가운데는 특별히 다음의 것들이 일반적으로 포함된다. 즉 하나님의 이름을 헛되게 부르는 것, 주의 날을 불경스럽게 하는 것(말하자면 일상적인 일이나 물건을 사고 파는 일들을 행하는 것들), 술취함(알코올이 든 술을 사거나 파는 것 또는 그것을 마시는 것(반드시 필요한 경우를 제외하고〉), 싸우고 다투는 것, 법정에 나가는 것, 악을 악으로 욕을 욕으로 갚는 것, 물건을 사거나 팔 때에 많은 말을 사용하는 것, 이상한 물건을 사고 파는 것, 불법적인 이득을 주고 받는 것, 무자비하고 무익한 대화를 나누는 것(특히 상전과 목회자들에 대해 악한 말을 하는 것), 다른 사람들이 우리에게 하지 않았으면 하는 일을 다른 사람에게 행하는 것, 하나님의 영광을 위한 것이 아닌 것을 행하는 것(즉 금으로 치장하고 사치스러운 의복을 입는 것), 주 예수의 이름으로 사용할 수 없는 유흥을 즐기는 것, 하나님의 사랑이나 지식과는 상관없는 책들을 읽거나 그런 노래들을 부르는 것, 쓸데없는 자기 방종, 보물을 이 땅에 쌓아두는 것, 갚을 가능성이 없는 것을 빌리는 것, 또는 갚을 가능성이 없는 물건을 취하는 것 등이다.

이런 모든 것들을 이 사회 속에서 구원의 의욕을 증거하려는 사람들은 피해야 한다.

두 번째로 기대되는 것은 기회있을 때마다 가능한 한 모든 사람들에게 모든 종류의 선을 베풀고 자비로운 자가 되는 것이다.

하나님이 주신 사람들에게 선을 베풀어야 한다. 즉 배고픈 자에게 음식을 줌으로써, 벌거벗은 자에게 옷을 입혀줌으로써, 병들고 감옥에 갇힌 자를 방문하고 돌봄으로써 선을 베풀어야 한다.

하나님이 주신 그들의 영혼에게 선을 베풀어야 한다. 즉 우리가 교제하고 있는 사람들을 가르치고, 견책하고 권면함으로써, 악마의 열성적인 교리를 발로 짓밟음으로써(우리의 마음이 이런 것에서 자유롭지 못하다면, 우리는 아무런 선을 행할 수가 없다) 선을 베풀어야 한다.

특별히 믿음의 권속들에게 선을 베풀거나 그러한 열망을 가짐으로써, 믿는 자들을 다른 사람들보다 더 많이 활용함으로써 즉 서로의 물건을 사주며 거래에 있어서 서로 도움을 주어야 한다. 왜냐하면 이 세상은 그들 자신의 것만을 사랑하기 때문이다.

복음이 비난받지 않도록 근면과 성실성이 있어야 한다.

그들 앞에 놓인 경주를 인내로 달림으로써, 자신을 부인하고 매일 십자가를 짐으로써…

John Wesley, *Doctrines and Disciplines of the Methodist Church* (New York: The Methodist Publishing House, 1940-1960)

12. 웨슬리의 감독 안수(1784)

존 웨슬리는 처음에 독자적인 교회를 세우려는 의도를 갖고 있지 않았으나, 역사적인 상황이 그로 하여금 그 결심과 다르게 행동하게 했다. 웨슬리는 국교도주의자이지만, 주교는 단지 교회의 행정을 위해 구별된 장로라고 믿었다. 그는 또한 유효한 서임은 주교가 안수함으로 계승된다는 사상을 거부하였다. 따라서 식민지 교회를 책임맡고 있는 영국의 주교가 아메리카를 전도하기 위한 웨슬리단의 설교자 중의 한 사람을 서임하는 것을 거부했을 때, 그는 스스로 설교자들을 서임했다. 그리하여 웨슬리는 영국교회에 서임된 장로(presbyter)였던 토마스 코크(Thomas Coke)를 미국교회의 감독자로 안수하였다.

영국교회이 장로이자 옥스포드에 있는 링컨 대학의 전직 교수였던 요한 웨슬리는 이 편지를 받는 모든 사람들에게 문안합니다.

나의 보호를 받기 원하며 영국교회의 교리와 종규를 고수하는 북아메리카 남부 지방에 있는 많은 사람들이 영국 교회의 용례에 따라 세례와 성찬의 성사를 집행할 사역자의 부족으로 인해 상당히 고심하고 있으나, 그 사역자들을 보충할 다른 방도가 없어 보입니다.

이러한 때에 나 요한 웨슬리는 아메리카의 사역을 위해 사람들을 따로 구별지어 보내도록 하나님으로부터 부름을 받았다고 생각합니다. 그러므로 전능하신 하나님의 보호 아래 나는 이날 내 손을 얹고 기도함으로(다른 서임받은 사역자들의 도움을 받아) 감독자를 구별짓노니, 그(토마스 코크)

는 시민법 박사요, 영국교회의 장로요, 내가 판단하기에 큰 일을 잘 감당할 사람이라고 생각합니다. 나는 그리스도의 양떼를 관장하는 적절한 사람으로 관련된 모든 사람들에게 그를 천거합니다. 그 증인으로 나는 서기 1784년 9월 2일에 여기에 서명합니다.

존 웨슬리

The Works of the Reverend John Wesley, A. M., ed. John Emory

13. 조지 휫필드(George Whitefield, 1714-1770)의 부흥일기

죠지 휫필드는 교파를 초월한 부흥운동을 펼쳤다. 그의 설교는 대단히 뛰어나서 많은 사람들이 그 설교를 듣기 위해 운집하였다. 또한 그의 설교가 상당히 반복적인 설교였는데도 그의 열정적 설교는 항상 생동감이 넘쳤다. 그는 설교시에 극적인 요소를 더하기 위하여 적절한 질문과 감탄의 말을 하기도 하였는데, 그의 이런 감성적인 설교는 모든 회중들의 마음을 녹였다.

1739년 2월 25일.

선하신 나의 하나님이 이날에 얼마나 나에게 자비를 베풀어주셨는지! 내가 아침에 일어났을 때 나는 아무 것도 할 수 없을 것으로 생각했다. 그러나 거룩하신 하나님의 능력이 나의 연약한 곳을 강하게 해주셨다. 아침 6시 경에 나는 기도하고 찬송했으며, 나를 찾은 젊은 방문객들에게 주의 날에 행하는 것처럼 권면을 했다. 8시에 내가 기도를 하고 뉴게이트에 모여있는 많은 회중들에게 설교를 했다. 그 이후에 나는 브리스톨에서 약 2마일 정도 떨어진 브리스링톤으로 갔는데, 그곳에는 아주 많은 사람들이 모여 있었다. 나는 교회 안에서 기도를 한 후에, 교회 앞마당으로 나아가서 설교하는 것이 사람들을 되돌아가지 않게 하는 적절한 방법이라고 생각했다. 내가 설교할 때에 사람들은 유심히 나를 쳐다보았으며, 하나님은 나에게 적절한 말씀을 주셨다. 설교 후에 우리는 성례를 가졌다. 나는 성찬이 참으로 성도의 교제라고 생각했다…

오후 저녁 4시경에 나는 킹스우드로 급히 갔다. 어림잡아 그곳에는 일만 명의 사람들이 나의 설교를 듣기 위해 모였던 것 같다. 나무 위와 산울타리 위에도 사람들이 가득 찼다. 내가 설교를 시작했을 때, 사람들은 모두 잠잠해졌으며, 태양이 밝게 빛났다. 그리고 하나님은 나에게 힘을 주시어 나로 하여금 한 시간 동안 커다란 능력으로, 아주 큰 목소리로 설교하게 하시어 내가 말하는 것을 모든 사람들이 듣게 하셨다…

3월 4일 주일

…우리는 뉴게이트로 가서 대단히 많이 모여있는 군중들에게 능력으로 설교했다. 그 다음에 우리는 뉴게이트에서 약 3마일 정도 떨어진 한남산 (Hannam Mount)으로 급히 갔는데, 그곳은 주로 광부들이 살고 있는 곳이다. 하나님은 우리에게 좋은 일기를 주셨다. 약 4천명이 넘는 사람들이 나의 설교를 듣기 위해 모였다. 하나님은 나에 힘을 주시어 성령의 표증을 나타내 보이실 정도로 설교하게 하셨다. 한편 내가 서 있는 곳이 충분히 높지 않아서 나는 책상 위에 올라가서 설교했는데, 초록색 들판을 덮은 많은 사람들이 열심히 나를 주시하는 모습을 보았을 때 참으로 기뻤다. 나는 몸소 떡으로 수많은 사람들을 먹이신 그 동일하신 주님이 천국에서 내려온 그 떡으로 이곳에 모인 모든 영혼들을 먹이실 것을 희망했다. 왜냐하면 많은 사람들이 아주 멀리서 왔기 때문이다.

오후 4시에 나는 로즈그린 산으로 가서 일만 사천명 이상의 사람들에게 설교 했다. 참으로 하나님은 선하시어 모든 사람들이 들을 수 있도록 만드셨다. 내가 그러한 광경을 보다니 참으로 먼거리를 달려올 만큼 값어치가 있었다…

저녁에는 발드윈거리단(Baldwin Street Society)에서 설교했다. 그러나 그곳의 방으로 들어가는 데는 상당한 어려움이 있었다. 입구와 복도에 상당히 많은 사람들이 모여 있었기 때문이다. 참으로 하나님은 복이 있으시도다! 청중들이 계속해서 많이 늘어났고 그것이 또한 나의 힘이 되었다. 나는 집을 나설 때인 아침보다 더욱 성령으로 충만하여 밤에 집으로 돌아왔다. 나는 기쁨으로 충만했고, 예수 그리스도 함께 있었다. 이것이야말로 참으로 내 영혼에 안식이도다!

14. 경건찬송들

영국의 복음주의 운동이 활발히 전개되고 있을 때 복음적인 찬송 또한 많이 작시되어 불리어졌다. 그 대표적인 사람이 존 웨슬리의 동생인 찰스 웨슬리였다. 그는 주옥같은 많은 찬송시를 지었으며, 웨슬리형제의 집회시에 특히 많이 불러졌다. 한편 존 뉴톤도 당시에 많은 찬송시를 지은 사람으로 유명하다. 그는 노예선장으로서 깊은 회심을 체험하고 영국교회의 성직자가 된 사람인데 우리에게 잘 알려져 있는 나같은 죄인 살리신 등과 같은 유명한 찬송들을 많이 작시하였다. 아이삭 와츠에 의해서도 많은 찬송시가 작사되었다. 그는 찬송가의 아버지라고 불릴 정도로 다작의 찬송가를 작사했다.

한편 복음주의 운동이 전개되고 있을 때에 불려진 찬송들은 주로 개인적인 신앙의 확신과 감정을 표현한 것들이 주를 이루었는데, 이러한 찬송가의 부흥은 지난 수년동안 메말라왔던 영국인들의 감정을 훈훈하게 했다.

찰스 웨슬리의 찬송가

만입이 내게 있으면

만입이 내게 있으면 그 입 다가지고
내 구주주신 은총을 늘 찬송하겠네.
내 은혜로우신 하나님 날 도와주시고
그 크신 영광 널리펴 다 알게 하소서.

내 주의 구한 이름이 날 위로하시고
이 귀에 음악 같으니 참 희락되도다
내 죄의 권세 깨뜨려 그 결박 푸시고
이 추한 맘을 피로써 곧 정케 하셨네.

하나님의 크신 사랑

하나님의 크신 사랑 하늘로서 내리사
우리 맘에 항상 계셔 온전하게 합소서
나의 주는 자비하사 사랑 무한하시니
두려워서 떠는 자를 구원하여 줍소서
걱정 근심 많은 자를 성령 감화 하시며
복과 은혜 사랑 받아 평안하게 합소서
처음과 나중되신 주여 항상 인도하셔서
마귀 유혹받은 것을 속히 끊게 합소서
전능하신 아버지여 주의 능력 주시고
우리 맘에 임하셔서 떠나가지 맙소서
주께 영광 항상 돌려 천사처럼 섬기며
주의 사랑 영영토록 찬송하게 합소서
우리들이 거듭나서 흠이 없게 하시고
주의 크신 구원받아 온전하게 합소서
영광에서 영광으로 천국까지 이르러
크신 사랑 감격하여 경배하게 합소서

존 뉴톤

나같은 죄인 살리신

나같은 죄인 살리신 주 은혜 놀라와
잃었던 생명 찾았고 광명을 얻었네.
큰 죄악에서 건지신 주 은혜 놀라와
나 처음 믿은 그 시간 귀하고 귀하다.
이제껏 내가 산것도 주님의 은혜라
또 나를 장차 본향에 인도해 주시리
거기서 우리 영원히 주님의 은혜로
해처럼 밝게 살면서 주찬양 하리라.

귀하신 주의 이름은

귀하신 주의 이름은 참 아름다워라

내 근심 위로하시고 평강을 주시네
주님은 반석이시오 내 방패되도다
그 은혜 무한하시니 바다와 같도다
선하신 목자 구세주 내 생명되시고
대제사장이 되시니 늘 찬송하겠네
무한히 넓은 사랑을 쉬지 않고 전하세
숨질 때까지 주이름 늘 의지하겠네

시온성과 같은 교회

시온성과 같은 교회 그의 영광 한없다
허락하신 말씀대로 주가 친히 세웠다
반석 위에 세운 교회 흔들 자가 누구랴
모든 원수 에워싸도 아무 근심 없도다
생명샘이 흘러 나와 모든 성도 마시니
언제든지 솟아나와 부족함이 없도다
이런 물이 흘러가니 목마를 자 누구랴
주의 은혜 풍족하여 넘치고도 넘친다
주의 은혜 내가 받아 시온 백성 되는데
세상사람 비방해도 주를 찬송하리라
세상헛된 모든 영광 아침 안개 같으나
주의 자녀 받을 복은 영원 무궁하도다.

아이삭 왓츠

만왕의 왕 내 주께서

만왕의 왕 내 주께서 왜 고초당했나
이 벌레같은 날 위해 그 보혈흘렸네
주 십자가 못박힘은 속죄함 아닌가
그 긍휼함과 큰 은혜 말할 수 없도다
늘 울어도 그 큰 은혜 다 갚을 수 없네
나 주님께 몸 바쳐서 주의 일 힘쓰리

웬 말인가 날 위하여

웬 말인가 날 위하여 주 돌아가셨나
이 벌레 같은 날 위해 큰 해 받으셨네
내 지은 죄 다 지시고 못박히셨으니
웬 일인가 웬 은혜인가 그 사랑 크셔라
주 십자가 못박힐 때 그 해도 빛 잃고
그 밝은 빛 가리워서 캄캄케 되었네
나 십자가 대할 때에 그 일이 고마워
내 얼굴 감히 못들고 눈물 흘리도다
늘 울어도 눈물로써 못갚을 줄 알아
몸밖에 드릴 것 없어 몸 바칩니다.

주 달려 죽은 십자가

주 달려 죽은 십자가 우리가 생각할 때에
세상에 속한 욕심을 헛된 줄 알고 버리네
죽으신 구주 밖에는 자랑을 말게 하소서
보혈의 공로 입어서 교만한 마음을 버리네
못박인 손발 보오니 큰 자비 나타내셨네
가시로 만든 면류관 우리를 위해 쓰셨네
온 세상 만물 가져도 주 은혜 못다 갚겠네
놀라운 사랑 받은 나 몸으로 제물 삼겠네

참고 문헌

Braithwaite, W. C., *Beginnings of Quakerism*. New York: Cambridge University Press, 1912.

———, *Second Period of Quakerism*. New York: Cambridge University Press, 1961.

Caillet, Emile, *Pascal*. New York: Harper & Row, Publishers, 1961.

Green, J. Brazier, *John Wesley and William Law*. London: The Epworth Press, 1945.

Knox, R. A., *Enthusiasm*. London: Oxford University Press, 1950.

Anderson, W. K., ed., *Methodism*. Nashville: Methodist Publishing House, 1947.

Bready, J. W., England: *Before and After Wesley, the Evangelical Revival and Social Reform*. New York: Harper & Row, Publishers, 1938.

Brinton, Howard, *Friends for Three Hundred Years.* New York: Harper & Row, Publishers, 1952.

Brailsford, Mabel R., *A Tale fo Two Brothers:* John and Charle Wesley. New York: Oxford University Press, Inc., 1954.

Cannon, William R., *The Theology of John Wesley.* Nashville: Abingdon Press, 1946.

Carter, Henry, *The Methodist Heritage.* Nashville: Abingdon Press, 1951.

Cell, George C., *The Rediscovery of John Wesley.* New York: Holt, Rinehart & Winston, Inc., 1935.

Davies, Horton, *The English Free Churches* London: Oxford University Press, 1952.

Deschner, John, *Wesley's Christology.* Dallas: Southern Methodist University Press, 1960.

Edwards, M., *John Wesley and the 18th Century.* Nashville: Abingdon Press, 1933.

Elliott-Binns, L. E., *The Early Evangelicals: A Religious and Social Study.* London: Lutterworty Press, 1953.

Flew, R. Newton, *The Idea of Perfection in Christian Theology.* London: Oxford University Press, 1934.

Langton, Edward, *History of the Moravian Church.* London: George Allen & Unwin, 1956.

Lee, Umphrey, *John Wesley and Modern Religion.* Nashville: Abingdon Press, 1936.

Legg, J. W., *English Church Life,* 1660-1833. London: Longmans, Green & Company, Ltd., 1914.

Lindstrom, Harald, *Wesley and Sanctification.* Stockholm: Nya Bokforlags Aktiebolaget, 1946.

MacArthur, Kathlene W., *The Economic Ethics of John Wesley.* Nashville: Abingdon Press, 1936.

Moorman, J. R. H., *A History of the Church in England.* London: Adam and Charles Black, Ltd., 1953.

Nagler, A. W., *Pietism and Methodism.* Nashville: Smith and Llamar, 1918.

Noble, Vernon, *The Man in Leather Breeches.* New York: Philosophical Library, 1953.

Piette, Maximin, *John Wesley in the Evolution of Protestantism.* New York: Sheed & Ward, 1937.

Rattenbury, J. E., *Wesley's Legacy to the World.* Nashville: Abingdon Press, 1928.

―――, *Eucharistic Hymns of John and Charles Wesley.* Naperville, Ill.: Alec P. Allenson, Inc., 1948.

―――, *Evangelical Doctrines of Charles Wesley's Hymns.* Naperville, Ill.: Alec P. Allenson, Inc., 1954.

Simon, John S., *John Wesley and the Methodist Societies.* London: Epworth Press, 1921.

―――, *John Wesley and the Advance of Methodism.* London: The Epworth Press, 1925.

―――, *John Wesley, the Last Phase.* London: The Epworth Press, 1934.

―――, *John Wesley, The Master Builder.* London: The Epworth Press, 1934.

Sykes, N., *Church and State in England in the XVIIIth Century.* Cambridge, England: Cambridge University Press, 1934.

Telford, John, *Methodist Hymnbook, 6th ed.* London: Epworth Press,

1952.

Towlson, Clifford W., *Moravian and Methodist*. Naperville, Ill.: Alec R. Allenson, Inc.,1957.

Wesley, John, *Works*. Various editions.

Wilberforce, William, *A Practical View of the Prevailing Religious System*. London: Student Christian Movement Press, Ltd.,1958.

Williams, Colin, *John Wesley and Theology Today*. Nashville: Abingdon Press, 1960.

연 대 표

1643	조지 폭스가 유랑을 시작하다.
1656	파스칼의 *Provincial Letters*
1670	파스칼의 "팡세"가 출판되다.
1675	스페너의 "경건한 열망"(*Pia Desideria*)
	바클레이(Barclay)의 "변증"(*Apology*)
	모리노스(Molinos)의 "영적가이드"(*Spiritual Guide*)
1680	베르니니(Giovanni Bernini)의 사망
1685	낭트칙령이 취소되다.
1689	영국의 관용령(English Act of Toleration)
1698	프랑케(Francke)의 "놀라운 발자국"(*Marvellous Footsteps*)
1710	바울성당이 완성되다
1722	헤른후트(Herrnhut)의 모라비안들
1727	프랑케(August Francke)의 사망
1728	로(Law)의 "진지한 소명"(*Serious Call*)

1735-1737	아메리카의 웨슬리안들
1738	웨슬리의 올더스케잍(Aldersgate) 사건
1740	미국의 대각성운동
1741	헨델의 메시야
1743	메도티스트 사회의 법규들
1748	아이삭 와츠(Isaac Watts)의 사망
1750	바하(J. S. Bach)의 사망
1758-1833	윌리암 윌버포스(William Wilberforce)
1761	윌리암 로(William Law)의 사망
1776	미국의 독립선언
1784	메도티스트들의 21가지 조항들
1788	찰스 웨슬리(Charles Wesley)의 사망
1789	프랑스 혁명
1791	요한 웨슬리(John Wesley)의 사망

제 4 장

프랑스혁명과 19세기 유럽교회의 흐름

프랑스 혁명은 현대 기독교의 가장 커다란 위기 중의 하나이다. 프랑스 혁명으로 인해 옛 것은 사실상 급작스럽게 끝이 났고, 19세기를 특징짓는 자유주의 사상이 위력을 떨쳤으며, 많은 사람들이 프랑스 혁명을 인간의 보편적 인권의 확장을 가져온 정치적 승리라고 환호했다. 이는 제도적인 부패와 무능에 대항하는 변혁이었고, 교황권제한주의(Gallicanism)와 인간의 합리적 오성에 입각한 새로운 개인주의의 발흥이었다. 말하자면 권력은 백성에게 있으며, 다만 이 권력을 백성들이 통치자에게 위임했다는 시민권 사상이 극도에 달했다. 그러므로 만약 통치자가 그 권력을 남용한다면, 위탁된 그 권력은 백성들에게서 빼앗길 수밖에 없었다.

이런 프랑스 혁명의 발단은 복잡하지만 루이 16세의 통치 아래서의 프랑스의 부패와 재정적 어려움이 그 직접적인 원인이 되었다고 말할 수 있을 것이다. 사실 혁명 이전에 프랑스는 세계제2차대전 이후의 미국이 진 빚과 맞먹는 엄청난 빚을 지고 있었다. 그 때문에 루이 16세는 이런 재정적인 곤경에서 탈피하려는 방도를 갖고 1789년에 삼부회(Estates-General)를 소집했다. 이는 거의 200년만에 소집이었다.

그러므로 이때에 특혜를 받는 왕족과 성직자들의 부패 귀족정치에 심한 염증을 느낀 많은 프랑스인들은 미국정부와 유사한 형태의 새로운 정부가 출범할 수 있으리라는 생각을 하기 시작했다. 그들은 급격한 변화를 기대했다. 그러나 왕의 본래 목적은 교회와 국가에 소수 귀족들에 의해 시행된 경제적 정치적 특혜의 남용을 억제하고, 나라의 재정적 상황을 안정시키려는 조치를 위해 삼부회를 이용하고자 한 것뿐이었다.

그러나 1789년 6월 20일에 왕의 의도와는 다르게 정부를 확고한 기초 위에 세울 수 있는 헌법이 제정될 때까지는 삼부회는 결코 해체하지 않을 것을 맹세하였다. 그러므로 삼부회는 스스로 국민의회라고 선포하고, 국정을 주도하였는데, 왕과 귀족들은 그대로 묵인할 수밖에 없었다. 이런 가운데 7월 14일에는 귀족적인 압제의 상징인 바스티유 감옥이 폭도로 변한 파리시민의 습격으로 무너졌다. 이 바스티유 감옥의 함락은 프랑스 혁명 당사자들을 규합하는 외침이 되었고, 바스티유의 폭력은 무질서와 폭동의 성격을 지녔다. 그리하여 국민의회는 일련의 혁명선포로 이를 잠재우기를 시도했고, 1789년 8월 27일에는 인권선언을 발표했다. 이제 옛 방식은 새 방식에 양도되었다.

그러나 이러한 새 방식은 쉽게 억제될 수 없는 무서운 세력이었다. 국민의회는 귀족과 성직자들과 더불어 권력을 위해 씨름했으며, 폭력이 파리와 지방에서 끊이지 않았고, 이웃 국가들도 자국의 이득을 위해서 군사적인 힘을 결집시키기도 하였다.

이렇게 혁명세력에 의해 장악된 프랑스는 기독교 신앙에 대한 이성의 횡포와 더불어 18세기 말 교회와 신앙에 심각한 적대감과 아픔을 주었다. 즉 의회는 교회의 재산을 몰수하고, 모든 지역교회 성직자들의 봉급을 국가기금에서 지불했다. 결국 성직자는 국가의 한 기능인이 되었다.

1790년 7월 12일에 의회는 성직자법(Civil Constitution of the Clergy)을 시행했다. 이는 성직자들을 국가의 개혁에 동참시키기 위한 이상주의적인 시도였다. 그 법은 로마카톨릭주의를 해체시키고, 그 관구를 139개에서 83개로 줄였다. 또한 교황의 서임권을 폐지시켰고, 성직자들의 수를 감소시켰다.

한편 혁명정권의 국민의회의 개혁에 대해 1790년 10월 30일에 프랑스 추기경과 29명의 주교들은 시민의 힘으로 교회의 방식을 바꾸려는 의회의 시도를 비난하는 성명을 내놓았다. 그러자 의회는 모든 성직자들에게 법을 준수할 것을 맹세하는 법안을 통과시켰고, 이 법안에 대해 성직자들의 선서를 강요하였다. 결국 이 조치는 카톨릭 신앙에 깊이 젖은 사람들에게는 커다란 반감을 불러일으켰고, 그 조치에 따른 성직자가 절반에도 못미쳤다. 한편 교황은 그러한 맹세를 승인하지 말 것을 성직자들에게 지시하고, 그러한 행위를 한 주교를 파면시키기도 했다. 그러므로 프랑스 교회는 이로 인해 더욱 분열되었다.

한편 다른 대안을 찾지 못한 프랑스 왕 루이 16세는 혁명세력이 내놓은 법안에 동의했는데, 그렇지만 신변에 위협을 느낀 그는 1791년에 6월 21일에 파리를 도망쳤다. 그러나 얼마가지 못하고 그는 바렌니스(Varennes)에서 붙잡혀 파리로 압송되었다. 이제 왕실주의자와 교황주의자는 반혁명분자로 낙인찍혀 가중되는 박해를 견뎌야 했고, 의회는 외국의 정치적 비판을 달래기 위해 1791년 8월에 예배의 자유를 보증하기도 했으나, 이는 비선서자들에게는 아무런 의미가 없는 것이었다. 왜냐하면 지역교회들은 이미 공식적으로 인가된 예배 장소 외에는 폐쇄되어 있었기 때문이었다.

1792년에 프랑스가 외부의 정치적 세력들에 의해 압력을 받기 시작했을 때 왕은 사실상 폐위되었으며, 새로이 조직된 국민의회가 프랑스를 공화국으로 선포하였다. 또한 내적인 연합을 이루기 위해서 성직자들은 자유와 평등을 보존코자 하는 맹세를 취하도록 요구받았고, 이를 거부하는 사람들은 타국으로 이주할 수 있는 15일 간의 시간이 주어졌으며, 이들 이민자 중의 상당수가 학대를 받거나 몰매를 맞았다. 그러나 이런 와중에도 약 4만명의 사람들이 프랑스를 떠났고, 이주하지 않은 사람들 중에 2천여명이 9월에 학살당했다.

이런 시민혁명으로 정권을 잡은 국민의회는 덕있는 공화국을 세우겠다고 표방했지만, 사실상 무신론적이고 법없는 공화국을 세웠다는 비난이 프랑스에 대항한 외부의 동맹을 촉진시켰다. 프랑스는 이제 심각한 두려움에 떨었다. 이런 가운데 의회는 387대 334로 왕을 처형하는 투표를 가결시켰고, 1793년 1월 21일에 루이 16세는 단두대에서 목베임을 당했다. 그의 처형은 의회에 도전하는 어느 누구도 그 지위에 상관없이 처형된다는 경고로서 주어졌다. 1793년에는 수천명의 사람들이 루이 16세처럼 단두대에서 처형되었고, 이는 유혈통치의 클라이막스가 되었다.

한편 왕 루이 16세와 왕후를 단두대에서 처형한 프랑스 혁명자들은 이성에 대한 숭배를 강요하고, 노틀담 사원과 지방의 교회당에 이성의 상을 세우고 경배를 하였다. 그들은 성직자들이 학교에서 가르치는 것을 금지시켰고, 성직자들에게 봉급을 주지 않았다. 또한 기독교의 월력을 폐지시키고, 일주일을 10일로 수정하여 사실상 주일과 성인(Saint)들의 날을 없앴다. 또한 교회의 종들은 대포와 동전을 만드는데 사용했고, 교회의 예배를 금지시켰으며, 그 대신에 열홀마다 열리는 정치와 연설을 듣게 하였고, 흥겨운 잔치와 무도회가 번갈아 열렸다.

이런 종교적인 상황에서 1799년도에 나폴레옹 보나파르트(Napoleon Bonaporte, 1769-1821)는 쿠데타를 일으켜 권력을 잡았다. 또한 그는 교황 피우스 6세의 지지와 혁명군에 대한 반조서들의 철회를 얻어내기 위해 이탈리아로 침공했다. 이에 교황은 오스트리아에 도움을 얻으려하였으나, 나폴레옹은 직접 로마로 행군하여 교황을 폐위시켰고, 교황은 발렌스(Valence)로 유배되어 몇 년 뒤에 죽었다.

하지만 나폴레옹은 초기 극단주의자들과는 달리 제국의 번영을 위해 뒤이은 교황을 이용하려 하였다. 그리하여 그는 참된 교회는 통치의 확고한 기반을 제공한다고 말하면서 교황과 화해를 시도하였다. 그는 황제로서 로마카톨릭의 인정이 필요하다고 생각했던 것이다. 그는 1801년에 성직자들의 봉급지불을 재개시켰고, 예배의 자유를 허락했는데, 그 반면에 충성에 대한 맹세와 새로운 주교를 임명할 권리를 요구하였다. 결국 피우스 7세는 이런 조항에 서명할 수밖에 없었다. 왜냐하면 나폴레옹이 유럽의 미래를 결정지을 수 있는 강력한 파워를 가졌기 때문이었다. 나폴레옹은 교황권제한주의를 가르치고, 모든 교회의 모임을 정부로부터 승인받도록 했지만 교황은 이에 대해 효과적으로 대응하지 못했다.

그러나 1809년에 교황 피우스 7세는 더 이상 나폴레옹의 끄나플 역할을 할 수 없다고 선언하였다. 그 때문에 황제는 교황청을 손안에 넣고 피우스7세를 프랑스의 감옥에 집어넣었는데, 이런 와중에서도 힘없는 교황은 나폴레옹을 파문시켰다. 그리하여 교황은 5년동안 감옥에서 신음했는데 1815년에 나폴레옹의 제국이 무너지자 교황은 불의에 대한 항거의 대가로 16세기 이래로 가장 커다란 도덕적 위엄을 되찾았다.

이렇게 보수적인 로마카톨릭과 프로테스탄트는 프랑스혁명으로 인해 끔찍한 일이 발생했을 때 공포감에 떨었다. 하지만 그 과정에서 로마카톨릭은 새로운 흐름에 동화되지 않으려 했고, 많은 구 질서의 극적인 붕괴에도 불구하고 로마카톨릭은 교황권지상주의를 재확인했다. 그들은 교회의 권위적인 요청을 무시하고 의문시하는 자유주의에 대하여 방어적인 자세를 취했던 것이다. 그리하여 교황은 1814년에 예수회의 재구성과 1864년의 이단교서(Syllabus of Errors)의 발표, 1870년의 교황의 무오류 교리, 교황 레오 13세의 교서 등을 발표하였는데, 이는 로마 카톨릭의 방어 표현이었다. 자유주의적인 발흥이 프랑스를 불태웠을 때, 일련의 교황의 교서들은 합리주의적인 자유주의를 거부했고, 로마카톨릭의 보수주의를 표방했다.

하지만 다수의 프로테스탄트는 새로운 흐름과 타협하였다. 혁명 가운데 구 세대의 해체가 이루어졌고, 충격을 받은 유럽은 서방문명을 형성짓는 새로운 이념과 세력의 필요성을 절감하였다. 그 과정에서 소수의 프로테스탄트는 전통적인 형식에 집착하는 경향이 있기는 했으나, 다수의 프로테스탄트들은 조심스럽게 새로운 방식을 탐구하였다.

인간이 만들어 내는 사조는 언제나 반대적인 극복을 이루려는 현상을 보인다. 이 새로운 방식은 종교에서의 초자연적 차원의 발흥, 감정적인 인간의 바른 인식을 주장하였다. 또한 이성을 중심한 합리적 사고가 반정서적, 비감각적인 시대를 보여주었기 때문에 이들은 이러한 차거운 이성의 진단을 거부하고, 감성에 호소하였다. 이 운동이 바로 낭만주의 운동이다. 이는 18세기 합리주의에 대한 반동으로 인간의 감정에 대한 강조, 이상화된 자연의 단순성에 대한 추구, 과거의 아름다움에 대한 갈망, 그리고 초자연에 대한 인간의 보편적 감정에 대한 새로운 관심이었다.

또한 프랑스 혁명의 배후에는 모든 사람이 평등과 자유와 사랑을 받을 수 있다는 사상이 있었다. 그 배경에는 흄이나 칸트와 같은 철학자들의 사상이 깔려 있었다. 이런 철학자들은 인간이 갖고 있다고 주장하는 신이나 궁극적 실재에 대한 지식은 의심의 대상이 된다고 주장했다. 볼테르와 프랑스 철학자들(philosophes)은 인간 제도의 부정의와 위선에 대해 비난했다.

한편 프랑스의 루소(Jean Jacques Rousseau, 1712-1778)는 낭만주의 운동을 이끈 대표적 인물이다. 그는 "사회계약론"(*The Social Contract*, 1762)에서 인간은 본래 등등하며 선하게 창조되었으나 사회적인 영향들이 인간을 불평등하고 나쁜 사람으로 만든다고 주장하였다. 그는 인간에게 사회계약의 엄격한 시행을 통해 행복한 "자연상태"로 돌아갈 것을 요청하였다. 이는 모든 인간이 자유와 보호를 최대한도로 받을 수 있게 하는 법을 준수함으로써 가능하다고 주장하였다. 그는 당대 프랑스의 다른 합리주의자들과는 달리 인간의 감정적 사고에 많은 관심을 가졌다.

루소 외에도 영국의 워즈워드(1770-1850), 독일의 괴테(Johann Wolfgang von Goethe, 1749-1832)와 쉴러(Johann Christoph Friedrich von Schiller, 1759-1805) 그리고 미국의 랄프 에머슨의 출현으로 합리주의의 독주를 제어하였다. 종교적인 측면에서의 낭만주의 가장 위대한 효시는 프레드리히 슐라이에르마허(Freidrich Daniel Ernst Schülier macher, 1764-1834) 였다. 그는 현대신학의 아버지라고 불리어진다. 그는 어린 시절에 모라비안 학교에서 교육을 받고 그 영향을 입었으나, 그들의 반지성적인 경건에 대해서는 동의하지 않았다. 그는 처음에 할레 대학의 교수로 재직하다가 1810년에 베를린 대학의 조직신학 교수가 되었는데, 그는 그 학교에서 죽을 때까지 봉직하였다.

슐라이에르마허는 기독교가 고정된 교리의 체계라는 개념을 버리고 인간 자신을 종교의 샘이라고 보았다. 그는 종교를 교리나 행위의 체계로 대체시킬 수 없으며, 종교는 단지 절대적 의존 감정에 속한다고 주장하였다. 그리고 그 감정은 연민이나 동정이 아니라, 절대자 앞에서 인간의 유한성을 느끼는 것이므로, 이 의존 감정이야말로 모든 종교의 기초가 된다고 말하였다. 그는 실제에 대한 직관이 모든 종교의 근원이며, 모든 종교의 목적은 하나님과 인간의 연합이라고 주장했다. 이런 내적인 의식이 행동으로 나타난 것이 예식이며, 교리로 나타난 것이 확신이었다. 그러나 무엇보다도 종교적 자의식의 감정이 예식과 교리의 발전에 선행된다고 말하였다.

그는 그리스도가 충분히 하나님에 대해 자의식을 가졌기 때문에 타종교보다 기독교가 뛰어나다고 말하고, 그리스도의 하나님에 대한 자의식은 하나님이 그 안에 거하심으로 가장 강력하고 완전하다고 말했다. 그리스도는 무한과 유한의 화해자이며 가교이시다. 인간이 죄를 짓는 것은 인간 삶의 근원이 되는 하나님 의식 이외에 다른 것을 허락한 것이며, 자기 중심적인 삶은 가족과 직장과 국가와 세계 간의 조화를 이루지 못한 것이다. 그는 또한 교회는 하나님의 의식에 대한 감정의 보존을 위해 성령에 의해 활성화된 제도적인 교제집단이라고 주장하고, 교리는 결코 절대적이 아니며 절대의존 감정의 일시적 표현일 뿐이라고 말했다.

그러나 이러한 슐라이에르마허의 주장은 정통주의자들과 합리주의자들로부터 너무 극단적이라는 평을 들었고, 특히 절대 의존의 감정을 종교의 씨라고 규정함으로써 성경을 통해 나타난 인격적인 그리스도와 신의 존재에 대한 확신에 반하는 주관적인 의존 감정에 호소하는 결과를 빚었다. 하지만 그의 영향은 모든 현대신학에 깊숙히 스며 들었다.

슐라이에르마허 이후에 독일 신학에 새로운 전환기는 동시대를 살던 헤겔(George Wilhelm Freidrich Hegel, 1770-1830)로부터 왔다. 헤겔은 칸트와는 전적으로 다른 측면을 보였다. 그는 물자체를 알 수 없다는 전제를 버리고 모든 실제의 배경에는 절대정신이 있다고 선언했다. 그는 우주를 절대자 곧 신의 세속적인 발전으로 보았다. 이 발전은 정·반·합의 단계를 거치는 변증법적인 원리였다. 그는 신도 정반합의 원리로 보았는데, 정은 성부요 반은 성자이며 합은 성령이라고 보았다.

이러한 절대정신은 철학 속에서 인간의 가장 지극한 표현이 나타나며, 종교는 철학을 이해하지 못하는 사람들을 위한 비유적인 표현이었다. 헤겔은 기독교의 비유적 표현이 철학적인 개념과 일치하기 때문에 가장 참된 종교라고 높였다.

하지만 그의 이러한 주장은 진리의 상대성을 가져왔고, 기독교 진리의 절대성을 무너뜨리는 결과를 초래하였다. 예를 들면 그가 성육신의 과정을 변증법적으로 해석한 것은 그리스도의 완전한 양성을 파괴하는 것이다. 결국 그의 논리에 따르면 그리스도의 성육신은 되어가는 과정에 있는 것이 되므로 이는 처음부터 완전하신 그리스도의 신성과 인성을 파괴하는 이론 체계인 것이다.

그러나 이러한 헤겔의 변증법은 성경신학에도 적용되었다. 헤겔의 제자인 바우르(Ferdinand Christian Baur, 1792-1860)는 신약성경 연구에 정·반·합의 변증법적 원리를 적용시켰다. 그는 그리스도를 유대교의 메시야적 기대의 성취로 그린 베드로의 묘사를 정(thesis)으로, 바울의 하나님으로서의 예수의 모습을 그린 신학을 반(antithesis)으로 놓았으며, 3세기에 바울과 베드로의 신학을 총괄하는 합(synthesis)의 단계인 로마카톨릭 교회가 출현하였다고 보았다. 그는 이러한 역사발전의 논리를 갖고 신약성경의 각 권의 저작 연대와 저작자의 재조정을 시도하였다.

그래서 이러한 연구를 통해 그는 로마서, 고린도서, 갈라디아서만이 바울의 저작이라는 경이로운 이론을 내세웠다. 왜냐하면 이 책들만이 반의 특징을 갖고 있기 때문이라고 하였다. 또한 그는 마태복음이 유대적인 특징을 가장 많이 갖고 있다고 해서 가장 오래된 복음서라고 하였고, 마가복음에는 초기적 갈등이 애매하게 나타나기 때문에 가장 늦게 저작되었다고 말했다.

이러한 변증법적인 헤겔과 바우르의 영향을 받아 독일 신학에 결정적인 영향을 미친 사람은 튀빙겐 대학의 교수였던 스트라우스(David Friedrich Strauss, 1808-1874)였다. 그는 예수의 삶에 관한 자료에 대해 합리적인 비판을 가하였다. 그는 예수가 단순히 한 사람의 인간이었다고 결론지었다. 그는 합리주의자들처럼 기적을 송두리채 매도하지는 않았지만, 기적이 가능하다고 보지도 않았다. 그는 기적을 소박한 예수의 모습을 뒤덮은 신화라고 하였다. 즉 예수의 주변 사람들의 메시아에 대한 기대가 그리스도의 신화를 만들었다고 했다. 그는 이런 견해를 "예수전"(*Life of Jesus*, 1835)에서 그렸다. 그는 성경에서 이러한 신화를 걷어내고, 인간 예수의 모습을 볼 때 진정한 그리스도를 볼 수 있다고 주장하였다.

또한 르낭(Ernest Renan, 1823-92)의 "예수전"(*Life of Jesus*, 1863)은 이러한 인간 예수의 모습을 더욱더 구체화시켰다. 르낭은 비판적인 회의주의와 낭만적인 상상력을 살려 예수의 신성을 벗기고, 인간의 일상적인 감정을 가진 예수의 모습을 나타내려 하였다.

벨하우젠(J. Wellhausen)은 또 성경의 영감, 통일성, 성경 기자들에 대한 정통적인 가르침을 반대하는 입장에서 사람들에게 영향을 주었고, 유럽과 아메리카의 신학자들은 그에게 큰 영향을 받았다.

알버트 리츨(Albert Ritschl, 1822-1889)은 합리주의와 낭만주의를 더욱 발전시켜 물자체는 결코 알 수 없는 것이라고 하였다. 우리는 다만 사물의 가치만을 알 뿐이지 그 사물의 정확한 본질을 아는 것은 아니다. 어떤 면에서 리츨은 우리가 예수의 역사적이고 형이상학적인 본질은 알 수 없으며, 다만 예수의 가치만을 의식할 뿐이라고 했다. 그러므로 리츨은 종교에 근거한 것들로 가치판단을 도입시켰다. 또한 리츨은 인격적인 관계의 강조에서 예수 그리스도는 영적 구원의 메시야로서가 아니라, 우리에게 도덕선생으로 계시되었다고 하였다. 리츨을 거쳐서 그의 영향을 받은 하르낙이 나왔고, 1890년에는 리츨을 뛰어넘는 종교사학파들이 나타났으며, 종교사학파들은 종교에 대한 역사적 연구를 보편화하여 기독교를 일반 종교 중의 하나로 인식하였다. 그러므로 기독교를 고대 근동의 여러 종교와 같은 배경에서 연구하였는데, 그 대표적인 학자가 바로 트뢸취였다.

이렇게 종교적 자유주의가 판을 치고 있는 때에 복음주의의 확산을 약화시킨 또 다른 사건이 영국에서 일어났다. 그것은 찰스 다윈(Charles Darwin, 1809-1882)의 진화론이었다. 다윈은 성공회의 목사가 되려고 생각했던 사람으로 "종의 기원"이라는 책을 출간하여 일대 변화를 일으켰다. 그는 모든 생명체들은 적자 생존의 원리에 따라 하등한 생명체로부터 고등 생명체로 진화되었다고 주장했는데, 이런 그의 이론은 인간이 하나님의 형상으로 창조되었다는 창세기의 창조 이론을 뒤엎는 엄청난 견해였다. 결국 이 진화 사상은 19세기 유럽인들의 사고에 일대 변혁을 가져왔고, 사람들은 과학이 낡아빠진 기독교를 대치할 수 있다는 환영을 가졌다.

진화론의 충격이 채 지나기도 전에 성경에 대한 비평적 물결이 일었다. 성경에 고등비평(the Higher Christicism)을 적용하여 성경의 기자들이 사용한 원자료가 무엇이었는지를 추적하였으며, 성경의 역사적 신빙성을 거부하고 성경의 영감성을 부인하는 데까지 나아갔다. 이러한 고등비평은 독일에서 시작하여 온 유럽에 스며들었다.

이렇게 프랑스 혁명 이후에 자유주의가 극성을 부렸는데, 그 반동으로 로마카톨릭의 정통주의로 복귀하려는 움직임이 나타났다. 그것이 영국의 옥스포드 운동이다. 1827년초에 옥스포드 대학의 교수인 존 케이블(John Keble, 1792-1866)은 성경에 기초한 시를 지었는데, 이 시들은 대중적으로 인기를 끌어 옥스포드 운동의 전조를 알렸다.

많은 사람들은 프랑스혁명으로 불안을 느끼고 있었고, 아울러 종교의 자유주의와 산업의 발달이 점증함으로 이에 따라 영적인 활동이 감소되고 도덕적인 정신이 쇠퇴하였다. 그러므로 옥스포드 운동의 지도자들은 영국

교회가 종교적인 삶을 빼앗겼다고 생각하였는데, 존 케이블은 1833년에 행한 연설에서 이 나라가 사도적인 권리를 침해하고 하나님의 주권을 거부했다고 비난하였다. 또한 그는 구원은 사도적인 계승을 갖는 사제에 의해 시행된 성례를 통해서만 이루어진다고 선언하였다. 결국 옥스포드 그룹은 사도적인 계승과 기도서(Prayer Book)의 위엄성을 대단히 여겼고, 그들의 모든 문서는 이러한 주제를 맴돌았다.

1833년에 존 헨리 뉴만(John Henry Newman, 1801-1890)은 이탈리아를 여행하는 동안에 "이 시대를 위한 소책자"(*Tract for the Times*)를 쓰기 시작했는데, 그것은 정통종교에 대한 변호로 단번에 흥분을 일으키기 시작했다. 그는 국가가 교회를 만든 것이 아니므로 국가는 교회를 파괴할 권리가 없다고 했다. 또한 에드워즈 푸쉬(Edward B. Puesy, 1800-1882)도 1833년에 옥스포드 운동을 활발히 벌였는데, 그의 목소리는 아주 강력하여 경멸의 표시로 "Puseyism"(일종의 비꼬는 말)이라는 칭호를 얻기도 하였다.

이렇게 사도적인 계승을 외친 이들 그룹의 변호는 로마 카톨릭과 더욱 가까워질 수밖에 없었다. 말하자면 뉴만은 프로테스탄트와 로마카톨릭의 중간 매개체(Via Media)로 영국교회의 보수적인 길을 확장시켰고, 그의 주장은 더욱더 카톨릭주의로 나아갔다. 1841년에 그의 *Tract XC*는 영국교회와 로마카톨릭이 근본적으로 일치한다는 견해를 보여주려고 애썼고, 결국 뉴만은 1845년에 로마카톨릭 교회로 전향했으며, 그를 따라 수많은 사람들이 로마카톨릭으로 개종했다. 하지만 그는 교황권지상주의자는 아니었고, 19세기의 영국교회는 비록 옥스포드 운동이 카톨릭주의로 기울었지만, 이 운동으로 인해 영적인 각성의 명맥을 유지했다.

한편 프랑스 혁명 이후의 자유주의적인 경향에 반대하여 개신교 계통에서도 복음의 진리를 증거하려는 일련의 운동이 발생했는데, 그 가운데 베를린 신학교의 교수였던 헹스텐베르크(H. W. Hengstenberg)는 성경의 무오성을 주장하고, 신앙의 내면적 삶과 경건을 강조하였다.

또한 참된 경건주의의 신앙을 주장했던 요한 게르하르드 옹켄(Johann Gerhard Oncken)은 로마서 8장 1절의 설교를 듣고 회심하여 형식적이고 극단적인 루터교회의 차가운 신앙을 비판하고 독일 함부르그에서 많은 복음주의 운동을 벌렸다. 그는 스코트랜드 국립성서공회 대표가 되었고, 함부르그에서 최초의 침례교회를 세우기도 하였으며, 19세기 독일의 복음주의 부흥운동은 이런 옹켄의 영향이 지대했다.

한편 독일의 비레른(Johann Heinrich Wichern, 1808-1881)은 기독교의 사회적 적용을 강조하였다. 그의 복음주의적인 경건은 불행한 어린아이들을 위하여 숙소를 마련하여 복음을 전파하게 만들었고, 이를 계기로 전국에 수백 개에 달하는 어린이 기숙사가 생겨났다. 결국 그의 복음에 대한 열정은 스칸디나비아 지역으로까지 영향을 미쳤다.

네덜란드의 목사인 콕(Hendrik de Cock)은 합리주의자들의 지배 하에 있는 기존 교회에 반발하여 개혁교회를 창설하는 운동을 벌였고(1843), 스위스의 비넷(Alexander Vinet)은 복음주의자들을 이끌고 보드자유교회(Free Church of Vuad)를 창설하였다.

19세기의 이러한 복잡한 분위기 가운데서 이단들도 등장하였다. 크리스챤 사이언스나 여호와의 증인, 몰몬교, 그리고 그리스도 형제단(Christian-delphians) 등이 나타났다. 이들은 성경을 믿는다고 주장하지만 성경과는 거리가 먼 이설을 주장하고 교인들을 미혹하였다. 이들은 기존 교인들에 비해 굉장한 열심과 성실을 보여주었기 때문에 많은 이들이 이들의 꼬임에 넘어갔다.

결론적으로 말해서 프랑스 혁명은 합리주의를 정치적인 극단으로 몰고 갔고, 이는 옛 세대를 해체시켜 19세기에 반동과 새로운 형태, 즉 자유주의, 정통주의 그리고 낭만주의가 함께 뒤섞이는 복잡한 상황을 야기시켰다. 1814년의 예수회의 복고는 급진적인 변화에 대한 카톨릭 정통주의의 반격이었고, 프레드릭 윌리암 2세의 루터파와 칼빈파 교회가 하나의 복음주의 연합교회로 연합한다는 포고는 교리를 중시하지 않는 개신교의 폭넓은 자세를 보여주었다. 또한 종교에 심리학적인 통찰을 가지고 온 슐라이에르마허와 같은 신학자가 새로운 사상을 가져왔고, 또한 성경의 고등비평을 행한 스트라우스나 르낭과 같은 사람들이 나타났다. 이렇게 다수의 프로테스탄트는 새로운 사조와 타협하려는 시도를 함으로써 종교개혁의 정통교리에서 멀어졌고, 사회복음에서 표현된 자유주의적인 정신을 가졌다. 또한 이러한 자유주의 세력에 맞서 복음주의를 대변하며 사회활동을 펴는 일련의 세력들이 있었으나, 이들 복음주의자들의 목소리는 프랑스 혁명 후의 자유주의자들의 득세에 밀려 이렇다할 힘을 발휘하지 못했다.

1. 성직자 헌장(1790. 7. 12)

성직자 헌장은 국민의회에 의한 교회의 섭정을 의미한다. 국민의회는 이런 조치를 타당한 행동으로 간주하고 로마교황청의 교황권지상주의를 제한시켰다. 이러한 성직자 헌장은 주교의 재편성과 선거에 의한 주교 선출 등 교회에 대한 다양한 개혁선언문을 담고 있다.

국민의회는 교회위원회의 보고서를 청취한 후에 다음과 같은 헌장을 포고한다.

제1항: 교회의 직무에 관하여

1. 프랑스의 모든 현(지방을 의미함)은 단일 관구를 형성하며, 각 관구는 동일한 내용과 권한을 갖는다.
2. 이 나라의 83개의 주교직은 다음과 같다…

다음의 조항에 들어 있지 않은 다른 모든 관구는 영원히 폐지될 것이다. 이 나라는 10개의 메트로폴리탄 대도시로 나뉘며, 그것은 루벤, 라임스, 파리, 리용… 등이 될 것이다. 대도시 관구는 다음과 같이 명명된다…

4. 프랑스의 교회와 교구는 그 어떤 상황에서도, 또는 그 어떤 구실로도

외국의 힘을 빌리거나, 프랑스나 그밖에 지역에 거주하는 대리자의 이름으로 세워진 주교의 권위를 인정하지 않는다…

6. 이 나라의 모든 교구의 새로운 조직과 분리는 관구의 주교나 행정당국자의 조언을 들어 곧바로 착수될 것이고, 그 수와 범위는 제정된 법에 따라 결정될 것이다.

8. 각 교구는 주교 이외에 또 다른 목자를 두지 않는다. 그 교구에 속한 모든 사제들은 주교의 대목(vicar)이 되어 그 의무를 수행할 것이다.

9. 일만 명 이상의 거주자가 사는 도시에는 16명의 대목(vicar)이 있게 될 것이고, 거주자가 일만 명보다 적을 시에는 오직 12명의 대목만이 있게 될 것이다.

15. 육천 명 이하의 모든 도시와 지방은 오직 하나의 교구만 형성할 수 있고, 그외의 교구들은 주요 교회에 통합될 것이다.

20. 현 헌법에 언급한 것과 다른 직함과 직무는… 본 헌장이 포고되는 날로부터 폐지될 것이고, 다른 유사한 것들이 결코 생겨나지 않게 할 것이다.

제2항: 성직자의 임명에 관하여

1. 현 헌법의 포고되는 날로부터 주교와 교구성직자의 임명은 오로지 선거에 의해서만 가능하다.

2. 모든 선거는 자유 투표로 진행되며 다수의 표를 얻은 자가 선출된다.

6. 주교의 선출은 오직 일요일에 그 현의 주요 교회의 정규 미사에 뒤이어 진행될 것이고, 모든 유권자들은 그 자리에 참석하여야 한다.

7. 주교직에 나설 수 있는 사람은 적어도 15년 동안 관구의 교회 사역을 수행한 사람이어야 한다…

16. 선거에서 주교로 선출된 자는 한달이 지나기 전에 몸소 대주교를 방문해야 하고, 만약 그가 대주교로 선출되었다면, 그는 보다 나이 많은 선임자를 방문하여, 그로부터 교회의 비준을 받아야 한다.

17. 대주교나 보다 나이가 많은 주교는 선출된 주교의 교리와 도덕에 관하여 그의 참모들과 함께 심사할 권리를 갖는다. 만약 피택자가 적합한 자라고 여겨지면 그는 피택자에게 교회의 성직임명을 베풀어야 할 것이고, 만약 거절하는 것이 도리라고 믿는다면, 그 거절에 대한 이유를 서면으로 작성하여 대주교나 그의 참모들의 사인을 받아 성직임명을 유보시킬 수 있다…

19. 새로 임명된 주교는 확증을 위해 교황에게 물을 필요는 없고, 다만 신앙과 교제의 통일을 위해 '보이는 보편교회의 장'인 교황에서 서신을 보내면 된다.

201. 성별예식을 시작하기 전에 피택자는 경건한 맹세를 취해야 하는데, 이 맹세는 지방 관리들과 백성들, 성직자들이 지켜보는 가운데 행해질 것이다. 피택자는 그 맹세에서 자신에게 맡겨진 관구의 신자들을 돌볼 것을 맹세하며, 또는 국가와 법과 왕에게 충성하고, 국민의회에서 선포되어 왕에 의해 수락된 이 헌법을 전심으로 지킬 것을 맹세해야 한다.

성직자의 봉급에 관하여

1. 사회의 가장 중요한 기능을 담당하며 봉사하고 있는 성직자들은 국가에 의해 유지될 것이다.

2. 모든 주교들과 교구사제들은 적합한 거주지를 제공받게 될 것이나, 그들은 그 거주지의 모든 수리에 대한 책임이 있다…

거주에 관한 법

1. 거주법은 엄격히 지켜져야 할 것이라. 교회의 직무를 맡고 있는 모든 사람들이 예외없이 적용된다.

2. 어느 주교도 그의 관구를 연속해서 15일 이상을 비울 수 없다. 하지만 참으로 필요한 경우에, 그의 교구가 속해있는 부서책임자의 동의를 얻는다면, 그것은 예외로 둔다.

3. 마찬가지로 교구사제들과 대목들도 15일 이상을 그가 맡은 곳을 떠날

수 없다. 물론 아주 긴요한 이유가 있을 경우에는 예외로 하는데, 만약 그럴 경우에 교구사제나 대목은 주교나 부서책임자의 동의를 얻어야 한다.

6. 주교들과 교구사제들 그리고 대목들은 활동적인 시민으로서 주요 선거모임에 참석해야 한다. 그들은 유권자나 피선거권자가 될 수 있다. 하지만 그들의 직무가 시장이나 다른 공직생활을 겸하여 행할 수 없고, 만약 그들이 양쪽을 겸한 상태라면 둘 중의 하나를 선택하여야 한다.

John Hall Stewart, *A Documentary Survey of the French Revolution* (New York: The Macmillan)

2. 단두대와 그 희생자들

단두대(guillotine)는 프랑스 혁명시에 하나의 끔직한 도구가 되었다. 의회원인 길러틴(Guillotin)은 1789년 12월 1일에 아무런 고통없이 순식간에 사형을 집행할 수 있는 단두대를 사용할 것을 제안했다. 혁명 후에 공포의 정치가 계속 되고 있을 때, 1793-1794년에 파리에서만 2,550명이 단두대에 의해 사형을 집행당했고, 프랑스의 여타 지역에서 10,000여명이 단두대에 죽음을 당했다. 아래에 나오는 기사는 단두대와 루이 16세의 처형을 목격한 사람의 글이다.

로완(H. Rowan)의 기사

나는 처형장으로 가는 장례행렬의 서글픈 모습을 잊지 못한다. 그 행렬은 무장한 분견대에 의해 이끌려지며, 그 뒤에는 마차들이 뒤따라왔다. 그 마차는 파리에서 나무를 실어나르기 위한 사용되던 것과 같은 종류이다. 네 개의 널판지가 서로 마주보고 있으며 각 널판지 위에는 두 사람이 앉을 수 있으나 가끔 세 사람의 희생자들이 앉기도 한다. 그들의 손은 등뒤로 묶여 있으며, 마차의 흔들거림은 그들의 머리를 위 아래로 끄덕이게 만든다. 이것은 보는 사람으로 하여금 재미를 자아내게 한다. 마차의 앞부분에는 처형을 집행하는 삼손(Samson)이나 그의 보조자들이 서있다. 분견대원들은 도보로 양옆에서 행군한다. 한편 그 뒤를 처형을 목격하고 보고해야 하는 서기(Rapporteur)가 뒤따랐는데, 그의 의무는 처형된 사실을 상급자에게 돌아가 법대로 집행되었음을 보고하는 것이다…

단두대의 한쪽에는 빨간색으로 칠해진 커다란 자루푸대를 갖춘 충분한 수의 마차들이 정렬하고 있었다. 이는 처형자들의 머리와 몸체를 담기 위한 것이다. 참수형으로 정죄받은 죄인들은 천천히 걸어서 단두대로 나아갔고, 필요하다면 죄인들은 처형을 돕는 두 사람의 시종에 의해 부축되었다. 그러나 그들은 이런 도움을 거의 필요로 하지 않았다.

대부분의 불행스러운 사람들은 단호한 발걸음으로 단두대로 올라갔고, 그들 중 많은 사람들은 위협적인 사형기구를 뚫어지게 쳐다보면서, 윤이 나는 도끼에서 반사되는 영광스러운 태양광선을 마지막으로 즐겼다…

무거운 칼날이 붙들려 매어진 희생자의 목 위에 급속히 떨어지자마자, 두 명의 처형집행자들은 부대자루에 그들의 몸을 집어던졌고, 다른 부대자루에는 곧바로 그들의 머리를 집어던졌다.

Snyder and Morris, *They Saw It Happen*.

루이 16세의 처형

어제 아침 도버(Dover)로부터 도착한 소식에 의해, 우리는 왕의 처형에 다음과 같은 사실을 알게 되었다.

월요일 아침 6시에 왕은 왕비와 왕족들과 더불어 작별인사를 하기 위하여 그들과 잠시 머무른 후 그는 탑(Tower)에서 성전(Temple)으로 나아가 시장(Mayor)의 마차에 올랐다. 그 마차 안에는 왕의 고해신부를 맡는 사람과 두 명의 시 자치 위원들이 동승했다. 왕이 탄 마차는 천천히 성전에서 처형장에 이르는 가로수 길을 따라 나아갔다. 한편 여자들은 길거리에 나올 수 없었으며, 또한 아무도 창문을 통해서도 보지 못하였고, 건장한 경호대원들이 행렬의 질서를 바로잡고 있었다.

엄청난 적막이 행렬이 지나가고 있는 모든 거리를 감쌌다. 9시 반경에 행렬이 처형장에 도착했는데, 그곳은 이전에 왕의 조부의 조상(statue)을 떠받들던 대좌가 있었다. 루이왕은 압박 받는 사람의 대담한 용감성을 갖고 침착하게 단두대로 올라갔고, 처형이 진행되는 모든 시간 동안 트럼펫과 북이 울렸다. 왕은 북이 멈추었을 때, 군중들에게 무언가 말하려는 표시를 보냈고, 곧바로 몇 마디 말을 했다. "나는 무고히 죽노라. 그렇지만 나는 나의 대적자들을 용서하노라. 나는 오직 억압 하에 시민법(Civil Constitution)을 인가한 것이라." 그는 계속해서 말을 하고 있었으나, 북치는 소리가 그의 목소리를 잠식해버렸다. 왕의 처형 집행자들이 왕을 붙잡더니 잠시 후에 그의 머리가 몸에서 분리되었다. 그때 시간은 10시 15분경이었다.

처형이 있은 후에 사람들은 그들의 머리를 공중으로 치켜세우고 Vive la Nation!이라고 외쳤다. 그들 중에 어떤 이는 그 시체를 붙잡으려고 시도했으나, 건장한 성전 경호대원들에 의해 물리쳐졌다. 왕의 생기없는 유물은 그가 살아있을 동안에 겪은 치욕들에서 면제되었다.

* * * * * * *

왕은 맹세(National Oath)를 취한 사람에 의해 수반될 것을 선택하지 않은 왕의 고해성사 사제인 아일랜드 사제에 의해 단두대로 수반되었다. 그는 커다란 파란 코트와 검은 짧은 바지를 입고 있었고, 머리는 분을 발랐다.

말세르베스(M. de Malsherbes)는 루이에게 마지막 사형선언을 내렸다. 그때 왕은 "아, 나는 마침내 잔인한 미결상태에서 구원받게 되었구나." 사형언도가 내려지자 전반적으로 당혹감이 파리를 엄습했다. 다만 크로데스들(Sans Culottes)만이 환영한 유일한 사람들이었다. 정직한 시민들은 그들의 거주지에 틀어박혀 서글픈 감정을 표현도 못하고, 다만 그들의 가족과 더불어 개인적으로 많이 사랑했던 통치자의 죽음을 애도했다.

불행한 루이의 마지막 외침은 아량의 영으로 숨쉬고 있다. 인간 덕성의 섬세함으로 빛나고 있다. 그는 대적자들이 보고한 그런 종류의 사람으로 나타나지 않았다. 그의 마음은 건강했고, 그의 머리는 명석했다. 만약 그가 그의 살인자들이 기소한 그런 실책이 없었더라면, 그는 영광 속에서 통치를 했을 것이다. 그의 마음은 지혜로 가득차서 심지어 마지막 순간에 인생의 영혼이 다른 세계로 날아갈 때조차도 그의 입술은 대적자들에게 말을 건넸으며, 단호함과 체념을 갖고 있었다.

루이 16세의 삶은 4년간의 구금 후에 이렇게 끝났다. 구금시에 그는 그의 종복들에게서 가장 피비린내나는 독재자나 받을 수 있는 그런 종류의 학대와 치욕을 겪었다.

우리는 야만적인 공화주의의 불행한 희생자의 덕을 기리고, 그의 고상한 야망은 백성들의 행복이었음을 선언하며, 그에 대하여 취해진 잔인한 마지막 행동에 대하여 분개한다. 또한 우리는 수백 만의 유럽 사람들과 더불어 조의를 표한다. 아울러 하늘의 진노와 인류의 복수가 그를 죽인 몰인정한 살인자들에게 가장 모범적인 벌이 시행되기를 빌어마지 않는다.

The Times, London, January 26, 1793.

3. 지존자(Supreme Being) 예배에 대한 포고문(1794. 5. 7)

국가가 모든 시민의 영적인 삶을 책임져야 한다는 루소의 "시민종교"를 시행하기 위해서 의회는 지존자를 예배하는 법령을 선포했다. 이 선언은 이미 널리 퍼진 이성주의에 대한 의식을 더욱 확장시켰으며, 전통적인 카톨릭을 대체시켰다. 한편 로베스피에르(Robespierre)는 그 다음달에 유명한 지존자 축제를 벌렸다.

1. 프랑스 국민은 지존의 존재와 영혼의 불멸을 인정한다.

2. 프랑스 국민은 지존에 대한 예배가 인간의 의무임으로 이는 마땅히 지켜져야 한다는 것을 인식한다.

3. 프랑스 국민은 잘못된 신앙과 독재 타도, 독재자에 대한 처벌, 빈곤에 대한 척결, 약한 자에 대한 경의, 억압받는 자에 대한 보호, 할 수 있는 한 모든 선을 다른 사람들에게 행하는 것, 그리고 모든 이들에 대해 정의롭게 되는 의무에 선봉에 선다.

4. 이 축제는 인간에게 신의 개념과 그의 위엄을 상기시키고자 하는 것이다.

5. 축제의 명칭은 혁명의 영광스러운 사건에서, 인간의 가장 사랑스럽고 유용한 덕성들에서, 그리고 자연의 가장 커다란 은혜들에서 따올 것이다.

6. 프랑스 공화국은 매년 1789년 7월 14일, 1792년 8월 10일, 1793년 1월 21일 그리고 1793년 5월 31일의 축제를 가질 것이다.

7. 다음의 축제를 열 것이다.

지존, 자연, 인간, 프랑스 국민, 인류의 은덕자, 자유의 순교자, 자유와 평등, 공화국, 세계의 자유, 정의, 겸손, 영광과 불멸, 우정, 검소, 용기, 선한 믿음, 영웅주의, 비이기적, 스토이시즘, 사랑, 부부애, 부성애 … 에 대한 축제를 열 것이다.

8. 공중안전지도위원회는 위에서 말한 축제의 기획을 책임맡는다.

9. 국민대회는 찬송과 대중노래와 기타 유용한 모든 수단을 동원하여 인간의 대의를 세울 것이다.

10. 공중안전위원회는 이런 목적을 실현시키는 데 적합한 일들을 지시할 것이며, 책임맡은 자들에게 보상할 것이다.

11. 예배의 자유는 18 Frimaire의 선포에 따라 유지될 것이다.

12. 전제적이고 대중 질서와 화합하지 못하는 모든 모임은 폐지될 것이다.

13. 예배시에 혼란이 발생했을 때, 광란적인 설교를 행한 선동자와 반혁명적인 설교를 일삼은 사람들 또는 부당하고 폭력적인 방법으로 자극한 사

람들은 법에 따라 엄격히 처벌받을 것이다.

14. 현재의 포고문과 관련한 세부사항에 관해서는 특별고지가 있게 될 것이다.

15. 지존자를 섬기는 축제는 20 Prairal next 에 기념될 것이다.

데이비드(David)는 이런 국민대회의 기획을 책임맡았다.

John Hall Stewart, *A Documentary Survey of the French Revolution* (New York: The Macmillan)

4. 루소(Jean Jacques Rousseau, 1712-78)의 시민종교론

루소는 혁명가는 아니었지만, 그는 사회계약론에서 각 개인들은 자기보존을 위해 사회로 연합할 필요가 있고, 사회는 각 개인들을 보호하며 가능한 한 많은 자유를 주어야 한다고 주장하였다. 그리하여 이러한 그의 사상은 프랑스 혁명에 많은 영향을 끼쳤고, 특히 사회계약론의 말미에 나오는 그의 시민종교론(cilvil religion)은 프랑스 혁명의 전조가 되었다.

기독교는 순전히 심령의 종교로서 오직 천상의 일에만 전념한다. 기독교도의 조국은 이 세상에는 없다. 그들이 의무를 다하고 있는 것은 사실이다. 그러나 그들은 자기가 하는 세상 일에 성공을 거두고 실패를 하는데 대해서는 전혀 관심이 없다. 자기만 하늘을 우러러 부끄러움이 없으면 그만이다. 따라서 이 세상이 잘 다스려지거나 나쁘게 되거나 전혀 개의치 않는다. 설사 나라가 번영한다 하더라도 그는 도저히 사회의 행복을 누리지 못할 것이다. 그는 자기 나라의 영광에 대하여 자랑스러운 마음이 생기는 것을 두려워할 뿐이다. 만일 그의 국가가 쇠퇴하여도 그는 그 국민의 머리를 누르는 신의 손을 축복할 뿐이다…

그리고 이 야심가가 어떤 간계를 꾸며 그들을 속이고 정권의 일부를 손에 넣게 되면 그는 곧 신의 뜻에 의하여 위엄을 더하게 된다. 그리하여 그가 민중에게 곤경을 받는 것은 신의 뜻이라고도 간주하게 되며, 민중이 그에게 복종하는 것도 신의 뜻이라고 생각하게 된다. 이윽고 이 권력을 손에 넣은 자는 이를 남용하기 시작한다. 그렇게 되면 이것은 바로 신이 그 아들들을 벌하는 채찍이라고 생각하게 된다. 그러므로 백성들은 이 찬탈자를 추방하기를 주저할 것이다. 그를 추방하려면 사회질서를 어지럽게 하고 폭력으로 피를 흘려야 한다. 그런데 이것은 기독교도들의 아름다운 마음씨와 조화되지 않는다. 그렇게 되면 결국 이 비참한 골짜기에서 살진대 자유스러운 몸이건 또는 노예의 몸이건 무슨 상관이랴. 요컨대 천국에 가면 그만이다. 그리고 참는 것은 천국에 가기 위한 수단 이외에 아무 것도 아니라고 생각한다.

만일 외국과 전쟁이 벌어지면 국민들은 태연히 전쟁터로 나갈 것이다. 도망갈 생각을 하는 사람은 한 사람도 없을 것이다. 그들은 국민으로서의 의무를 수행한다. 그러나 승리는 갈망하지 않는다. 그들은 승리자가 되느니보다 전사자가 되기를 원한다. 승패는 그들에게 아무 관심도 없다. 그들에게 필요한 것은 그들보다도 신이 더 잘 알고 있지 않은가?…

나는 앞에서 기독교도의 공화국이라는 말을 하였는데 이것은 잘못이다. 이 두 낱말은 서로 용납되지 않는다. 기독교는 복종과 의존만을 주장한다. 기독교의 정신은 폭군에게 너무나 편리한 것이므로 폭군은 반드시 이것을 이용하고 있다고 말할 수도 있을 정도이다. 진정한 기독교도는 천상 노예가 되도록 만들어져 있다. 그들은 뻔히 알면서도 그것에 대하여 태연한 것이다. 그들 노예에게는 이 짧은 인생이란 너무나 무가치한 것이다…

그러나 순전히 시민적인 신앙고백이라는 것이 있는데, 그 세목을 결정하는 권한은 주권자의 손에 있다. 다만 주권자가 이 세목을 결정하는 것은 종교의 교의로서가 아니라 선량한 국민이 되고 충실한 시민이 되기 위하여 필요한 사회적인 감정으로서이다. 주권자는 이것을 믿으라고 아무에게나 강요할 수는 없지만 믿지 않는 자는 누구를 막론하고 국가에서 추방할 수 있다. 그러나 주권자가 그를 추방하는 것은 불신자로서가 아니라 비사회적인 인간으로서이다. 법률과 정의를 성실하게 사랑할 수 없는 자로서 또는 유사시에 자기 목숨을 그의 의무에 바칠 수 없는 자로서 추방할 수 있는 것이다. 만일 누가 이 교의를 공공연히 인정하고 나서 그것을 믿고 있지 않은 것처럼 행동한다면 그는 사형으로 다스리는 것이 마땅하다. 그는 가장 큰 죄를 범하였으며 법률 앞에서 거짓말을 한 것이다.

국민 종교의 교의는 단순하고 그 조목의 수가 적고 설명도 주석도 없이 분명히 표현되어야 한다. 전지전능하고 자비롭고 앞을 내다보는 신이 존재와 내세의 생활 및 의로운 자의 행복과 악인의 징벌이나 사회계약과 법률의 신성-이 모든 것은 적극적인 교의이다.

그리고 나는 소극적인 교의에 대해서는 오직 하나로 국한시키고자 한다. 즉 그것은 불관용이다. 이것은 우리가 제외한 종파에 속하는 것이다. 국민의 불관용과 종교적인 불관용을 구별하는 것은 잘못이라고 생각한다. 이 양자는 분리할 수 없다. 신의 저주를 받고 있다고 생각되는 자들과 평화롭게 살아간다는 것은 불가능한 일이다. 그들을 사랑하는 것은 그들을 벌하는 신을 미워하는 것이 된다. 다시 말해서 그들을 개심시키거나 아니면 그들을 박해하는 것이 절대로 필요하다. 종교적인 불관용이 허용되는 곳에는 반드시 그것이 어떤 사회적인 효과를 가져오게 마련이다. 그리고 이 효과를 가져오자마자 주권자는 이미 속계의 주권자가 아닌 존재가 된다. 이때부터 사제가 진정한 지배자가 되며 국왕은 사제의 관원에 지나지 않게 된다.

Rousseau, *The Social Contract* (Boston: Ginn & Company, 1906)

5. 슐라이에르마허(Friedrich Schlieermacher, 1768-1834)의 절대 감정

그는 기독교가 고정된 교리의 체계라는 개념을 버리고 인간 자신을 종교의 샘으로 보았다. 그리하여 그는 종교를 교리나 행위의 체계로 대체시킬 수 없고, 종교는 단지 절대적 의존 감정에 속한다고 주장하였다. 그리고 그 감정은 연민이나 동정이 아니라, 절대자 앞에서 인간의 유한성을 느끼는 것이므로, 이 의존 감정이야말로 모든 종교의 기초가 된다고 말하였다. 그는 실제에 대한 직관이 모든 종교의 근원이며, 모든 종교의 목적은 하나님과 인간의 연합이라고 주장했다.

종교론

종교는 형이상학처럼 우주를 그 성질에 따라 규정하거나 설명하고자 하지 않고, 도덕처럼 자유의 힘이나 인간의 신적사유에서 우주를 발전시키고 또한 완성시키고자 하지 않는다. 다만 종교는 우주를 직관하고자 하며 우주 자신의 표현과 행위에 있어서 경건한 마음으로 우주에 귀기울이려 한다. 종교는 어린이처럼 피동의 태도로 우주의 직접적인 감화력에 접하고, 그것을 마음 가득히 받아들이려 한다.

그러므로 종교는 그 본질을 구성하는 것과 그 작용의 특성을 나타내는 것에 있어서 형이상학 및 도덕과 대립한다. 형이상학과 도덕은 인간을 전 우주에 있어서의 온갖 관계의 중심점, 모든 존재의 조건, 또는 생성의 원인으로 본다. 그러나 종교는 인간 및 모든 다른 개체나 유한체에 있어서 무한을 보려고 한다. 형이상학은 인간이 유한적인 성질에서 출발하여 그 인간성의 가장 간단한 개념 및 그 힘과 감수성의 범위에서 우주가 인간에게 있어 무엇이어야 하며 인간은 얼마나 필연적으로 우주를 보지 않으면 안되는가 하는 것을 의식으로써 규정하려고 한다. 그러나 종교는 그 전생활을 전체 즉 하나이자 전부인 것의 본성 그 중에서도 무한의 본성을 규정한다.

이 본성에 있어서는 모든 개체 그리고 인간이 어떠한 가치를 가지는가? 개개의 형식과 본질과의 이 영원한 발효에 있어서 그 모든 것과 인간은 어디서 행동하고 머무르면 좋은가? 그것을 종교는 조용한 태도로 개체 속에서 직관하고 동시에 예지하려고 한다. 도덕은 자유의 의식에서 출발하여 그 자유의 왕국을 무한에 이르기까지 확장하며, 그 자유에 모든 것을 종속시키려 한다. 그러나 종교는 자유 그 자체가 이미 자연 천성이 된 곳에서 호흡한다. 종교는 인간의 특수한 힘의 작용과 그 인격이 미치지 못하는 피안에서 인간을 포착하고 인간이 바라든 바라지 않든 간에 인간이 마땅히 그래야만 할 견지에서 인간을 바라본다…

여러분은 종교의 일반적 형상을 완성하기 위하여 모든 직관이 그 성질상 감정과 결합하고 있음을 상기하지 않으면 안된다. 여러분의 감관은 대상과 여러분 사이의 연관을 중개한다. 여러분에게 그 현실성을 보여주는 대상의 똑같은 영향 작용이 여러분의 감관을 여러모로 자극하여 여러분의 내적의식에 한 가지 변화를 야기시키지 않으면 안된다. 틀림없이 여러분은 이 감정을 거의 깨닫지 못하는데, 경우에 따라서는 그것이 지극히 격렬해져서 그로 말미암아 여러분은 그 대상이나 여러분 자신마저도 잊어버리는 수가 있다. 여러분의 전 신경계통이 이 감정에 의하여 침투되며 그 감동은 오래도록 혼자 세력을 다하여 길게 여운을 남기며 다른 영향에 반항한다. 그러나 여러분의 마음속에 행동이 환기되어 여러분의 정신의 자기 활동이 일어난다고 한다면, 여러분은 이것을 외부 사물의 영향으로 돌리지는 않을 것이다. 그러나 이러한 것은 극히 강한 감정의 힘조차도 미칠 수 없는 것이며, 우리들 속에 전혀 다른 원천을 갖지 않으면 안된다는 것을 인정하지 않을 수 없는 것이다.

종교 역시 그러하다. 여러분에게 자기를 제시하는 동일한 우주의 행위가 우주와 여러분의 상태와의 관계를 새롭게 한다. 여러분은 우주를 직관할 때 갖가지 잡다한 감정에 휩싸이는 것이다. 다만 종교에 있어서는 직관과 감정 사이에 또 다른 한층 공고한 관계가 성립되어 직관이 너무 강해진 나머지 감정이 거의 사라져 버리는 일은 결코 없다. 반대로 영원의 세계가 우리들의 정신 기관에 작용함은 마치 태양이 우리들 눈에 작용하는 것과 같으며, 그것이 우리들의 눈을 부시게하여 그 한 순간 다른 모든 것은 사라져 버릴 뿐만 아니라, 우리들이 관찰하는 온갖 대상이 그후로 오래도록 그 모습을 나타내고 눈부신 빛에 감싸여 있듯이 우리들의 정신 기능에 작용함은 과연 기적이라 할 수 있지 않은가!

이처럼 우주가 여러분의 직관 속에 나타나는 특수한 방법이 여러분의 개인적 종교를 구성하듯이 이 감정의 강도가 종교심의 정도를 결정한다. 감능이 건전할수록 더욱더 날카롭게 더욱더 결정적으로 모든 인상을 포착하며, 무한을 파악하고자 하는 갈망이 강하면 강할수록 말하자면 그 충동이 제어하기 어려우면 어려울수록 감정은 더욱더 다양하게 도처에서 무한자에 의하여 포착되며, 더욱더 완전하게 이 인상이 감정을 관통하고, 더욱 손쉽게 그 인상이 언제나 각성하여 온갖 다른 것에 대해 우위를 차지할 것이다. 그토록 이 방면에 있어서 종교의 영역은 확장되는 것이다. 즉 종교의 감정은 우리를 소유해야 하며 우리는 그것을 말로 나타내고 견지하며 표현해야 한다.

그러나 여러분이 종교감정에 이 이상의 것을 요구한다면 즉 감정이 고유의 행동을 야기시켜 실행으로 몰고간다면, 여러분은 이미 다른 영역에 들어와 있는 것이다. 그리고 여러분이 이것을 종교라고 한다면 여러분의 행위는 아무리 이성적이고 칭찬할 만해도 여러분은 신성하지 못한 미신에 탐닉한 것이 된다. 모든 행위는 도덕적이어야 하고, 또 도덕적일 수 있지만 종교적 감정은 마치 성스런 음악처럼 온갖 인간의 행동에 수반되어야 한다. 사람은 모든 일을 종교와 더불어 해야 하며 종교로부터 해서는 안된다…

Friedrich Schlieermacher, *On Religion*, trans, John Oman(London: Routledge & Kegan Paul, Ltd, 1893)

6. 르낭(Ernest Renan, 1823-92)의 예수전

르낭의 "예수전"(*Life of Jesus*, 1863)은 인간 예수의 모습을 더욱더 구체적으로 묘사하여 스트라우스의 "예수전"보다 더 많은 반향을 일으켰다. 르낭은 비판적인 회의주의와 낭만적인 상상력을 살려 예수의 신성을 벗기고, 인간의 일상적인 감정을 가진 예수의 모습을 나타내려 하였다. 아래에 나오는 글은 르낭의 예수전 중에 서론과 예수 그리스도의 죽음에 관한 기사이다. 그는 시종일관 성경의 모든 기적을 부인하고 인본주의적 개념으로 접근한다.

복음서들은 기적과 초자연적인 것으로 가득 차 있기 때문에 이들이 부분적으로 전설적이라는 것은 사실이며 또한 전설은 도처에 많다. 아시스의 프란시스의 생애 속에는 여기 저기에 초자연적인 것이 존재하고 있음에도 불구하고 주요 특징에 대해서는 의심하지 않는다. 반면에 아폴로니우스 드 티안느의 생애는 아무도 믿지 않는다. 왜냐하면 그것은 주인공이 살던 시대보다 훨씬 후에 그리고 순수한 소설적 상황 하에서 쓰여졌기 때문이다. 어느 시대에 누구의 손에 의해 그리고 어떤 상황 하에서 복음서들이 쓰여졌는가? 따라서 그 신뢰성이 형성되어야 하는 견해가 주요한 문제가 된다.

사복음서의 각각은 사도 역사 속에서 혹은 복음 역사 자체 속에서 잘 알려진 인물의 이름을 첫머리에 쓰고 있다. 이 제목들이 정확하다면 복음서들은 부분적으로는 전설적일지라도 커다란 가치를 지니게 된다. 왜냐하면 그것들은 우리로 하여금 예수의 죽음 이후에 그의 행동의 목격자들에게로 거슬러 올라가게 해주기 때문이다.

누가에 대해서는 의심이 전혀 불가능하다. 누가복음은 이전의 문서들에 근거한 올바른 저작이다. 이 저작은 선택하고 삭제하고 조합하는 사람의 작품이다. 이 복음서의 저자는 분명히 사도행전의 저자와 동일인이다. 그런데 사도행전의 저자는 사도 바울의 동료이며 누가와 완전히 일치한다.

이러한 추론에 대해서도 몇 가지 반론이 제기될 수 있음을 알고 있다. 그러나 적어도 한 가지 사실은 의심의 여지가 없다. 그것은 제3복음서의 저자와 사도행전의 저자가 사도의 제2세대 중의 한 사람이라는 것이다. 이것으로도 우리의 목적은 충족된다. 우선 이 복음서의 연대는 책 자체에서 이끌어 낸 논리에 의해 정확하게 결정될 수 있다. 그 작품의 나머지 부분과 분리시킬 수 없는 누가복음 21장은 그렇게 오랜 후는 아니지만 분명히 예루살렘 공략 이후에 쓰여졌다. 따라서 우리는 견고한 기반을 갖게 된다. 왜냐하면 똑같은 사람의 손에 의해 그리고 가장 완전한 일관성을 지니고 쓰여진 작품을 우리가 갖고 있기 때문이다.

그러나 마태복음과 마가복음은 개별적 특징조차 갖고 있지 않다. 이들은 비개성적인 저작으로서 그 속에 저자는 완전히 감추어져 있다. 이런 종류의 작품 첫 머리에 쓰여 있는 고유명사는 큰 의미가 없다. 더욱이 이들에 대해서는 누가의 경우처럼 추론할 수도 없다. 어떤 장(예를 들어 마태복음 24장이나 마가복음 13장)에서 유래된 연대는 작품 전체와 정확히 들어맞지 않는다. 왜냐하면 전체 작품은 아주 상이한 시대와 출처에서 유래한 단편들로 구성되어 있기 때문이다. 일반적으로 제3복음서는 앞의 두 복음서보다 후대에 나타났으며, 훨씬 더 진보된 성격의 편집을 보여주고 있다. 그렇다고 해서 마가와 마태의 두 복음서가 누가가 복음서를 쓰던 당시의 상태였다고 결론지을 수는 없을 것이다. 마가 마태복음이라 불리우는 이들 두 작품은 결국 미약한 상태로, 즉 첨가가 가능한 상태로 오랫동안 남아 있었다. 이 점에 대해서는 우리는 2세기 전반의 중요한 증거를 가지고 있다. 즉 히에라폴리스의 감독이었으며, 충직하며 보수적인 인물이었던 파피아스의 증거가 그것인데, 그는 평생 동안 예수라는 인물에 대해 알 수 있는 모든 자료를 수집하는 데 전력했다. 파피아스는 똑같은 내용인 경우에는 책보다 구전을 더 좋아한다고 선언한 후, 그리스도의 행적과 말씀에 관한 두 가지 문헌에 관해 언급하고 있다. 1) 사도 베드로의 해석자인 마가의 글, 이것은 짤막하게 쓰여진 미완의 작품이며, 연대순으로 배열된 것이 아니며, 이야기와 담화를 포함하고 있고, 사도 베드로의 가르침과 기억에 의해 구성되었다. 2) 마태에 의해 히브리어로 쓰여진 금언집으로 "그리고 할 수 있는 한 번역하였다"라는 작품인데, 이들 두 묘사문은 현재 마태복음, 마가복음이라 불리는 두 책의 대체적인 형태와 매우 잘 상응하고 있음이 확실하다. 전자는 긴 담화들로 특징지워진다. 후자는 특히 일화적이며 전자보다 세부적인 사항들에 관해 훨씬 더 정확하고 무미건조하리만치 간결하다. 하지만 담화에 대해서는 빈약하고 매우 비조직적이다.

그러나 현재 우리가 읽고 있는 이 두 작품이 파피아스가 읽던 당시의 것과 완전히 똑같다는 실례는 지지할 수 없는 것이다. 왜냐하면 첫째로 파피아스의 말에 따르자면 마태의 글은 히브리어로 쓰여진 담화들만으로 구성되어 있었으며, 그 당시에도 매우 여러 가지 번역본들이 유포되어 있었기 때문이다. 둘째로 마가의 글과 마태의 글이 상호 협조가 전혀 없이 아마도 서로 다른 언어로 작성되어 파피아스에게는 매우 잘 구별이 되었기 때문이다. 그런데 현재 본문의 상태로 보면 마태복음과 마가복음은 상응하는 부분이 상당히 길며, 그리고 완전히 일치하는 부분들이 있기 때문에, 전자의 최종 작성자가 후자를 참조했다거나 혹은 후자의 최종 작성자가 전자를 참조했다거나 혹은 둘 다 똑 같은 원본을 옮겨 썼다고 가정해야 한다. 가장 그럴 듯한 것은 마태복음이나 마가복음의 원본이 우리에게 없다는 것이며, 이 두 복음서는 서로의 결함을 충족시키려는 편집물이었다는 사실이다. 결국 각각은 완전한 표본을 소유하기를 원했던 것이다. 그 표본 속에 담화만을 간직한 복음서는 이야기를 간직하고자 했으며, 그 역도 마찬가지였다. 이렇게 해서 마태복음은 마가복음의 일화를 거의 전부 포함하게 되었으며, 마가복음은 오늘날 마태의 로기아(Logia)에서 유래하는 많은 특징들을 담고 있는 것이다. 더구나 각각은 그 주위에서 계속되어 온 구전을 널리 인용하였다. 이 구전은 복음서들도 제대로 인용하지 못했으며, 사도행전과 고대 교부들이 우리가 현재 가지고 있는 복음서들 가운데도 있지 않으며, 진짜인 것 같은 몇몇 예수의 말씀들을 인용하고 있다.

이러한 분석을 좀더 진척시키는 것, 말하자면 한편으로는 마태의 로기아 원본을 다른 한편으로는 마가의 펜으로부터 나온 그대로의 원래 이야기를 재구성한다는 것은 우리의 현재 목적과는 아무런 관계가 없다. 로기아는 틀림없이 제1복음서의 상당한 부분을 차지하고 있는 예수의 위대한 담화들을 우리에게 표현해주고 있다. 말하자면 이들 담화를 나머지 부분과 분리시키면 그것 자체로 하나의 완전한 전체가 형성된다는 것이다. 마가의 원래 이야기에 관해 말하자면 그 이야기는 때로는 제1복음서에 나타나고 때로는 제2복음서에 나타나지만, 대개는 제4복음서에 나타나는 것 같다. 바꾸어 말하면 공관복음서의 경우에 예수의 생애에 관한 체계는 두 가지 기억에 따라 마가가 기록한 일화나 개인적인 가르침의 수집록에 근거하고 있다. 상당한 이유를 갖고서 마태복음 및 마가복음의 표제를 달고 있는 두 복음서 속에 우리는 다른 출처에서 유래한 정보들과 뒤섞여 있는 이들 두 원문서를 지니고 있다고 말할 수 있다.

어쨌든 의심할 여지가 없는 사실은 일찍부터 사람들이 히브리어로 예수의 담화들을 기록하였다는 것, 또한 일찍부터 사람들이 그의 놀라운 행적을 기록했다는 것이다. 그것은 교리적으로 확고부동하게 결정된 문헌들은 아니었다. 우리에게 전해져 내려온 복음서 이외에도 증인들의 전통을 대표한다고 동등하게 주장하는 또 다른 문헌들이 있었다. 하지만 사람들은 그러한 문헌에 거의 중요성을 부여하지 않았으며, 파피아스와 같은 보수주의자들은 2세기 전반까지도 문헌보다는 구전을 더 좋아하였다. 사람들은 세상이 끝날 때가 멀지 않았다고 믿었음으로 미래를 위해 책을 제작하는 데는 거의 관심을 갖지 않았다. 사람들에게는 다만 구름 속에서 다시 만나기를 희망하는 사람의 모습을 마음속에 간직하는 것만이 문제였다. 그런 까닭에 100여년 가까이, 복음서 본문은 약간의 권위만을 누렸던 것이다. 사람들은 아무런 거리낌없이 거기에 여러 대목을 삽입하고 이야기를 다양하게 짜맞추었고 서로서로 보완하였다. 단 한 권의 책만 가진 가난한 사람은 그 속에 자기 마음에 와닿는 모든 것이 포함되기를 바라며 사람들은 이 소책자를 서로 빌려주었다. 각자는 자신의 사본의 여백에다 다른 곳에서 찾은 감동적인 단어나 우화들을 베껴 썼다. 그리하여 모호하면서도 완전히 대중적인 제작 과정에서 세상에서 가장 아름다운 것이 생겨났다. 어떠한 판본도 절대적인 가치를 지니지 못했다. 로마의 클레멘트가 기록한 두 편의 서신은 중요한 다른 판본들과 더불어 예수의 말씀을 기록하고 있다. 스스로 사도 회고록이라 불렀던 것에 자주 도움을 청했던 저스틴은 현재와는 약간 다른 상태의 복음서를 참조하였다. 여하튼 그는 원문 그대로 인용하는 데 전혀 신경을 쓰지 않았다. 에비온파 출신의 콜레민트라는 가명을 가진 사람의 복음서 강화 속에 있는 복음서 인용문들도 똑같은 성격을 나타내고 있다. 정신이 중요한 것이지 문자는 아무것도 아니었다. 사도들이나 사도들과 관련된 사람의 이름을 취하고 있는 본문들이 결정적인 권위를 갖고 율법으로서의 효력을 확득하게 되는 것은 바로 2세기 후반에 구전이 약화되는 때이다. 그 당시에도 사람들은 자유롭게 제작하는 것을 완전히 금지하고 있지는 않았다. 누가를 본떠서 사람들은 계속하여 좀더 오래된 문서들을 다양하게 기초로 하면서 개별적인 복음서를 만들었다.

이처럼 아직까지도 그 유명한 창설자가 남겨 놓은 그리고 그가 죽은 후까지 생생하게 남아 있는 강한 인상으로 가득 차 있었던 초기 기독교 두 세대의 감동어린 추억들과 순박한 이야기로 구성된 문서의 가치를 누가 알지 못하겠는가?…

그 이외에도 제4복음서에 쓰여진 담화들은 역사적인 단편들이 아니라 작가에게 소중한 어떤 교리에 예수의 권위를 부여하고자 의도된 창작물임을 잘 보여주는 상황을 알 수 있는데, 그것은 그 복음서가 쓰여질 당시에 소아시아의 지적인 풍토와 완전히 조화된다는 것이다. 그 당시 소아시아는 통합주의적인 철학이라는 낯선 움직임의 활동무대였다. 또한 영지주의 학설의 모든 씨앗들이 이미 존재하고 있었다…

계속되는 나의 이야기에서 나로 하여금 예수의 생애에 관한 네 개의 복음서 중에서 이런 저런 것을 우선적으로 선택하게 한 동기들을 이해하는

데는 이 정도 설명으로 충분할 것이다. 결론적으로 나는 네권의 정경 복음서를 중요한 문서로 받아들인다. 그것들 모두가 예수의 죽음 직후의 시기로 거슬러 올라간다. 그러나 그것들의 역사적 가치는 매우 다양하다. 특히 마태복음은 담화에 있어서 비상한 신뢰를 받을 만하다. 거기에는 로기아 즉 예수의 교훈에 관한 생생하며 분명한 기억에 입각한 기록 자체가 있다. 동시에 온화하며 무시무시한 일종의 섬광, 말하자면 신적인 힘이 그 말씀들을 강조하며, 문맥에서 그것들을 떼어내서 비평가가 쉽게 식별할 수 있게 만든다. 복음서의 역사를 가지고 정교한 작품을 만들려는 사람은 이 점에 관하여 시금석을 가지고 있다. 말하자면 예수의 참된 말씀들은 저절로 밝혀진다. 불명확한 정통성을 가진 구절의 혼돈 속에서 그 말씀들을 접하자마자, 그것들이 진동하는 것을 느낄 수 있다. 그것들은 마치 저절로 되는 것처럼 해석되고 스스로 이야기 속에 놓이게 되며, 거기서 유례없는 두각을 나타내게 된다.

제1복음서 속에서 이 원초적인 핵심 주위에 모여 있는 서술 부분들이 동일한 권위를 지니고 있지는 않다. 거기에는 기독교 제2세대의 경건함에서 유래된, 윤곽이 매우 흐린 많은 전설들이 있다. 마태복음과 마가복음이 공유하고 있는 이야기들은 팔레스타인 지방에 대해 빈약한 정보만을 보여주는 모방의 결점들을 지니고 있다. 많은 일화가 두 차례나 반복되며, 어떤 인물들은 중복되는데, 이것은 서로 다른 여러 원전이 사용되고, 닥치는 대로 결합한 것임을 증명해준다. 마가복음은 보다 확고하고 보다 정확하며, 뒤늦게 덧붙인 설명들이 보다 적다. 세 공관복음서 중에서 그것이 가장 오래되고 가장 독창적이며, 후에 덧붙인 요소를 가장 적게 지니고 있다. 마가복음의 물질적인 세부 사항은 다른 복음서 저자들에게서는 찾아볼 수 없는 명료함을 지니고 있다. 마가는 시리아 시리아, 갈대아 지방에서 행한 예수의 몇 가지 말씀들을 보여주고자 한다. 그것은 의심의 여지 없이 현장 목격자로부터 유래한 세심한 관찰로 가득 차 있다. 이 현장 목격자는 분명히 예수를 뒤따랐고, 예수를 사랑했으며, 바로 곁에서 지켜보았다. 그는 예수의 생생한 모습을 간직했고, 그 목격자가 바로 파피아스가 주장하는 바와 같이 사도 베드로였다는 사실에 어긋나는 것은 아무 것도 없다…

무덤에서의 예수

우리의 계산 방식에 따르면 예수가 숨을 거둔 때에는 오후 세시 경이었다. 유대인의 율법은 시체를 처형하는 날 저녁 이후까지 교수대에 매달아 놓는 것을 금지하고 있었다. 로마인들에 의하여 실시된 처형의 경우에도 이 법칙이 준수되었는지는 의심스럽다. 그러나 다음날 이 안식일, 그것도 특히 엄숙한 안식일이었기 때문에 유대인들은 로마의 관리에게 이 성스러운 날이 이러한 광경으로 인하여 더럽혀지지 않기를 바란다고 말했다. 그들의 요구는 수락되었다. 처형받은 그들 세 사람의 죽음을 앞당겨서 십자가에서 끌어내리라는 명령이 내려졌다. 두 번째 형벌, 즉 사지를 부러뜨리는 형벌은 십자가 형벌보다 훨씬 신속하게 두 강도에게 적용시킴으로써 군인들은 그 임무를 수행했다. 이 두 번째 형벌은 원래 노예와 전쟁 포로들에게 적용되는 형벌이었다. 예수에 대해서는 그들이 예수가 죽었다는 것을 알았기 때문에 사지를 부러뜨릴 필요가 없다고 판단했다. 그들 중에서 단 한 명만이 세 번째 십자가에 매달려 있는 예수의 죽음을 확인하기 위해, 그의 최후의 숨결마저 끊어놓기 위해, 그의 옆구리를 창으로 찔렀다. 그들은 피와 물이 흘러나오는 것을 보았으며, 이것이 생명이 끊어진 증거라고 여겼다…

로마의 관례에 따른다면 예수의 시체는 새의 희생물이 되도록 매달린 채로 있었을 것이다. 유대의 율법에 따른다면 저녁 때 십자가에서 분리된 예수는 처형당한 자들의 묘지로 지정된 불경한 장소에 버려졌을 것이다. 만약 예수에게 제자라고는 미온적이고 신용없는 가난한 갈릴리인들밖에 없었다면 두 번째 방식대로 일이 처리되었을 것이다. 그러나 예루살렘에서 거의 성공을 거두지 못했음에도 불구하고 예수는 상당한 지위에 있는 인물들 즉 하나님의 나라를 기다렸으며 예수의 제자라고 고백하지는 않았지만 그에게 깊은 애정을 지니고 있었던 인물들의 동정을 받고 있었다. 이러한 인물들 중의 하나인, 아리마대 요셉이라는 작은 마을사람이 저녁 때 총독에게 시체를 내어달라고 요청하러 왔다. 요셉은 부유하면서도 덕망있는 최고 법원의 일원이었다. 그 당시 로마 법령에는 처형당한 시체를 요구하는 사람이 있다면 그 시체는 그 사람에게 인도하도록 되어 있었다. 빌라도는 예수가 그토록 빨리 죽었다는데 깜짝 놀라 어찌된 영문인지를 알아보기 위하여 처형을 명령했던 백부장을 불러오도록 했다. 그는 백부장의 보증을 받고 난 후에야 요셉이 요구하는 그 대상을 넘겨 주었다. 그때 이미 예수의 시체는 십자가에서 내려졌고, 이제 요셉 마음대로 처리할 수 있었다.

이미 예수를 위하여 알고 있는 다른 은밀한 친구인 니고데모도 그 순간에 나타났다. 그는 시체의 방부 보전에 필요한 물건들을 풍족하게 갖고 도착했다. 요셉과 니고데모는 유대의 관례에 따라 몰약과 넣은 수의를 감아 예수에게 입혔다. 갈릴리의 여인들도 참석했으며, 틀림없이 날카로운 비명과 울음의 장면을 연출했을 것이다.

밤이 깊었으며, 이 모든 일들은 몹시 급하게 처리되었다. 그때까지 마지막 마무리를 끝낸 시체를 어디에다가 묻어야 할지를 결정하지 못했다. 우선 운송하는 데 밤이 늦어지게 될 것이며, 그럼으로써 안식일을 모독하게 될 수도 있었다. 그래서 일시적인 묘지를 만들자고 결정했다. 그 근처 동산에는 최근에 바위에 구멍을 뚫고는 사용하지 않은 묘지가 하나 있었다. 아마도 이 묘지는 어떤 가입자의 것이었을 것이다. 장례 동굴은 단 하나의 시체를 위하여 만들어졌기 때문에 방 하나로 이루어져 있었으며, 그속에 시체 놓는 자리는 안쪽 벽과 둥근 천장 사이의 홈이나 침대로 구획되어 있었다. 이 동굴은 비스듬한 바위 옆구리에 파여 있었기 때문에 엎드려서 들어갔다. 입구는 옮기기 힘든 돌로 막혀 있었다. 예수는 이 작은 동굴 속에 안치되었다. 입구를 큰 돌로 막은 다음 더욱 완벽한 무덤을 만들기 위해 다시 올 것을 약속했다. 그러나 그 다음날은 엄숙한 안식일이었기 때문에 이 작업은 그 다음날에야 이루어졌다.

여인들은 어떻게 시체가 안치되었는가를 꼼꼼하게 확인한 후에 되돌아 갔다. 그날 저녁에 여인들은 방부 조치를 하기 위한 새로운 준비물들을 마련하는 데 시간을 보냈다. 토요일에는 모든 사람들이 휴식을 취했다.

일요일 아침, 여인들 중에 막달라 마리아가 제일 먼저 이른 아침에 무덤으로 갔다. 그러나 입구의 돌이 치워져 있었으며, 시체는 그들이 놓아 두었던 그 자리에 없었다. 동시에 기독교 사회에서는 아주 이상한 소문이 퍼졌다. 그는 부활했다라는 외침소리가 마치 섬광처럼 제자들 사이에 번졌다. 도처에서 그에 대한 사랑이 그 이야기를 쉽게 믿도록 만들었다. 무슨 일이 일어났었는가?

사도들의 이야기를 다룸으로써 우리는 이 점을 연구해야 할 것이며, 부활과 관련된 전설들의 기원을 추적해야 할 것이다. 역사가에게 있어서 예수의 생애는 그가 마지막 숨을 거둠으로써 끝난다. 그러나 이러한 이야기는 제자들의 마음과 그후 수 주일 동안 그가 살아 있으면서 위로해 주어야 하는 헌신적인 몇몇 친구들의 마음속에 남겨 있었다…

누구의 손에 의하여 그의 시체는 유괴되었을까? 어떤 상황 속에서 부활에 관한 믿음을 형성한 이야기의 총체가 생겨났을까? 이에 관해서는 확신할 수 있는 자료들이 없다. 그러나 이 경우에 막달라 마리아의 강력한 상상력이 주된 역할을 해냈다. 아 사랑의 거룩한 힘이여! 환각에 사로잡힌 여인의 열정이 세상 사람들에게 부활하신 하나님을 부여한 성스러운 순간이여!

    Renan, *The Life of Jesus*, Trans, C. E. Wilbour(London: Trübner & Co., 1864)

7. 찰스 다윈(Charles Darwin, 1809-1882)의 종의 기원

다윈은 "종의 기원"(1859)이라는 책을 출간하여 일대 변화를 일으켰다. 그는 모든 생명체들이 적자 생존의 원리에 따라 하등한 생명체로부터 고등 생명체로 진화되었다고 주장했다. 그의 이론은 인간이 하나님의 형상으로 창조되었다는 창세기의 창조 이론을 뒤엎는 엄청난 견해였다. 이 진화 사상은 19세기 유럽인들의 사고에 일대 변혁을 가져왔다.

박물학자로서 내가 비글호를 타고 돌아다니던 중에 남아프리카에 서식하고 있는 생물들의 분포와 이 대륙에 있는 생물과 과거의 생물 사이에 지질학적인 관계에 관한 몇 가지 사실들에 상당히 관심을 갖게 되었다. 이는 한 위대한 철학자가 신비 중의 신비라고 부르는 종의 기원에 관한 어떤 빛을 던져주는 것과 같았다. 나는 집으로 돌아온 뒤에 1837년에 이와 관련이 있을 것 같은 모든 종류의 사실들을 집요하게 수집하고 그것에 관해 관찰해봄으로써 이 문제에 관한 실마리를 찾을 수 있을 것으로 생각하였다. 지난 5년간의 작업 끝에 나는 이 문제에 관한 몇 개의 짧은 연구 논문들을 작성하였다. 1844년에 나는 이것들을 확장하여 그럴듯해 보이는 결론들의 개요를 만들었다. 그 이후로 현재까지 나는 꾸준히 이와 유사한 문제들을 추구해왔다. 내 연구는 1859년의 오늘 거의 끝이 났다. 그러나 이를 완성하기까지는 여러 해가 더 걸릴 것이며, 내 건강이 별로 좋은 편이 아니기 때문에 나는 이들을 지금 발표할 생각을 갖게 되었다. 나는 특히 현재 말레이 군도의 박물사를 연구 중인 월러스가 내가 종의 기원에 대해 갖고 있는 일반적인 결론과 같은 결론에 도달했음으로 이것을 서두르게 되었다. 1858년에 그는 이 문제에 관한 논문을 내게 보내어 라이얼(Charles Lyell) 경에게 보내 주기를 요청하였고, 라이얼 경은 그것을 린네 학회로 보냈다. 라이얼 경은 월러스의 훌륭한 논문과 함께 나의 원고로부터 발췌한 몇 개의 짧은 논문들을 발표하도록 권하였다.

내가 지금 발표하는 이 논문은 불완전할 수밖에 없다. 여기에서 내 진술에 대한 참고 문헌과 그 근거를 제시할 수는 없다. 다만 나는 내가 도달한 결론들만을 약간의 실례들을 함께 제시할 뿐이다.

종의 기원을 고찰함에 있어서 박물학자가 생물들의 유연관계와 그 발생학적 관계, 지리적 분포, 지질학적 계승 및 그밖에 사실들을 생각해봄으로써 종들이 독립적으로 창조된 것이 아니라 변종들처럼 다른 종들로부터 생겨난 것이라는 결론에 도달할 수 있을 것이다. 그러나 어떻게 하여 지구상에 서식하는 수많은 종들이 변화되어 감탄하리만치 완전한 구조와 상호 적응력을 얻게 되었는지를 보여줄 수 없는 한 이러한 결론은 만족스럽지 못하다. 박물학자들은 계속해서 기후, 먹이 등과 같은 외부적인 조건들을 변이의 유일한 원인으로 지적하고 있다. 제한된 의미에서는 이것이 사실일지 모른다. 그러나 나무 껍질 아래 있는 벌레들을 잡기에 기막히게 적응되어 있는 딱다구리의 구조를 단순히 외부적 조건에만 돌리는 것은 터무니없는 일이다.

· · · · · · · ·

많은 것이 모호하게 남아 있지만 나는 대부분의 박물학자들이 그렇게 생각해 왔고, 나 자신도 이전에 갖고 있었던 견해, 즉 각 종이 독립적으로 창조되었다는 것이 오류라는 것에 확신한다. 나는 종들은 불변하는 것이 아니라 한 종에 속하는 것으로 인정되는 변종들이 그 종의 자손인 것 같이 이른바 같은 속에 속하는 종들은 다른 어떤 일반적으로 멸절된 종들의 직계 자손들임을 확신한다. 나아가서 나는 자연 선택이 변화의 유일한 방법은 아닐지라도 가장 중요한 방법이었음을 확신한다…

나는 이 책에서 제시된 견해들이 어떤 사람의 종교적 감정에 충격을 줄 하등의 이유가 없다고 생각한다. 이는 일시적인 현상으로서 인간이 달성한 가장 위대한 발견인 중력의 법칙도 라이프니츠에 의해 '자연적이고 추리적으로 제시된 종교를 전복하는 것'으로 공격받았음을 기억하면 좋을 것이다. 한 유명한 저술가이며 신학자인 한 사람이 나에게 다음과 같은 내용의 편지를 보내왔다. "스스로 발달하여 다른 유용한 형태가 될 만한 소수의 원시적인 형태를 하나님이 창조하신 것이라고 믿는 것은 하나님의 법칙에 의하여 이루어진 빈곳을 채우기 위해 새로운 창조행위가 필요하게 된다고 믿는 것과 마찬가지로 숭고한 하나님의 뜻이라는 것이 점차 밝혀지게 되었다."

그러면 왜 최근까지 거의 모든 유명한 박물학자들과 지질학자들이 종이 변화할 수 있음을 믿지 않았느냐고 질문할 수 있으나 이것으로 자연 상태에 있는 생물이 아무런 변이를 일으키지 않는다고 주장할 수는 없다. 변이의 총량이 오랜 연대가 경과하는 동안에 한정된 양이라는 것은 증명될 수 없다. 종과 특징이 뚜렷한 구별이 있었던 것은 아니고 또 그어질 수도 없다…

유추는 나로 하여금 일보 전진해서 즉 모든 동물 및 식물은 어떤 하나의 원형에서 유래되었다는 신념에까지 이르게 해준다. 그러나 유추는 사람을 속이는 안내자일 수도 있다. 그럼에도 불구하고 모든 생물은 그것의 화학적 조성, 세포적 구조, 성장의 법칙 및 유해한 영향을 받기 쉽다는 데 있어서 공통점을 많이 갖고 있다. 우리는 동일한 독(poison)이 이따금 동식물에 마찬가지로 작용한다는 것, 오배자 벌레가 분비하는 독이 들장미나 참나무에서도 기형적인 성장을 일으키게 한다는 것과 같은 극히 사소한 사실에서 이러한 경우를 본다. 이로부터 나는 이 땅에 살고 있는 모든 유기체는 창조가 생명을 주었던 어떤 한 주요 형태에 의해 내려왔다고 추론해 본다…

많은 종류의 많은 식물, 숲 속에서 노래하는 조류, 이리저리 날아 다니는 여러 가지 곤충 그리고 습지의 벌레들이 기어 다니는 것을 관찰하고 이러한 오묘하게 만들어진 형태가 서로 몹시 다르고 매우 복잡한 방법으로 얽혀서 의존하고 있지만, 그러한 생물이 어느 것이나 다 지금 우리 주위에서 작용하고 있는 법칙에 의해 생성된 것임을 보는 것은 매우 흥미있는 일이다. 가장 넓은 의미에서 취해진 이러한 제법칙은 생식을 수반하는 성장, 거의 생식 가운데 포함되어 있는 유전 생활 조건의 간접적 및 직접적 작용에서 오는 변이성, 생존경쟁과 나아가서는 자연선택을 이끈다. 이리하여 자연계의 투쟁에서 기근과 사멸에서 우리가 상상할 수 있는 것 가운데 가장 고귀한 대상, 즉 고등동물의 생성으로 직접 귀결된다. 생명이 그것의 여러 가지 능력과 함께 최초에 조물주에 의해 소수의 또는 하나의 형태로 불어 넣어졌다는 그리고 이 지구가 불변의 동력 법칙에 따라 계속 회전하고 있는 동안에 그렇게 단순한 발단으로부터 가장 아름답고 가장 놀라운 무한한 형태가 발생되었고, 또 진화하고 있다는 견해는 참으로 놀랍다.

Charles Darwin, *Origin of Species* (London: J. Murray, 1859)

8. 존 헨리 뉴만(John Henry Newman, 1801-1890)과 옥스포드 운동(1833-45)

프랑스혁명으로 인해 많은 사람들은 불안에 떨고 종교의 자유주의가 판을 치고 있을 때, 옥스포드 운동의 지도자들은 영국교회의 보수적 신앙을 위해 힘썼다.

그 옥스포드 운동의 지도자 가운데 존 헨리 뉴만이 있었는데, 그는 영국교회의 보수성을 확보시켰으나 점점 카톨릭주의로 기울었다. 그는 아래에 나오는 에세이집인 Tract XC에서 로마교와 프로테스탄트교의 잘못에 대해 말하는데, 그가 주는 에세이에서 우리는 뉴만이 카톨릭에 친근해 있음을 엿볼 수 있다. 결국 그는 *Tract XC*를 처음 발표하고 나서 4년 뒤에 로마교로 전향했다.

로마교와 개신교의 본질과 근거

오늘날 모든 프로테스탄트 종파들은 성경이 교리적 질문에 있어서 유일한 호소의 표준이 된다고 생각한다는 점에 있어서 우리와 일치하며 로마카톨릭과는 다르다고 말할 수 있을 것이다. 하지만 프로테스탄트 종파들이 하나같이 쓰여진 하나님의 말씀을 모든 차이들을 통제하는 최고의 지배자로서 인정하지만 신앙의 문제에 있어서 자기들끼리도 서로 다르고 우리하고도 다르다. 그들은 성경말씀을 갖고 서로 경쟁하고 있으며, 그들은 이런 성경연구에 삼백년간을 참여하고 있다… 그들은 배운 자나 배우지 못한 자나 종교인이나 비종교인이나 할 것 없이 성경에 관한 의견을 제시하고 논쟁에 참여한다.

성경은 작은 책이다. 어느 사람도 성경을 가질 수 있다. 그 사람이 너무나 겸손하지만 않다면, 그는 성경을 모두 이해할 수 있다고 생각한다. 그러므로 논쟁은 프로테스탄트에서 더 쉽게 생겨난다. 왜냐하면 어느 사람도 논쟁에 참여할 수 있기 때문이다. 사실 모든 종파들이 믿음의 표준으로 성경을 생각하지만, 그들 중 두 종파도 성경 해석에 관해서는 일치하지 않고, 각 사람이 스스로 해석자가 됨으로 인해, 처음에는 평화의 수단인 것처럼 보였던 성경이 불화의 주요 원인이 된다.

서로 적대관계에 있는 사람들의 예를 들어 이를 설명하는 것은 합당할 것이다. 즉 어떤 이는 긍정하지만 다른 이는 부정하는, 그리하여 논쟁의 주된 결정이 무엇인지가 나타나는 그런 경우 말이다. 이는 아마 두 군대의 충돌과 같다. 즉 어떤 곳을 이리저리 돌아 다니는 것 대신에 그들은 한곳에 정주하여 싸우는 그런 군대와 같다. 각자는 서로에게 상처를 주기도 하고 또한 이득을 챙기기도 한다…

어느 두 프로테스탄트 종파도 함께 수용할 수 있는 성경의 해석이 없다. 그러한 상황에서 각자는 자신의 "해석"과 "교리"와 "방언"과 "계시"를 좋아한다. 따라서 그들 중에 영리한 사람은 그들이 선택한 초보적 개념이 즉 믿음의 논쟁에 있어서 유일한 판단의 근거가 되는 성경의 개념이 자기 파괴적인 원리가 될 수 있고, 결국 논쟁은 전혀 무익하고 쓸데없는 것이라는 결론에 도달하게 된다. 그리고 나서 그들은 진리는 오직 견해의 문제라고 생각하고 각 사람이 진리라고 생각하는 것이 각 사람에게 진리가 된다고 하는 생각을 갖는다. 즉 성경의 신성은 그 자체로 모든 사람들이 믿어야 할 것이지만, 그 의미는 그것을 받아들이는 각 개인에 따라 다르다고 생각한다. 그러므로 사실의 문제로서 확신할 수 있는 의미는 하나도 없고, 그것이 아주 많은 것을 의미할 수 있기 때문에 어느 것도 의미할 수 있다고 생각한다. 그러므로 우리의 지혜와 의무는 어떤 특별한 개념이나 교리나 신조가 중요하다고 생각하는 것을 버리고, 우리의 사적인 판단과 학식이 어떠하든간에 각 사람은 자신의 견해를 갖고 모든 다른 사람들과 평화하는 것이다.

3. 프로테스탄트 종파는 중요사항에 있어서 그들이 서로 다를지라도 그들은 모두 성경에 호소한다고 고백한다. 말하자면 그들이 초교파, 침례파, 유니테리안, 장로교, 감리교, 그 외에 어느 타이틀을 단 종파이든 간에 모두 성경에 호소한다. 그러나 로마 카톨릭은 경우가 다르다. 왜냐하면 그들은 성경에 단순한 논증에 의해 세워지거나 넘어지지 않는다. 그러므로 우리들이 그들과의 논쟁에 있어서 증거의 근거로 성경을 들이댄다면 우리는 그들과 문제를 풀어나갈 수 없다. 그렇다고 그들이 성경을 배척하는 것은 아니다. 만약 우리가 그렇게 말한다면 이는 부당한 일이 될 것이다. 다만 오로지 성경에 호소하는 것을 삼가할 뿐이다. 로마카톨릭도 성경 이외에 다른 어느 것에도 인도되지 않는다고 고백하는 몇몇 프로테스탄트만큼 상당히 성경에 집착한다. 하지만 그들이 성경을 아무리 하나님의 말씀이라고 인정할지라도 그들은 그것이 하나님의 온전하신 유일한 말씀이라고 생각하지 않는다. 그래서 그들은 성경 이외에 다른 것 즉 교회의 전통이 그들의 신앙을 규제한다고 공언한다. 그들은 그들이 갖고 있는 교리 제도가 확실하게 사도문서로부터 그들에게 전수되었다고 주장한다. 그러므로 그러한 교리를 담고 있는 사도문서가 현존하고 있지 않다하더라도, 그들은 전세계는 계시의 축복을 갖고 있다고 생각한다. 그러므로 로마 카톨릭을 올바르게 논박하려면, 이것을 분명히 이해하여야 한다…

    John Henry Newman, *Via Media of the Anglican Church* (London: Longmanns, Green & Co., 1888)

참고 문헌

Aulard, F. O., *Christianity and the French Revolution*. London: Ernest Benn, Ltd., 1927.

Becker, Carl L., *The Heavenly City of The Eighteenth Century Philosopher*. New Haven: Yale University Press, 1932.

Brandt, Richard B., *The Philosophy of Schleiermacher*. New York: Harper & Row, Publishers, 1941.

Bremond, Henri, *The Mystery of Newman*, trans. H. C. Corrance. London: Williams and Norgate, Ltd., 1907.

Brilioth, Y. T., *The Anglican Revival*. London: Longmans, Green & Company, Ltd., 1925.

Brinton, C. C., *A Decade of Revolution, 1789-1799*. New York: Harper & Row, Publishers, 1934.

Darwin, Charles, *Charles Darwin's Autobiography*. New York: Henry Schuman, Inc., Publishers, 1950.

──────, *Descent of Man*. New York: Appleton-Century-Crofts, Inc., 1871.

Church, R. W., *The Oxford Movement, 1833-45*. London: Macmillan & Co., Ltd., 1891.

Culler, A. D., *The Imperial Intellect: Newman's Educational Ideal*. New Haven: Yale University Press, 1955.

Elton, Godfrey, *The Revolutionary Idea in France, 1780-1871*. New York: David Mckay Co., Inc., 1923., 1931, and other editions.

Geffcken, F. H., *Church and State*. London: Longmans, Green & Company Ltd., 1877.

Gooch, George P., *The French Revolution*. New York: The Mzcmillan

Company, 1920.

Gottschalk, Louis R., *The Era of the French Revolution, 1715-1815*. Boston: Houghton Mifflin Company, 1929.

Hall, T. C., *The Social Meaning of Modern Religious Movements in England*. New York: Charles Scribner's Sons, 1900.

Higham, Florence, *Frederick Denison Maurice*. London: Student Christian Movement Press, 1947.

Mackintosh, Hugh R., *Types of Modern Theology: Schleiermacher to Barth*. London: James Nisbet & Co., Ltd., 1937.

Marcuse, Herbert, *Reason and Revolution: Hegel and the Rise of Social Theory*. New York: Humanities Press, 1954.

Newman, John Henry, *Apologia Pro Vita Sua*. Narious editions.

─────, *Living Thoughts of Cardinal Newman*, ed. by Henry Tristram. New York: David Mckay Co., Inc., 1953.

Nichols, J. H., *History of Christianity, 1650-1950*. New York: The Ronald Press Company, 1956.

Osborn, Andrew R., *Schleiermacher and Religious Education*. London: Oxford University Press, 1934.

Overton, J. H., *The English Church in the Nineteenth Century, 1800-33*. London: Longmans, Green & Company, Ltd., 1894.

Phillips, C. S., *The Church in France, 1789-1848*. London: Mowbray, 1929.

Rose, John H., *The Revolutionary and Napoleonec Era, 1789-1815*. Cambridge: Cambridge University Press, 1935.

Rousseau, J. J., *Emile*, ed. by W. H. Boyd. New York: Teachers College, 1962.

Rousseau, J. J., *Political Writings*, trans. F. M. Watkins. New York:

Thomas Nelson & Sons, 1953.

Sloane, William M., *The French Revolution and Religious Reform*. New York: Charles Scribner's Sons, 1901.

Storr, V. F., *The Development fo English Theology in the Nineteenth Century*, 1800-1860. London: Longmans, Gree & Company, Ltd., 1913.

Vidler, Alec R., *The Church in an Age of Revolution*. Baltimore: Penguin Books, Inc., 1961.

Webb, C. C. J., *Religious Thought in the Oxford Movement*. London: SPCK, 1928.

연 대 표

1743-1826	토마스 제퍼슨
1749-1832	괴테(Johann Wolfgang von Goethe)
1759-1805	쉴러(Christoph Friedrich von Schiller)
1762	루소(Rousseau)의 에밀(*Emile*), 사회계약론(*Social Contract*)
1768-1863	슐라이에르마허(Friedrich Schleiermacher)
1770-1831	헤겔(G. W. F. Hegel)
1770-1850	워즈워드(William Wordsworth)
1771-1832	월터 스코트(Sir Water Scott)
1772-1834	사무엘 콜로러지(Samuel Taylor Coleridge)
1778	루소와 볼테르의 사망
1789. 8. 4	봉건제도의 폐지
8. 27	인권선언
11. 2	교회재산의 몰수

1790	성직자헌장(Civil Constitution of the Clergy)
1791	존 웨슬리의 사망
	프랑스왕의 도주
1792-1860	바우어(F. C. Baur)
1792	국민의회가 조직되고 공화국이 선포되다.
1643-1715	프랑스의 왕 루이 14세
1715-1754	프랑스의 왕 루이 15세
1754-1793	프랑스의 왕 루이 16세
1793	루이 16세가 참수형에 처해지다.
	국가 안전위원회의 조직
1793-1795	프랑스의 명목상의 왕 루이 17세
1797	나폴레옹이 파이어스 6세를 로마교황청에서 몰아내다.
1799	나폴레옹의 구테타
	슐라이에르마허의 종교론
1800-1882	푸시(Edward B. Pusey)
1801	나폴레옹과 피우스 7세와의 협약
1801-1890	존 헨리 뉴만(John Henry Newman)
1804	나폴레옹이 황제가 되다.
1805-1872	모리스(J. F. D. Maurice)
1809	나폴레옹이 교황청을 점령하다.
1812-14	미국과 영국 간의 전쟁
1814	예수회가 재건되다.
1814-1824	프랑스 왕 루이 17세
1815	워터루 전쟁
1817	독일의 복음주의연합교회(United Evangelical Church)
1821-1822	슐라이에르마허의 기독교신앙(*The Christian Faith*)
1824-1830	프랑스왕 찰스 10세

1825	콜러리지의 "반성의 도움"(Aid's to Reflection)
1827	베에토벤의 사망
	존 케이블(Kebel)의 "기독교의 해"(Christian Year)
1830-1848	프랑스왕 루이 필립
1932	뉴만(Newman)의 빛으로 인도하소서(Lead Kindly Light)
1835	스트라우스(Straus)의 "예수의 생애"(Life of Jesus)
1837	헤겔의 "역사철학"(Philosophy of History)
1841	뉴만의 Tract XC
1845	뉴만이 로마카톨릭교회에 합류하다.
1852-1870	프랑스의 황제 루이 나폴레옹(나폴레옹 3세)
1863	르낭의 "예수전"(Life of Jesus)
1864	뉴만의 Apologia Pro Vita Sua
1870-1874	리츨의 칭의와 회개에 관한 기독교교리(Christian Doctrine of Justification and Reconciliation)
1830	프랑스에서 찰스 10세가 폐위되고 루이 필립이 왕위를 계승. 프랑스, 벨지움, 폴란드의 혁명
1848	루이 필립의 폐위, 루이 나폴레옹이 프랑스공화국의 의장이 되다.
	공산주의 Manifesto, 막스(Marx)와 엥겔스(Engels)
	유럽에서의 자유적이고 민족주의적인 혁명의 발흥
	파이어스 9세가 로마로부터 축출되다.
1850	파이어스 9세가 프랑스 군대에 의해 바티칸으로 복귀하다.
1851	프랑스에서의 루이 나폴레옹의 구테타
1852	프랑스의 두 번째 제국이 나폴레옹 3세 아래서 재건되다.
1853	페리(Commodre Perry)가 일본으로 건너가다.
1854	파이어스 9세의 마리아무흠잉태론(Immaculate Conception of Mary)

1857-1940	로이시(Alfred Loisy), 프랑스 현대주의자
1859	다윈의 "종의 기원"
1861	빅토르 임마누엘(Victor Emmanuel)이 이탈리아의 왕으로 명명되다.
1861-1865	미국시민전쟁
1864	파이어스 9세의 이단교서(*Syllabus of Errors*)
1870	나폴레옹 3세가 폐위되다.
	바티칸 의회가 교황의 무오류를 선언하다.
1871	독일제국이 선포되다.
1872-1875	비스마르크(Bismarck)의 반카톨릭법령들
1888	레오 13세의 인간의 자유(*Libertas, Human Liberty*)
1891	레오 13세의 노동헌장(Re rum Novarum)
1905	프랑스의 교회와 국가 간의 분리 선언
1933	나치가 독일에서 권력을 잡다.
1950	파이어스 12세의 마리아 승천 교리선언

제5장

미국의 대부흥운동

I. 18세기초 북미의 신앙

　유럽인들이 신대륙에 처음 건너간 것은 1000년경에 바이킹족이라 불리는 스칸디나비아인들이 북아메리카 대륙의 북쪽 해안에 도착한 때이지만, 아메리카 대륙이 실제적인 중요성을 갖게 된 것은 콜롬부스가 아메리카 대륙을 재발견한 다음부터이다. 콜롬부스는 신대륙을 발견하였으나 죽을 때까지 그는 그곳이 동양의 어느 한 지점이라고 생각했다. 그러다가 1501년에 발보아가 파나마 지협을 도보로 횡단하여 태평양을 발견함으로 이곳이 동양의 일부가 아니라 신대륙임을 처음으로 알게 되었다. 그러므로 이후부터 유럽의 강대국들은 앞다투어 신대륙에 제국을 건설하기 시작했고, 이들 열강 중 신대륙을 식민지화하는 데 가장 성공한 나라는 영국이었다.

　유럽이 신대륙 점령에 앞다투어 나서던 때에 영국은 제임스 1세가 죽고 찰스 1세가 왕위에 올랐는데, 그는 왕위에 오르자 윌리암 로우드를 켄터베리 대주교로 임명했다. 하지만 이때에 로우드는 앵글로 카톨릭 전통을 되살려 의식과 예복 그리고 예배를 영국에서 통일시키고자 하였고, 이러한 종교적인 부패 현상은 청교도들을 실망시켰으며, 그리하여 일단의 청교도들은 신앙의 자유를 찾아 신대륙으로 이주하고자 하는 결심을 가졌다.

그러므로 영국에서 화란을 거친 청교도들은 1620년에 신앙의 자유를 찾아 메이플라워호를 타고 신대륙에 도착하여 신대륙에서 원하는 신앙의 나라를 세울 수 있었다. 하지만 신대륙이 이민국이라는 특성이 있었기 때문에 그곳은 마치 '혼합된 도가니'가 되어 여러 인종이 여러 교파로 혼합되어 각 교파들은 민족별로 정돈되었고, 아울러 각 종족간에 마찰이 생겨났다.

한편 신대륙은 서인도 제도와 경제적으로 긴밀히 연결되어 무역과 해운업이 발달하였고, 풍부한 삼림자원으로 인해 조선업이 발달하여 선박을 영국과 유럽에 팔기까지 하였다.

이러한 계급분화와 경제적 팽창은 종교적 열정을 냉각시키고, 세속화의 과정을 촉진시켜 청빈한 신앙의 기치를 내걸고 신대륙에 자리를 잡은 청교도들의 신앙의 열정을 식게 만들었다. 또한 18세기초에는 영국의 계몽주의로 인해 다분히 지적인 종교가 식민지인 미국에서 판을 쳤고, 이러한 합리주의 사상은 개신교에 깊이 침투하여 성경권위에 대한 신앙을 파괴시켰으며, 종교에 무관심하거나 아예 적대시하게 만들었다.

또한 웨스트민스터 신앙고백을 기본적으로 받아들이고, 계약신학을 강조했던 미국교회는 시간이 흐름에 따라 그 자녀들이 부모의 신앙을 따르기를 공공연히 거부하였다. 그러므로 그 수의 급감을 염려한 그들은 불완전계약(Half-Way Covenant)을 승인하고, 아직 참된 신앙에 들어오지 못한 사람들도 교회의 준회원이 되어 세례를 받게 했으며, 대다수의 사람들은 이 반쪽 관계에 흡족하여 주님과의 온전한 교제를 멀리하였다.

결국 신앙의 순수성을 외치며 신대륙에 들어온 청교도들은 100년의 역사가 지나면서 교회가 혼탁해지고, 신앙의 새로운 각성이 요구되는 시점에 왔다. 그리하여 식민지 시대의 종교적 상황에서 새로운 부흥이 요청되는 시점에서 하나님은 그 시대에 필요에 맞는 일련의 부흥지도자들을 내세우셨다.

하나님은 이 당시에 북미에서 세 갈래의 복음주의적인 부흥운동을 일으키셨다. 첫 번째는 조나단 에드워즈를 중심한 18세기의 제1차 대각성운동이고, 두 번째는 찰스 피니를 중심한 19세기의 제2차 부흥운동이며, 세 번째는 드와이트 무디를 중심한 19세기 후반의 선교부흥운동이다.

II. 제 1 차 대각성운동

미국의 제1차 대각성운동은 북동부 뉴잉글랜드의 부흥, 중부 뉴저지주의 부흥과 남부에서의 부흥으로 구분할 수 있는데, 이중에서 가장 먼저 시작된 부흥은 중부에 속하는 뉴저지주의 화란 개혁교회의 데오도르 프렐링후이센(Theodore Frelinghuysen)에 의해 시작된 부흥이다. 당시 미국에 이주해 온 화란인들은 그들의 향수를 달래기 위해 이 장소로 모여들었고, 1720년경부터 프렐링후이센은 이곳에 모여드는 사람들을 영적으로 일깨우며 활력있는 신앙을 갖도록 부흥운동을 주도하였다.

그는 회중들의 미온적인 신앙을 공격하며, 자주 회중과 마찰을 일으켰다. 그렇지만 그의 직선적인 설교는 결실하여 1726년경에는 "마른 뼈들이 움직이기 시작했다"는 소문이 돌았고, 그는 극적인 능력의 설교자로 기록되었다. 미국의 대각성운동의 많은 특성이 그의 초기 사역에서 나타났으며, 그는 회개의 필요성, 헌신적인 생활, 그리고 평신도들의 활동을 강조하였다. 이것이 효시가 되어 미국 전역에 부흥의 물결이 흘러들어갔다. 이러한 운동에 대하여 교회에서 찬반토론이 있기도 하였지만, 그 흐르는 격류를 막을 수는 없었다.

이 시대의 또 다른 부흥지도자는 1727년에 프렐링후이센이 목회하고 있던 지역에 들어온 길버트 테넌트이다. 아일랜드 감독교회의 사제였던 테넌트의 아버지 윌리엄 테넌트는 1716년에 미국으로 이주해서 곧바로 장로교와 인연을 맺고, 프린스톤의 전신이 된 "통나무 대학"(The Log College Group)을 필라델피아 인근에 세웠다. 그는 거기서 그의 네 아들과 15명의 학생을 교육시켰다. 그는 학생들에게 라틴어, 히브리어 등 신학을 철저히 가르쳤고, 특히 그들에게 열렬한 복음주의 정신을 주입시켰다. 그러므로 이 대학을 졸업한 길버트 테넨트는 인근의 선배 목사 프렐링후이센으로부터 많은 도움을 받고, 복음적 부흥운동을 일으켰다. 그는 폐부를 찌르는 설교를 하였고, 그의 설교가 너무도 직선적이었기 때문에 거부반응을 불러 일으키기도 하였지만, 그의 설교가 공격적일수록 성도들의 가슴에는 그 메시지가 깊이 박혔다. 이로 인해 성도들의 일상생활에 지대한 변화가 있었다.

그런데 그 당시에 미국에는 장로교의 두 가지 흐름이 있었는데, 하나는 신앙을 경험적으로 느끼는 데에 가장 큰 관심을 갖는 청교도 계통의 장로교와 다른 하나는 정확한 교리를 강조하는 스코틀랜드 장로교 계통이었다. 이들은 서로 대치하였고, 어쩔수 없이 청교도측을 따랐던 테넨트가는 뉴브룬스위크에서 새로운 노회를 조직하였으며, 스코틀랜드계 아일랜드인을 대표하는 반테넨트가의 구파는 청교도 진영을 신파로 규정하고 이들을 종교회의에서 제명처분하였다. 그리하여 장로교는 뉴욕회의(신파-테넨트파)와 필라델피아회의(구파-반테넨트파)로 분열되었고, 미국에 들어온 조지 휫필드는 신파교회에서 활약하여 이들의 운동에 활력을 불어넣었다. 1758년에는 양회의가 다시 결합되기는 했으나, 그 앙금이 그대로 남았다.

한편 1730년대에 길버트 테넨트의 부흥운동이 일어난 후 약 10년이 지난 1743년경에 조나단 에드워즈(Jonathan Edwards, 1703-58)가 등장했는데, 그로 인해 미국의 대각성운동이 표면적으로 부상했다. 에드워즈는 강력한 설교사역으로 그곳의 해이해진 분위기를 서서히 변화시켰다. 그는 오직 믿음으로 의롭게 된다는 이신칭의의 설교를 행했으며, 그의 교회는 크게 부흥하기 시작했다.

에드워즈의 집회에 참석한 많은 사람들은 회개하고 각성하며 영원한 진노를 피하여 영생을 얻으려는 관심을 가졌다. 사람들은 의인은 오직 믿음으로 산다는 진리를 이해하게 되었고, 영원한 세계에 대한 관심을 가졌다.

또한 그가 행한 "진노하시는 하나님의 손에 있는 죄인들"이라는 설교는 대각성운동의 선구적 역할을 하였다. 이 설교로 인해 깊은 잠에 빠졌던 청교도의 후예들이 눈물을 흘리며 회개했고, 미국교회의 새로운 분기점이 형성되었다. 이 설교는 사악한 자들의 운명이나 저주를 묘사했지만 반면에 인간은 하나님의 자비가 온전히 필요함을 보여준다. 그가 하나님의 심판을 설교했지만, 그의 주된 관심은 불신자들을 격려하여 하나님의 긍휼을 받게 하는 데 있었다.

에드워즈의 부흥은 주로 회중교회를 중심으로 일어났고, 여기에 횟필드도 가세하여 부흥의 열기는 더욱 고조되었다. 한편 이들 부흥사의 설교를 듣고 쓰러지거나 울음을 터트리는 사례가 열광적으로 나타나고, 부흥사들의 지나친 행동이 회심을 성령의 충동이나 계시로 보지 않게 만들었기에 부흥운동에 부담감을 갖고 있던 신학자들은 부흥운동의 신학적 오류를 검증하기 시작했다.

그리하여 미국의 회중교회는 신광파와 구광파로 나뉘어 구광파들은 미국의 신광파 부흥사역자들을 공격하였다. 이들 구광파들은 칼빈주의 신학을 주장했으나 부흥을 싫어했고, 부흥 사역 중 감정적 요소를 질타하며, 부흥운동을 반지성주의라고 매도하였다. 이런 찬반 논쟁은 한층 가열되었고, 찰스 촌시(Charles Chauncy, 1705-1787)는 그 대표자가 되어 "열광주의를 경계한다"라는 설교를 통해 부흥운동의 감정주의를 맹렬히 공격하였다.

또한 이러한 부흥운동에 대한 강력한 비판은 신광파의 극단주의자인 안드류 크로스웰(Andrew Croswell)을 자극하였고, 그는 칭의의 과정에서 오로지 그리스도의 전가된 의의 충족성만을 강조하여 거듭남은 온전히 경험적인 문제라고 응수하고, 신자의 의무를 강조하는 신학자들을 율법주의자라고 비판했다.

부흥운동에 대한 이런 신구광파간의 논쟁은 동시대를 살던 에드워즈가 양쪽에 대해 올바른 복음주의적 부흥운동의 방향을 제시하게 만들었다. 그는 천재적 지성을 가졌지만 부흥운동시에 있었던 감정의 발산을 무조건 정죄하지 않았고, 부흥운동의 반대세력에 맞서 부흥운동을 변호하면서, 한편으로는 구파의 비판을 일부 수용하여, 극단적인 부흥운동의 위험성을 경고

하였다. 그는 편협한 사상을 가진 양측의 사람들을 모두 비판하고, 중용의 관점에서 부흥운동을 보았다.

그가 말하는 진정한 신앙인은 진리에 대한 믿음과 마음의 책임성 있는 성향이었다. 즉 단순한 감정주의나 지성주의도 아니고, 하나님의 거룩성과 탁월성을 아는 지식과 감정이 잘 조화된 사람이었다. 이러한 부흥사상을 가진 에드워즈의 부흥운동으로 인해 교인들은 놀랍게 증가했고, 각성의 불길은 노드햄턴에서 셔필드, 사우드 하드리, 뉴헤븐에 이르기까지 확산되었다.

한편 에드워즈의 뒤를 이어 벨라미(Joseph Bellamy)나 홉킨스(Samuel Hopkins) 에드워즈 쥬니어(Jonathan Edwards, Jr.)가 그의 후계자로서 부흥운동을 주도하였다. 그리하여 1734년부터 1742년까지 뉴잉글랜드를 중심으로 신대륙을 휩쓴 이 놀라운 영적 운동은 수년 동안 25,000명에서 50,000명이 회심하였으며, 20년 동안 250개의 회중교회가 조직되었다. 뿐만 아니라 뉴잉글랜드에 침례교회도 성장의 틀을 다졌고, 장로교 목회자들도 100명 이상으로 급증하였다.

결국 미국의 제1차대각성 운동으로 말미암아 신앙은 일반 사람들에게 더욱 가까워졌고, 신앙의 개인적 특성을 살리는 경건한 삶이 추구되었다. 따라서 이러한 상황은 개인이 자기의 고유한 종교적 체험을 갖는 권리를 부여했다. 이는 곧 다양성을 의미했고, 나아가서 민주사회의 기본적인 덕목인 자신의 삶을 누릴 수 있는 권리, 자유, 행복추구 등의 개인 권리를 의미했다.

아울러 대각성운동으로 인해 대중적인 교회정치 형태를 가진 회중교회의 급격한 증가가 있었다. 침례교의 회중 중심의 정치형태는 순수한 민주주의의 정형이었다. 교회의 의사결정에서 누구나 동등한 목소리를 낼 수 있었다. 장로교도 역시 식민시대에는 명목상 스코틀란드 교회에 예속되어 있었으나 실제로는 자치적인 교회정치형태를 보여주었다.

또한 부흥운동은 열렬한 인도주의와 선교정신을 고취시켰다. 사소한 범죄에 대해 중형을 선고하던 가혹한 형벌이 완화되었고, 박애주의 정신이 고양되어 많은 자선단체가 설립되었다. 사회악을 개선하기 위해 수많은 복지 단체들이 설립되어 병약자, 노약자, 불구자들을 돌보았다. 또한 인디안들에 대한 구원의 열정으로 에드워즈를 비롯한 많은 사람들이 인디언 선교에 몸을 바쳤다.

부흥운동의 이러한 결과는 무엇보다도 신앙의 회복에서 비롯되었다. 신앙의 회복은 새로운 기독교적 경건을 있게 했고, 도덕적 이상에 대한 추구와 하나님의 말씀을 소중히 여기게 했다. 이러한 신앙적 기반이 당시의 사회에 지대한 영향을 끼친 것이다.

그렇지만 한편으로 부흥운동으로 인해 각 교단이 분열되는 부정적인 면도 있었다. 장로교는 신파와 구파로 분열되었고, 회중교회도 에드워즈를 중심한 신광파와 찰스 촌시를 비롯한 구광파로 나뉘었다. 코네티컷에서는 목사 연합회가 부흥사들을 정죄했다. 이로 인해 부흥주의자들은 새로운 교회를 형성하여 "스스로 분리주의자"가 되었다. 침례교는 회중교회의 신광파를 받아들여 숫자상의 커다란 증가를 보였으나, 부흥추진파인 분리침례교와 부흥에 냉담한 정규침례교로 나뉘었다.

Ⅲ. 19세기 미국의 상황과 제 2-3차 부흥운동

1776년에 미국은 영국의 간섭에서 벗어나 독립을 하였으나 미국의 새로운 정부의 인물들은 이미 유럽에서 유행하던 합리주의나 이신론의 영향을 받았다. 즉 건국초기의 벤자민 프랭클린(Franklin)이나 토마스 제퍼슨(Jefferson)과 같은 지도자들은 기독교적인 관점에서 사회를 보고 정치를 하였으나, 그들의 사상에는 비복음적인 이신론 사상이 침투해 있었기에 인간의 권리와 자유의 회복에 중심을 둔 비신앙적 안목이 미국사회에 영향을 끼쳤다. 그들은 신앙 위주의 정책보다는 국가 위주의 정책을 펼쳤고, 이로 인해 교회생활에 관한 관심이 저하되었다. 또한 제퍼슨은 대통령이 되어

신교자유령을 반포하며 아무도 종교를 강요할 수 없다는 인간의 자유와 권리를 소리높이고 정교분리 정책을 제정하였다(1785). 그는 종교로 인한 과세를 금지시켰으며, 추가된 헌법에도 종교설정을 금하는 법률을 제정하였다.

한편 미국 혁명 후에 낭만주의 도전이 미국에 커다란 영향을 끼쳤다. 낭만주의 정신은 직접적인 직관에 호소했다. 이런 낭만주의 사상을 등에 업고 1830년대에 랄프 에머슨(Ralph Emerson)이 나타났다. 그는 초절주의자로서 즉각적인 직관에 호소하며 자연 속에서 하나님과 인간의 자아발견을 찾았는데, 그는 "내가 계시를 발견하기 위해 성경을 볼 필요가 없고 다만 나는 내 마음속을 볼 뿐이다"라고 했다. 또한 그는 신앙이 나를 판단하게 해주는 외적인 기준이 되지 못하며 오직 나 자신의 본성의 법칙만이 신성시될 뿐이라고 하였다. 그는 인간을 하나님의 일부라고까지 말하는 범신론으로 기울었다.

결국 미국의 독립 후의 이러한 비신앙적 사상은 신앙의 나태를 초래하였고, 기독교가 인간의 선택에 따른 하나의 종교라는 사상이 지배하였다. 그리하여 신앙의 나태를 자각한 새로운 신앙운동이 프린스턴을 중심으로 일어나기 시작했다. 프린스턴의 학생들은 회개와 기도운동을 벌였고, 또한 예일대학에서도 에드워즈의 손자였던 티모시 드와이트 총장의 주도 아래 학생들이 신앙의 열기를 위해 노력했다.

이러한 신앙부흥운동은 성령의 역사를 힘입어 새로운 신앙의 열심을 회복시켰고, 동부의 지성적인 부흥운동에 대해서 싫증을 느낀 서부 켄터키주의 장로교 목사들은 소위 천막집회(Camping meetings)를 열었으며, 서부의 도덕적인 개선에 기여하였다. 이런 가운데 변호사였다가 급작스럽게 회심하여 장로교 목사가 된 찰스 피니(Charles Grandison Finney, 1792-1875)가 제2차 부흥운동의 지도자로 떠올랐다.

찰스 피니는 명목상의 종교생활을 하다가 하나님의 은혜를 경험한 후에 하나님께 전적으로 헌신한 사람이다. 그는 자신의 구원에 대해 고민했으며, 구원이 인간의 노력에 대한 하나님의 응답이라고 생각하고 무던히 노력하였다. 그러던 중에 그는 죄문제를 놓고 열심히 기도하다가 성령의 체험을 하였고, 그후로 복음사역자로 나서게 되었다. 그 때문에 그는 구원에 있어서의 인간의 노력을 인정하는 신학을 이루었고, 그는 설교할 때마다 사람들에게 죄에 대한 탄식을 불어 넣고는 인간이 하나님을 선택할 것을 말했다. 그의 신학적 방법은 실용주의적이었으며, 부흥은 단순히 하나님의 기적의 역사가 아니라, 인간의 노력에 따른 하나님의 선물이라고 믿었다.

이렇게 그의 신학은 장로교회의 엄격한 칼빈주의와는 충돌되지만, 그럼에도 불구하고 장로 교단의 목회자들은 그를 인정했고, 그는 부흥주의자로서 명성을 얻었다. 그는 "부흥"이라는 책에서 "부흥은 곡식을 심는 것과 같다"고 말했다. 즉 씨를 심고 길러서 추수하는 것이라고 비유했다. 이는 부흥이 오로지 하나님의 전적인 역사이며 기적이라고 말한 조나단 에드워즈의 칼빈주의적 부흥의 수정을 의미했다. 그러므로 우리는 피니가 신학적으로 개혁주의 신학의 알미니안적 해석을 가졌다고 말할 수 있을 것이다. 그는 칭의와 성화를 강조하였으나 구원에 있어서 인간의 역동적 협력을 강조하고, 성화에 있어서 사람이 동시에 거룩하고 죄스러울 수는 없다는 신념으로 완전성화를 향해 나아가는 사람들을 고무시켰다. 그러므로 그에게서 하나님의 말씀에 따른 온전한 순종은 신자의 필수항목이었다.

또한 피니의 부흥운동은 "새로운 방법"들을 많이 동원한 것으로 유명하다. 그는 잠재적인 회심자로 분류된 사람들이 앉는 의자를 특별히 마련한다든지, 회개를 강력히 촉구하기 위해 특별히 만들어진 모임을 갖든지, 공중예배 시에 남자들 앞에서 여성들이 대표로 기도할 수 있게 했다든지, 설교 중에 개인의 이름을 거명하며 호소하는 그런 특별한 방법들을 도입했다. 그러한 것들은 논쟁의 여지가 되었으나, 그럼에도 불구하고 후대의 사람들은 그것을 계속해서 사용하여 미국의 부흥운동의 전형으로 만들었다. 피니의 개종은 참으로 미국 개신교에 극적인 영향력을 끼쳤다. 그의 신학의 반(half)칼빈주의적(친알미니안적) 사상은 자아의존적이고 독립적인

19세기 미국의 정신을 대변했다.

결국 찰스 피니가 주도한 제2차 부흥운동은 사회 문화 운동으로 전개되면서 미국 사회에 커다란 발전을 가져다 주었고, 이런 부흥운동의 여파로 교인들의 숫자가 증가했다. 감리교는 1784년 1만 5천명에 불과했던 숫자가 2백만을 넘었고, 침례교도 이에 못지 않게 부흥했으며, 장로교는 감리교의 수적 발전에는 못미쳤지만 노회를 중심한 조직의 정비를 가져왔다. 뿐만 아니라 부흥회를 통해 조직된 소그룹 모임이 자발적인 조직을 통해 외국 선교회의 조직을 활성화시켜 각 교파마다 해외 선교위원회가 조직되었다. 또한 주일학교가 활성화되어 성경의 반포에 힘을 쏟아 1816년에 미국성서공회가 창설되었고, 그 이듬해에는 주일학교연맹이 창설되었다. 그리고 도덕성의 회복과 인도주의가 향상되어 금주운동과 성수주일 그리고 노예제도 폐지 운동이 전개되었다.

하지만 이러한 부흥운동의 긍정적인 여파 외에 부정적인 현상도 만만치 않았다. 부흥운동의 와중에 여러 교단들이 분열되었다. 한편 분열의 주된 원인은 노예문제였다. 노예제도를 인정하는 남부의 교회와 노예제도에 반대입장을 취하는 북부의 교회들 간에 싸움으로 남부의 감리교회는 1845년에 분리해 나갔고, 침례교회도 같은 해 남침례교 협의회를 결성하여 분열하였고, 장로교도 마찬가지로 북부에서 아메리카합중국 장로교회를 따로 조직하였다.

한편 조나단 에드워즈를 중심한 대각성운동과 찰스 피니를 중심한 2차 부흥운동이 있은 후에 19세기 후반에는 드와이트 무디(Dwight Lyman Moody, 1873-1899)로 인해 세 번째 부흥운동이 일어났다. 무디는 미국의 19세기 마지막 부흥운동을 주도하면서 복음전파와 외국선교에 지대한 공헌을 하였다.

그는 미국의 메사추세추 주의 노스필드에서 태어나서 극심한 가난 때문에 정규교육을 받지 못했으나, 청년이 되어 그의 영적인 은사인 킴볼 선생을 만난 후 구원의 확신을 얻고 전도자로 새 출발하였다.

회심 후에 그의 열심은 대단해서 거리에서 손수 의자를 놓고 어린이들에게 가르칠 정도였다. 그는 점차 유명해져서 젊은 부흥사로서 미국 전역에 이름을 날렸고, 수많은 청중을 상대로 복음을 전파하였다. 그는 주로 Y.M.C.A를 통해서 전도를 하였고, 그의 복음의 열정은 설사 그가 지식이 부족했더라도, 그 누구보다도 훌륭한 설교를 하게 했다. 그는 수많은 나라를 순방하며 설교를 행했고, 그가 런던에서 집회를 가진 횟수가 285회에 달했다.

그의 신앙부흥운동으로 인해 수많은 사람들이 해외선교에 열정을 품었다. 무디는 1886년에 선교사가 되겠다고 하는 200여명의 학생들을 모아 매사추세츠에서 여름학교를 개최하여 100여명의 해외선교사를 결신케 했다. 그리하여 그들을 중심으로 미국 YMCA총재인 존 모트(John R. Mott, 1865-1955)가 세계복음화를 슬로건으로 하는 '해외전도 지원자 운동'을 결성하였다.

이렇게 19세기의 미국은 열정적인 복음주의자들의 교회부흥을 위한 몸부림과 더불어 사회에 건강한 발전이 있었으나 부정적으로는 부흥운동과 더불어 이단들도 발흥했다. 침례교인이었던 윌리엄 밀러(William Miller, 1782-1849)는 다니엘서를 읽다가 주의 재림을 계산하여 1843년에 재림한다고 주장하며 1845년에 재림파를 설립하였고, 1863년에는 그의 추종자들이 제칠일 안식교를 정식으로 발족하였다. 안식교의 뒤를 이어 몰몬교가 생겨났는데, 그 창시자는 조셉 스미스(Joseph Smith)였다. 그는 1827년에 신비의 계시를 받고 뉴욕 근처의 만체스터 근교에서 비밀 문자로 된 몰몬경(Book of Mormon)을 발견했는데, 그 책의 번역을 완성하고나니 천사가 그 책의 원본을 회수해 갔다고 주장하였다. 그는 일부다처제를 주장하고 1830년에 뉴욕에서 정식으로 교회를 세웠다. 몰몬교는 미국의 여러 지역으로부터 박해를 받았으나, 유타의 솔트 레이크시로 이주하여 사업의 성공과 더불어 자신들의 선교에 박차를 가하였다.

1. 조나단 에드워즈(Jonathan Edwards, 1703-58)의 진노하시는 하나님

조나단 에드워즈는 복음적 부흥운동을 일으킨 선구자이며, 그는 평생을 부흥운동에 몸을 바쳤다. 교회 역사에서 휫필드나 웨슬리가 대중적 설교가로서 부흥운동에 주도적 역할을 했다면, 그는 신학적 체계화로서 부흥운동에 지대한 영향을 끼쳤다. 그는 미국의 제1차대각성운동의 주역이었으며, 그가 1741년에 행한 "진노하시는 하나님의 손에 있는 죄인들"이라는 설교는 대각성운동의 선구적 역할을 하였다. 성경시대 이후로 이 제목만큼 널리 알려진 설교도 드물 것이다. 그의 이 설교로 깊은 잠에 빠졌던 청교도의 후예들이 눈물을 흘리며 회개했고, 미국교회의 새로운 분기점을 형성했다.

진노하시는 하나님의 손 안에 든 죄인들

"보수는 내 것이라 그들이 실족할 그 때에 갚으리로다"(신 32:35).

…이 두렵고 떨리는 주제를 활용하여 이 회중 속에 아직도 회개하지 않은 사람들을 깨우쳐 드리겠습니다. 여러분이 지금까지 들었던 모든 것은 그리스도 바깥에 있는 사람들 모두에게 해당되는 것입니다. 그 비참한 세계, 그 유황불이 타는 불못은 여러분의 발밑에까지 밀려와 있습니다. 하나님의 진노의 타오르는 화염으로 가득한 무서운 구덩이가 있습니다. 지옥이 넓게 입을 벌리고 있습니다.

그런데 여러분이 의지하여 서 있을 곳이 하나도 없고 부여잡을 것이 하나도 없습니다. 여러분과 지옥 사이에 허공만이 있을 뿐입니다. 여러분을 붙잡아 주는 것은 오로지 하나님의 권능과 하나님의 기뻐하시는 뜻 뿐입니다. 여러분은 아마 이것을 의식하지 못하고 있을 것입니다. 하나님의 지켜주심으로 인해 여러분은 지옥 바깥에 있습니다. 그러나 여러분을 지켜주시는 하나님의 손을 보지 못합니다.

역시 여러분은 자신의 건강한 체질과 생명, 그리고 여러분 자신을 돌보기 위해 사용하는 방편 등을 바라보고 있습니다. 그러나 실로 이런 것들은 아무것도 아닙니다. 만일 하나님께서 당신의 손을 거두시면 그런 것들이 지옥으로 떨어져 내려가는 여러분을 보존하는 데 아무런 힘도 없습니다. 마치 공중에 매달려 있는 사람을 엷은 공기가 붙잡아 주지 못하는 것처럼 말입니다.

말하자면 여러분의 악함이 여러분을 납처럼 무겁게 만들며, 큰 무게와 압력으로 지옥에 떨어지도록 합니다. 만일 하나님께서 여러분을 내버려 두신다면, 여러분은 즉시 신속하게 밑바닥이 없는 깊은 구렁으로 가라앉아 버릴 것입니다. 그리고 여러분의 건강한 체질, 여러분 자신의 주도면밀함, 죽을 꾀를 쓰는 것, 여러분 자신의 의, 그 모든 것이 지옥으로 떨어지지 못하게 여러분을 붙잡는 데 더 이상의 힘을 발휘하지 못합니다. 마치 거미줄이 떨어지는 바위를 떨어지지 않게 하는 것이 전혀 불가능하듯이 말입니다…

하나님의 진노의 검은 구름이 지금 여러분 위에 드리워져 있습니다. 그 구름은 무서운 폭우를 담고 있고 무서운 천둥 번개를 가진 것입니다. 하나님의 제어하시는 손길이 아니라면 그것이 즉각 여러분에게 쏟아져 내릴 것입니다. 지금은 하나님의 주권적인 뜻으로 그 하나님의 거센 광풍이 불지 않고 있습니다. 그렇지 않다면 그 바람이 무섭게 불고, 파멸은 회오리 바람처럼 올 것이며, 여러분은 여름 타작 마당의 쭉정이 같을 것입니다.

하나님의 진노는 저수지에 담긴 엄청난 물과 같습니다. 갈수록 그 수위는 높아지고 물의 양이 너무 많아 방류할 정도가 되었습니다. 그 댐의 수문을 막아 놓는 시간이 길면 길수록 그 물을 터놓는 날에는 그 물살은 그만큼 더 빠르고 거셉니다. 여러분의 악행을 향한 하나님의 심판이 있기까지는 집행되지 않았다는 것이 사실입니다.

하나님의 보응의 물이 가두어져 있습니다. 그러나 짧은 시간 내에 여러분의 죄는 계속해서 불어 납니다. 여러분은 매일 하나님의 진노를 더 쌓고 있습니다. 물은 계속 그 수위를 더해 가고 있습니다. 물은 더욱더 소용돌이 쳐 힘을 갖게 됩니다. 그 물이 흘러가지 못하게 붙잡고 있는 것은 하나님의 선하신 뜻입니다. 그런데 그 물은 멈춰 서 있으려고 하지 않고 터져 나가려고 압력을 가하고 있습니다.

만일 하나님께서 그 물이 흐르는 수문을 막고 계시던 손을 **빼**시기만 하면 그 입구는 금방 활짝 열리고, 하나님의 맹렬한 진노의 물줄기가 어떻게 할 수 없는 강포함으로 터져 나가 지옥 중에 있는 가장 힘이 세고 튼튼한 마귀가 가진 힘보다 천배의 더 큰 힘을 가지고 있다 해도 그 하나님의 진노의 물살을 견디내지 못할 것입니다…

그러하기에 영혼에 역사하시는 하나님의 성령의 전능하신 능력으로 마음에 큰 변화를 결코 겪어보지 않은 여러분, 결코 거듭나서 새로운 피조물이 된 일이 없는 여러분, 죄가운데 죽어 있는 상태에서 새로운 상태, 곧 전에는 전혀 경험하지 않았던 빛과 생명의 상태로 옮겨지지 않은 여러분들 모두가 그 성난 하나님의 손 안에 있는 것입니다…

하나님은 정결하신 분이시기에 여러분을 차마 그대로 참고 계실 수 없습니다. 가장 징그러운 독사가 우리의 눈에 미운 것보다 천 배 이상 하나님의 눈에 여러분은 미운 존재입니다.

…여러분이 불에 떨어지지 않도록 붙잡고 있는 것은 하나님의 손뿐입니다. 지난 밤에 여러분이 갑작스럽게 죽어 지옥에 가지 않은 것은 다른 무엇 때문이 아닙니다. 눈을 감고 잠이 든 후에 다시 깨어난 것은 다름아닌 하나님 때문입니다. 아침에 일어나서 지금까지 지옥에 떨어지지 않은 것도 하나님의 손이 여러분을 붙잡았기 때문입니다. 그 외에 다른 이유가 없습니다…

여러분 아직도 그리스도 밖에서 지옥의 구덩이 위에 매달려 있는 각 사람은, 노인이든 청년이든 젊은이든 어린 아이든, 하나님의 말씀과 섭리의 큰 부르심을 귀담아 들어야 할 것입니다…

그러므로 그리스도 바깥에 있는 각 사람은 지금 깨어서 임박한 진노를 속히 피하십시오, 이 회중의 대부분의 머리 위에 틀림없이 전능하신 진노가 머물러 있습니다. 각 사람은 소돔에서 서둘러서 빠져 나오십시오….

    Jonathan Edwards, *Jonathan Edwards On Knowing Christ* (Pensylvania: The Banner of Truth Trust, 1990)

2. 조나단 에드워즈의 부흥관

    신앙과 정서에 나타난 에드워즈의 부흥운동의 특징은 그가 편협한 사상을 가진 사람들을 모두 비판하고, 중용의 관점에서 부흥운동을 보았다는 것이다. 그는 부흥운동을 비판하는 구파들과 구원의 표징만을 찾는 열광주의적인 부흥운동가들을 모두 잘못된 것으로 동일시하였다. 그가 말하는 진정한 신앙인은 진리에 대한 믿음과 마음의 책임성 있는 성향을 포함한다. 즉 단순한 감정주의나 지성주의도 아니고, 하나님의 거룩성과 탁월성을 아는 지식과 감정이 잘 조화된 사람이다.

우리는 모든 종교적 정서들이 견고하고 실질적인 것을 전혀 가지고 있지 않다고 무시하는 자들이 얼마나 큰 실수를 범하고 있는가를 배울 수 있다.

지금 이 나라에는 이러한 방식으로 생각하는 경향이 널리 퍼져 있다. 지나간 특이한 시기에 종교적인 정서들을 대단히 크게 갖고 있는 것처럼 보였던 사람들이 정서를 강하게 나타내고 대단한 열심을 보였을 때에 바른 지성의 균형을 보이지 못하고 많은 실수에 빠졌다.

많은 사람들의 높은 정서의 표현들이 금방 아무 것도 아닌 것으로 변해 버리는 것 같았고, 한동안 기쁨과 열심히 대단히 고양되고 사로잡힌 것처럼 보였던 이들이 개가 그 토한 것에 되돌아가는 것 같은 모습을 보였다. 그래서 일반적으로 종교적인 정서들이 대단히 많은 사람들에게 신빙성이 없는 것으로 여겨졌다. 마치 종교 속에는 종교적인 정서가 전혀 들어 있지 않는 것처럼 여기게 되었다.

　우리는 이 극단에서 저 극단으로 쉽고 자연스럽게 치달아가고 있다. 얼마 전만 하더라도 우리는 다른 극단에 서 있었다. 모든 높은 종교적 정서들을 참된 은혜의 탁월한 역사들로 보는 분위기가 편만했다. 그때는 그러한 정서들이 어떤 본질을 가졌으며, 어디에서 연유되었는가에 대해 큰 의문을 달지 않았고, 그 정서의 문제들이 야기된 방식에 대해서도 그러하였다.

　사람들이 크게 감동하고 깨우침을 받아 종교적인 대화로 꽃을 피우고, 뜨거움으로 자신들의 생각을 표현하고, 매우 충만해 있거나 온전한 상태에 있는 것처럼 자신들을 나타내기만 하며, 더 점검해보지도 않고 그런 사람들은 하나님의 성령에 충만하고 하나님의 은혜에 감동을 크게 체험한 사람이라는 결론을 내려 버리는 경향이 있었다. 3-4년 전만 하더라도 그러한 극단이 우세하였다. 그러나 최근에는 구분없이 모든 종교적인 정서들을 높이 평가하거나 찬탄하는 대신에 구분없이 모든 정서들을 거부하고 무시해 버리는 분위기가 더욱 우세하고 있다.

　여기에 사단의 교활함이 있다. 사단은 정서들이 유행을 크게 타고 있다는 것을 알았다. 이 땅의 대부분의 사람들이 그러한 일들에 익숙치 못하고, 그러한 정서들을 잘 판단하고 참과 거짓을 구분해 낼 만큼 충분한 종교적 정서들을 체험하지 못했다는 것을 알았다. 그것을 안 사단은 곡식 가운데 가라지를 덧뿌리면 최고의 승산을 얻을 수 있다는 것을 알고 하나님의 성령의 역사들과 거짓된 정서들을 섞어 놓았다. 그렇게 하면 많은 영혼들이 속임을 당해 파멸에 이르기 쉽다는 것을 알았다. 또한 그것이 성도들의 안에 있는 종교를 크게 손상시키고, 그 성도들을 무서운 광야에 꼼짝없이 묶어 둘 수 있는 묘책이라는 것을 알았다. 그리고 모든 종교가 악평을 받게 하는 그럴 듯한 방식임을 알아챈 것이다.

　그러나 이제 이러한 거짓된 정서들의 악한 모략이 드러나고 있으며, 현란한 모습을 보였고, 많은 사람들로부터 크게 높임을 받았던 정서들 가운데 어떤 것들이 사실은 아무것도 아니라는 것이 매우 뚜렷하게 밝혀지고 있다.

이때 마귀는 자신의 이익을 위해서 또 다른 방식을 적용한다. 즉 있는 힘을 다해 종교에 관계된 모든 정서와 마음의 느낌은 전혀 아무 것도 아니며 해로운 것이니 조심하여 회피하고 경계해야 하는 것이라는 식의 설득을 하고 있다. 이런 방식이야말로 종교를 전혀 생명력이 없는 형식으로 전락하게 만들어 버리고 경건의 능력과 영적인 모든 것을 효과적으로 차단시키고, 참된 기독교 전체를 붕괴시킬 수 있는 좋은 묘책임을 사단은 알고 있다. 왜냐하면 참된 종교에 있어서 정서 이외에 다른 어떤 것이 있어야 하지만 정서가 없이는 참된 종교도 존재할 수 없을 정도로 정서가 참된 종교에 차지하는 비중이 크기 때문이다.

종교적 정서가 전혀 없는 사람은 영적으로 죽은 상태에 있는 것이고, 그의 마음에 역사하시어 감화시키고 강력하게 하시며 구원해 주시는 하나님의 성령을 갖고 있지 못한 사람이다. 단지 정서만으로 참된 종교가 될 수 없듯이 종교적인 정서가 전혀 없는 곳에는 참된 종교가 존재할 수 없다.

정감어린 뜨거운 마음뿐만 아니라 이해의 빛도 있어야 한다. 빛이 없이 열만 있는 마음속에는 신적인 것이나 하늘에 속하는 것이 전혀 존재할 수 없다. 반면에 열이 없고 어떤 유의 빛만이 존재하는 경우가 있다. 머리는 관념적인 사변들과 생각들로 가득 차 있다. 그리고 마음은 차갑고 감동받지 못한다. 그러한 빛 가운데는 신적인 것이 전혀 존재할 수가 없다. 그러한 지식은 신적인 것들을 아는 참된 신령한 지식이라 할 수 없다.

만일 위대한 종교의 내용들을 바르게 이해하기만 한다면 그 내용들은 마음을 감동시킬 것이다. 사람들이 하나님의 말씀 속에서 자주 듣고 읽는 그 무한히 위대하고 영광스러운 것들에 아무런 감동을 받지 못하는 이유는 의심할 것도 없이 마음의 눈이 닫혀 있기 때문이다. 그들이 마음의 눈을 연다면 그러한 것들을 통해 강한 인상과 큰 감동을 받지 못하는 일은 있을 수 없으며, 또한 이는 본질적으로 전혀 맞지 않는 일이다. 종교적인 정서들을 모두 무시한 태도는 사람들의 마음을 굳게 하고 우둔함과 무감각함 속에 머물도록 조장하며, 생존하는 동안 영적으로 죽어 있는 상태에 머물게 하고, 끝내는 영원한 죽음으로 몰고가는 극히 위험한 방식이다. 오늘날 이 땅에서 종교적 정서에 대해 반감을 갖는 양상이 우세한 것은 분명히 죄인들의 마음을 강퍅하게 하는 무서운 효과를 내고 있다. 그것이 많은 성도들의 마음속에 있는 은혜를 둔감하게 만들고, 종교의 생명과 능력을 무디게 하며, 여러 규례들의 효과를 미리 배제시켜 우둔함과 냉담함의 상태에 우리를 내려 앉게 만드는 무서운 효과를 나타낸다.

의심할 것도 없이 그러한 선입견에 기인하여 많은 사람들이 최근에 하나님께서 이 땅에서 행하신 특별한 일을 과소평가하고 얕잡아보는 일을 즐김으로써 하나님께 큰 범죄를 저질렀다. 또한 모든 종교적인 정서들을 경멸하고 무시하는 사람들에게 그러한 방식은 그들의 마음에서 종교를 완전히 몰아내고 그들의 영혼을 망치게 하는 것이다.

다른 사람들에게서 보이는 높은 정서들을 정죄하는 사람은 높은 정서를 갖지 못한 사람임에 틀림없다. 종교적인 정서를 갖추지 못한 사람은 바로 종교가 없는 사람이다. 자신은 종교적 정서가 없으면서 종교적인 정서를 보이는 사람들을 정죄하는 이런 사람들이야말로 전혀 종교를 갖고 있지 못한 사람들이다.

정서에는 거짓된 것과 참된 것들이 있다. 많은 정서를 가지고 있다고 해서 그것이 그 사람이 참된 종교를 갖고 있다는 증거는 될 수 없다. 그러나 만일 그가 어떤 정서도 갖고 있지 않다면 그 사람은 어떤 종교도 갖고 있지 않다는 증거이다. 모든 정서를 다 거절하는 것은 바른 방식이 아니다. 또한 모든 정서를 다 인정하는 것도 올바른 방식이 아니다. 정서들을 구분하여 어떤 정서는 인정하고 다른 정서는 받아들이지 않고, 곡식과 가라지, 정금과 찌꺼기를 가려내고, 보배로운 것과 천한 것을 가려내는 것이 올바른 방식이다.

정서가 참된 종교에서 많은 비중을 차지하고 있다면 우리는 정서들을 일으키는 성향이 강한 방편들을 바람직한 것으로 여겨야함을 유추할 수 있다. 이러한 방편들이 참여하는 자들의 마음을 깊이 감동시키는 책들이나 말씀 설교 그리고 기도나 찬미를 드리면서 하나님을 예배하는 그러한 방식을 많이 소원해야 한다. 얼마전까지만 해도 이 땅의 대부분의 사람들은 가장 탁월하고 유익하며 은혜의 목적을 촉진시키는 유의 방편들을 크게 인정했고 추천했다. 그러나 최근의 분위기는 사뭇 달라진 것 같다. 전에는 감상적인 투로 기도하고 설교하는 것이 크게 인정을 받았는데, 왜냐하면 그러한 방식이 정서들을 움직이는 경향이 있었기 때문이다. 그러나 지금은 그러한 투의 방식이 대대수의 사람들에게 금방 반감을 불러 일으켜지고 불쾌와 경멸의 정서 외에 다른 어떤 정서도 야기시키지 못하고 있는 실정이다. 아마 전에 대대수의 사람들이 공적인 행상에서 주어지는 정감어린 정서에 너무 많은 것을 기대하는 극단에 빠졌던 것 같다. 그러나 지금의 대다수 사람들이 정반대의 극단을 치닫고 있다.

사실상 약하고 무식한 사람들의 감정을 동요시키면서도 영혼에는 아무런 유익을 주지 못하는 방편들이 존재할 수 있다. 그런 것들은 정서들을 흥분시키는 경향은 있으나 은혜로운 정서를 야기시키거나 정서를 은혜 쪽으로 기울게 하는 경향을 거의 갖지 못할 수가 있다. 그러나 종교의 내용들을 사용된 방편을 통해 그 본질에 합당하게 다루고 참되게 드러내어 바르게 이해하고 판단하도록 한다면 거기에 채용된 방편들이 정서를 움직이는 경향을 가질수록 더 좋다는 것은 분명하다…

하나님은 사람의 죄를 위한 희생제물로 자신의 사랑스런 아들을 내어주셨다. 또한 무죄하시고 거룩하시고 온유하신 하나님의 아들의 비할데없는 사랑은 고뇌어린 죽음 속에서 나타났다. 그의 땀방울은 피같이 되었으며, 큰 소리로 비명을 지르며 애통해하는 마음을 가지셨다. 이 모든 것은 원수된 자들을 위한 것이었다. 그들을 마땅히 가야할 영원한 불못에서 구속하고 그들에게 형언할 수 없는 영원한 기쁨과 영광을 누리게 하기 위함이었다. 그러한 것들을 들으면서 어찌 냉담하고 무감각할 수 있겠는가!

우리가 여기서 우리의 정서를 마땅히 나타내지 못한다면, 그 어디서 그것을 보이겠는가? 우리의 정서는 마땅히 행사하기를 더 요구하는 것이 무엇이겠는가? 만일 그와 같은 것이 없다면 그 정서를 생동감 있게 나타낼 마땅한 기회가 어디 있겠는가? 어느 것이 더 위대하고 중요하게 보이겠는가? 이보다 더 놀랍고 신기한 일이 어디에 있는가?

  Jonathan Edwards, *The Reliegious Affections* (Pensylvania: The Banner of Truth Trust, 1961)

3. 토마스 제퍼슨(Thomas Jefferson, 1743-1826)의 독립선언문

  영국의 식민지에서 독립한 미국은 새로운 정부를 구성하였으나 그 인물들은 이미 유럽에서 유행하던 합리주의나 이신론의 영향을 받았다. 그 대표적인 경우가 토마스 제퍼슨(Jefferson)이었는데, 그는 기독교적인 관점에서 사회를 보고 정치를 하였으나, 그 사상에는 비복음적인 이신론 사상이 침투하였다. 그리하여 인간의 권리와 자유에 중심을 둔 비신앙적 안목이 미국사회에 맹위를 떨쳤고, 신앙 위주의 정책보다는 국가 위주의 정책을 펼쳤다.

1776년 7월 4일, 13의 식민지 연합 의회의 결의에 의한 전원일치의 선언
인류의 발전과정에 하나의 국민이 지금까지 다른 국민의 지배아래 있는 결합의 정치적 유대를 끊고 자연의 법과 자연의 신의 법에 의하여 부여되는 자립 평등의 지위를 세계 여러 강국 사이에서 차지할 필요가 있을 경우에 그 국민이 이탈 자립을 하지 않을 수 없는 이유를 성명하는 것은 인류 일반의 의견에 대하여 품는 당연한 존중의 결과이다.
  우리는 자명한 진리로서 모든 사람은 평등하게 창조되고 조물주에 의하여 빼앗을 수 없는 일정한 천부의 여러 권리를 부여받았으며, 그 가운데서도 생명, 자유, 및 행복의 추구가 포함되었다고 믿는다. 그리고 이들 권리를 확보하기 위하여 인류에게 정부가 조직된다는 것, 그리하여 이 정당한 권력은 피치자(피지배자)의 동의에 유래한다는 것을 믿는다. 그리고 어떠한 정치형태라 할지라도 만일 이들 목적을 훼손하는 것이 되었을 경우에는 인민은 그것을 개폐하고 그들의 안전과 행복을 가져온다고 인정되는 주의를 기초로 하며, 또한 그와 같은 권한의 기구를 가지는 새로운 정부를 조직할 권리를 갖는다고 믿는다.

그러므로 우리들 아메리카 연방 대표는 전체회의에 모여 우리가 지향하는 성실하고 진실한 것을 세계의 지고한 심판자에게 호소하면서 이들 식민지의 선량한 인민의 이름으로 또한 인민의 권위로 엄숙하게 공포하고 선언한다. 이 연합 식민지는 자유이며 독립되는 국가이다. 그리고 관리로서 이것은 당연한 것이다. 이들 모든 연방은 영국 국왕에의 충성으로부터 일절 해제되고 영국과의 정치적 관계는 전부 당연히 소멸되었다. 그러나 이들 연방은 자유이며 독립된 나라로서 강화를 하며, 동맹통상의 조약을 맺는 완전한 권리가 있고, 독립국이면 당연히 행할 수 있는 다른 일체의 행위를 할 권리가 있다. 이 선언을 지지하기 위하여 우리는 신성한 섭리의 보호를 믿으며 서로가 우리들의 생명 재산 및 귀중한 명예를 바칠 것을 맹세한다.

세계사상대전집, 안상호 편(서울: 태양서적, 1972)

4. 토마스 제퍼슨(1743-1826)의 버어지니아 신교 자유령 (1786)

전능한 신은 인간의 마음을 자유로운 것으로서 창조해 주셨다. 그러므로 현세의 형벌 또는 부과 그리고 법률상의 무능력 규정으로서 인간의 자유로운 마음에 영향을 주려는 시도는 모두가 비열을 발생케하는 경향을 가지며 우리들 종교의 신성한 창시자의 계획으로부터 이탈하는 것이다. 이 창시자는 인간의 신체와 마음의 주인이면서 우리들의 종교를 선포함에 있어서 인간의 신체나 마음을 강제하는 방법을 특별히 피하신 것이다.

그런데도 불구하고 교계 및 속계의 입법자나 지배자들은 그들 자신의 과오를 범하기 쉽고 또한 계시를 인도하는 일이 적은 사람들이면서도 다른 사람의 신앙에 대한 지배권을 착취하고 그들 자신의 견해나 사고방법을 유일한 진리이며 무류한 것이라 제창하는가하면 또 이것들을 다른 사람에게도 강제하려고 노력하고 이와 같은 방법으로 그들은 전세계의 대부분에 걸쳐서 그리고 과거의 전역사를 통해서 많은 허위종교를 공인적인 제도로서 수립하고 또 유지해온 것이다.

하나의 인간에게 그가 믿는 사상과 견해를 선포하기 위하여 금전의 공출을 강제하는 것은 그 일 자체가 죄이며 폭정이다…

우리들의 시민적 모든 권리가 우리들의 종교상의 사상과 견해에 조금도 의거하지 않는 것과 같다.

따라서 시민이 특정한 종교를 신봉한다든가 신봉하지 않는다든가 하는 것을 이유로 그 시민으로부터 책임있는 유급 관공직에 등용될 법칙 능력을 박탈하고 그 시민을 공공의 신뢰를 받을 가치가 없는 사람으로 차별적으로 지정하는 일은 그 시민이 동포 시민들과 동등하게 자연권으로서 향수하는 특권 및 편익을 그 시민으로부터 부당하게 빼앗는 것이다…

특정한 사상 견해라든가 신조가 유해한 경향을 갖는 것이라는 추정 아래 사상의 영역에까지 행정관리가 그 권력을 발동하든가 신조의 고백이나 선포에 대해서 행정관리가 제한을 가하는 것을 용인한다는 것은 완전히 위험한 속임수의 괴변에 지나지 않으며, 또한 신교의 자유를 파괴하는 것이다. 잘못하면 이와 같은 행정관리는 특정한 사상, 신조가 유해한 경향을 가진 것인가 아닌가를 가름하는 재판관의 지위에 서게 되어 그 자신의 사상 견해를 판단과 재정의 기준으로하여… 다른 사람의 사상 감정을 용인하기도 하고 문책하기도 하게 되기 때문이다…

요컨대 진리는 위대하며 거기에 자유를 부여하면 반드시 승리한다. 진리를 과오에 대한 정당하고 또한 충분한 대립자이며 인위적인 간섭에 의하여 자유토론이라는 진리 자체의 무기를 진리로부터 빼앗지 않는 한 진리는 그 과오와의 투쟁에서 아무 것도 두려워할 것이 없다…

그러므로 본 회의는 여기에 다음과 같이 입법하는 바이다.

누구에게도 종교적 예배에 참례하고 종교적 특정 장소를 방문하고 또한 교직자에게 경제적 지원을 부여할 것을 강제해서는 안된다. 누구에게도 그 종교상의 사상 견해 또는 신앙을 이유로 강제, 제한, 방해를 가하고 또한 신체나 재산에 부담을 과하고 기타 일체의 곤란을 주어서는 안된다. 모든 사람은 종교에 대한 각자의 사상견해를 표명하고 그것을 변호하고 지지할 자유를 갖는다. 그리고 종교에 대한 각자의 견해 여하를 이유로 하여 각자의 시민적 및 법적 자격과 능력에 그 감소증대나 기타 어떠한 변경도 초래할 수 없다.

세계사상대전집, 안상호 편(서울: 태양서적, 1972)

5. 랄프 에머슨(Ralph Waldo Emerson, 1803-82)의 초절주의 자연예찬론

에머슨은 19세기를 대표하는 미국의 초절주의 문인으로서 그는 직관에 호소하고, 자연에 대한 예찬을 했다. 그는 초절주의적 사상을 갖고 자연 속에 비추어진 하나님의 모습을 찾았으며, 인간의 자아발견에 바탕을 둔 범신론적 사상을 펼쳤다.

자연

우리의 시대는 과거지향적이다. 우리의 시대는 선조들의 무덤을 세운다. 우리의 시대는 전기와 역사와 비평을 써내기에 여념이 없다. 전시대의 사람들이 신과 자연을 곧바로 대면한 데 반하여 우리는 그들의 눈을 통해서 보고 있다. 우리는 왜 우주에 대한 우리만의 독특한 관계를 정립하면 안되는가? 우리는 왜 우리 자신의 통찰을 담은 시와 철학을 가져서는 안되는 것인가? 우리는 왜 전시대 사람들의 종교의 역사가 아니라 우리에게 직접 계시되는 종교를 가지면 안되는 것인가? 생명의 흐름이 봇물져 우리를 에워싸고 관통하는 자연의 품에 안겨 한 철을 지내보라. 자연은 우리에게 그 넘치는 생명력으로 그것에 상응하는 행동을 하도록 촉구할 것이다. 그럴진대 우리는 왜 메마른 과거의 뼈를 만지작거리고 있으며, 왜 살아있는 사람들을 퇴색한 옷으로 치장한 가장 무도회에 빠져들게 하고 있는가? 태양은 오늘도 빛나고 있다. 들에는 이전보다 더 많은 양들이 뛰놀고 있고 더 많은 아마가 자라고 있다. 새로운 땅에 새로운 사람이 살고 새로운 사상이 넘치고 있다. 이제 우리 자신의 일과 율법과 신앙을 요구하기로 하자…

신이 마련해준 이 농장(자연) 안에는 예법과 신성이 지배하고 영원한 축제의 장식이 드리워져 있다. 이곳에서 천년을 지내더라도 방문객은 이것에 싫증을 느끼지 않는다. 숲속에서 우리는 이성과 신앙으로 돌아간다. 여기에서 나는 내게 어떠한 일이 일어나더라도 어떤 치욕이나 어떠한 재난도 자연이 자유하지 못할 것이 없을 것이라고 느낀다. 헐벗은 대지 위에 있을 때, 나의 머리는 쇄락한 공기로 멱감고 무한한 공간 속으로 들려 올라간다. 모든 천박한 자기 집착이 사라진다. 나는 하나의 투명한 안구가 된다. 나는 무가 된다. 나는 모든 것을 본다. 우주적 존재의 흐름이 나를 관류한다. 나는 신의 일부가 된다. 이제 가장 가까운 친구의 이름조차도 낯설고 아무런 관련이 없는 것처럼 들린다. 형제와 지인이 되고 주인이나 노예가 되는 모든 일이 하찮고 귀찮은 일로 여겨질 뿐이다. 나는 억압되지 않은 영원한 미의 애호자가 되어 있다. 미개지에서 나는 거리를 걷거나 마을에 있을 때 보다 한층 소중하고 친밀한 무엇인가를 발견한다. 고유한 풍경 속에서 특히 먼 지평선상에서 사람은 자신의 천성과 같은 아름다운 것을 보게 된다…

상념에 잠겨서 강을 굽어보는 사람으로서 누군들 만물의 유전을 상기하지 않을 수 있겠는가? 그 강물의 흐름 속에 돌을 던져보라. 사방으로 펴져

가는 파문은 모든 감화의 아름다운 전형인 것이다. 인간은 그 자신의 개별적 삶의 내부나 배후에 보편적 영혼이 존재함을 의식한다. 우리의 개인적 삶 속에는 마치 창공 속에서처럼 정의, 진리, 사랑, 자유의 본성이 나타나 빛난다. 이 보편적 영혼을 인간은 이성이라고 부른다. 이성은 나의 것도 너의 것도, 그의 것도 아니다. 우리가 그 이성의 것이다. 우리는 그의 자산이요 하인이다. 이 외따로 떨어진 지구를 그 안에 보듬고 있는 파란 하늘, 영원한 적요에 감싸여 있고 영원불멸의 천체로 가득한 이 하늘, 그것이야말로 이성의 전형이다. 지성적으로 고찰하여 이성이라고 부르는 것을 자연과 관련하여 고찰하면서 우리는 영혼이라고 부른다. 영혼은 창조자이다. 영혼은 그 자체 속에 생명을 가지고 있다. 그리고 어느 시대나 어느 나라를 막론하고 사람은 그것을 그의 언어에 체현하여 아버지라고 부른다…

종교와 윤리는 저급한 문화와 마찬가지로 자연의 품격을 낮추고 그것이 정신에 의존하고 있음을 환기시킨다. 그러나 윤리와 종교는 다음과 같은 점에서 차이가 있다. 즉 윤리는 인간에게서 시작하는 인간의 의무의 체계이고 종교는 신에게서 시작하는 인간의 의무체계이다. 종교는 신의 인격을 포함하지만 윤리는 그것을 포함하지 않는다. 그러나 양자는 한 가지 시도, 곧 자연을 격하시키려 한다는 점에서는 일치한다. 종교의 처음이자 마지막 교훈은 가시적 사물은 일시적이고 불가시적 사물은 영원한 것이라는 것이다. 그것은 자연에 대한 모독이다…

자연은 언제나 영혼에 대해 말한다. 자연은 절대적인 것을 암시한다. 자연은 하나의 영속적 결과이다. 그것은 우리의 배후에 있는 태양을 가리키는 커다란 그림자이다.

자연의 외양은 경건하다. 마치 예수의 형상처럼 자연은 머리를 수그리고 두 손을 앞가슴에 접고 서 있다. 가장 행복한 인간은 자연으로부터 신앙의 예지를 배우는 자이다.

우리가 영혼이라고 부르는 이 표현은 할 수 없는 본질에 대해서 가장 깊이 숙고한 사람이 가장 적게 말한다. 우리는 조야한 말하자면 아득한 물질적 현상 속에서 신을 예견한다. 그렇지만 우리가 신을 정의하고 신을 묘사하고자 하는 순간, 우리의 언어와 사고가 달아나버려 우리는 바보나 미개인처럼 무력해지고 만다. 신의 본질은 명제로 표현되기를 거부한다. 그러나 인간이 신을 지적으로 경배하게 되면 자연은 그것이 수행하는 가장 고귀한 책무, 즉 신의 대리자로 나선다. 자연은 보편적 영혼이 그것을 통하여 개인에게 말을 걸어오고, 개인을 보편적 영혼에게로 데려가고자 애쓰는 기관이다…

우리는 불가시적인 사상의 발자취를 따라가면서 물질은 어디에서 유래하였고, 어디로 귀의하는가라는 문제에 결국 봉착하는데 이때 많은 진리가 우리의 의식에 나타난다. 우리는 지고의 존재가 인간의 영혼 속에 존재함을 알고 있다. 우리는 또한 그 영혼이 지혜도 아니고 사랑도 아니고 미도 아니고 힘도 아니면서 그 모두가 일체를 이루고 있고, 만물이 그 때문에 그리고 그에 의해서 존재하는 어떤 보편적 본질을 창조한다는 것을 안다. 우리는 또 자연의 배후에서 자연을 통해서 영혼이 존재하는 것도 안다. 그 영혼은 복합적인 것이 아니라 단일한 것으로서 외부에서 곧 시간과 공간 속에서 우리에게 작용하는 것이 아니라 영적으로 즉 우리를 통해 작용한다. 그러므로 그 영혼, 곧 지고의 존재는 자연을 우리 주위에 구축하는 것이 아니라 마치 나무의 생명이 새로운 가지를 잉태시키고 낡은 숨구멍에서 새 잎을 움틔우듯이 우리를 통해 자연을 나타낸다는 것을 우리는 안다. 식물이 대지에 안겨 있듯이 인간은 신의 품속에 안겨 있다. 인간은 결코 마르지 않는 샘으로 양육되고 필요에 따라 결코 다함이 없는 힘을 그로부터 빨아들인다.

인간의 무한한 가능성을 누가 제한할 수 있단 말인가. 일단 상층의 영기를 호흡하고 정의와 진리의 절대적 본성을 보도록 허용되고 나면 인간은 조물주의 정신 전체에 접근할 수 있고, 그리하여 인간 자신이 이 유한계의 조물주가 된다는 것을 우리는 안다. 이 견해는 인간의 지혜와 힘의 원천이 어디에 있는지를 나에게 경고하고, 또한 영원의 왕궁을 여는 황금의 열쇠를 가리키는 것처럼 미덕을 가리키며 그 표상 위에 가장 고차적인 진리의 증명을 지니고 있다. 왜냐하면 그것은 나를 생기있게 만들어 나의 영혼을 정화시킴으로써 나 자신의 세계를 창조하기 때문이다.

Emerson, *Nature, addresses and lectures* (Cambridge: Belknap Press of Harvard University, 1979)

6. 찰스 피니(Charles Grandison Finney, 1792-1875)의 구원에 대한 노력과 하나님의 응답

찰스 피니는 미국의 제2차 부흥운동을 이끈 인물로 초기에는 명목상의 신앙생활을 하다가 회심하여 하나님께 전적으로 헌신했다. 그는 자신의 구원에 대해 무던히 고민하였으며, 이런 노력에 대한 응답이 하나님의 구원이라고 생각하여, 구원은 인간의 노력에 대한 하나님의 응답이라고 생각하였다. 그 때문에 그는 구원에 있어서 인간의 노력을 인정하는 신학을 이루었고, 그는 설교할 때마다 인간의 죄에 대한 탄식을 불어넣었고, 그 다음에 사람들에게 하나님을 선택할 것을 설교했다.

1821년의 어느 일요일 날 아침에 나는 내 영혼의 구원에 관한 문제를 단번에 결정짓기 위해서 그리고 가능하다면 하나님과 평화를 하기로 결심했다. 하지만 직장의 일이 너무나 바빴기 때문에 아주 독하게 마음을 먹지 않으면 그 문제에 주의를 기울일 수가 없었다. 그러므로 나는 주의를 산만케 하는 모든 일을 피하고 오직 내 영혼의 구원을 얻는 일에만 전념하기로 결심하였다…

잘 몰랐지만 나는 자존심이 무척 강했다. 다른 사람들이 나를 어떻게 생각하는가는 내게 문제가 되지 않았다. 나는 기도회에 아주 열심히 참석했고 아담스(Adams)에 있는 동안에 종교에 대해서 열성적이었다. 내가 아주 열성적이었기 때문에 교인들은 나를 아주 열렬한 탐구자라고 생각하기까지 했다. 그러나 막상 내가 문제에 직면하게 되었을 때 내가 내 영혼의 구원의 문제를 모색하고 있다는 것을 아무에게도 눈치채게 하고 싶지 않았다. 나는 기도할 때 단지 입 속에서 속삭이는 듯이 했다. 그리고 내가 기도하고 있는 동안에 누가 보지 못하도록 방문의 열쇠구멍을 막고서 기도했다. 그전에 나는 성경을 법전들과 함께 책상 위에 두었다. 나는 다른 책을 읽다가 발견되기는 했어도 성경을 읽다가 발견되는 부끄러움은 한번도 없었다.

 영혼의 구원에 관한 진지한 관심을 나타낸 다음에는 될 수 있는 대로 성경을 보이지 않는데 감추어 두었다. 성경을 읽는 중에 누가 들어오면 그 성경을 읽고 있었다는 인상을 주지 않기 위해서 법률서적을 성경 위에 던지곤 하였다. 전에는 아무하고도 이런 문제를 나눌 수 있었는데 언제부터인가 누구하고도 이야기하는 것을 꺼리고 있었다. 목사님을 보는 것도 원치 않았다. 왜냐하면 나의 생각을 목사님에게 알리고 싶은 생각이 없었기 때문이다. 목사님이 나를 이해하고 나를 적절하게 지도해 주실 것으로 느껴지지가 않았다. 같은 이유 때문에 교회의 장로들이나 다른 그리스도인들과의 대화를 꺼렸다. 나의 생각을 그들에게 알리는 것이 부끄러웠고 한편으로는 그들이 나를 잘못되게 할까봐 두려웠다. 나는 오직 성경 속에 나 자신을 가두어 놓았다.

 날씨가 좋을 때면 나는 거의 매일 북쪽 위의 숲속을 거닐었다. 그때는 10월이라 산책할 수 있는 시기는 지났다. 그렇지만 나는 사무실로 가지 않고 숲속으로 갔다. 사람들이 보이지 않고 내가 혼자 있다고 느꼈을 때 나는 기도를 하려고 했었다. 그러나 그때에 또 다시 나의 마음에 교만이 되살아났다. 내가 언덕 위를 걸어갈 때 누가 나를 보고 내가 기도하러 간다고 생각할지 모른다는 생각이 들었다. 하지만 누가 나를 보았다고 할지라도 그런 의심을 할 사람은 세상에 아무도 없을 것이다. 그러나 나는 너무 자존심이 강했고 또한 사람에 대한 두려움이 컸기 때문에 마을 사람들이 나를 보지 못하게 될 때까지 담 밑으로 숨어다녔다. 그때에 나는 한 나무 밑으로 들어갔다. 그곳에는 나무들이 엇갈려 쓰러져 있었기 때문에 빈 공간이 만들어져 있었다. 일종의 방 같은 것이 만들어졌다. 그곳으로 들어가서 무릎을 꿇고 기도하려 했다. 그때 내가 방향을 바꾸어 숲속으로 가기 시작했을 때 했던 말이 떠올랐다. 말하자면 "나는 하나님께 마음을 드리겠다. 그렇지 않으면 결코 내려오지 않겠다"라고 말했던 것이다. 걸어올라 가면서 나는 "내려오기 전까지 나는 하나님께 마음을 드리겠다"라고 되뇌었다.

하지만 막상 기도하려하자 기도가 나오지 않았다. 나는 남이 듣지 않는 곳에 가면 마음껏 기도할 수 있으리라 생각했었다. 그러나 막상 그런 곳에 와서 기도하려 하니 기도가 되지 않았다. 나는 하나님께 아무런 드릴 말씀이 없었다. 몇마디 이외에는 할 말이 없었다. 기도하는데 나뭇잎 흔들거리는 소리를 듣고서는 멈추어 누가 오는가하고 위를 쳐다보곤 했다. 이런 식으로 몇번인가를 거듭했다.

마침내 나는 급속히 절망 속으로 빠져 들어가는 내 마음을 보았다. 나는 혼자 중얼거렸다. "나는 기도할 수 없어, 마음이 하나님에 대해 죽어있어, 기도하려는 마음이 없어." 숲을 떠나기 전에 마음을 하나님께 드리겠다고 약속했던 내 자신을 나무랬다. 애는 썼으나 마음을 하나님께 드릴 수가 없었다. 나의 내적 영혼은 완강하게 뒤로 물러서서 하나님께 가려하지 않았다. 이미 때가 늦어서 하나님께서 포기하셨고 소망도 지나가 버렸다고 느끼기 시작했다.

하나님께 마음을 드리지 못하면 죽어버리겠다고 약속했던 나의 성급함이 떠올랐다. 그 약속이 나의 마음을 누르고 있었지만 나는 맹세를 깨뜨리려고 하고 있었다. 매우 의기소침해졌고 실망했다. 너무 기운이 없어 무릎을 꿇고 있을 수 없을 정도였다.

바로 그 순간 누군가가 접근해 오는 것 같아 눈을 떴다. 그 순간 나의 마음속에 순간적으로 떠오르는 것은 나의 최대의 장애물은 자존심이라는 것이었다. 무릎을 꿇고 하나님 앞에 앉아 있는 나의 모습을 볼까봐 두려워하는 나의 사악함에 대한 인식이 나를 크게 사로잡아 젖먹던 힘까지 내어 소리를 질렀다. 이 땅의 모든 사람과 지옥의 악마가 나를 둘러싼다 할지라도 나는 그 자리를 떠나지 않겠노라고 말이다. "나 같은 타락한 죄인이 위대하고 거룩하신 하나님 앞에 무릎을 꿇고 죄를 자백한 것을 부끄러워 하다니!" 그 죄는 끔찍하고 무한해 보였다. 그 죄가 하나님 앞에서 나를 잘못되게 만들고 있었다.

그 순간에 한 성경 구절이 번개불처럼 내 마음속을 스쳐갔다 "너희는 내게 부르짖으며 와서 내게 기도하면 내가 너희를 들을 것이요 너희가 전심으로 나를 찾고 찾으면 나를 만나리라"(렘 29:12-13).

나는 즉각적으로 이 구절을 마음속에 붙잡았다. 전에는 성경을 지적으로 믿었으나 믿음은 지적인 상태가 아니라 자발적인 의탁이라는 진리를 결코 깨닫지 못했다. 그 순간 하나님의 신실하심을 마치 그분의 존재를 의식하는 것만큼 의식하고 있었다. 한번도 그 구절을 읽은 적이 없지만 그 말씀이 성경 구절이라는 것을 알 수 있었다. 나에게 들린 그 말씀이 하나님의 음성인 것을 알게 되었다.

나는 하나님께 부르짖었다. "주님 저는 당신의 말씀에 매달립니다. 당신은 제가 당신을 전심으로 찾고 있다는 것과 당신께 기도하게 위해서 제가 여기 와 있다는 것을 아십니다. 또한 당신은 저의 기도를 들으시겠다고 약속하셨습니다."

그 기도가 나의 문제를 해결해주어 내가 맹세한 것을 지킬 수 있게 되는 것 같았다. 성령께서 "너희가 전심으로 나를 찾고 찾으면"이라는 말씀을 강조하시는 것 같았다. 나의 마음을 무겁게 누른 그 시간에 대한 질문은 현재가 그 해답임을 깨닫게 되었다. 나는 주님께 속삭였다. 나는 주님의 말씀을 붙잡을 것이다. 하나님은 거짓말하실 수 없는 분이시다. 그러므로 하나님이 내 기도를 들으셨으며, 나를 찾으신 것이다. 나는 이것을 확신했다.

그때 하나님은 나에게 다른 많은 약속들을 주셨다. 주님은 신구약 성경으로부터 특히 우리 주 예수 그리스도에 관한 귀한 약속의 말씀들을 주셨다. 그 약속들이 얼마나 귀하고 신실했는지를 말로 표현할 수가 없다. 나는 그 말씀들을 정확무오한 하나님의 진리로 거짓말하실 수 없는 하나님의 확언으로 받아들였다. 그 말씀들이 나의 지성보다는 심성에 부딪혀오는 것만 같았다. 내 마음의 자발적인 이해의 능력 안에 들어오는 것만 같았다. 그래서 나는 그것을 물에 빠진 사람이 붙잡는 것처럼 필사적으로 붙잡고 나의 것으로 삼았다.

나는 계속해서 기도하면서 오랫동안 약속들을 나의 것으로 삼았다. 얼마나 오래되었는지를 알지 못했다. 나의 기도로 마음이 충만해져서 나도 모르게 일어나서 길을 향해 천천히 걷기 시작했다. 내가 회심했는지에 대한 의심은 전혀 없었고 다만 "내가 회심했으면 복음을 전하리라"고 말한 것을 숲속을 거닐면서 회상했다…

나는 조용히 마을로 걸어내려 왔다. 하지만 나의 마음은 완벽할 정도로 평온했다. 너무 고요해서 만물이 들리는 것 같았다. 그날은 날씨가 무척 좋았다. 숲으로 들어간 간 때는 아침 식사 직후였는데, 마을로 돌아 왔을 때는 벌써 점심 때가 되어 있었다. 그렇지만 나는 시간이 흘렀는지를 전혀 의식할 수 없었다. 마치 숲에 잠깐 들어갔다 온 것 같았다.

이런 마음의 평정은 어찌된 이유인가? 나는 죄에 대한 깨달음을 되살리려고 애를 썼다. 나를 누르고 있던 죄짐 아래로 들어가려고 발버둥을 쳤다. 그러나 죄에 대한 감각이 즉 나의 현재의 죄와 죄책에 대한 감각이 내 의식에서 모두 사라져 버리고 말았다. "대체 이것이 어찌된 일인가. 나 같은 죄인이 죄에 대해서 아무런 감각이 없다니?"라고 중얼거렸다. 현재의 상태에 대해서 염려하고 애를 썼으나 소용이 없었다. 나는 마음이 너무 고요하고 평안해서 내가 성령을 슬프게 해서 그분이 나를 떠나신 것이 아닌가하고 걱정하고 있었다. 그러나 아무리 애써도 내 영혼의 문제에 대한 염려가 전혀 생겨나지 않았다. 내 마음의 평안은 너무도 컸다. 이루 말로 표현할 수 없었다. 하나님에 대한 생각이 내 마음을 감미롭게 했고 심오한 영적 평안이 나의 마음을 사로잡았다. 이것은 커다란 신비였다

식욕이 나지 않아 점심을 먹지 못했다. 그래서 사무실로 가서 W씨와 같이 식사하려고 했다. 그러나 그는 이미 나가고 없었다. 나는 첼로를 집어들고는 늘 하던 대로 찬송가를 몇곡 연주하며 부르기 시작했다. 그러나 노래를 부르자마자 울음이 북받쳐 올랐다. 온통 마음이 눈물로 가득 차서 감정이 북받치지 않고는 노래할 수가 없었다. 놀라서 눈물을 그치려 했으나 그럴 수가 없었다. 계속해서 눈물을 그치려고 애쓴 뒤 나는 노래를 멈추고 악기를 걸어두었다.

점심식사 시간이 지난 뒤 우리의 책과 사무실 비품을 다른 사무실로 옮겼다. 그 일을 하느라고 너무 바빠서 오후 내내 아무런 말도 서로 주고받지 않았다. 하지만 내 마음에는 심오한 평정이 있었다. 나의 생각과 감정 속에는 대단히 감미로운 평안이 있었다 모든 것이 제대로 되어지는 것 같았고 어떤 것도 나를 짜증나게 하거나 괴롭게 하지 못했다.

저녁이 되기 전 나는 사무실에 혼자 있게 되었는데 그때 나는 다시 기도하고 싶은 생각이 들었다. 어찌 되었든지 신앙을 포기할 마음은 없었다. 내 영혼에 대한 염려는 없었지만 그래도 기도를 계속하려고 애썼다.

저녁쯤에 책과 비품들을 다 정리했는데 그날 나는 혼자 있으려는 생각으로 화로에 불을 지폈다. 어둠이 깔리자 W씨는 모든 정돈이 끝난 것을 보고 작별 인사를 하고는 집으로 돌아갔다. 그를 문까지 바래다주고 사무실로 돌아왔을 때 내 마음은 마치 눈물로 가득 차 있는 것 같았다. 나의 모든 감정이 일어나서 "나의 온 영혼을 하나님께 쏟아 놓고 싶다"는 생각이 가득 찼다. 내 영혼의 감정이 북받쳐 올라 나는 기도하기 위해 사무실 뒷방으로 달려갔다.

그 방에는 불이 없었다. 그럼에도 그곳은 내게 아주 흔한 것 같아 보였다. 그곳으로 들어가서 문을 닫았을 때 나는 마치 주 예수의 얼굴을 마주 대하는 것 같았다. 마치 살아있는 분을 보는 것 같았다. 그분은 한마디의 말도 하지 않았지만 나를 자신의 발 앞에 거꾸러뜨릴 것 같은 눈으로 나를 바라보시는 것 같았다. 주님이 내 앞에 서 계신 것이 현실인 것 같았다. 그래서 나는 그분께 엎드리어 내 영혼을 쏟아 부었다. 어린애처럼 소리내어 울었고 흐느끼는 음성으로 죄를 자백했다. 그렇지만 내가 주님께 감동을 주었다는 생각은 전혀 갖지 못했다.

이런 상태가 상당히 오랜 동안 지속되었다. 그러나 나는 그 장면에 몰두해 있었기 때문에 무슨 말을 했었는지 전혀 기억이 나지 않았다. 이윽고 내 마음이 차분해져서 뒷사무실로 돌아왔는데, 커다란 나무 위에 붙여두었던 불이 거의 꺼져가고 있었다. 내가 불가의 의자에 앉으려는 순간 나는 놀라운 성령의 세례를 받았다. 그것은 전혀 예측하지 않은 것이고 그런 것이 나를 위해 존재한다고 생각해 본적도 없었다. 그런 말을 들어본 적도 없을 때 성령께서 나의 몸과 영혼을 꿰뚫고 지나가시는 것처럼 나에게 임했다. 그것은 마치 전류가 내게 통하는 것 같이 임했다. 그것은 참으로 사랑의 파도와도 같았다. 왜냐하면 다른 어떤 말로도 표현할 수 없는 것이었기 때문이다. 그것은 바로 하나님의 숨결과도 같았다. 거대한 날개처럼 나를 부채질한다는 것을 분명히 기억할 수 있다.

내 마음에 스며들어온 그 놀라운 사랑을 이루 형언할 수 없었다. 나는 기쁨과 사랑으로 크게 소리내어 울었다. 말할 수 없는 감격으로 나는 있는 그대로 울부짖었던 것이다. 이 물결이 몰려오고 또 몰려왔기에 나는 드디어 나는 소리치지 않을 수 없었다. "이 물결이 계속 내게 밀려오면 나는 죽을 것 같습니다. 주여 더 이상 견딜 수 없습니다"라고 나는 말했다. 하지만 나에게서 죽음에 대한 두려움 따위는 전혀 없었다.

성령세례가 나의 마음을 통과해서 흐르는 시간이 얼마나 오래 지속되었는지는 알 수가 없었다

나는 이내 잠이 들었다. 하지만 하나님의 사랑이 내 마음에 넘쳐흘러 나는 다시 잠이 깨었다. 너무 하나님의 사랑으로 충만해서 잠을 들 수가 없었다. 잠시후 다시 잠이 들었는데 똑 같은 방식으로 잠이 깨고 말았다. 잠이 깼을 때에는 다시 그런 의심의 유혹이 밀려왔다. 그때에는 내 마음속에 있는 사랑이 식어지는 것 같았다. 그러나 내가 잠들기만 하면 마음속이 너무

따뜻해서 나는 다시 깨곤 했다. 밤늦게까지 이런 식으로 되풀이하다가 드디어 약간 깊은 잠이 들게 되었다.

아침에 눈을 떴을 때 이미 해는 중천에 떠올라 있었고 밝은 햇살이 환하게 방을 비쳤다. 이 햇살이 준 그 인상은 이루 말할 수가 없었다. 지난 밤에 받았던 똑 같은 성령의 세례가 즉시 내게 임했다. 나는 침대에서 일어나 무릎을 꿇고 기쁨으로 소리내어 울었다. 그러자 성령의 세례에 압도되어 잠시 하나님께 내 영혼을 쏟아 놓았다. 이날 아침의 세례는 부드러운 책망을 수반하고 있었다. 성령께서 지금도 의심하느냐? 의심하느냐? 라고 반복해서 말씀하시는 것 같았다. 나는 울부짖었다. "아닙니다. 주님, 의심하지 않습니다. 의심할 수 없습니다." 그러자 주님은 그 문제를 너무나도 말끔하게 해결해 주셨고, 그러므로 성령께서 내 마음을 사로잡고 계시다는 사실을 너무도 분명하게 확신하게 되었다…

이것이 바로 내가 필요로 했던 계시였던 것이다. 나는 믿음으로 의롭게 되었다는 것을 이제 느낄 수가 있었다. 그리고 내가 알 수 있는 한 나는 죄를 짓지 않은 상태로 있게 되었다. 내가 항상 죄를 짓고 있다는 생각 대신에 내 마음은 사랑으로 가득차서 넘쳐 흘렀다. 나의 잔이 축복과 사랑으로 넘쳐흘렀다. 내가 하나님께 대항하여 죄를 짓고 있다는 감정이 전혀 들지 않았다. 내가 과거에 저지른 죄의 감정을 다시는 떠올리지 않을 수 있었다. 나는 이때의 칭의의 경험을 당시에 누구에게도 말하지 않았다.

Charles G. Finney, *Memoirs of Rev. Charles G. Finney* (New York, 1876)

7. 찰스 피니의 성결론

피니는 신학적으로 개혁주의 신학의 알미니안적 해석을 가졌다고 말할 수 있을 것이다. 그는 칭의와 성화를 강조하였으나 구원에 있어서 인간의 역동적 협력을 강조하고, 성화에 있어서 사람이 동시에 거룩하고 죄스러울 수는 없다는 신념으로 완전성화를 향해 나아가는 사람들을 고무시켰다. 그러므로 그에게서 하나님의 말씀에 따른 온전한 순종은 신자의 필수항목이었다.

1. 막연하게 하나님의 때를 기다리는 것으로는 온전한 성결함을 얻지 못한다.
2. 율법의 행위든지 하나님의 은혜와 관계없이 스스로 행하는 무슨 훌륭한 행위로도 온전한 성결함을 얻을 수는 없다. 그렇지만 자기의 힘과 능력을 올바르게 발휘할지라도 하나님의 율법을 전혀 지킬 수 없다거나 무의미한 것이라는 뜻은 아니다. 오히려 자기의 천부적인 힘을 아무리 잘 발휘한다고 해도 그것이 하나님의 은혜에서 떠난 것이면 그 모든 수고와 노력이 성결함에 이르는 데에는 결코 도움이 되지 못한다는 말이다.
3. 좋은 감정을 가지려고 애쓰는 것으로도 안된다. 상당히 많은 사람들이 스스로 좋은 감정을 가지려고 애쓰면서 귀한 시간을 허비하고 있다. 이제 분명히 알아야 할 사실이 있다. 즉 참된 종교는 어떤 느낌이나 감정 혹은 자기도 알지 못하는 사이에 생기는 이상한 감동 같은 것으로만 되는 것이 아니라는 중요한 사실이다. 느끼려고 애쓴다고 해서 느껴지는 것이 아니다. 반면에 느낌이라는 것은 마음속의 생각과 연관되어 있는 어떤 진리나 사실 혹은 어떤 특별한 사건에 관해 깊이 생각하게 될 때 자신도 모르게 발생하는 마음의 움직임이라고 생각된다. 그렇기 때문에 이런 환경에서는 이렇게 느끼고 또 저런 환경에서는 저렇게 느끼게 되는 것은 당연한 일이다. 따라서 억지로 어떤 느낌을 가져 보려고 애쓰게 되면 오히려 그 반대 효과가 나타나는 경우가 있으며, 어떤 목표를 향해 마음만 자꾸 줄달음치게 되는 것이다.

사실 어떤 사람이 어떤 감동을 받았을 때 그 감동에 따라 행동에 옮기는 것은 별로 힘이 들지 않을 것이며 다른 사람이 그와 똑 같은 감동을 가질 수는 없는 것이다. 그러므로 마음에 큰 감동을 받은 사람이 그 감동에 따라 행동하는 것은 너무나 자연스럽고 쉬우며 오히려 당연한 것이 된다. 자기가 생각하고 느낀 것을 감정으로 표현하는 것은 결코 어렵지 않다.

　종교에 관한 주제를 택하는 사람들이 많은데 그건 내게 상당히 흥미 있는 것이다. 사람들은 자기 스스로 자신을 조성해 가며 자기의 상태나 흥미까지도 조작하여 필요할 때마다 이리저리 변화시키고 있다. 즉 사람들마다 아집이 세고 자기의 이익과 행복, 구원 등등이 그 생각을 꽉 메우고 있다. 자기 나름대로의 철학과 염려와 생각으로 꽉 차서 하나님을 사랑할 수 없고, 참된 회개나 신앙을 갖지 못하게 되니 스스로 자신을 학대하며 불평하게 된다.

　하나님께 대한 사랑과 회개와 믿음과 모든 신앙생활을 단순한 느낌에 불과한 것으로 여기는 사람들도 의외로 많다. 그렇기 때문에 올바른 감정을 가져야만 되는 줄 알고 있게 됨으로 자기에게 좋은 느낌이 없다고 생각되면 당황하여 문제의 해결은커녕 엉뚱한 상태에 빠져 소위 좋은 감정을 갖는 데에 있어서 난관에 봉착하고 만다. 느낌이 적으면 적을수록 더 많이 느껴보려고 애쓰고 그런 수고가 자꾸 낭패로 돌아가면 점점 더 이기주의 빠지게 되며 계속해서 자기 자신의 유익에 정신을 빼앗기게 되면 그런 사람은 결국 이상한 정신 상태로 변하고 마는 것이다. 갖은 수단을 다해 좋은 감정을 가지려다가 계속 실패하게 되니까 그 실패로 인해 이제는 더 깊은 절망 속에 빠져 버리고 만다. 이런 정신 상태에 있을 때 만일 "죽음이 눈에 보이도록 그의 앞에 나타난다거나 마지막 나팔 소리가 귀에 들리게 되면 그는 이미 정신 착란 상태가 될 것이며, 어느새 자기만족에 도취하여 성결함을 얻기란 도덕적으로 볼 때 전혀 불가능해지고 마다. 우리들 앞에서도 대단히 비참한 결과가 실제로 벌어지고 있다.

　우리가 반드시 기억해야 할 것은 참된 신앙은 스스로 자원하는 마음의 상태로 되는 것이며, 또한 진정한 신앙을 소유할 수 있는 유일하고도 확실한 길은 신앙의 사실을 사실대로 확실히 파악하고 깨닫고, 그것에 자발적으로 마음을 바치는 것에 있다는 것이다.

4. 율법의 행위로 은혜를 받으려고 해도 소용이 없다. 믿음에 관해서 여러 번 강의를 했는데 나는 제일 먼저 다음과 같은 것들을 밝혀 주었다.

1) 만일 유대인들에게 "하나님의 일을 하려고 하는데 어떻게 하면 되겠느냐?" 물으면 그들의 대답은 이러한 것이다. "도덕적인 법칙과 의식적인 법칙 등 모든 법을 지키시오!" 즉 율법을 지키라는 것이다.

2) 만일 같은 질문을 알미니안 주의자들에게 한다면 "범사에 받는 은혜를 계속 증진시켜 가라. 그리하면 회심하게 하는 큰 은혜를 받게 될 것이라"고 대답할 것이다. 다시 말하면 당신이 현재 받고 있는 은혜를 최대한으로 이용하면 결국 구원받는 은혜도 받게 된다는 뜻이다. 이 대답을 보면 질문하는 사람은 아직 참 믿음을 갖고 있지 않은 것으로 생각되면 불신의 상태에서 구원받기를 원하는 것으로 간주되고 있다. 그렇기 때문에 이런 대답은 한 마디로 표현해 볼 때 "당신은 그런 위선적인 생활로 거룩해져야 한다. 즉 죄를 지음으로 거룩하게 되라"고 말하는 것과 마찬가지의 뜻이 되고 만다.

3) 이 질문을 칼빈주의자들에게 한다면 거의 같은 대답을 할 것이다. 그들은 말을 부인하고 반면에 관념을 붙잡는 것이 보통이다. 이런 부류의 사람들의 질문자는 이미 믿음이 있다고 하든지 혹은 믿음을 얻기 위해 어떤 일을 해야 한다는 것이 될 것이다. 즉 요약하면 율법의 행위로 은혜를 받아야 한다는 것처럼 들린다. 어떤 칼빈주의자들의 말에 따르면 비록 살아 있는 동안에는 온전하고도 영원한 성결함을 얻는다는 것이 불가능한 것으로 생각될지라도 결국 온전한 성결함에 도달할 수 있다고 한다. 즉 온전히 성결한 상태에 도달하거나 그렇게 되려면 현재 누리고 있는 모든 은혜를 충성스럽게 이용해야 하며 성도들이 스스로 성실하고 거룩한 생활을 하게 되면 결국 성결케 된다는 것이다. 그렇지만 성도들 가운데에 그렇게 완벽하게 성실한 사람은 아무도 없기 때문에 이 세상에 사는 동안에 온전한 성결함에 도달한 사람은 하나도 없다는 결론이 되고 만다. 여기서 보면 성결함에 이르려면 온 정성을 다해 성실하게 살아야 한다는 말이 된다.

이런 사람에게 "하나님의 일을 하려면 어떻게 해야 하느냐"고 물으면 즉 온전하고 영원한 성결함에 도달하는 방법이 무엇이냐고 물으면 그의 대답은 앞에서 언급한 알미니안주의자들과 마찬가지로 행함으로 곧 모든 정성을 다해 범사에 충성하면 결국 성결한 단계에 들어간다는 것이다.
　물론 여기서 대답한 사람들은 의롭게 되기 위해서 율법을 행해야 한다고 직접적으로 표현하지는 않았다. 그러나 대부분의 교회가 이와 비슷한 교리로 교인들을 가르치고 있다. 사실 그들의 대답은 율법적인 것이며 결코 복음적인 대답이 아니다…
　그러나 나는 성결함은 어떤 종류의 감정이나 혹 그리스도인들이 말하는 애착심이든지 혹은 흔히 혼돈하기 쉬운 갖가지 느낌에서 생겨나는 것이 아니라고 말하고 싶다. 오히려 온전한 성결함은 온전히 헌신함으로 되어지며, 따라서 종교가 어떤 감정뿐이 아닌 것과 같이 성결함도 다른 사람들의 모습을 모방하는 것으로는 절대로 얻을 수 없다는 것을 기억해야 한다.
　그리스도인이 말하는 감정은 마음의 상태가 외면적으로 나타나는 것을 의미하는 것이며, 그 감정 자체가 신앙은 아니다. 그렇지만 어떤 경우에는 이런 감정들도 그리스도인이 가질 수 있는 체험이 되기도 하며 이것은 진정한 그리스도인이 온전한 믿음의 상태에서 누리는 축복이기도 하다. 이런 문제에 있어 오류를 범하지 않으려면 항상 자신의 뜻을 올바르고 건전하게 가져야 하며 감정은 그 결과로 나타나게 된다…
　11. 온전한 성결은 믿음으로만 얻을 수 있다. 분명히 깨닫고 기억할 사실이 있다. 즉 믿음이 없이는 하나님을 기쁘시게 하지 못한다는 것과 믿음으로 좇아 하지 아니하는 것을 물론이거니와 성결케 되는 것도 믿음으로만 된다. 다음 말씀들을 깊이 생각해보자. "할례자도 믿음으로 말미암아 또는 무할례자도 믿음으로 말미암아 의롭다 하실 하나님은 한 분이시라"(롬 3:30), "그러므로 우리가 믿음으로 의롭다 하심을 얻었은즉 우리 주 예수 그리스도로 말미암아 하나님으로 더불어 화평을 누리라"(롬 5:1), "그런즉 우리가 무슨 말 하리요 의를 좇지 아니한 이방인들이 의를 얻었으니 곧

믿음에서 난 의요, 의의 법을 좇아간 이스라엘은 법에 이르지 못하였으니 어찌 그리하뇨? 이는 저희가 믿음에 의지하지 않고 행위에 의지함이라"(롬 9:30-32).

12. 그러나 믿음으로 성결함에 이른다고 하여 성령 혹 그리스도의 영으로 거룩하게 되는 것을 부인하거나 또는 우리의 거룩함과 온전한 삶과 마음의 주장이 그리스도에 의해서 되어져야 한다는 진리를 무시하는 것은 결코 아니다.

믿음은 실제적이고 지속적인 거룩함을 얻게 하는 도구나 혹 조건이 될 지언정 믿음 그 자체가 거룩함을 주는 것은 아니다. 믿음이라는 것은 예수 그리스도를 우리 마음 가운데 왕으로 영접하여 내 안에서 사시며 통치하시도록 하는 것이다. 우리의 거룩함을 보장하시는 분은 그리스도시며 그는 자기의 원하시는 지체를 통해 영혼의 갈급함과 부족함을 알맞게 채우신다. 이렇게 그리스도는 자기의 거룩하신 온전하심과 충만하심으로 우리들에게 계시하시는 것이다.

이 풍성함과 온전하심을 발견하게 하는 열쇠가 바로 믿음과 순종이다. "나의 계명을 가지고 지키는 자라야 나를 사랑하는 자니 나를 사랑하는 자는 내 아버지께 사랑을 받을 것이요 나도 그를 사랑하여 그에게 나는 나타내리라, 가룟인 아닌 유다가 가로되 주여 어찌하여 자기를 우리에게는 나타내시고 세상에게는 아니하여 하시나이까? 예수께서 대답하여 가라사대 사람이 나를 사랑하면 내 말을 지키리니 내 아버지께서 저를 사랑하실 것이요 우리가 저에게 와서 거처를 저와 함께 하리라"(요 14:21-23). 믿음에 따른 순종이다. 그러나 이제 다시 한 번 밝히는 것은 그리스도가 바로 우리의 성결함이 되신다는 놀라운 비밀이다.

  Charles G. Finney, *Sanctification* (Christian Literature Crusade, 1975)

8. 찰스 피니의 칼빈주의 수정 부흥론

피니의 신학적 방법은 실용주의적이었기 때문에 부흥은 단순히 하나님의 기적의 역사가 아니라, 인간의 노력에 따른 하나님의 선물이라고 믿었다. 그는 부흥을 마치 씨를 심고 길러서 추수하는 것이라고 비유했다. 이는 부흥이 오로지 하나님의 전적인 역사이며 기적이라고 말한 조나단 에드워즈의 칼빈주의적 부흥의 수정을 의미했다.

신앙은 인간의 일이다. 신앙은 인간이 행하는 것이다. 신앙은 마음으로부터 하나님을 순종하는 데에 있다. 신앙은 인간의 의무이다. 물론 하나님께서 인간으로 하여금 그렇게 하게 하시는 것도 사실이다. 하나님은 인간이 심히 악하고 순종하기를 싫어하기 때문에 자기의 영으로 인간에게 영향을 끼치신다. 만일 하나님이 인간에게 영향을 끼치실 필요가 없다면, 다시 말해서 인간이 하나님을 순종하기를 즐겨한다면, "여호와여 주는 주의 일을 부흥케 하옵소서"라고 기도할 필요가 없을 것이다. 그와 같은 기도가 필요한 근거는 인간에게는 순종하고자 하는 성향이 전혀 없다는 것이다. 만일 하나님께서 자기의 영으로 영향력을 구사하시지 않는다면, 이 세상에서 하나님의 명령을 순종할 사람은 하나도 없을 것이다.

신앙의 부흥은 타락을 전제로 한다. 이 세상에 있는 거의 모든 종교가 부흥에 의해서 생겨났다. 하나님은 인간에게 있는 흥분하기 쉬운 속성을 이용하셔서 강력한 흥분을 인간 사이에 일으키셔서 순종하게 하신다. 인간은 영적으로 너무나 게으르기 때문에 그들의 마음을 신앙에서 떠나게 하며, 또 복음의 영향력을 반대하는 것들이 너무나 많기 때문에 인간에게 흥분 – 반대하는 장애물들을 제거할 만큼 높아질 때까지 – 을 일으킬 필요가 있다. 인간은 반대하는 영향력들을 부수어 버릴 정도로 흥분하게 되면 하나님을 순종하게 될 것이다. 흥분의 감정은 신앙이 아니다. 그러나 신앙을 유지하게 하는 것은 흥분과 욕구와 갈망과 감정이다. 의지는 어떤 의미에서 육신적 세상적 욕망들의 종이다. 그러므로 사람들을 죄와 위험 의식으로 각성시키어 육신적 세상적 욕망의 세력을 깨뜨려 버릴 수 있는 상대적 감정과 욕망을 불러 일으키고 그리함으로 하나님을 순종할 수 있는 의지를 마련하는 것이 필요하다…

신앙의 부흥은 기적이 아니다.

1. 기적은 자연의 법칙을 무시하거나 중단시키면서 나타난 신적 개입이라고 대략 정의되어 왔다. 부흥은 이러한 의미에서 기적이 아니다. 부흥에서는 물질과 정신의 모든 법칙이 작용하며 결코 무시되거나 중단되지 않는다.

2. 부흥은 기적에 대한 또 다른 정의-자연의 힘을 초월한 어떤 것-에 따른 기적이 아니다. 부흥에는 정상적인 자연의 힘을 초월한 것이 하나도 없다. 부흥은 자연의 힘을 옳게 사용한 것에만 존재한다. 부흥은 바로 이런 것이지 결코 그 이상의 것이 아니다. 사람이 신앙적이 되어도 과거에 발휘할 수 없었던 힘을 나타낼 수 없다. 단지 전부터 가지고 있던 힘을 다르게 쓰는 것이요 하나님의 영광을 위하여 쓰는 것뿐이다.

3. 부흥은 결코 기적도 아니며 또 기적에 의존한 것도 아니다. 부흥은 당면한 수단을 옳게 사용하는 것이다. 수단을 적용함으로 생긴 어떤 효과도 역시 수단을 사용한 것이다. 부흥에 앞서서 기적은 있을 수도 있고 없을 수도 있다. 사도들은 기적을 행했는데 그들의 메시지에 사람들이 귀를 기울이게 하고, 그 메시지의 신적 권위를 세우기 위한 수단으로써 행한 것뿐이었다. 그러나 기적은 부흥이 아니었다. 기적과 그 뒤에 오는 부흥은 서로 완전히 다른 것이었다. 사도 시대의 부흥은 기적과 관련을 갖고 있었지만 부흥은 기적이 아니었다. '나는 부흥이 적절한 수단을 옳게 사용한 결과'라고 말했다. 하나님이 부흥을 일으키기 위해서 사용하시는 수단은 의심할 바 없이 부흥을 일으킬 수 있는 자연적인 가능성을 가지고 있다.

그렇지 않다면 하나님은 그 수단을 사용하시지 않았을 것이다. 그러나 수단은 우리가 모두 아는 대로 하나님의 축복이 없이는 부흥을 일으키지 못한다. 밀알이 땅에 떨어져도 하나님의 축복이 없이는 많은 열매를 맺지 못하는 것과 똑 같다. 밀알에서 많은 열매를 내는 데에 하나님의 직접적인 영향이나 매개가 있어야 하는 것처럼 부흥을 일으키는 데에도 마찬가지이다. 밀알이 열매를 맺는 데에 어떠한 자연의 법칙을 따라서 이루어진다고 생각하는가? 그것은 하나님의 역사를 적절하게 사용하는 것에 지나지 않는다. 성경에서 하나님의 말씀은 씨로 비유되며, 설교는 씨를 심는 것으로 비유되며, 그 결과는 곡물이 싹 터서 자라는 것에 비유된다. 그리고 하나님의 말씀에 있어서 결과는 씨를 뿌리는 것에 있어서와 똑같이 철학적이며, 또 못지 않게 원인과 자연적으로 결부되어 있다. 더 정확하게 말한다면 곡물이 적절한 수단을 사용한 결과로 생긴 것처럼 부흥도 적절한 수단을 사용한 결과로 생기는 것이다. 물론 신앙은 원인과 결과의 범주에 속해 있지 않다. 그러나 부흥이 수단에 의하여 일어나지 않을지라도 그때가 있으며 곡물이 원인의 결과인 것처럼 부흥도 못지 않게 자연적이고 확실하게 그때의 결과일 수 있다.

　나는 이 개념이 여러분 모든 사람의 마음에 확실해지기를 바란다. 왜냐하면 신앙을 촉진하는 데에는 아주 특별한 것이 있어서 보통 인과법칙에 의해서 판단될 수 없다는 생각, 다시 말해서 수단과 결과는 아무 관련이 없으며 수단 안에 있는 어떤 것이 결과를 초래하지 못한다는 생각이 오랫동안 지배해 왔기 때문이다. 교회의 번영에 있어서 이것보다 더 위험하고 더 어리석은 교리는 있을 수 없다.

　가령 어떤 사람이 이 교리를 농부들에게 전하러가서 씨뿌리는 비유로 이야기한다고 하자. 그가 농부들에게 하나님은 전능하시며 하나님이 기뻐하실 때만이 곡물을 주시는 고로 그들이 곡물을 얻기 위하여 밭을 갈고 씨를 뿌리며 일하는 것은 아주 잘못되었으며, 하나님의 손에서 일을 빼앗아 그들 자신의 힘으로 하는 것은 하나님의 전능을 방해하는 것이고, 그들이 의지할 수 있는 수단과 결과 사이에는 아무 연관도 없다고 말했다고 해보

자. 그리고 농부들이 그러한 교리를 믿었다고 생각해보자. 그렇다면 이 세상은 곧 굶어 죽게 될 것이다.

신앙의 촉진이 하나님의 권능에 속해 있는 너무나 신비스러운 제목이기 때문에 수단과 결과 사이에는 아무런 자연적 연관도 없다고 교회가 설득된다면 그 결과도 똑같을 것이다. 그 결과는 무엇일까? 말할 필요도 없이 오십억도 더 되는 사람들이 지옥으로 갔을 것이다. 교회가 하나님이 수단을 사용하지 않고 저들을 구원하실 것을 꿈꾸며 기다리고 있는 동안에 말이다. 그것은 영혼들을 멸망시키기 위한 마귀의 가장 성공적인 수단이었다. 그 연관은 농부가 씨를 뿌릴 때처럼 신앙에서도 분명하다. 하나님의 통치에 있어서 모든 사람이 알아야 하며 영원히 기억되어야 할 사실이 하나 있다. 그것은 가장 유용하며 중요한 것들을 적절한 수단을 사용함으로 아주 쉽게 또 확실히 얻어질 수 있다는 사실이다. 이것은 신앙적 경영에 있어서도 원칙이 됨에 틀림없다.

    Charles Finney, *Revival of Religion* (Chicago: Moody Press)

참고 문헌

Ahlstrom, Sydney E., *A Religious History of the American People*, New york: Image Books, 1975.

Croswell, Andrew, *What is Christ to Me, If He Is Not Mine?*, Boston, 1745, reprinted in Alan Heimert and Perry Miller, eds., *The Great Awakening: Documents Illustrating the Crisis and Its Consequences*, Indianapolis, 1967

Charles G. Finney, *Sanctification*, Christian Literature Crusade, 1975. $

Cherry, Conrad, *The Theology of Jonathan Edwards*, New York:

Poubleday & Company, Inc, 1966.
Curtis, R. K., *They Called Him Mister Moody*. New York: Doubleday & Company, Inc., 1962.
Edwards, Jonathan, *The Religious Affections*, Pensylvania: The Banner of Truth Trust, 1961.
Edwards, Jonathan, *Thoughts on Revival*, Chapter "Great Awakening", Works, Vol.1, New Haven and London: Yale University Press, 1972.
Edwards, Jonathan, *Jonathan Edwards On Knowing Christ*, Pensylvania: The Banner of Truth Trust, 1990.
Fant, C. E. & Pinson, W. M., *20Centuries of Great Preaching*, Vol. 3, Texas: Word Book Publisher, 1971.
Jenson, Robert W., *America's Thelogian*, New York: Oxford University Press, 1988.
Milmine, Georgine, *Life of Mary Baker Eddy*. London: Hodder & Stoughton, 1909.
Miller, Perry, *Jonathan Edwards*, Clevelend & New York: The World Publishing Co. 1964.
Miller Perry, *The New England Mind: 17Century*, New York: Macmillan, 1939.
Moody, William R., *The Life of Dwight L. Moody*. New York: Fleming H. Revell, 1900.
Peel, Robert, *Chstian Science*. New York: Holt, Rinehart & Winston, Inc., 1958.
Pracher, William C., *A History of Christian Theology*, Philadelphia: The Westminster Press, 1983.
Sweet, William, *Revivalism in America, Its Origin, Growth and Decline*,

New York: Charles Scribner's Sons, 1944.

Schneider, Herbert W., *The Puritan Mind*, London: Constable and Company, 1931.

Woodbridge, John, *The Gospel in America*, Grand Rapid: Zondervan, 1979.

연 대 표

1603-1683	로저 윌리암스
1639-1723	솔로몬 스토다드
1663-1728	코튼 마더
1673-1746	윌리암 테넨트
1702	예일 대학
1703-1764	길버트 테넨트
1723-1761	사무엘 데이비스
1691-1748	프렐링후이센
1703-1758	조나단 에드워즈
1745-1816	프란시스 에즈베리
1752-1817	티모디 드와이트
1764	브라운 대학
1785-1872	피터 카트라이트
1785	토마스 제퍼슨의 정교분리 법령제정
1786-1858	윌리암 테일러
1792-1875	찰스 피니
1797-1878	찰스 하지

1800-1833	존 다비(John Darby)
1802-1865	부쉬넬(H. Bushnell)
1805-1844	조셉 스미드(몰몬교 창시자)
1812	장로교 신구파 분열
1813-1899	비이처(H. W. Beecher)
1827	윌리암 밀러(안식일 교회 창시자)
1835	찰스 피니의 "부흥강연"(*Lectures on Revival*)
1837-1899	드와이트 무디(Dwight. L. Moody)
1840-1902	조지 니드햄(George Needham)
1843-1921	스코필드(C. I. Scofield)
1846	피니의 "조직신학강의"(*Lecture on Systematic Theology*)
1852-1916	찰스 러셀(여호와의 증인 창시자)
1861-1865	미국시민전쟁
1863	링컨의 노예해방선언
1875	에디(Eddy)의 과학과 크리스천 사이언스(과학과 건강, *Science and Health with a Key to the Scriptures*)

제6장
사회복음운동과 세계선교

Ⅰ. 사회복음운동

　프랑스 혁명에 따른 자유주의의 팽배에 대하여 로마카톨릭은 합리주의에 반대하여 계시종교를 확고히 고수하였는데, 이는 교황의 권위주의와 카톨릭의 계급주의에 따른 것이었다. 하지만 프로테스탄트는 중심적인 권위를 갖는 세력이 없었기에 19세기의 새로운 역동적인 세력에 맞서 저항하는 그룹과 타협하는 그룹 또는 다양한 방식으로 적응하는 그룹이 생겨났다.
　그리하여 19세기의 초엽에는 프로테스탄트 교회에서 보수적인 반응들이 우세했으나 혁명의 충격을 겪은 후에는 그 개혁이 물결이 거세어지더니 복음주의 쪽에서나 자유주의 쪽에서나 교회의 개혁에 대한 강력한 발언을 하기 시작했다. 그리고 19세기의 말엽에는 불평등과 남용을 하나님의 뜻으로 받아들이기를 원치않는 사회복음이 발생하였고, 더 이상 성경의 영감과 무오류가 신성불가침이 아닌 것이 되었으며, 과학적이고 역사적인 연구와 정통주의 간의 적응이 이루어졌다. 그러나 새로운 형태가 항상 우세를 차지했던 것은 아니고 항상 새 형태는 옛 형태와 씨름했다.
　한편 19세기에 프랑스의 정치적인 사건과 더불어 산업혁명은 사회적인 변화를 야기시켜 새롭게 도시를 바꾸어 놓았고, 이에 따른 낮은 임금과 긴

노동력의 착취 행위가 빈번했으며, 산업 중심가에 많은 슬럼가가 형성되었다. 그러나 옛 정치 형태는 이러한 상황에 적절히 대처하지 못했고, 그리하여 사람들은 특권층만을 좋게 만드는 이런 정치 체제의 변화를 소리높였으며, 복음주의적인 개신교도 이런 변화의 필요에 대해 민감한 반응을 보였다. 이들 개신교 중에 영국의 감리교(메도디스트)는 개혁을 위한 가장 강력한 세력 중의 하나였고, 그들은 영국 사회 전체에 걸쳐서 커다란 영향을 미쳤다. 이들 감리교는 여러 교단으로 분열되었지만, 영국 국교회의 많은 사람들에게 복음적인 정신을 일깨우는데 기여했다.

한편 이러한 사회복음운동에 앞장선 개혁적인 성직자 가운데 영국국교회 안에는 존 뉴톤(1725- 1807)이 있었다. 그는 본래 노예선의 선장이었는데 죽을 수밖에 없는 풍랑을 만난 다음에 하나님께 회심하여 1779년에 그는 런던에서 교구목사가 되었다. 뉴톤은 찬송작시에 뛰어난 재능을 갖고 있어 감동적인 3백편 이상의 찬송시를 만들었고, 그의 "놀라운 은혜"라는 찬송시는 너무도 유명해져서 다양한 종교적 배경으로부터 온 사람들도 모두 알 지경이 되었다. 그는 또한 훌륭한 설교와 문필로도 유명하여 그의 설교에 많은 사람들이 영향을 받았다. 노예폐지운동에 기여한 공로로 그는 1792년에 뉴저지 대학(지금의 프린스톤 대학)에서 알렉산더 해밀톤과 토마스 제퍼슨과 함께 명예박사학위를 받았다.

또한 헨리 쏜튼이라는 사람은 전도 사역을 위해 은행가로서 많은 돈을 헌금하였고, 청교도 정신을 갖고 있던 맥콜리는 1804년에 "영국 및 해외 성서공회"(the British and Foreign Bible Society)를 창설하여 식민지에 복음을 전파하는 데 중요한 역할을 감당하였다. 그리고 19세기 후반에 사프츠베리 백작 7세는 복음의 정신으로 사회의 낮은 계층에 있는 사람들을 위해 생활 여건의 개조를 위해 노력하였다. 그리하여 그는 구조적인 개선을 위해 "정신 이상자들을 위한 대헌장"(the Magna Charta of the Insane)을 의회에 제출하였고, 1842년에는 광산법(the Mine Act)을 제정하여 부녀자나 특히 10세 이하의 소년들을 고용하여 지하 작업을 하는 것을 금지시켰다.

한편 조지 뮬러는 고아원을 위한 사업을 활발히 벌였다. 그는 고아원의 아버지로 잘 알려져 있다. 그는 어린 시절에는 방탕하였으나 1825년에 놀라운 회심을 경험하고, 고아들을 헌신적으로 돌보았다. 그는 기도할 때 항상 채워주시는 하나님을 신앙한 사람이었고, 시편 68:5에 기록된 "하나님은 고아의 아버지"라는 말씀에 은혜를 입고 고아사역에 힘을 기울였다.

1846년에는 조지 윌리암스가 기독교청년연합회(Young Men's Christian Association/YMCA)를 창설하여 기독청년들의 친교와 연합 그리고 사회활동의 장을 열었고, 이 단체는 곧 세계적인 조직체로 발전하였다.

이러한 사회개혁을 위한 복음주의자들의 노력은 기독교사회주의를 탄생시킬 만큼 개혁운동이 일어났다. 1848-54년에 켐브리지 교수였던 마우리스(J. F. D. Maurice, 1805-1872)는 그 시대의 가장 영향력있는 신학자 중의 한 사람이었다. 그는 노동자들의 친구가 되어 주었고, 1854년에는 노동자학교(Working Men's College)를 설립하였다. 루드로(J. M. Ludlow, 1821-1911)나 찰스 킹슬리(Charles Kingsley)도 기독교사회운동을 주도하였다. 이들은 기존교회가 복음을 효과적으로 인간의 사회적 상황과 연결시키지 못하고 있다고 믿었고, 가난은 하나님의 진노의 결과라는 사상에 분개했다. 그들은 산업화로 인해 남용되고 있는 사람들에 대한 책임이 사회에 있다고 믿었다. 하지만 이들 사회개혁가들은 엄격한 칼빈주의 예정론과 영벌 등은 부정했다.

기독교의 사회적인 관심이 이렇게 복음주의나 자유주의 계통에서 많이 표명되었다. 하지만 아마 구세군의 창시자인 윌리암 부스(William Booth, 1829-1912)만큼 지속적이고도 국제적으로 이 일을 이루지는 못했을 것이다.

부스는 혹독한 가난 속에서 태어나서 13살 때에 아버지를 잃고, 자신이 싫어했던 전당포업자로 도제를 받았다. 이러한 어린 시절의 가난은 그로 하여금 특별히 어린아이들의 고통을 보게 했다. 그리하여 그는 노동조합의

지도자가 되는 것 대신에 자신의 삶을 영혼을 구원하고 인간의 비참한 상태를 개선하는 일에 헌신했다. 그는 처음에 개혁감리회의 목사가 되었으나, 교회 지도자들이 그의 순회구역을 제한하려고 했기 때문에, 그곳을 나와 자유로운 복음전도자가 되었다.

그는 1865년에 극도의 가난에 처해 있던 런던에서 부흥선교회(East London Revival Society)를 조직하였고, 1878년에는 자신을 대장으로 하는 구세군을 창설하였다. 또한 1879년에는 81개의 선교현장에 127명의 전담 복음전도자들을 배치하고 구세군 악대를 조직하여 행진곡을 부르면서 전도하였다. 1880년에는 제복을 입었고, 1878년에는 "구세군의 체제와 규율집"을 발행했으며, 1884년에는 90여개의 군단을 확보하였다.

부스는 "어둠의 영국과 헤쳐나갈 수 있는 길"(Darkest England and the Way Out)이라는 책을 출판했는데, 이 책은 복음주의와 사회구원이라는 영국사회의 개혁을 위한 지침을 담고 있다. 부스는 영혼을 구원하는 일을 가장 첫 번째로 생각했으며, 아울러 고용과 사회 훈련, 복지, 소외된 자들을 위한 재적응 훈련 등 여러 사회적 프로그램을 힘주어 외쳤다.

부스는 사람들은 오직 죄에 대해서 책임이 있고, 하나님은 그런 인간들을 구원하는 책임이 있다는 단순한 신학을 갖고 있었다. 하지만 그의 이런 단순한 신학 뒤에는 가난한 자들을 위한 기독교적인 동정이 있었다. 그는 "가난한 자들의 구원을 이루는 첫 단계는 넉넉한 사람들로 하여금 가난한 자들의 성쇠에 관심을 갖게 하는 것이다"라고 말했다. 결국 구세군은 "하나님을 위해서라면 나는 전심으로 그 일을 할 것이다"라는 맹세를 가진 사람들의 유산이었다. 부스의 구세군은 오늘날 전세계적으로 활동하는 훌륭한 기독교 단체가 되었다.

우리는 또한 사회복음을 하나의 운동으로 확장시킨 미국의 라우쉔부쉬(Walter Rauschenbusch, 1861-1918)를 살펴보지 않을 수 없다. 라우쉔부쉬는 당시에 "사회복음"이라는 슬로건을 내걸고 어떤 개인 중심의 박애사상이나 도덕적인 실현을 통한 개혁의 차원을 넘어 사회의 불의에 대한 공동체적인 대응과 정의의 실현을 내세웠다. 그는 하나님의 나라가 이 땅 위에 실현된다고 선언하고 역사에 대한 낙관적인 견해를 가졌다. 그리하여 그는 1892년에 몇 명의 동료들과 함께 "하나님의 나라 형제회"를 조직하여 하나님의 나라를 이땅 이곳에서부터 건설하여야 한다는 운동을 펼쳤다.

이상으로 보건대 19세기는 기독교 신앙의 현실적인 욕구가 뿌리를 내리기 시작한 때라고 생각해 볼 수 있다. 16세기에는 종교개혁이 있었고, 17세기에는 청교도 운동이 있었으며, 18세기에는 감리교 운동이 있었다. 그리고 19세기에는 이러한 복음주의 사회운동이 하늘의 축복보다는 땅의 축복을 갈구하였으며, 많은 사람들이 성령의 영적 은혜보다는 정치적인 진보와 사회개선을 위한 관심을 가졌다.

Ⅱ. 개신교 선교

이렇게 개신교에서 사회복음을 위한 운동이 활발하던 시기에 경건한 복음주의자들은 선교에 대한 열정을 가졌다. 물론 선교는 개신교보다 카톨릭에서 먼저 활발했었다. 16세기에 예수회는 스페인과 포루투칼의 재정적 지원과 교황의 축복 하에 많은 선교사를 파송하여 개신교에 앞서 신대륙, 아프리카, 아시아 등지에 그들의 교회와 학교 등을 세워 눈부신 성과를 거두고 있었다.

이에 반하여 개신교는 19세기 초까지는 조직적인 선교를 하지 못했다. 그 이유를 몇 가지로 살펴보면, 16세기의 루터와 칼빈이 내부적 투쟁 때문에 선교에 대한 강조를 하지 못했고, 개신교의 카톨릭과의 투쟁에 온 힘을 쏟아야 하는 상황과 종교전쟁이 빚은 탈진 상태, 종말론 신앙의 우세, 선교를 자극할 만한 중심적인 선교기관의 부재, 통치자들의 선교에 대한 무관심, 개신교와 이국땅과의 접촉이 이루어지지 못한 것 등이 있다.

그렇지만 이런 개신교의 선교의식의 부재 가운데서도 1664년에 독일의 벨츠(Baron von Weltz)는 복음을 다른 나라에 전파하기 위해서 선교기관을 조직할 것을 루터파에게 제안하였고, 그는 자신이 직접 기나(Guiana) 에서 선교사로서 생을 바쳤다. 하지만 독일인들은 그의 선교헌신에 특별한 반응을 보이지 않았고, 개신교의 또 다른 주장들은 실망스러운 무관심을 직면해야 했다.

이런 중에 개신교의 선교 의식은 필립 스페너와 프랑케의 지도 아래 복음적인 경건주의가 기승할 때에 상당히 발전되었다. 할레 대학에서 프랑케는 학생들에 다른 나라에 복음을 전파하는 데 대한 관심을 불러 일으켰고, 그리하여 1705년에 선교단(Danish-Halle Mission)이 생겨났다. 뒤이어 이 선교단은 지겐바그(Ziegnbalg)와 프리차우(Plütschau)를 카톨릭의 사비에르가 1542년에 첫발을 내디딘 인도에 첫 번째 개신교 선교사로 파송하였다.

또한 진젠돌프에 의해 인도되던 헤른후트의 모라비아인들은 스페너와 프랑케의 사역을 계승했다. 1732년에 모라비아인인 도버(Leonard Dover)와 니치만(David Nitschmann)이 서인도로 선교하기 위해 떠났다. 선교에 대한 모라비아인들의 열심은 이국 땅에 선교하기 위하여 가족과 함께 바다를 건너는 많은 열심있는 자들을 자극했다. 그리하여 모라비아인들은 북아메리카, 라브라도, 남아시아, 아프리카, 그외에 유럽의 먼 오지를 향해 선교를 위해 떠났다.

한편 루터파의 사제들은 존 웨슬리와 영국의 복음주의 사역자들에게 직접적으로 영향을 끼쳤다. 이들에 의해 영향을 받은 웨슬리는 선택과 예정에 관한 칼빈주의 교리와 모라비안주의에서 발전했던 신비적이고 정적주의적인 강조를 거부하였고, 모든 사람들이 그리스도에게 응답하기만 하면 구원을 받을 수 있다고 강조하며 세계를 향한 도전적인 복음전도의 방법을 가졌다. 이런 웨슬리의 선교관으로 인해 복음에 응답할 기회를 먼 지역에 있는 사람들에게도 주어야 한다는 개신교의 복음전도에 대한 의무감이 더욱 발전되어 많은 사람들이 선교사역자로 나가게 되었다.

그중에 아메리카 인디언에 대한 선교사역을 펼친 데이비드 브레이너드의의 이야기는 유명하다. 그는 짧은 생애를 살면서 감동적인 선교활동을 펼쳤는데, 그의 선교에 대한 이야기가 장인인 조나단 에드워즈에 의해 편집되어 출판되어 많은 이들이 그 책을 읽고 선교에 대한 의지를 다짐했다. 이런 데이비드 브레이너드의 선교 이야기에 감동을 받은 사람 중에 윌리암 케리도 있었다.

19세기 개신교의 초기 선교활동은 윌리암 케리에 의해 커다란 결실을 보았다. 윌리암 케리(William Carey, 1761-1834)는 평신도 설교자이며 침례교 선교사로서 활동했다. 그는 처음에 영국국교회에서 신앙생활을 했으나 회심한 후 전격적으로 영국국교회를 떠나 침례교로 전향했다. 그는 한 친구로부터 보조금을 받아 자그마한 소책자를 발행했는데, 그것이 당시에 상당한 영향을 끼쳤던 "이방인을 회심시키기 위한 수단을 사용할 기독교인의 의무에 대한 연구"였다. 역사와 성경, 복음전도에 대한 케리의 이해는 온 세상에 복음을 전하라는 주님의 명령을 영국인들에게 불러 일으켰다. 1792년에 노팅험에서 설교한 이사야 54:2-3에 관한 그의 설교는 청중들에게 "하나님으로부터 위대한 일을 기대하라"는 권고였다. 그러므로 그의 영향을 받은 동료들은 침례교 이교도 전도복음협회(Baptist Society for the Propagation of the Gospel amongst the Heathen)를 결성하였고, 그 선교회는 1793년에 케리와 토마스(John Thomas)를 선교사로 세워 인도로 파송하기로 결심하였다. 그리하여 많은 재정적인 어려움에도 불구하고 케리 일행은 인도로 항해하였고, 결국 1793년말경에 인도의 벵갈만에 도착하였다. 그는 자금부족과 병약함에도 불구하고 자립적인 선교활동을 펼쳤고, 언어에 능통하여 5년만에 벵갈어로 신약성경을 번역하였으며, 현지어로 수백개의 마을에 가서 복음을 설파했다.

그는 세람포어에서 선교하기도 하였고, 그곳에서 네 선교사의 도움으로 마침내 벵갈어로 신약성경을 편찬해 내었다. 또한 그는 켈커타에서 윌리암대학(William College)이 문을 열었을 때, 그곳의 언어학 교수로 일하며 30년동안 그 직책을 지켰다. 그는 1809년에 전 성경을 벵갈어로 편찬해 내었고, 성경의 몇 부분을 26개의 다른 방언으로 편찬하여 20만권을 배포하였다. 선교사와 교사로서의 그의 사역은 산스크리트어 사전과 문법책을 발간해낼 정도로 그 지역 언어에 능통했다. 그는 1834년 숨을 거둘 때까지 한번도 그곳 인도를 떠나지 않았고, 그가 영국에 보낸 편지들이 나중에 출판되어 유럽과 아메리카에 있는 그리스도인들에게 선교사역을 하려는 영감을 불어넣었다.

윌리암 케리로부터 영향을 받은 회중교회의 목사였던 보그에 의해 또 다른 선교회가 1795년에 결성되었다. 그것은 초교파적인 런던선교회(London Missionary Society)였다. 이 선교회는 이방선교를 위한 가장 영향력 있는 초교파 선교조직 중 하나로 발전하였고, 대동강에서 순교한 토마스 선교사도 이 선교회의 지원으로 파송되었다. 런던선교회는 19세기에 모든 나라에 복음을 증거하려는 대표적인 단체가 되었고, 이후에 재빨리 많은 선교단체들이 조직되어 적극적인 선교활동을 펼치게 되었다.

1799년에는 성공회를 주축한 교회선교회가 결성되었고, 1818년에는 영국 웨슬리감리교 선교회가 설립되었다. 영국을 중심한 선교의 사업은 미국과 유럽대륙에도 영향을 미쳤다. 미국은 1810년에 남동아시아의 선교를 위해 많은 영감받은 젊은이들을 선교사로 보냈던 아메리카 선교후원회(American Board of Commisioners of Foreign Missions)가 조직되어 선교사들을 파송하기 시작하였다. 1808년에는 사무엘 밀즈(Samuel J. Mills)의 지도 아래 선교를 위한 건초더미 기도운동이 펼쳐졌고, 메사추세츠 출신의 아도니람 저드슨(1788-1850)은 미얌마에서 선교의 성과를 거두었다.

1825년경에는 선교운동이 아프리카로 전개되었고, 동양과 태평양의 섬들을 향해 펼쳐졌다. 결국 암흑의 대륙 아프리카의 선교는 19세기 중엽에 문호가 개방되어 스코틀랜드의 아프리카 개척의 선구자인 리빙스톤의 활동으로 크게 점화되었다.

리빙스톤은 글래스고우 대학에서 처음에 의학을 공부했으나 나중에 신학공부로 방향을 바꾸고, 런던 선교회의 후원으로 1840년 12월 8일에 아프리카로 선교하기 위해 떠났다. 그는 아프리카 대륙을 가로지르는 3만 마일 정도의 선교여행을 시작하였고, 1857년에는 남아프리카를 탐험한 내용을 "남아프리카 탐험과 선교여행"이라는 책으로 출판했다. 그는 아프리카 탐험의 두 번째 횡단에서 아랍의 노예제도를 폭로하여 심각한 노예제도의 폐해를 고발하여 개선케 했고, 건강이 좋지 않은 상태에서도 귀국의 종용을 뿌리친 채 아프리카에서 1873년에 하늘로 올라갔다.

    19세기는 또한 태평양의 섬들에도 개신교 선교사들에 의해 복음이 전파되는 시기였다. 호주와 뉴질랜드의 남태평양은 원주민들이 식인종으로 알려져서 유럽인들이 선교하기를 가장 꺼렸던 곳이다. 그런 지역에 스코트랜드인인 죤 윌리엄스와 죤 페이턴 그리고 죤 게디가 복음을 전하여 커다란 성과를 거두었다.

    이 시기에 개신교가 중국에도 문을 두드렸다. 중국선교는 맨처음 로버트 모리슨(Robert Morrion)에 의해 이루어졌다. 그는 중국어에 능통하여 당시 선교사업을 반대하던 동인도회사도 모리슨의 중국어로 인해 중국과의 교역에서 도움을 받았다. 그는 1819년에 중국어로 성경 전체를 번역하는 공적을 남겼다.

    또한 중국에서 가장 활발하게 선교활동을 펼친 선교사는 19세기 후반의 영국의 허드슨 테일러(Hudson Taylor, 1832-1905)였다. 그는 중국에 파송되어 중국복음전도협회에서 일하였고, 윌리암 찰머스와 협력하여 선교했다. 그는 1865년에 중국내지선교회(CLM)을 설립하였고, 중국을 광범위하게 여행하며 그 사업을 총지휘하였다. 그는 일련의 선교회 원칙들을 마련하였는데, 이는 종래의 개신교 원칙과는 많이 달랐다. 이 선교회의 회칙은 상당히 진보적이며, 현실적인 효과를 거두는 정책들이었다. 결국 이 선교회가 오늘날 해외선교회(OMF)로 발전되었고, 수천 명의 선교사가 영적인 결핍 상태에 있는 백성들에게 파송되었으며 오늘날까지도 선교의 열기를 지속시키고 있다.

1. 죠지 물러(George Müller, 1805-1898)의 고아원 운동

그는 회심 후에 어린이들을 돌보라는 하나님의 부르심을 받고 물질에 구애없이 고아들을 돌보았다. 그는 세계에서 가장 커다란 고아원을 세웠고, 가장 많은 고아들을 돌보았다. 그래서 그를 "고아의 아버지"라고 부른다. 그는 하나님께서 원하시는 일이라면 항상 하나님께서 채워주신다는 믿음으로 일하였다. 그의 기도는 겸손함과 뜨거움으로 구했으며, 아버지 하나님은 구하면 언제나 풍성히 주시는 분으로 믿었다.

1838년 9월 16일

주일 오후에 우리는 고아들에게 필요한 것들을 구하기 위해 다시 모였다. 우리의 마음은 평화롭고 우리의 희망은 하나님께 있었다. 어제 저녁부터 지금까지 1실링밖에 들어오지 않았지만 하나님은 우리를 도와주실 것이다.

9월 17일 시련이 계속되었다. 매일 우리의 믿음에 대한 시련이 계속되었으나 나는 우리가 끝까지 기다리기만 하면 하나님이 도와주실 것으로 확신한다. 몇몇 사람들이 얼마를 주어서 현재 지불해야 하는 금액을 줄일 수 있었고 필요한 것들을 살 수가 있었다 지금까지 아무것도 부족한 것이 없었다.

오랫동안 많은 금액의 돈이 들어오기를 기대하고 있었는데 아직 들어오지 않아 내 믿음은 시련을 겪고 있다. 성경에서 위로를 받고자 성경책을 펴고 시편 39편을 읽게 되었다. 거기에서 나는 큰 위로를 받았다. 나는 사랑하는 동역자들과 함께 즐거운 마음으로 기도를 드리고 그 시편 말씀을 그들에게 읽어주고 그 안에 담겨 있는 귀중한 약속의 말씀으로 그들에게 용기를 심어주었다.

9월 18일

우리는 1파운드 8실링을 받아 고아원에 필요한 고기와 빵과 차와 우유를 살 수 있었다. 따라서 주님은 오늘 필요한 것들을 모두 공급해주셨을 뿐 아니라 앞으로 이틀간 필요한 빵을 더 살 수 있는 돈을 주신 것이다. 그러나 이제 우리는 다시 심각한 지경에 처하게 되었다. 돈은 거의 다 바닥이 나 버렸다. 사역자들이 그들이 가지고 있던 돈 전부를 내 놓았다. 그러나 주님께서 어떻게 우리를 도우셨는가를 보라! 런던에서 온 한 귀부인이 소년원 옆집에 방을 세내어 살게 되었다 오늘 오후에 그 부인은 나에게 4파운드 2실링 6펜스나 되는 많은 돈을 가져왔다. 그때 마침 우리가 당장 필요없는 것들을 막 팔려고 하는 순간이었고 그날 아침에 나는 주님께 그 물건들을 팔지 않아도 되게 다른 방법으로 우리의 필요를 채워달라고 기도하였었다.

그 돈이 소년원 가까이에서 며칠 동안 우리에게 보내지지 않고 그냥 있었던 것이다. 그것은 처음부터 하나님께서는 우리를 도우실 마음이 있었다는 것을 내가 깨닫게 해주었다. 그러나 하나님께서는 당신의 자녀들에 기도하는 것을 기뻐하시기 때문에 그렇게 오랫동안 우리로 하여금 기도하게 하신 것이다. 이 기도의 응답을 받고 나니 우리가 겪는 믿음의 시련이 달콤하게 여겨졌다.

나는 혼자 있게 되자 큰소리로 주님을 찬양하고 감사하기 시작했다. 그리고 저녁에 다시 동역자들과 함께 찬양하고 기도하는 시간을 가졌고, 우리들은 모두 크게 용기를 얻었다. 내일 이 돈을 필요한 것들을 사는 데 사용하려고 한다.

12월 11, 12, 13일

이 사흘 저녁에 우리는 총회를 열었다. 나는 주님께서 고아원과 성경연구원에 특별히 은혜를 베풀어주신 것을 보고하였다. 이 사역들 특히 고아원 사역은 교회 전체의 유익을 위해 시작된 것이니만큼 종종 주님께서 우리에게 어떻게 해주셨는가를 공개적으로 발표하는 것이 좋겠다고 생각되었기 때문이다. 12월 9일로 우리가 고아원 사역을 시작한 지 3년이 되었다.

따라서 이런 모임을 갖기에 적당한 때가 되었다.

현재 주일 학교는 성경연구원의 보조 아래 463명의 아이들을 가르치고 있다. 특별히 이 주일학교 사역에 대해서는 감사할 제목이 많다. 지난 18개월 동안 아이들의 수가 3배나 늘었고, 2년 동안 5명의 교직에 계신 분들이 주님을 영접하고 교인이 되었으며, 그들 중 3명은 지금 주일학교 선생님으로 봉사하고 있다.

성인학교에서는 120명 이상의 성인들을 교육시켰고, 12명에게 읽는 것을 가르쳤다. 성경연구원은 또한 가난한 어린이들을 위해 주간학교 6개를 전적으로 지원하고 있는데, 6개 중 3개 학교는 남자 아이들 학교이고 3개는 여자 아이들을 위한 학교이다. 성경연구원의 보조 아래 이 주간학교들을 통하여 교육을 받은 아이들의 수는 모두 1534명이고, 현재 6개의 주간학교에 342명의 아이들이 다니고 있다.

지난 2년 동안 우리는 성경 연구원을 통해 1884권의 성경책을 배부하였고, 성경 보급 사역을 시작한 이래 모두 5078권의 성경책을 배부하였다. 또한 선교 사역도 보조하였다.

86명의 고아들이 세 고아원에 생활하고 있고, 지난 1836년 4월 11일부터 1838년 12월 9일까지 우리가 돌보아온 아이들의 수는 110명에 달한다.

12월 31일

지난 한 해 동안 우리는 많은 돈이 필요했지만 지난 한 해만큼 내 인생 가운데 주님께서 실로 풍성하게 채워주신 적은 없는 것 같다. 진실로 내가 아주 자비로운 주인을 섬기고 있다는 사실을 모든 사람들이 다 확실히 알 것이다. 일상생활에 필요한 모든 것을 주님의 뜻에 따라 쓰는 것보다 더 좋은 방법은 없을 것이다.

George Müller, *The Autobiography of George Müller* (Whitaker House, 1984)

2. 윌리암 부스(William Booth, 1829-1912)의 사회사업

구세군을 창설한 부스는 "어둠의 영국과 헤쳐나갈 수 있는 길"(Darkest England and the Way Out)이라는 책을 출판했는데, 이 책은 복음주의와 사회구원이라는 영국사회의 개혁을 위한 지침을 담고 있다. 아래에 글에서 부스는 구세군의 사회사업을 잘 묘사하고 있으며, 특히 그들이 가진 저녁모임은 아무런 제재가 없는 자연스러운 신앙부흥회였다.

어둠

문명의 중심에 깊이 새겨진 그 끔직한 모습을 우리는 본다. 아프리카의 오지에서나 볼 수 있는 많은 끔직한 상황들을 나는 우리 땅의 여러 부분에서 본다. 어둠의 아프리카가 있는 것처럼 어둠의 영국이 있지 않은가? 야만인들을 양산한 문명이 피그미들을 양산하고 있지 않은가? 우리는 스탠리(Stanley)가 적도 근처의 밀림에서 발견한 그 끔직스러운 모습을 우리의 문 앞에서, 그리고 성당과 궁전으로부터 멀리 가지 않아서 발견할 수 있지 않는가? 스탠리에 의해 횡단된 적도의 밀림은 내가 말하고 있는 어둠의 영국과 같다고 할 것이다…

어둠의 아프리카와 같은 어둠의 영국은 말라리아로 신음하고 있다. 슬럼가의 더럽고 냄새나는 호흡은 아프리카 늪지대 호흡에서 풍겨나는 독성과 같다. 열은 적도에 만성적인 열과 같다. 매해 수천명의 어린이가 위생제도의 결여 때문에 죽어가고 있다. 그들은 실제로 기아와 독성에 찌들려 있고, 많은 경우에 그들은 차라리 고통을 받느니보다 오히려 죽는 것이 더 낫다고 말하는 것이 더 좋을 정도이다.

…많은 사람들이 술과 악에 젖어있고, 모든 사회적 육체적 병에 시달리고 있는 이 어둠의 영국에서 내가 삶을 영위하고 있다. 그리하여 나는 이 땅에 사는 내 동포들에게 가장 좋은 모든 것을 소개할 것이다.

구원

도시식민지의 구조!

나의 계획의 첫 번째 부문은 많은 가난한 자들을 받아들이는 집을 짓는 일이었다. 기억하건대 우리는 홀로된 사람들, 거렁뱅이들, 굶주린 자들, 돈 없는 자들에게 음식과 거처지와 노동을 제공해주는 것으로 시작했다. 지금은 나는 이런 종류의 사람들과 약 2년 반 정도를 보내고 있다. 나는 현 구세군은 영국의 어느 단체보다도 가난한 이들에게 음식과 보금자리를 제공해주고 있다고 믿는다…

제 1항 모든 사람을 위한 음식과 보금자리를 제공해주는 것

내가 3년 전에 카나다와 미국을 여행하고 있을 때 나는 가는 곳마다 본 그 풍성한 음식을 보고 깊이 감동했다. 그래서 나는 이 불쌍하고 헐벗은 백성들과 영국 동부지역의 굶주린 어린이들 그리고 여타 빈곤층들이 살고 있는 지역들이 이런 풍성함을 얻을 수 있기를 얼마나 갈망했는지! 그러나 나에게 나타난 것은 그것이 불가능한 것이었기에 나는 은밀히 이런 사람들에게 풍성함을 가져다주는데 노력할 것을 결심했다. 이제 나는 소규모이지만은 그 일을 하고 있고, 또한 보다 넓은 지역에서 그런 갈망을 이루기를 소망한다.

이런 생각을 갖고 2년반 전에 동부 런던에서 첫 번째 음식 보급 수용소(Cheap Food Depot)를 열었다. 뒤이어 또다른 곳에 이 수용소가 생겨났고, 우리는 세 번째 수용소를 갖고 있고 또 다른 수용소가 준비 중에 있다. 1888년에 시작한 이래로 우리는 3백5십만번의 음식을 제공했다…

지금 우리는 수용소의 수를 더 많이 늘리기를 제안했고, 그 유용성을 더 확대시키려고 하고 있으며, 이미 그곳을 방문한 사람들은 이것이 정확히 무엇을 의미하는지를 알고 있을 것이다. 그러나 이 글을 읽는 대다수의 사람들은 그렇지 못할 것이므로 그런 이들을 위해 그것이 무엇을 의미하는지를 설명하는 것이 필요한 줄로 안다.

이곳을 방문한 사람들은 모두 알다시피 수용소에는 두 부서가 있다 하나는 음식을 다루는 부서이고 다른 하나는 은신처를 제공해주는 부서이다. 물론 두 부서가 동일한 사람들에게 함께 적용되지만 은신처를 위해 오지 않고 음식만을 위해 오는 사람들이 있다. 물론 은신처를 위해서 오는 대부분의 사람들이 음식을 위해 오고있기는 하지만 말이다…

음식 보급 수용소(Cheap Food Depots)는 배고픈 많은 수의 사람들에게 커다란 봉사를 행하고 있다. 그렇다고 음식을 공짜로 주는 것은 아니다. 그렇지만 아주 무일푼인 사람을 제외하고는 모든 사람들이 사먹을 수 있도록 다만 명목상의 가격을 붙였을 뿐이다. 한편 내가 더 유용하다고 생각하는 것은 수용소이다…

당신이 런던거리에서 집도 없고, 친구도 없고, 온종일 일거리를 찾아 헤메다 지친 부랑아라고 생각해 보라. 밤이 다가올 때에 당신은 어디로 가야 하는가? 당신은 아마 돈이 거의 없을 것이다. 또는 몇푼 안되는 돈을 갖고 있을 것이다. 당신은 길거리에서 잠을 자야할지도 모른다. 또는 약간의 돈을 주고 싸구려 여인숙에서 잠을 잘 수도 있을 것이다. 그런데 당신이 거주한 그곳에서 낯설고 이상스러운 도당들에 의해 당신이 갖고 있던 약간의 돈도 강탈을 당할 수도 있을 것이다. 그리하여 당신이 어찌할 줄 몰라하고 있을 때 당신을 본 어떤 사람이 우리의 은신처로 가자고 제의해온다고 생각해 보라….

이 은신처는 커피, 코코아, 빵을 먹을 수 있다. 당신은 세면실에 들어갈 수도 있고, 거기서 따뜻한 물로 씻을 수도 있다. 비누와 수건을 자유롭게 사용할 수 있다. 당신은 씻고 먹은 다음에 안락을 취할 수 있다. 당신은 원한다면 친구들에게 편지를 쓸 수도 있고, 책을 읽을 수도 있다. 8시가 되면 은신처는 사람들로 가득 차고 그때에 우리는 전체의 관심사라고 여기는 가장 필요한 것을 행한다. 서로가 낯선 '남성 은신처'의 2-3백명의 사람들이 커다란 방에 함께 모인다(여성 은신처의 여성들도 마찬가지이다). 그들은 모두 가난하고 가련한 사람들이다. 당신 같으면 그들과 무엇을 행할 것인가? 아래에 나오는 이야기는 우리가 그들과 갖는 시간을 설명해놓은 것이다.

우리는 구세군 모임을 갖는다. 수용소를 책임맡고 있는 장교는 훈련소 분견대의 도움을 받아 자유롭고 편안한 저녁 시간을 진행한다. 소녀들은 밴조와 템버린을 갖고 나오고 몇시간 동안 런던에서 발견할 수 있는 아주 활력있는 모임을 갖는다. 그 모임 가운데는 간단하면서도 요지를 아뢰는 기도가 있으며, 모임의 리더가 되는 사람의 연설이 있기도 하지만, 대다수는 이전 모임에서 구원을 받은 사람들의 간증이다. 이들 간증자들은 그 자리에서 일어나 무리들에게 자신의 경험을 이야기한다. 그들은 매우 심각한 죄와 악과 비참 가운데 떨어졌던 자신의 이상한 경험을 이야기하면서 마침내 이 자리에 와있는 자신의 모습을 진심으로 말한다. "지금은 얼마나 행복한지!" 영혼에 새 힘을 주는 이 모임에는 기쁨과 선한 감정이 있다…

어느 누구도 이 모임에 참여하라고 강요하지 않는다. 모임이 끝날 때까지 오지 않아도 된다. 하지만 누가 무어라고 하지 않아도 참석한다. 항상 8시에서 10시 사이에 당신은 그 방에 앉아서 권면을 듣고, 간증을 듣고, 노래를 부르는 사람들을 볼 것이다. 그들 중에 많은 이들이 무감각한 사람일지라도 그럼에도 불구하고 음악과 따스한 분위기에 참여하는 것을 좋아하고, 다양한 간증이 전달될 때에 마음에 감동을 받는다.

종종 이러한 간증들은 단순히 관찰자로 온 사람들 편에서는 냉소를 불러일으키기도 했다.

William Booth, *In Darkest England and the Way Out* (London, 1890)

3. 라우센부쉬(Walter Rauschenbusch, 1861-1918)의 사회복음운동

1892년에 라우센부쉬와 몇 명의 동료들은 "하나님의 나라 형제회"를 조직하여 "하나님의 나라 사상의 보다 나은 이해를 위해" 침례교 사역자들을 규합하였고, 그 모임에 참석할 수 있는 자격은 나중에 보다 확대되었다. 라우센부쉬는 아래의 글에서 그 조직체의 기원과 목적을 밝히고 있다.

하나님의 나라 형제회는 매우 점차적으로 자연스럽게 하나님의 보호 아래 형성되었다고 믿는다. 우리 멤버들의 모임은 성령께서 우애로 이끄시고 비슷한 확신을 갖게 하시는 데서 출발했다. 우리가 주님의 나라에 대한 생각을 서로 교환했을 때, 우리의 견해는 더욱 분명해졌고, 더욱 연합할 수 있었다. 우리는 그리스도의 교회가 이기심으로 인해 나뉘어져 있고, 모든 종파들은 종종 하나님의 나라의 발전을 희생하면서 자신들의 발전을 위해 노력하고 있다. 교회와 목사들은 자신의 일에만 몰두하고, 서로를 시기한다. 교회의 예배의 외적인 형태와 정치에는 관심을 쏟으면서 영적인 일은 게을리하고 있다. 사람들은 교회로부터 유리되고 있고 교회는 사람들의 움직임에 무관심하다. 그들은 신조에서 약간만 이탈해도 강력한 비난을 가하지만 그리스도인의 정신에서 이탈하는 것은 관용한다.

우리가 그리스도의 몸에 생긴 이러한 흠들을 생각하고 그리스도의 교회를 진심으로 사랑하는 마음으로 이런 문제를 애통해 할 때에 우리가 확신할 수 있는 것은 많은 이런 악들이 그리스도의 위대하신 목적(하나님의 나라)을 왜곡하거나 잘못되이 포기하는 데 그 원인이 있다고 보여진다. 하나님의 나라 개념이 그리스도의 가르침과 사역의 열쇠이기 때문에 그 열쇠를 포기하거나 잘못 설정하는 것은 기독교의 편협한 개념에 빠질 수 있다. 하나님 나라가 기독교의 가장 주요한 목적의 반열에서 탈락하고 개인구원이 그 자리를 차지하고 있기 때문에 사람들은 자신의 영혼을 구하기 위해서만 노력하고 세상의 복음화에는 무관심하다. 개인주의적인 개인구원 관념이 이 땅에서의 하나님의 나라의 개념을 밀쳐내고, 인간의 정치적, 산업적, 사회적, 과학적, 예술적인 삶이 상대적으로 무관심해져 있다. 그리고 이런 것들을 세상에 속한 것으로 그냥 내버려둔다. 하나님의 나라가 지금 여기서 실현될 것으로 생각하기보다는 단순히 미래적 삶에서 이루어질 수 있는 상태로 이해한다. 그러므로 그리스도인들은 여기 이 세상의 저열한 삶에 만족해하고 거룩한 삶은 미래로 연기한다. 또한 하나님의 나라는 교회와 연관되어 있기 때문에 교회는 수단 대신에 목적으로 간주되고, 사람들은 그들이 강력한 교회조직을 구체화시킬 때 하나님 나라가 세워지는 것으로 생각한다.

이런 생각들을 세심스러운 관찰과 성경 연구와 교회 역사에서 찾아 볼때, 기도로 뜨겁게 간구할 때, 또한 이런 악들을 제거해야겠다는 의무감을 느낄 때, 우리들은 그리스도의 이름으로 손을 맞잡을 것을 결심했고, 함께 연합하여 기회를 보다 확대시키고, 지혜를 증가시키고, 끊임없이 용기를 분돋을 것을 결의했다. 그러므로 우리들은 "하나님 나라 형제회"를 조직하여 교회에 이런 사상을 재형성시키고, 이 세상에서 구체적으로 하나님의 나라를 실현할 수 있도록 노력할 것이다.

우리는 한 번 더 하나님 나라가 크리스천 설교의 주요한 대상이 되는 것을 의도한다. 또한 기독교 찬송의 주요 영감이 되고, 조직신학의 근간이 되며, 복음적 선교적 사역의 지속적인 동기가 되게 하며, 사회사업의 종교적 영감 그리고 종교적 영감의 사회적 산출, 기독교인이 그의 삶을 복종시켜야 할 대상, 모든 종교단체들이 그들의 연합을 찾을 수 있는 '공통된 목적인 것을 알 수 있도록 노력할 것이다. 또한 하나님 나라가 성령의 중생, 지성의 계몽, 단체의 발전, 정치적 삶의 개혁, 인간구원과 관련된 모든 것을 포용하는 커다란 종합인 것을 알 수 있도록 노력할 것이다.

이런 일에 우리는 우리의 삶을 헌신할 것이며 하나님이 이 일을 도우실 것이다. 우리는 목회자나 평신도 등 여러 사람들이 우리와 연합할 것을 청한다. 우리는 수자는 관계하지 않는다. 영성에 더욱 관심을 쏟을 것이다… 우리는 왕이신 하나님의 사상과 정신을 전달하기를 소원한다. 우리는 그의 종이다. 우리는 이 땅의 나라들이 그리스도의 나라가 되도록 전심으로 노력할 것이다.

Dores R. Sharpe, *Walter Rauschenbusch* (New York: The Macmillan Co., 1942)

4. 교황 레오 13세의 노동헌장(*Rerum Novarum*, 1891)

로마카톨릭은 교회의 전통적인 목소리를 희생하고 전체적인 사회의 선을 위해서 노동자들의 사회적 상태가 개선되어야 한다고 촉구하였다. 그리하여 교황의 이름으로 노동헌장을 발표하였는데, 당시에 기생하던 사회주의를 배격하고 자본주의 경제 체재 하에서의 노동현장의 개선과 노동자들의 권리를 강도높게 선언한다.

오랫동안 세계 각국을 휩쓸던 혁명적 변화의 소용돌이는 이제 정치적 한계를 벗어나 경제적 영역에까지 그 영향력을 행사하고 있다. 사실 새로운 산업의 출현, 새로운 기술의 발전, 노사관계의 변화, 부익부 빈익빈 양극화 현상, 노동자들의 자신감과 밀접한 유대관계, 그리고 일반 윤리 의식의 타락 등이 갈등을 빚어내는 원인이 되고 있다.

이처럼 심각한 갈등의 양상은 현재 모든 사람의 마음을 불안과 고민에 빠뜨리고 있다. 즉 학자들의 연구, 지식층의 논의, 실무자들의 처방, 수많은 회의, 의회의 법안, 그리고 통치자의 정책 등 모두가 한결같이 이 문제에 집중됨으로써 현재 이보다 더 사람들의 관심을 끄는 문제는 없다. 우리는 교회와 공동선을 수호하기 위해 잘못된 견해를 반박해야 할 필요가 있을 때마다 교회의 관례대로 여러 회칙을 발표해왔다. 즉 "공권력에 대하여", "인간의 자유에 대하여", "국가의 기독교적 구성에 관하여" 그리고 이와 유사한 성격의 회칙들이 계속 발표되었다. 존경하는 형제들이여, 이제 나는 똑 같은 이유로 노동자의 상태에 대하여 교회의 전통에 따라 회칙을 발표하지 않을 수 없다. 이 문제는 이미 여러 번 다루어졌다. 그러나 교황청 사도직의 책임은 나로 하여금 정의와 진리가 요구하는 바대로 원칙을 선명하게 제시함으로써 갈등이나 분쟁이 종식되도록 이 문제를 보다 철저하게 다루려한다.

　그런데 이 문제는 해결 자체가 어려울 뿐만 아니라, 위험성까지 내포하고 있다. 부유한 자와 가난한 자, 그리고 자본가와 노동자의 상대적 권리 및 의무의 한계를 뚜렷이 규정짓는다는 것은 쉬운 일이 아니다. 여기에 위험이 도사리고 있다. 직업적 선동가들은 항상 바로 이같은 허점을 이용하여 인간의 올바른 판단을 흐리게 하고 대중을 혼란 속으로 몰아넣는다. 여하튼 가난한 사람을 위하여 신속하고 적절한 보호책이 강구되어야 한다는 점은 분명히 알고 있으며, 또 우리 모두 이 점에 대해서는 의견을 같이 한다. 왜냐하면 가난한 사람의 대부분이 비참하고 절박한 상태에서 비인간적인 생활을 하고 있기 때문이다. 중세기 숙련공의 길드조직이 지난 무너진 뒤에 그 역할을 맡을 노동자의 보호조직이 나타나지 않았고, 국가기관이나 법은 전통적인 종교적 가르침을 무시하고 있다. 따라서 노동자는 인정없는 사용자와 탐욕스럽고 무절제한 경쟁 속에서 더욱 고립된 무방비 상태에 놓이게 되었다. 교회는 여러 차례에 걸쳐 고리대금업을 금지시켰지만, 모리배들은 이에 아랑곳하지 않고 형태를 달리하여 여전히 이를 되풀이함으로써 사회악은 점점 더 퍼져가고 있다. 여기에 덧붙여 생산수단의 거의 모든 것이 몇몇 사람들에게 집중되어 이들 극소수의 부유층이 근로계약이란 허울을 쓰고 수많은 노동자에게 노예와 비슷한 굴종을 강요하고 있다…

　그러므로 나는 교회의 도움이 없이는 이런 문제의 진정한 해결책을 찾을 수 없다고 생각한다… 교회를 빼놓는다면 인간의 노력은 모두가 허사가 되고 만다는 것을 나는 주저없이 단언할 수 있다. 교회는 복음의 정신을 전파하고 그 가르침을 따라 분규를 종식시키거나 적어도 완화시켜야 한다. 교회는 인간의 마음을 순화시킬 뿐만 아니라 계명을 통하여 개인의 윤리와 생활을 교화하는 데 모든 노력을 기울여야 한다. 또 수많은 유익한 관계기관을 통해 노동자의 상태를 개선시키며, 노동자의 요구에 들어맞는 가장 구체적 방법으로 사회 각 계층의 협력을 얻는데 최선을 다해야 한다. 교회는 노동자의 권익이 가능한 한 완전하게 보호되도록 온갖 노력을 기울여야 한다. 이러한 사명을 완수하기 위해 교회는 원칙에 어긋나지 않는 범위 안에서 각종 법령이나 공권력까지도 동원해야 한다.

우리가 제일 먼저 확립시켜야 할 것은 인간존재의 조건이 반드시 있는 그대로 받아들여져야 한다는 것이다. 즉 인간사회의 수준을 평등이라는 이유로 획일적으로 어느 수준에 고정시킨다는 것은 불가능하다. 사회주의자들은 나름대로 이것을 달성하기 위해 전력을 기울이겠지만 인간의 자연적인 본성에 어긋나는 모든 노력은 결국 헛일이 될 수밖에 없다. 인간에게는 천성적으로 수많은 차이점이 있다. 즉 능력, 근면, 소질, 체력에서 서로 상당히 다르다. 사람마다 다른 운명은 이러한 자질의 차이에서 오는 필연적 결과인 것이다. 이같은 불평등은 개인에게나 사회에 오히려 이득을 가져다 준다. 실제로 사회생활은 오직 다양한 능력을 조장함으로써 유지될 수 있고 각자가 특유의 소질에 맞는 직업을 선택하여 제몫을 다함으로써만 운영될 수 있다…

교회는 그리스도를 스승으로 인도자로 삼아 보다 높은 목적을 추구한다. 즉 교회는 보다 완벽한 가르침을 통해 계층과 계층을 우정과 화해로 화합시키기 위해 노력한다. 영원불멸의 내세를 고려하지 않고서는 현세의 모든 것을 올바르게 이해하고 평가할 수 없다. 내세관이 사라진다면 진리는 그 형상만이 아니라 개념조차 그 즉시로 없어질 것이다. 뿐만 아니라 이 세상 모든 것은 인간이 풀 수 없는 신비의 수수께끼가 될 것이다. 이 세상을 마칠 때 비로소 참된 삶이 시작된다는 진리는 자연 그 자체에서 우리가 배우는 바로, 동시에 기독교의 절대적 교리이다. 이 진리를 기본으로 하여 종교의 모든 제도와 골격이 형성된다. 하나님은 인간을 이 세상의 일시적인 과도적 존재로 창조하신 것이 아니라, 천국의 영원불멸한 존재로 창조하셨다. 하나님은 이 세상을 일시적인 추방의 장소로 설정하셨을 뿐 인간의 영원한 안식처로 만드신 것은 아니다. 현세에서 우리가 추구하는 재산은 영원한 행복과 비교해 볼 때, 보잘것이 없는 것이다. 그러나 그 재산을 바르게 사용하는 것은 매우 중요하다…

부유한 사람들이 그 재산으로 슬픔을 없애지 못하고, 지상의 풍성한 재산이 영원하고 참된 행복의 보장이 되지 못하며, 오히려 그 방해가 될 뿐이라고 그리스도께서는 경고하셨다(마 19:23-24). 부자는 예수 그리스도의 특별한 경고의 말씀을 두려워해야 한다(눅 6:24-25). 언젠가는 그 재산의 사용에 의해 가장 엄격하게 하나님의 심판을 받아야 하기 때문이다…

교회가 오직 인간의 영적인 교화에만 온갖 힘을 쏟고 현세의 지상생활을 하찮게 여긴다면 큰 잘못이다. 구체적으로 교회는 노동자들이 자신의 가난하고 비참한 상태에서 벗어나 보다 향상된 생활을 누릴 것을 바라고 있으며, 동시에 이를 위해 노력을 아끼지 않고 있다. 이 일을 달성하기 위해 인간의 윤리 의식을 끌어올리며, 이를 실천에 옮기도록 가르친다는 사실 자체만으로도 적잖은 공헌을 하는 것이다.

결론: 사랑의 실천

나는 이제껏 존경하는 형제들에게 가장 힘든 문제를 해결해야 할 사람이 누구이며 그 방법과 절차는 어떠해야 할 것인지를 제시했다. 우리는 이 문제의 해결을 위해 자신에게 맡겨진 일을 앞장서서 해야 하며 가능한 이 일에 신속하게 착수하여야 한다. 악이 이미 너무 팽배해서 사회적 고질이 되었음으로 조금이라도 지체하면 영원히 치료할 수 없게 될지도 모른다.

국가의 통치자는 법률과 국가 기관이 마련한 수단을 활용해야 하고 부자와 기업인은 자신의 책임을 깊이 깨달아야 하며 자신의 이해가 달려 있는 노동자는 합법적이고 정당한 모든 노력을 기울여야 한다. 이미 서두에서 언급한 것처럼 종교만이 이 해악을 뿌리부터 근절시킬 수 있으므로, 진정한 기독교 윤리가 최우선적으로 재건되어야 한다. 우리 모두가 기독교 신앙으로 되돌아오지 않는 한 계획이나 실천방법이 아무리 훌륭하고 효과적이라 할지라도 결국은 쓸모가 없게 되기 때문이다.

교회로서는 어느때 어느 상황에서나 교회의 도움을 필요로 할 경우에 결코 자신의 노력을 아끼지 않을 것이다. 그리고 교회가 행동의 자유를 누리면 누릴수록 교회는 그만큼 더 많은 도움을 줄 수 있으며, 보다 더 큰 공헌을 할 수 있을 것이다. 그러므로 공공의 복리증진을 책임지고 있는 공직자들에게 바로 이 점을 인식시켜야 한다. 성무 집행자는 이 문제 해결에 온갖 힘과 정신을 집중해야 한다. 존경하는 형제 여러분은 솔선하여 복음에 기반을 둔 그리스도인 생활의 원리가 각 계층의 사람들의 생활에 그대로 실천되도록 쉬지 않고 노력을 기울여야 한다. 아울러 모든 사람이 각자 자신의 능력에 맞게 공동선의 증진을 위해 노력하도록 만들며, 특히 모든 덕의 근원인 사랑의 정신을 각 사람의 마음속에 간직하고 다른 사람에게도 빈부귀천의 구별없이 평등하게 실천하도록 모든 노력을 기울여야 한다. 축복된 번영은 샘솟는 사랑에서만 전적으로 기대할 수 있다.

기독교의 사랑은 한마디로 복음을 통해 계시하신 하나님의 법이며 다른 사람을 위해 언제나 기꺼이 자신을 희생하도록 만드는 사랑이야말로 인간의 세속적 교만과 지나친 이기심에 대한 가장 확실한 치료약이다. 사랑의 근본정신과 그 거룩한 모습은 사도 바울의 다음과 같은 말로 잘 묘사된다. "사랑은 오래 참고 온유하며, 사랑은 덮어 주고 참아냅니다"(고전 13:4-7).

하나님의 자비의 징표로서 그리고 나의 애정의 표시로서 존경하는 형제들과 소속 사제들과 신자 모두에게 가장 사랑하는 우리 주 그리스도의 이름으로 사도적 축복을 내리노라.

로마 성베르로 대성전에서, 교황재위 14년, 1891년 5월 15일 교황 레오 13세.

> Leo XIII, 1891, *Rerum Novarum*, Wynne, *The Great Encyclical Letters of Pope Leo XIII*.

5. 윌리암 케리(William Carey, 1761-1834)의 인도 선교

인도에 파송된 윌리엄 케리를 시작으로 개신교 선교의 문이 활짝 열렸다. 그는 자금의 부족과 병약함에도 불구하고 자립적인 선교활동을 펼쳤고, 언어에 능통하여 5년만에 벵갈어로 신약성경을 번역하였으며, 현지어로 수백개의 마을에 가서 복음을 설파했다.

윌리암 케리가 뱅갈만에서 인도로 접근했을 때는 1793년 10월 17일이었는데 그때 그는 "이방인복음전파선교단"에 서신을 보냈다.

…내가 상당한 곤고함을 느끼며, 내 마음속에 임하는 거룩한 감정이 고갈될 정도로 실망스러운 일이 많을지라도, 나는 이 선교의 일을 행함에 있어서 참으로 만족하며, 성공에 대한 점증적인 열망을 품고 있습니다. 나는 그리스도께서 세상끝날까지 주의 종들과 함께 하시겠다는 약속을 생각하고서 기쁨을 얻습니다…나는 우리의 선교단이 계속해서 성장하기를 소원합니다. 그리하여 이 세상에 있는 많은 이방인들이 진리의 영광스러운 말씀을 듣게 되기를 희망합니다. 아프리카는 영국에서 멀지 않은 거리에 있고, 마다스카르도 그리 멀지 않은 곳에 있습니다. 남아메리카와 인도와 중국 해변의 수많은 섬들을 그냥 지나치지 않기를 바랍니다. 수많은 나라가 우리에게 열려 있습니다. 우상숭배와 미신과 무지로 인해 찌든 수많은 이방인들이 다가올 영원한 비참 가운데 헤매고 있습니다. 그들은 모든 비참 속에서 살아계신 하나님의 교회에 탄원하고 있습니다. 많은 노동자들이 그리스도 예수의 포도원에 들어올 수 있도록 또한 이방인들이 하나님 안에 있는 진리의 지식에 도달하기를 소원합니다…

1794년 8월 9일

인도는 많은 위험스러운 질병들이 있습니다. 특히 이질과 같은 병은 낮에는 뜨겁고 밤에는 차가운 공기 때문에 발생합니다. 이런 좋지 않은 기후 때문에 나의 아내와 장남은 8달 동안 그 병을 앓았습니다. 나의 아내는 이제 거의 회복되었으나 아들은 지금도 매우 아픈 상태에 있습니다. 열병이 우기 속에서 만연하는데, 아마 온통 물로 뒤덮인 수많은 논들판이 영향을 주는 듯합니다. 그러나 나는 내가 영국에서 가졌던 건강보다 이 나라에서 지금 더 건강합니다. 나는 내 생애에서 이보다 건강했던 적이 없습니다.

우리 주변에 많은 버팔로들과 호랑이들이 있지만 우리는 맹수들을 두려워하지 않습니다. 호랑이들은 좀처럼 사람을 공격하지 않습니다. 그러나 종종 가축들을 공격하곤 합니다. 또한 가축들이 없는 바다 근처의 밀림지대인 순더분드에서는 호랑이들이 사람을 습격하기도 합니다. 뱀이 대단히 많고, 어떤 뱀은 상당히 치명적이어서 일단 물리면 두 시간을 살기가 어렵고 종종 5분내로 즉사합니다…

이들이 쓰는 어휘 수는 대단히 풍부하고 심지어 아름답다고 나는 생각합니다. 나는 그들과 약간 대화를 하기 시작했습니다. 그러나 5살난 나의 셋째 아들은 상당히 유창하게 그들의 언어로 말을 합니다. 이곳에는 전반적으로 통용되는 두 가지 언어가 있습니다. 그것은 브라만들과 고위 힌두인들이 사용하는 벵갈어와 무슬만과 하층 힌두인들이 사용하는 힌도스타니가어입니다. 나는 당신들에게 곧 창세기, 마태복음, 마가복음, 그리고 야고보서의 복사본을 벵갈어로 보내드릴 수 있을 것으로 생각합니다. 또한 나는 그대들의 도서관에 한 선반 위에 놓일 수 있는, 내가 손수 만든 벵갈어 문법책과 자그마한 어휘집도 함께 보내드릴 것입니다…

    Eustace Carey, *Memoir of William Carey, D. D.*, Hartford: Canfield and Robins, 1837.

6. 허드슨 테일러(Hudson Taylor, 1832-1905)의 중국선교

허드슨 테일러는 중국 선교사로 중국복음전도협회에서 일하였고, 1865년에 중국내지선교회(CLM)을 설립하였다. 그는 아래의 글에서 중국선교의 결실을 기뻐하고 있다.

1855년 5월 2일 금요일

아침 6시에 일어나서 8시경에 8개의 신전이 있는 파미오키강에 도착했다. 나는 이곳에서 주의 축복을 구한 후에 앞으로 나아가자마자 전에는 외국인을 보지 못했던 여닐곱 사람들이 재빨리 나를 둘러싸았다. 그리하여 나는 그들에게 후로헨이라는 도시에 도달하기 전에 구원의 기쁜 소식을 전했다. 지나는 길은 대단히 질퍽했고, 목적지가 단지 2마일 정도 거리에 있었으나 마치 4마일 가량 남은 것과 같았다.

나는 목적지에 도착하자마자 대단히 우아해 보이는 상점과 지적인 사람들을 발견할 수 있었다. 이들은 대단히 책을 많이 원했다…이곳의 인구는 약 2만명 정도 되었는데, 그들은 전에는 전혀 살아계신 하나님의 말씀을 들어본 적이 없었다. 그러므로 나는 이곳에서 많은 성경책과 소책자들을 배포했고, 기꺼이 이들과 더 오래 있기를 원했으나 허락된 시간이 많지 않았다.

후앙킹이라는 그 다음 도시로 가는 중에 나는 슬프고 낙담되는 감정을 느꼈다. 왜냐하면 내가 가는 곳마다 거주민들로 들끓었으나 그곳에 있는 사람들은 구원받아야 할 사람들에게 주어진 하늘에 계신 주님의 이름을 들어본 적이 없었다는 것이고, 방문하는 곳마다 그들에게 성경책과 소책자들을 주며, 몇분의 설교를 행하였지만 사람들에게 별 소용이 없어 보였기 때문이다. 하지만 이런 과정이 없다면 누가 복음을 들을 수 있겠는가? 우리가 뒤에 남겨두고 오는 것은 하나님의 말씀이 아닌가? 반드시 열매를 맺는 살아계신 하나님의 씨가 아닌가? 나는 주님이 "내 말은 하나도 헛되지 않을 것이다. 내가 기뻐하는 대로 이루어질 것이다. 내가 말씀을 보낸 곳에서 결실이 있을 것이다"라는 말씀을 기억한다.

우리는 현재에 열매가 보이지 않는다. 그러므로 침체되지 않도록 강한 신앙을 가질 필요가 있었다. 그런데 나는 퉁초지역에서 너무 좋지 않게 대우를 받았는데, 이는 대단히 새로운 경험이었기 때문에 신경이 상당히 예민해 있었다. 그러나 나는 하나님의 신실한 약속을 기억한다. "눈물로 씨를 뿌리는 자는 기쁨으로 단을 거두리로다." "울며 귀한 씨를 뿌리는 자는 분명히 기쁨을 얻을 것이라."

후앙킹에 도착할 때 오후 4시가 되었는데, 나는 아침식사 이후에 아무 것도 먹지 않았기 때문에 상당히 지쳐 있었다. 그리하여 나는 하나님께 많은 책들을 잘 배포할 수 있도록 힘을 주실 것과 또한 사람들에게 말할 것을 예비해주시도록 기도했다.

그런데 참으로 기도의 응답을 받았다. 나는 대단히 넓은 지역을 찾을 수 있었고, 내가 평소에 갖고 있던 책의 네 배 정도를 갖고 있지 않았더라면 나는 책을 읽기를 원하는 사람들에게 모두 책을 나누어주지 못했을 것이다… 책을 배포하는 일을 마치고 나는 신전으로 갔는데, 그곳에는 향내로 가득했다. 신전에는 스님들이 있었고 그럴듯해 보이는 한 여승이 내 복장이 우스꽝스러워 보였든지 나에게 다가왔다. 사람들은 신전 앞마당까지 나를 따라왔고, 한 일백 명 정도의 사람들이 모였을 때, 나는 그들에게 이야기를 해도 되겠는지를 물었다. 그때에 내가 올라가서 설교할 수 있는 한 도구가 내 앞에 만들어졌고, 그리하여 나는 "예수님이 십자가에 못박혀 죽으셨습니다"라고 말했다. 그들은 상당히 진지하게 들었고, 내가 결론을 내렸을 때에 많은 사람들은 내가 말한 교리를 담고 있는 책들을 요구했고, 내가 더 많은 것을 갖고 돌아올 것인지를 진지하게 물었다. 나는 그들에게 서로 나누어 읽도록 권했고, 하나님께 그들이 이미 들을 것을 이해하고 믿을 수 있도록 해달라고 기도했다.

내가 그곳을 떠났을 때 많은 사람들은 친절을 보이며 나를 배웅했고, 나는 내가 이곳에 올 때와 갈 때가 상당히 다른 것에 감동을 받았다. 처음에 이들은 내가 이곳에 들어오자 마치 야수를 보는 것처럼 도망하려고 하지 않았는가!…이들 가운데 친절한 감정이 교감되는 것을 보는 것은 참으로 감사한 일이다. 이제 나는 오늘 아침까지만해도 전혀 복음을 영접하지 않았던 이 두 도시가 하나님의 은혜의 복음을 소유하게 되었다는 것을 알고 참으로 감사했다. 우리가 리호첸을 지나갔을 때 선하게 생긴 많은 사람들이 밖으로 나왔고, 우리들은 약간의 대화를 나눌 수 있었다. 그런 다음에 우리는 저녁 8시경에 배를 타고 집으로 돌아왔다. 그때는 매우 지쳐 있었고, 저녁이 준비되어 있었다.

    Howard Taylor, *Hudson Taylor in Early Years*, London: Morgan & Scott, Ld., 1919.

참고 문헌

Allen, W. O. B. and Edmund McClurd, *Two Hundred Years: The History of the Society for Promoting Christian Knowledge*, 1698-1989. London: SPCK, 1989.

Anderson, Courtney, *To the Golden Shore: Life of Adoniram Judson*. Boston: Little, Brown & Co., 1956.

Bates, M. Searle, *Religious Liberty: An Inquiry*. New York: International Missionary Council, 1945.

Begbie, Harold, *The Life of General William Booth*. New York: The Macmillan Co., 1920.

Binyon, Gilbert C., *The Christian Socialist Movement in England*. London: S. P. C. K., 1931.

Brown, A. J., *One Hunderd Years: A History of the Foreign Missionary Works of the Presbyterian Church in the U. S. A*. New York: Fleming H. Revell Co., 1937.

Carey, S. Pearce, *William Carey, D. D*. New York: Doubleday &

Company, Inc., 1923.
Gladden, Washington, *Chritianity and Socialism*. Cincinnati: Jennings & Graham, 1905.
──, *Social Salvation*. Boston: Houghton Mifflin Company, 1902.
Hall, T. C., *The Social Meaning of Modern Religious Movements in England*. New York: Charles Scribner's Sons, 1900.
Hopkins, Charles H., *The Rise of the Social Gospel in American Protestantism, 1865-1915*. New Haven: Yale University Press, 1940.
Irvine, William, *Apes, Angels, and Victorians*. New York: McGraw-Hill Book Co., Inc., 1955.
Latourette, Kenneth S., *A History of Missions in China*. New York: The Macmillan Co., 1929.
──, *A History of the Expansion of Christianity*, 7 vols. New York: Harper & Row, Publishers, 1937-1945.
Lovett, Richard, *History of the London Missionary Society, 1795-1895*, 2 vols. London: Henry Frowde, 1899.
Rauschenbusch, Walter, *A Theology for the Social Gospel*. New York: The Cacmillan Company, 1917.
──, *Christianizing the Social order*. New York: The Macmillan Company, 1912.
Sharpe, Dores R., *Walter Rauschenbusch*. New York: The Macmillan Co., 1942.
Warburton, S. R., *Eastward! Story of Adoniram Judson*. New York: Round Table Press, 1937.
Warmeck, Gustav, *Outline of a History of Protestant Missions from the Reformation to the Present Time*. Edinburgh: Oliphant, Anderson

& Ferrier, 1901.

Ward, Harry F., *The New Social Order.* New York: The Macmillan Co., 1919.

Wearmouth, R. F., *Methodism and the Working Class Movements of England,* 1800-1850. London: The Epworth Press, Publishers, 1937.

연 대 표

1604-1690	아메리카 인디안의 사도 존 엘리오트(John Eliot)
1649	뉴잉글랜드의 복음전파회(Society for Propagation of the Gospel in New England)
1664	벨츠(Baron von Weltz), 루터파 선교(*Lutheran missions*)
1699	외지의 복음전파회(Society for Propagation of the Gospel in Foreign Parts)
1718-1747	데이비드 브레이너드(David Brainerd)
1732	모라비안들, 도버(Leonard Dover)와 데이비드 니쉬만(David Nitschmann)
1749	조나단 에드워즈의 브레이너드에 관한 전기
1761-1834	윌리암 케리(William Carey), 인도의 첫 현대적 선교사
1788-1850	버마 선교사 저드슨(Adoniram Judson)
1793	윌리암 케리가 선교사로 인도로 떠나다.
1795	런던선교회(London Missionary Society)
1798	네덜란드 선교회(Netherlands' Missionary Society)
1799	대영전도회

1799-1873		슈머커(Samuel S. Schmucker)
	1799	Religious Tract Society
		Church Missionary Society
	1801	케리가 벵갈어로 신약성경을 번역하다.
	1804	British and Foregin Bible Society
1805-1898		죠지 뮬러
	1808	건초더미기도회(Haystack meeting), 윌리암대학(Williams College)
	1809	윌리암 케리가 벵갈어로 성경 전권을 번역하다.
	1812	저드슨(Judson), 네웰(Newel), 라이스(Rice), 노츠(Notts), 홀(Hall)이 버마와 인도로 항해하다.
1813-1873		리빙스톤
	1816	아메리카성경회(American Bible Society)
1821-1905		YMCA의 창설자 조오지 윌리암스
	1834	허드슨이 버마어로 성경전권을 완역하다.
1829-1912		윌리암 부스(William Booth)
1832-1905		허드슨 테일러
1833-1834		노예제도가 영국에서 폐지되다.
	1838	슈머커(Schmucker), "호소"(*Appeal*)
	1844	YMCA의 창설
	1848	유럽의 막시스트 혁명
1848-1854		기독교 사회주의 운동
1861-1918		월터 라우센부쉬(Walter Rauschenbusch)
	1878	구세군
		벨하우젠(Wellhausen)의 "이스라엘의 역사"(*History of Israel*)

1883	드러문드(Drummond)의 "영적인 세계에서의 자연법"(*Natural Laws in the Spiritual World*)
1889	고어(Gore), *Lux Mundi*
1890	윌리암 부스의 "어둠의 영국과 헤쳐나갈 수 있는 길" (*In Darkest England and the Way Out*)
1891	교황 레오 13세의 노동헌장
1892	라우센부쉬의 "하나님 나라의 형제애"(*Brotherhood of the Kingdom*)
1896	윌리암 제임스(James)의 "믿음의 의지"(*Will to Believe*)
1907	라우센부쉬의 "기독교와 사회 위기"(*Christianity and the Social Crisis*)
1912	Social Creed, Federal Council of Churches 트롤치, "기독교회의 사회적 가르침"(*Social Teaching of the Christian Churches*)
1914-1918	제1차 세계대전

제 7 장

에큐메니칼 운동

선교운동과 에큐메니칼 운동은 서로 뗄 수 없는 상관관계가 있다. 에큐메니칼 운동은 19세기에 선교 운동의 활성화로부터 생겨났다. 왜냐하면 선교활동은 서로 간의 지나친 경쟁심으로 바람직하지 않은 양상을 보였기에 기독교인들은 왜 그리스도인들이 서로 분열된 상태로 머물러 있어야 하는가? 그리스도의 한 몸된 그리스도인들이 서로에게 적대할 수 있는가하는 물음이 생겨났기 때문이다. 그리하여 1910년에 에딘버러에서 연합적인 세계선교대회(World Mission Conference)가 열렸고, 1920년에 람베드 호소(Lambeth Appeal)에 자극을 받은 그 모임은 에큐메니칼 운동의 세 가지 주요 대회를 열었다. 즉 1921년에 국제선교회(International Missional Council), 1925년 스톡홀름에서 생활과 사업(Universal Christian Conference on Life and Work), 그리고 1927년에 로잔에서의 신앙과 직제(World Conference on Faith and Order) 등이다.

한편 교회연합의 또 다른 강력한 호소는 선교와는 직접적인 관련이 없는 단체에서 일어났다. 그것은 1846년의 복음주의 동맹(Evangelical Alliance)이었다. 먼저 복음주의 동맹이 창설하게 된 배경을 살펴보자. 게티스버그 신학교의 교수인 사무엘 슈머커(Samuel S. Schmucker)는 1838년에 "미국교회에 대한 형제애적인 호소"를 출판했고, 뒤이어 1945년에

"교회 연합을 위한 제의"를 출판했으며, 이는 교회연합을 호소한 내용을 담고 있었다. 아울러 부록으로 실린 "미국교회의 연합된 고백"은 다양한 교회의 신앙고백을 담고 있었는데, 이는 개신교 신앙의 공통된 핵심만을 추린 것이다. 슈머커의 일련의 두 책자는 많은 논쟁을 불러 일으켰고, 급기야 1846년에는 미국의 에큐메니칼 대표자들과 세계 주변의 지도자들이 복음주의 동맹(Evangelical Alliance)을 조직하기 위해 런던에서 모인 것이다.

이 복음주의 동맹(Evangelical Alliance)은 조직된 교회와 공식적인 연관을 맺지 않은 개인적인 관심을 갖는 사람들로 구성되었다. 하지만 많은 의견 개진을 위한 건전한 위원회를 두었고, 회원들에게 상당한 비전을 제시했다. 그러므로 미국과 캐나다와 많은 유럽대륙에서 온 8백명의 지도자들은 복음주의 동맹을 "천년왕국"(millennium)의 시작이라고 환호하였다. 이 조직은 신앙이 위협받는 지역에서 종교적인 자유를 옹호했고, 선교에 대한 강력한 주창자가 되었다. 하지만 더 발전된 에큐메니칼 운동으로 나아가지는 못했다.

그러던 중에 샌포드(Elias B. Sanford, 1843-1932)에 의해 주도된 미국의 교회연합회(Federal Council of Churches of Christ in America)는 개인들의 연합이 아닌 교회의 연합을 추구하였다. 이 연합은 공통된 신조를 이끌어내거나 정치 형태나 예배의 형태에 일치를 강조하는 어떤 권위적인 힘을 갖는 그런 것은 아니었고, 교회 연합에 참여하는 그리스도인의 자치권을 최대한 인정한 그런 연합이었다. 그리하여 1908년에 이 연합모임이 공식적으로 조직되었고, 미국의 주요 교파의 1/3이 가입하였다. 그로부터 42년 뒤에 그 단체는 144,000지역교회를 대표했고, 전체 회원수로는 32,000,000을 망라했다.

또한 1950년에 미국교회연합회(FCA)는 미국의 다른 국제적인 단체들과 합병하여 교회연합회(National Council of the Churches of Christ in the United States of America)가 되었고, 그것은 초교회는 아닐지라도 기독교인의 모든 삶을 망라하는 문제에 대한 개신교의 의식을 대변했다. 이런 미국교회연합회(FCA)의 활동과 더불어 이와 유사한 단체들이 각 나라에서 생겨났다.

한편 전술한 바와 같이 1910년에 열린 에딘버러 세계선교대회에서는 주로 선교에 대한 것을 다루었으나, 그때에 분기한 위원회 가운데서 1921년에 국제선교협의회(IMC)가 발족되었다. 한편 이 국제선교협의회의 의장으로 존 모트(Jphn Mott)가 되었는데, 그는 20여년간 그 조직을 이끌었다.

존 모트는 조직의 천재로서 20세기 에큐메니칼 운동을 주로 이끌었으며, 세계평화에 이바지한 공로로 그는 1946년에 노벨평화상을 받기도 하였다. 이런 존 모트가 이끄는 국제선교협의회는 다양한 국제선교단체들의 사역을 조정하는 역할을 했고, 인도, 중국, 일본 등지에 선교회(National Missionary Council)를 조직하였다. 1928년에 예루살렘에서 모인 IMC세계대회는 인종차별주의와 세속주의에 관한 논쟁을 벌였고, 1938년에 탐바람(Tambaram) 회의에서는 헨드릭 크레머(Hendric Kraemer)의 책인 "비기독교 세계에 대한 그리스도인의 메시지"(*The Christian Message in a Non-Christian World*)를 논의의 근거로 삼고 토론을 벌리기도 하였다.

한편 IMC와는 다른 방면에서 생활과 사업(Life and Work) 그리고 신앙과 직제(Faith and Order)는 서로 일치를 위해서 노력하고 있었고, 세계대전의 시련과 박해는 교회 친교의 새로운 의식을 발전시켰다. 그리하여 교회연합의 핵심적인 단체로 떠오른 세계교회협의회(WCC)가 첫 준비모임을 1946년 2월 제네바에서 가졌고, 이때에 과거 적대관계에 있던 교회들이 서로 화해 분위기를 회복하는 동시에 세계교회협의회 창립총회의 날짜를 1948년 암스테르담에서 열기로 하였다.

따라서 세계교회협의회는 이전에 에큐메니칼 운동을 주도하였던 국제선교협의회(IMC)에 사전에 양해를 얻었고, 두 단체는 서로 자매 관계로 총회에 임할 것을 합의하였다. 그리고 두 단체의 연합위원회는 창립총회에 대한 초청 범위를 아시아, 아프리카, 라틴 아메리카 및 태평양 연안의 각국으로 넓히고 1948년 여름 암스테르담에서 모여 세계교회협의회(WCC)를 출범시켰던 것이다.

이 세계교회협의회(WCC) 암스테르담 총회에는 세계 44개국에서 147 교파의 대표들이 참석하였다. 그 대표자의 수는 351명이었고, 이밖에도 수백명의 방청객, 청년대표, 신문기자 등이 참석했다. 이 회의의 주요 인물은 1910년에 에든버러 국제선교협의회의 실무진들인 존 모트, 라우스 그리고 올드햄 같은 사람들이어서 그 자체가 국제선교협의회와의 동질성이 확인되고 있었다.

이렇게 암스테르담 회의가 세계교회협의회(WCC)를 산출해냈고, 이때에 세계에 있는 모든 교회는 하나의 목표를 향해 전진하는 동일한 순례자라는 의식과 모든 교회는 아브라함의 신앙에 따라 어디로 가는지는 모르지만 희미하나마 한 목표를 향해 전진하고 있다는 강한 의식을 갖게 되었다. 그러므로 이 회의를 통해 에큐메니칼 운동이 종전과는 달리 교회와의 관계 속에서 진행되기 시작했다는 확고한 확증을 얻게 되었다. 그리하여 세계교회협의회는 몇 가지 문제를 명백히 하였다.

첫째로 세계교회협의회의 본질을 분명히 하였다. 즉 협의회는 그것 자체로서 하나의 목적을 가진 초교회는 아니라는 것이 강조되었다. 즉 "성경이 말하는 대로 예수를 하나님이며 구주로 믿고 홀로 한분이신 성부와 성자와 성령께 영광을 돌리기 위하여 서로 하나가 되어 공동의 사명을 완수하려는 교회들의 친교단체"라고 정의하였다. 이는 하나의 교회도 아니며, 또한 각 교회에 대하여 명령하는 상부기관도 아니라는 것을 선언한 것이다.

둘째로 신앙고백적 정신과 에큐메니칼적인 정신 간의 올바른 관계 문제였다. 세계교회협의회는 사람이 거주하는 모든 세계에 가서 예수 그리스도의 복음을 전파하는 이른바 에큐메니칼 운동체이다. 그리고 교회의 일치와 갱신을 도모하며 대화의 광장을 마련하여 함께 기도하고 함께 토론하는 동시에 상호 이해와 관용으로 함께 일하는 협력단체이다.

결국 협의회의 기본적인 확신은 곧 그리스도는 몸된 교회의 머리라는 것, 그리스도의 교회는 하나라는 것, 각 교회는 이 하나됨 안에서 교회를 바라보아야 한다는 것 등을 확인하기에 이르렀다.

셋째는 현대 세계에 대한 구체적인 증언을 하나의 소리로 일치시키는 문제였다. 이것은 현대 사회문제와 국제관계에 대한 하나의 공통된 예언자적인 증언을 의미하는 것이었다.

그리하여 총회 주제를 "인간의 무질서와 하나님의 섭리", "하나님의 경륜 안에 있는 보편적 교회", "하나님의 경륜에 대한 교회의 증언", "교회와 사회의 무질서", "교회와 국제사회의 무질서" 등의 소주제로 나누어 4개 분과에서 토의하게 되었다.

이렇게 세계교회협의회는 교회일치를 향한 사업을 시작했다. 하지만 이 회의는 다만 교회가 선교와 일치라는 교회의 사명을 세계적으로 받아들이는 엄숙한 선서식을 했을 뿐이고 차후에 따르는 많은 문제점을 갖고 있었다. 이 문제에 대해서는 본장의 말미에 언급할 것이다.

한편 WCC의 제2차 총회는 1954년에 미국의 에반스톤에서 열렸고, 그 주제는 "예수 그리스도는 세상의 소망이시다"라는 것이었으며, 몰트만의 소망의 신학, 하나님 나라의 신학, 종말론적이며 역사적 비전을 강조하였다. 또한 교회의 사회참여에 대해서 암스테르담 대회 때보다 더욱 강조하였고, "세계적 시야에서의 책임사회"라는 제목 하에 교회의 사회참여를 더욱 붙돋았다. 말하자면 사회참여는 그리스도 안에 나타난 하나님의 사랑에 대한 반응이요 역사에 대한 하나님의 심판을 의식하고 종말적 승리를 희망하는 원동력이라고 주장했다.

제3차 총회는 1961년에 뉴델리에서 열렸으며, 이때에 함께 동반자적인 협력단체로 참여했던 국제선교협의회(IMC)가 세계교회협의회(WCC)와 통합하였다. 이러므로 WCC의 활동은 더욱 세계교회적이 되었으며, 이와 같은 통합은 '하나님의 선교'가 함축하는 교회의 사회참여를 더욱 강조하여 제3세계 문제에 대해 적극적인 견해를 피력하였다. 결국 교회는 과학문명의 발달과 함께 일어나는 여타 사회문제에 대해 대처해야 한다는 목소리를 높였고, 삼위일체 하나님의 일반역사의 틀 안에서 교회의 일치와 인류의 일치를 강조하여 동방정통교회들과 여타 지역의 교회들이 WCC의 정식회원으로 가입하는 등 그 몸집이 더욱 커졌다.

제4차 총회는 1968년에 웁살라에서 열렸으며, 세계교회의 과제가 선교임이 더욱 강조되고, 또한 이 선교의 의미는 '인간화' '새인간성'으로까지 확대되어 종교다원주의의 입장을 받아들였다. 남아메리카의 문제에 대해서 구조적 모순을 안고 있는 발전이 아니라 해방을 지향하는 선언을 내놓았고, 1971년에는 구티에레즈의 해방신학을 탄생시켰다. 1973년의 방콕대회에서는 사회구원이 문서화됨으로 한층 복음주의 연합운동과는 거리가 먼쪽으로 가고 말았고, 케냐의 제5차 나이로비 대회에서는 285개의 회원교회에서 파송된 676명의 대표들이 모여 "자유케 하시며 하나되게 하시는 예수 그리스도"란 주제로 모임을 가졌는데, 교회의 사회참여로서의 하나님의 선교를 지속적으로 외쳤다.

이렇게 세계교회협의회(WCC)는 연합을 위해 더욱더 교리적 차이를 불문에 처하고 다만 예수 그리스도를 고백하는 모든 교회를 받아들임으로 교회일치에 대한 장을 열었다. 하지만 WCC는 본질적인 교리조차도 아랑곳하지 않고 연합을 위해 양보함으로써 기독교신앙을 왜곡시켰다. 즉 혼합주의와 종교다원주의를 받아들임으로 인해 선교에 대한 고취가 도리어 선교에 대한 의미를 희석시키는 불합리성을 갖고 있었다.

한편 WCC와 노선을 달리하는 복음주의 교회들은 WCC에 대응하기 위해 1948년 암스테르담에서 29개국의 대표자들이 참석한 가운데 국제기독교협의회(International Council of Christian Churches)를 창설하였다. 그런데 이 단체는 WCC와 공산주의에 대항해서 맥킨타이어가 중심이 되어 만든 강력한 근본주의 단체였기 때문에, 이 단체에 가입하기 위해서는 성경의 무오성, 축자영감설, 삼위일체, 예수의 동정녀 탄생, 인간의 전적타락과 완전속죄, 그리고 육체적 부활과 주님의 실제적 부활 등 수많은 교리에 동의해야만 했다. 그러므로 이런 폐쇄성으로 말미암아 이 단체는 여러번의 분열과 지도력 상실을 겪었고, 결국 그 주도권은 복음주의 연합회(National Association of Evangelicals)가 갖게 되었다.

그러므로 복음주의 연합운동의 핵심으로 떠오른 NAE는 1941년에 시카코 무디 성경학교에서 준비 모임을 가졌고, 그 다음해에 세인트루이스에서 34개 교단의 대표자들이 모여 발족식을 가졌다. 이 단체는 단일한 교회의 연합을 추구하지 않고 다만 협력체로서의 관계를 가졌고, ICCC와는 달리 신조는 복음적이지만 비본질적인 것을 많이 양보하여 폭넓은 연합의 형태를 추구하였다.

한편 개혁주의연합회(RES)가 1946년에 남아프리카의 개혁교회, 화란의 개혁교회, 그리고 북미개혁교회의 대표들이 참석한 가운데 미국의 그랜드래피즈에서 창설되었다. RES는 개혁교회의 연합체인데, 창립총회에서 그들의 목표를 신앙의 순결과 건전한 신앙에서 이탈된 교회들을 돌아오는데 두었고, 1963년에 열린 제5차 그랜드래피즈 대회에서는 세계에 흩어져 있는 23개교단의 대표자들이 참석하여 연합운동을 과시했다.

또한 세계복음화대회가 1974년 6월에 스위스의 로잔에서 열렸는데, 이는 150여개국 3,000여명의 복음주의 지도자들의 회합이었다. 로잔회의는 복음주의의 영향력과 중요성을 전세계에 알리는 한편 기독교의 사회적 책임을 천명하고 전세계의 복음화에 대한 절박한 상황을 알렸다. 그리하여 로잔 대회는 복음주의적이고 성경적인 연합운동에 커다란 활기를 가져다 주었고, 기독교 선교역사에 하나의 커다란 전환점이 되었다. 이 대회의 주된 목적은 성경적 복음운동을 촉진시키고, 세계선교를 위한 영적갱신을 각 지역에서 일으키는 것이며, 협력을 통한 세계복음화를 앞당기는 일이었다. 그리하여 로잔대회는 세계복음화를 보다 더 촉진시키기 위하여 상설기구로 세계복음화위원회를 두고 세계선교를 위해 노력하고 있고, 한편 로잔회의에서 해결하지 못한 문제를 토론하기 위해 이들은 그랜드래피즈에서 1982년에 다시 모여 복음운동과 사회적 책임이라는 주제를 갖고 폭넓은 일치를 보았으며, 1989년에는 제2차 로잔국제대회를 마닐라에서 개최하였다. 이 회의는 기독교 역사상 가장 많은 나라와 교파들이 참석한 연합운동이었으며, 이곳에 모인 사람들은 세계선교에 대한 제반문제를 토의하고 협력을 다짐하였고, 결정된 사항을 마닐라선언문에 발표하였다.

1. 람베드 호소, 1920

람베드 호소에 자극을 받은 세계교회가 국제선교협의회, 신앙과 직제, 생활과 사업이라는 에큐메니칼의 세 가지 주요 대회를 잇달아 열 수 있었다.

모든 크리스천들에게

1920년에 람베드대회에 모인 모든 주교들로부터

영국교회와 충만한 교제를 취하고 있는 우리 대주교들과 주교들은 람베드 대회로 모여 이 시대에 부과된 우리의 책임을 깨닫고, 우리의 교단 안팎의 많은 사람들의 기도와 사랑을 느끼면서, 모든 크리스천들에게 다음과 같이 호소합니다.

예수 그리스도를 믿으며, 거룩한 삼위일체의 이름으로 세례를 받은 모든 사람들을 우리는 인정합니다. 또한 그들이 그리스도의 몸인 보편 교회의 멤버쉽을 함께 나누고 있다는 것을 인정합니다. 성령이 우리를 매우 경건하고 특별한 일로 부르셔서, 그리스도인들의 분열을 한탄하는 모든 사람들과 함께 인내와 기도로 사귀도록 하셨음을 믿습니다. 또한 우리는 전체 교회의 보이는 연합의 희망과 비전으로 성령의 영감을 받았음을 믿습니다.

1. 우리는 하나님이 교제를 원하신다고 믿습니다. 그러므로 하나님의 뜻과 행하심으로 이 교제가 예수 그리스도 안에서 또한 예수 그리스도를 통해서 이루어지고 있으며, 또한 그 활력을 불어넣으시는 분이 바로 성령이심을 믿습니다. 우리는 하나님의 목적이 이 교제를 분명하게 하는 것이라

고 믿으며, 이 세상과 관련되는 한, 하나님은 외적으로 보이는 연합된 사회 속에서 이 교제가 이루어지기를 원하신다고 믿습니다. 또한 우리들은 한 믿음을 가지고, 인정받은 교역자들을 가지며, 하나님이 주신 은혜의 수단을 사용하고, 하나님이 그 나라의 세계 봉사에 모든 멤버들에게 영감을 주신다고 믿습니다. 이것이야말로 우리가 의미하는 보편교회입니다.

3. 분열의 원인이 과거에 깊이 자리잡았으나, 이는 단순하거나 무조건 비난할 만한 그런 것은 아니었습니다. 하지만 이기심, 야망, 그리스도인들 사이에서 있는 사랑의 부족이 분열의 주요 원인이었다고 해도 과언이 아니며, 분열의 죄에 사로잡힌 사람들에게 바로 기독교 분리의 주된 책임이 있습니다. 우리는 하나님의 뜻과 반대되는 이런 분열된 상태의 교제를 인식하며, 우리는 솔직히 그리스도의 몸을 불구로 만들고 성령의 활동을 방해한 모든 죄를 고백합니다.

4. 이 시대는 우리로 하여금 새로운 시각과 조망을 갖기를 원합니다. 신앙은 몸이 분열되어 있는 한 적절히 이해될 수도 없고 하나님 나라의 전투에서 제대로 싸울 수가 없으며, 그리스도의 완전한 분량에 이를 수도 없는 것입니다. 우리가 믿건대, 이 시대는 분열된 기독교계가 이제 뒤에 있는 것은 잊어버리고 보편교회의 재연합된 목적을 갖고 앞을 향해 나아가는데 동의해야 할 때라고 생각합니다. 서로간에 장벽이 놓여있던 것을 제거하고 새로운 동료의식을 가져야 할 때입니다.

우리들 앞에 나타나고 있는 비전은 모든 진리에 충성하고, 그리스도인이라고 스스로 고백하는, 모든 사람들이 교제로 함께 모이는 참된 카톨릭 보편교회의 비전입니다. 이러한 연합의 비전 속에서 과거부터 현재까지 내려온 모든 신앙과 질서의 보고(寶庫)들이 공통적으로 소유되고, 전체 그리스도의 몸에 유익이 될 것입니다. 이러한 연합정신으로 갈라져있는 그리스도인 공동체는 오랫동안 예배와 봉사의 방식에서 독특하게 지녀왔던 것들을 그대로 유지할 수 있을 것이고, 다양한 삶과 헌신을 통해서 전체 교회의 연합이 이루어질 것입니다.

이것은 선한 뜻을 갖는 모험일 수도 있고, 더욱이 신앙의 경우에 있어서 더욱 그러한데, 이는 참으로 하나님의 창조적인 자원을 새롭게 발견하는 것을 필요로 합니다. 우리는 하나님이 그의 교회의 모든 지체들을 이런 모험으로 부르고 계시다는 것을 확신합니다…

Documents on Christian Unity, 1929-30, No. 1 ed. G. K. A. Bell(London: Oxford University Press, 1955)

2. W. C. C. 암스테르담 총회(1948)

암스테르담 총회는 세계 44개국에서 147교파의 대표들이 참석한 WCC의 제1차 총회였다. 이 회의를 통해 에큐메니칼 운동이 종전과는 달리 교회와의 관계 속에서 진행되었다. 하지만 이 회의는 다만 교회가 선교와 일치라는 교회의 사명을 세계적으로 받아들이는 엄숙한 선서식을 했을 뿐이고 차후에 따르는 많은 문제점을 안고 있었다.

암스테르담 총회 기조연설

암스테르담에서 모인 세계교회협의회는 그리스도 안에 있는 모든 이들에게 인사의 메시지를 보내는 바입니다.

세계도처에 흩어져 있던 하나님의 자녀들을 하나로 모이게 하신 하나님 아버지와 주 예수 그리스도를 찬양합니다. 하나님이 우리를 이곳 암스테르담에 모이게 하셨습니다. 우리는 하나 되어 그가 우리의 하나님이시요, 또한 구세주이심을 고백합니다. 현재에 우리들은 믿음이나 직제 그리고 전통의 문제만이 아니라 국가, 계급, 그리고 민족적 자부심에서 서로 분열되어 있습니다. 그러나 그리스도께서는 우리를 당신의 것으로 삼으셨고, 그는 분열되어 있지 않습니다. 하나님을 찾는 동안 우리는 서로를 발견하게 됩니다. 우리는 암스테르담에서 다시금 새롭게 우리 자신을 하나님께 바쳤으며, 세계교회협의회를 조직함에 있어서, 우리는 모든 기독교 공동체가 서로 이 계약을 지지하고 또 이루어 주기를 부탁드리는 바입니다. 하나님께 감사하며 우리의 미래를 그에게 맡깁니다.

우리가 그리스도를 바라볼 때, 우리는 세상을 있는 그대로 보게 됩니다. 세상은 위대한 희망뿐만 아니라 환멸과 절망으로 가득 차 있습니다. 어떤 나라들은 새로운 자유와 힘을 누리고 있지만, 어떤 나라들은 자유를 빼앗기고 비통 속에 있습니다. 또 어떤 나라들은 분열 때문에 마비되어 있고, 세계도처에는 공포의 저류가 있습니다. 수백 만의 사람들이 굶주리고 있으며, 집도 나라도 희망도 없이 지내고 있습니다. 전인류의 머리 위에는 지구 전체를 대상으로 하는 전쟁의 위험이 도사리고 있습니다. 우리들은 이 세상의 죄를 함께 나누고 있기 때문에 우리를 향한 하나님의 심판을 받아들일 수밖에 없습니다. 종종 우리는 하나님과 재물을 겸하여 섬기려 하였고 그리스도보다는 다른 것들에 충성을 바쳤으며, 복음과 우리 자신의 경제적 혹은 국가적 혹은 인종적 이익을 혼동하였습니다. 또한 전쟁을 미워하기보다는 두려워하였습니다. 우리가 이 자리에서 서로 대화를 나누는 가운데 분열이 어떻게 우리를 그리스도 안에서 서로간에 고침을 방해하는지 이해하기 시작하였습니다. 우리는 이 고침을 결여하고 있었기 때문에 자주 세상은 하나님의 말씀이 아니라 인간의 말을 들어 왔던 것입니다.

그러나 우리의 세상을 위한 하나님의 말씀이 있습니다. 그 말씀이란 바로 세상이 살아계신 하나님의 장중에 있다는 것과 세상을 위하시는 그의 뜻은 전적으로 선하시다는 것입니다. 하나님의 성육하신 말씀이요, 이 땅에 사셨고, 또 죽은 자 가운데 다시 살아나신 그리스도 예수 안에서 하나님은 단번에 악의 세력을 쳐부수셨으며, 모든 사람들을 위해 성령 안에서 자유와 기쁨으로 들어가는 문을 열어 놓으셨습니다. 모든 인간의 역사와 모든 인간의 행위에 내려질 마지막 심판은 자비로우신 그리스도의 심판입니다. 역사의 종말은 그의 왕국의 승리가 될 것이며, 결국 하나님께서 세상을 얼마나 극진히 사랑하셨던가를 알게 될 것입니다. 이것이 세상을 향하신 하나님의 변치 않는 말씀입니다. 수백 만의 인간들이 이 말씀을 듣지 못했습니다. 수많은 나라에서 온 우리들이 여기서 만나게 되었듯이 하나님께서 당신의 전교회를 고무시켜서 이 복음이 만방에 알려지도록 하기를 기도합니다. 또한 모든 사람이 그리스도를 믿고 그의 사랑 안에서 살며 그의 오심을 희망하도록 촉구하게 되기를 기도합니다.

만약 전세계의 기독교인들과 기독교 공동체들이 그들이 살고 있는 곳에서 그의 증인과 종이 되려는 새로운 노력으로 자기 자신을 교회의 주인되신 분께 헌신하지 않는다면, 세계교회협의회를 만들려고 함께 모인 우리들의 수고가 모두 헛수고가 될 것입니다. 하나님은 강한 자를 그의 자리에서 끌어내리시고 겸손하고 온유한 자들은 높이신다는 것을 우리 자신과 모든 사람들에게 상기시켜야만 합니다. 우리는 권력을 잡은 자들과 백성들에게 그리스도의 이름으로 담대히 말해야 하고, 테러의 잔인함과 인종차별에 반대하고 버린 바된 자들과 죄수들 또 피난민들의 편을 들어주어야 할 것을 새롭게 배워야 합니다. 또한 우리는 어느 곳에서나 발언권을 갖지 못한 사람들을 위한 목소리로서, 그리고 모든 사람들이 평온을 찾게 되는 집으로서 교회를 만들어야 합니다. 우리는 산업에서, 농업에서, 정치에서, 직업 전선에서, 집에서 각기 그리스도인의 의무가 무엇인지를 배워야 합니다. 우리는 하나님 아버지께 진실로 "아니오"와 "예"라고 말하는 것을 가르쳐 주시도록 간구해야 합니다. 그리스도의 사랑을 멸시하는 자들과 인간을 마치 무책임한 사물이나 이익의 도구인 것처럼 취급하는 모든 체제, 모든 계획, 모든 사람들, 질서의 이름으로 행하는 부정의의 수호자들, 그리고 전쟁의 씨앗을 뿌리고 전쟁을 불가피한 것으로 만드는 사람들에 대해서는 "아니오"라고 말해야 합니다. 반면에 그리스도의 사랑에 순종하는 모든 사람, 정의를 추구하는 모든 사람, 화평케하는 자들, 의로움이 거하는 새 하늘과 새 땅을 찾는 자들에 대해서는 "예"라고 말해야 할 것입니다.

죄와 죽음을 지구상에서 몰아내고 거룩한 공교회의 하나됨을 창조하며 사단의 무리들을 정복하는 일은 인간의 힘에 달려 있지 않습니다. 그리스도는 부활절에 그의 목적이 성취될 것을 확신시켜 주셨습니다. 그러나 우리의 순종과 믿음의 행위를 통해서만 우리는 이 땅 위에 다가오는 승리를 알게 하는 표지판을 세울 수 있을 것입니다. 그 승리의 날까지 우리의 생명은 하나님 안에서 그리스도와 더불어 숨겨져 있으며, 어떠한 이 땅의 환멸이나 지옥의 세력도 우리를 그에게서 떼어놓지 못합니다. 믿음과 감사로 구원을 기다리는 자로서 우리의 손에 맡겨진 과업들을 위해 우리 자신을 내어줌으로써 모든 사람들이 볼 수 있는 표지판을 세웁시다.

우리가 간구하거나 생각하는 모든 것을 넘어서, 우리 안에서 풍성히 역사하시는 하나님께 그리스도 예수로 말미암아 교회 안에 세세 무궁토록 영광이 있을지어다.

암스테르담 대회 보고서

총회보고서는 인류는 하나라고 선포하며, 전쟁은 하나님의 뜻과는 반대됨으로 서로간의 투쟁에서 벗어나 평화를 이룰 것을 촉구한다. 한편 인간의 권리와 근본적인 자유는 세계 어디서나 지켜져야 하는 것이며, 교회와 모든 기독교인들은 국제적인 무질서에 맞설 의무가 있다고 촉구한다.

1. 사회의 무질서

오늘날 교회는 유례없는 사회적 위기에 처해 있다. 이 무질서의 가장 깊은 원인은 하나님에 대한 인간의 책임이 지상의 단체에 대한 충성이나 세상적 권력에 대한 복종보다 위에 있음을 사람들이 인식하고 인정하기를 거부한 때문이다. 종교적 전통과 가족 생활이 약화되고, 그 모습에 있어 대체로 세속적인 현대 사회는 인간 본성의 악의 심각성과 하나님의 자녀에게 나타나는 자유와 권위를 과소평가하고 있다…

이런 우리 시대의 위기는 두 가지 요소에 기인한다. 첫 번째는 권력의 광대한 집중이다. 이것이 자본주의 사회에서는 경제력의 집중화로 나타나고, 공산주의에서는 경제와 정치의 집중화로 나타난다. 이러한 상황에서 사회악은 개인과 집단의 탐욕, 교만과 잔인성으로 심각하게 나타날 뿐 아니라 인간의 거대 조직이라는 타성과 관성으로 나타난다. 이러한 조직은 인간으로 하여금 도덕적이고 책임적인 존재로 행동하는 능력을 감소시킨다. 현대사회의 권력의 집중 때문에 집단 안에서 개인적 책임을 실현시키는 길을 찾는 일이 아직까지도 신중하게 시작된 적이 없다.

두 번째는, 대체로 기술에 의해 결정되어지는 이 사회는 이전의 어느 시대보다 타성에 의해 더 지배되고 있다. 즉 기술은 인간들로 하여금 자연을 더 잘 이용하게 해주고, 자연을 더 잘 이용하게 해주는 반면에 그것은 파괴의 가능성이 있다. 또한 전쟁을 통해, 가정이나 이웃 또는 기술면에서 사회의 자연적 기초들을 손상시키는 행위를 통해, 파괴의 가능성이 나타난다. 이것은 사람들을 거대한 산업도시로 모이게 했으며, 인간이 완전하게 성숙할 수 있는 많은 상호연관성을 사회에서 빼앗아 버렸다. 또한 하나님께서 토양과 천연자원 속에 주신 선물들을 낭비하려는 경향을 가속화시켰다.

반면에 기술의 발달은 많은 사람들을 고역과 궁핍에서 구출해 냈으며, 또 앞으로도 그렇게 할 것이다. 그러나 인간이 할 수 있는 방향에는 한계가 있지만, 가령 아시아와 아프리카의 주민들이 더 많은 기계생산의 혜택을 입어야 한다고 요구하는 것은 정당한 것이다. 왜냐하면 그 지역은 어느 지역보다 더 많이 낙후되었기 때문이다.

사회는 기술과학의 무방향적 발달에 굴복할 필요는 없다. 교회는 사람들로 하여금 기술사회에서 보다 풍부한 개인생활을 누릴 수 있도록 도와주어야 할 긴급한 책임이 있다. 교회는 사회의 세속론에다 전적으로 그 죄과를 돌리는 유혹에 빠져 그런 악에 어느 정도 기여했는지를 잊어서는 안될 것이다.

교회들은 때로 지배계급과 인종과 정치단체들을 종교적 차원에서 인정함으로써 사회정의와 정치적 자유를 위해 필요한 변화에 장애가 되기도 하였다. 교회는 종종 그들의 메시지와 책임을 순전히 영적이거나 타계적인 개인주의적 해석에 집중해 왔다. 또한 교회는 사회를 형성하고 있는 주변의 힘을 이해하지 못함으로 기계문명 속에서 야기된 새로운 문제들에 대해 창조적으로 대처하지 못했다.

2. 경제정치조직

산업혁명으로 경제활동은 이전의 사회적 통제로부터 해방되었고, 인간생활의 적당한 위치에서 벗어났으며, 자본주의 질서라고 알고 있는 방대한 경제, 상업, 산업 관계의 거대한 그물망을 만들었다. 세계 전역에 걸쳐 경제 세력의 자유로운 활동 위에 새로운 통제가 광범위하게 작용하였으나, 어떠한 정치체제도 맞설 수 없는 경제적 필연성 등이 존재하는 법이다. 예를 들면 좌절시킬 수 없는 우리 시대에 현금 가치의 안정, 자본의 창조와 생산자극 등이 전세계적으로 그것의 필요성이 불가피하게 되어 있다. 그러나 정의는 경제활동이 사회적 목적에 종속되기를 요구한다. 수백 만의 사람들이 주기적인 인플레와 경기침체로 불안정과 기아 그리고 좌절의 위험을 받은 것은 참으로 고통스러운 일이다.

우리는 현존하는 재산관계를 옹호하는 자들에게 소유권은 무조건적인 권리가 아님으로 정의의 요구에 따라 보존되고 억제 내지 분배되어야 한다고 말해야 한다. 또한 모든 경제과정과 소중히 여기던 권리를 전체 공동체의 필요에 종속시킴으로써 기계적 문제 위에 인간의 탁월성을 옹호해야 한다. 반면에 거대한 사회에서 약자들의 삶을 만족시키는 일을 견지해야 한다. 우리는 권력의 남용을 금하고, 타인들과 인격적이고 직접적이며 책임적인 관계를 가질 수 있도록 가능한 한 문호를 넓게 개방해야 한다.

3. 책임 사회

인간은 하나님과 이웃에 대해 책임지는 자유로운 존재로 창조되었고, 또한 부름받았다. 책임적으로 행동하는 인간의 가능성을 박탈하는 국가와 사회의 그 어떠한 성향도 인간과 그의 구속사업을 위한 하나님의 의도를 부인하는 것이다. 책임 사회는 자유와 공공질서의 가능성을 인정하는 사람들의 자유가 있는 곳이며, 정치적 권위나 경제적 권력을 가진 자들이 그 힘을 하나님과 사람들을 위해 행사하는 사회이며, 사람들의 복리가 있는 곳이다.

　인간은 단지 정치적 경제적 목적만을 위한 수단이 되어서는 안된다. 사람이 국가를 위해 만들어진 것이 아니라, 국가가 사람을 위해 만들어진 것이다. 인간이 상품을 위해 만들어진 것이 아니라 상품이 인간을 위해 만들어졌다. 경제적 정의와 기회균등이 이 사회 모든 구성원들을 위해 설정되어야 한다. 그러므로 우리는 다음과 같은 일을 정죄한다.

　1) 주님과 주님의 뜻을 증거하려는 교회의 자유를 제한하는 그 어떠한 시도와 하나님께 복종하는 인간의 자유와 양심에 따라 행동할 자유를 손상시키는 그 어떠한 노력도 정죄한다. 왜냐하면 이러한 자유들은 인간이 하나님 앞에 갖는 책임에 속한 것이기 때문이다.

　2) 사회를 이루는데 참여할 기회를 부정하는 그 어떠한 행동도 정죄한다. 왜냐하면 인간은 자기 이웃에 대한 책임을 갖고 있기 때문이다.

　3) 진리를 배우고 전파하는 일을 막는 그 어떠한 시도도 정죄한다.

4. 공산주의와 자본주의

　신자들은 많은 교회들이 공산주의 성장에 유리한 조건을 창조한 경제적인 부정과 인종차별에 개입하였음을 인정해야 한다. 무신론과 공산주의의 반종교적 가르침은 명목상의 기독교 사회에 대한 부분적인 반작용이라는 사실을 참회하는 마음으로 인정해야 한다.

　또한 신자들이 깨달아야 할 것은 교회는 훈련되고 의도적이며 희생적인 응답을 불러 일으킬 수 있는 호소를 젊은이들에게 제공하지 못함으로 인해 공산주의는 이런 점에서 윤리적, 심리학적 공백을 많은 자들에게 채워 주었다는 사실이다. 그러나 공산주의가 기독교와 갈등을 빚을 수밖에 없는 모순이 있다. 그들은 역사 속에서 인간의 완전한 구원을 약속하고 있고, 그들의 유물론적인 가르침은 하나님에 대한 신앙과 상충되며, 하나님의 형상으로 창조되어 하나님에 대한 책임이 있다는 기독교적 인간관과 상충된다. 한편 공산주의를 반대하는 자들을 다룸에 있어서 보여준 그들의 무자비함과 인생의 모든 국면을 통제하고 다스리는 가혹한 독재정책 등은 공산주의가 기독교와는 어쩔 수 없는 상극임을 잘 보여준다.

한편 기독교와 자본주의 간에도 갈등이 있다는 사실을 교회는 인식해야 한다. 자본주의의 발달은 나라마다 다양하며, 종종 초기 자본주의의 특징이었던 노동자들의 착취는 무역조합, 사회적 법령과 책임적 관리의 영향으로 괄목할 정도로 시정되어 왔다. 그러나 자본주의는 심각한 불평등을 초래하기 쉽고, 그것의 기독교적 배경에도 불구하고 서구에서 물질주의의 실제적인 형태만을 발전시켰다. 이는 돈을 버는 데에만 최대의 강조점을 둔 때문이다. 그리하여 결국 자본주의의 국가는 대량해고와 같은 사회적 파국의 형태를 가져오게 되었다.

그러므로 기독교회는 공산주의와 자유방임적 자본주의 이데올로기를 모두 배척해야 하며, 이 양 극단만이 유일한 선택이라고 생각하는 사람들을 그 망상에서 벗어나도록 노력해야 할 것이다. 공산주의의 이데올로기는 경제적 정의에 강조점을 두며 혁명 완수 후에 자동적으로 자유가 도래한다고 약속하고, 자본주의는 자유에 강조점을 두어 정의란 자유로운 기업의 부산물이라고 약속하지만, 이러한 이데올로기들은 모두 거짓으로 판명되었다. 정의나 자유가 서로를 파괴시키지 않는 새롭고 창조적인 해결을 추구하는 것이 신자들의 책임이 되었다.

5. 교회의 사회적 기능

교회가 이 사회에 변화를 가져다줄 수 있는 가장 좋은 방법은 교회가 주님을 믿고 순종하여 스스로 갱신함으로써 이 사회를 변화시키는 것이다. 이런 내적 갱신에는 먼저 인간의 전생활을 위한 복음의 의미를 보다 정확히 파악하는 것이 포함된다. 이러한 갱신은 교회의 보다 큰 조직들과 지역 교회에서 함께 있어져야 한다.

교회의 사회적 영향은 사람들이 살아가는 역사적 상황과 그들이 직면하고 있는 문제들을 끊임없는 기독교 진리의 가르침과 설교를 통해 조명해주는 방식으로 그 구성원들에게 영향을 미치도록 해야 한다.

교회는 사회적 기능을 논할 때, 교회가 존재하고 있는 이곳이 너무도 다양하다는 사실을 항상 기억해야한다. 기독교 신자들이 다수인 나라나 신자의 수가 전체 인구의 몇 퍼센트밖에 안되는 나라, 그리고 적의감을 품고 억압하는 정부 하에서 존재하는 교회가 있다. 이 모두가 서로 상이한 문제들을 교회에 제공하고 있다. 이 상반된 상황 속에서 교회들이 서로 실상을 인식할 뿐만 아니라 서로 타인의 실패와 성공과 고통을 통해 배워야 한다.

결론

지금까지 말한 것은 각 국가의 상황에 따라 그 행동의 가능성이 서로 다를 것이다. 혹 모든 상황이 책임적인 행동의 영역을 크게 제한할 때에도 실망할 필요는 없다. 모든 대륙에 거하는 하나님의 교회들은 한 하나님의 영광을 위해 그 의가 거하는 새 하늘과 새 땅을 바라보아야 한다.

결의문

1. 세계 교회협의회는 피난민들의 물질적, 영적 복지를 위해 일하는 데에 커다란 우선순위를 둔다.

2. 국제난민구제기구는 난민들을 재정착시키는 과업을 수행하는 데 있어서 이 추방된 사람들 가운데 신체 이상이 없는 사람들만을 모집하는 정부에게 그들의 부양가족들도 받아주어 정착케 함으로써 가족생활의 통일성과 통합성을 존중해 줄 것을 계속해서 촉구하는 것이 요구된다.

3. 국제난민구제기구의 권한 내에 이 모든 난민들과 추방자들이 포함되도록 하기 위하여 일한다.

4. 팔레스타인 분쟁지역으로부터 온 다른 피난민들을 대신하여 유엔사무국의 노력을 지지해 줄 것을 부탁한 바 있으며, 또 전세계에 있는 유대당국에게 이 구제사업에 협력해 줄 것과 하루빨리 난민들이 자신들의 집으로 돌아갈 수 있도록 힘써 줄 것을 호소하는 바이다.

5. 개인적 자유든 정치적 자유든 사회적 자유이든 간에 인간의 모든 필

수적인 자유에 대한 국내적 국제적 집행 촉구를 요구한다.

종교적 자유에 대한 선언문

1. 모든 사람은 자기 자신의 신앙과 신조를 결정할 권리를 갖는다.

2. 모든 사람은 예배와 가르침 그리고 실천을 통해서 자신의 종교적 신념을 표현할 권리와 자신의 그 신념이 사회적 혹은 정치적 공동체 내에서의 관계에 대해 주장할 수 있는 권리를 갖는다.

3. 모든 사람은 다른 사람들과 교제하고 종교적 목적을 위해서 그들과 함께 단체를 구성할 권리를 갖는다.

4. 각 구성원 개인의 권리에 따르는 행동에 의해 구성되어 유지되는 모든 종교적 단체는 자신이 선택한 목적들을 이루기 위해 정책과 실천을 결정할 권리를 갖는다.

세계교회협의회, 역대총회종합보고서, 이형기 역 (한국장로교출판사, 1993)
Cf. *Man's Disorder and God's Design: The Amsterdam Assembly Series*, ed.,(New York: Harper & Row, Publishers, 1949)

3. 신앙과 직제(Faith and Order) 운동의 호소문

1910년에 에딘버러에서 연합적인 세계선교대회(World Mission Conference)가 열렸다. 그때 이후로 에큐메니칼 운동의 세 가지 주요 대회를 열었는데, 즉 1921년에 국제선교회(International Missional Council), 1925년 생활과 사업(Universal Christian Conference on Life and Work), 그리고 1927년에 로잔에서의 신앙과 직제(World Conference on Faith and Order)이다. 그중 신앙과 직제는 교파들을 분리시키는 교리적 차이점들을 연구하여 극복하고자 하는 운동이었다.

하나님은 일치를 원하신다. 이 회의에 우리가 참여한 것은 하나님의 뜻에 우리의 의지를 고정시키고자 하는 우리의 갈망을 증거하는 것이다. 우리가 아무리 우리들의 분열이 시작된 것을 정당화한다 할지라도 우리는 그 분열의 지속됨을 슬퍼하며 지금 이후로 통회와 믿음으로 우리의 무너진 벽들을 세우는 데에 노력해야만 한다.

성령은 우리들 가운데 계신다. 우리를 여기로 부르신 이가 성령이시다. 성령의 임재는 우리의 예배, 토의들, 전체 교제들 가운데 명백하다. 그는 우리로 하여금 서로를 발견하게 하셨다. 그는 우리의 지평을 넓혀 주셨고, 우리의 이해를 빠르게 하셨고, 우리의 희망을 생기있게 하셨다. 우리는 용기있게 시작하였고, 하나님께서는 우리의 용감한 시도를 정당화시켜 주셨다. 우리는 결코 다시 동일한 우리가 될 수 없다. 우리는 너무도 감사하기 때문에 여기에서 우리들에게 주어진 비전들을 우리와 운명을 같이 하는 더 작은 국내 단체들과 더불어 누리기 위한 지속적인 노력을 해야 한다.

세계의 절반 이상이 복음을 기다리고 있다. 국내외에서 슬픔에 찬 무리들이 교회의 공동체적 연약성 때문에 당혹감 가운데서 교회로부터 떨어져 나가고 있다. 우리의 사명은 그동안 우리가 사치로 여겼던 그것을 필요로 여기는 것이다. 이미 선교현장은 당연한 교회의 일치를 위한 대담한 모험을 하기 위하여 서구교회의 분열들에 조급하게 반란을 일으키고 있다. 이 회의에 참석한 교회들의 일원인 우리는 우리의 영적 자녀들이 우리들을 앞지르게 할 수 없다. 우리는 그들과 더불어 하나님께서 풍성히 복주시는 과제를 빨리 시작하기 위하여 우리의 허리띠를 매어야 하고, 우리 공동의 목표가 이루어질 때까지 다같이 노력해야 한다.

이 과제의 개척자들인 우리들 중 어떤 사람들은 일치를 향한 탐구를 하는 과정에서 시간이 흘러 노년에 이르렀다. 우리가 횃불을 높이 들어올리기 위해 바라보는 것은 젊은이들이다. 여러 해동안 우리 남성들이 너무나도 홀로 그 일을 수행했다. 지금 이후로 여성들에게 그들의 책임의 일단을 부여해야 한다. 그렇게 되면 어떤 분파 하나로서 행할 수 없었던 것을 전체 교회가 행할 수 있게 될 것이다.

우리를 모으신 것은 하나님의 분명한 부름이었다. 우리를 여기에 인도하신 하나님의 인도함에 격려받은 믿음을 가지고 우리는 전진한다.

A Documentary History of the Faith and Order Movement, 1927-1963. Lukas Vischer(The World Council Churches, 1963)

4. W.C.C. 나이로비대회 보고서(1975)

"자유케 하시며 하나되게 하시는 예수 그리스도"란 주제로 교회의 사회참여로서의 하나님의 선교를 호소했다. 특히 이 대회에서 인종차별과 성차별 문제가 집중 거론되었다.

불공평의 구조와 해방을 위한 투쟁

서언

1. 불공평의 구조와 해방의 투쟁은 현대 교회에 가공할 만한 도전이 되고 있다. 이 문제에 대처함에 있어서 교회는 예수 그리스도 외에 다른 기초가 없다. 예수 그리스도로부터 교회는 심판의 진리를 증거하고 자유와 구원을 가져오는 복음을 전하라는 명령을 받았다. 사회정의와 인간해방을 위한 오늘날의 투쟁에 있어서 그 특별한 위치를 추구함에 있어 교회는 끊임없이 이 신적 명령의 지도를 받을 필요가 있다.

3. 복음은 하나님이 죄와 기타 파괴적인 힘 아래서 고통하는 인간들과 전적으로 하나가 된다는 메시지이다. 하나님 자신이 인류와 갖는 연대감은 자신을 낮추사 인간의 형체를 입으시고 가난하게 태어나셨으며 배척의 길을 걸으셨고 마침내 십자가에서 죽으신 종된 그리스도의 실재에서 잘 나타난다. 그리스도의 대속적 수단은 하나님의 사랑의 최상적 나타남이다. 그리스도 안에서 하나님은 인간의 죄와 연약의 모든 짐을 지셨다.

7. 정의와 해방을 위해 함께 고난받는 기독신자들은 서로 그리고 그리스도와 함께 깊은 공동체 경험을 발견한다. 이 공동체는 이데올르기나 계급,

그리고 기독교 전통의 상이점들을 초월한다. 이 공동체는 사죄와 사랑의 힘에 의해 결속되었다. 또 삼위일체 하나님의 궁극적인 공동체 생활을 반영한다. 고난당하신 그리스도의 인간과의 연대감의 표현은 성만찬의 나눔이다.

8. 그러나 고난이 목표는 아니다. 십자가 저편에 부활이 있다. 그리스도는 죄와 사망의 세력을 이기셨고, 아직도 여전히 자신을 강하게 하여 연관된 사람들의 통제 밖에 있는 것같이 보이는 정사와 권세의 지배를 끊어버리셨다. 따라서 그리스도의 승리는 억압과 지배에 대항하여 실제 투쟁에 종사하는 자들에게 손에 붙잡히는 그리고 심화된 소망을 준다. 그의 승리는 억압과 지배에 대항하여 실제로 투쟁하는 자들에게 눈에 보이는 깊은 소망을 준다.

10. 불의의 구조와 해방에서의 투쟁은 서로 분리될 수 없다. 그러나 실제적 목적을 위해 우리는 이 보고서를 인권, 성, 인종의 세 항목으로 나눈다.

인권

서론

11. 인권을 향한 우리의 관심은 하나님은 모두가 완전한 인권을 행사할 수 있는 사회를 원하고 계신다는 확신에 근거한다. 모든 인간은 하나님의 형상으로 창조되었으며, 또 하나님과 우리 앞에서 무한히 귀한 존재이다.

12. 따라서 하나님의 뜻과 그의 사랑은 모든 사람을 위하여 의도된 것이고, 인권을 위해 신자들이 투쟁하는 것은 예수 그리스도에게 근본적인 응답을 하는 것이다.

기본생존보장권

19. 기본생존보장권 없이는 어떠한 권리도 불가능하다. 여기에 일할 수 있는 권리, 충분한 음식과 건강을 보장받는 권리 그리고 인간 가능성의 완전한 발전을 위해 교육을 받을 수 있는 권리들이 포함된다.

20. 기본생존보장권은 환경의 보호와 지구자원의 보전을 통한 미래세대들이 가져야 하는 권리까지 포함된다.

소수자들의 권리
24. 교회들은 문화적, 언어적 종교적 이데올르기적 민족적인 면에서 소수자들의 권리를 옹호하고 증진시켜야 한다.

공동체 내에서 결정에 참여할 권리
28. 교회는 어떠한 형태로든 억압을 당하고 있는 빈민 지역공동체들, 산업노동자와 농촌 일꾼들, 부인들, 소수 그룹들과 또 다른 사람이 자신들의 형편을 인식하고 또 사회의 진로에 영향을 미칠 수 있는 그러한 활동을 개발시키는 일에 참여해야 한다.

반대의 권리
29. 반대자들의 음성이 경청되고 방해받음이 없이 견해를 피력할 수 있으며 표현의 자유와 평화로운 집회가 보장받을 수 있는 그들의 권리야말로 모든 사회의 생명력이다. 교회는 자신들의 증거와 화해로 모든 노력을 경주해야 하고 고통하는 동료인류들을 지원해 주며 구제책을 마련하도록 노력해야 한다.

인간존엄성에 대한 권리
32. 인권을 침해하는 근본이유는 불공평한 질서, 권력의 남용, 경제발전의 부족, 그리고 불평등한 발전에서 발견된다. 어떤 경우에 교회가 억압자들을 적극적으로 지원하고 심지어 억압 그 자체에 개입하기도 하였다. 이는 자신의 특권을 보장받기 위한 잘못된 시도에서 나온 것이다.

종교적 자유권
35. 종교적 자유권은 특권을 주장하기 위해 사용되어져서는 결코 안된다. 교회에 있어 이 권리는 기독교 신앙으로부터 야기되는 자신의 책임을

완성시킬 수 있기 위해서는 필수적이다. 이 책임들의 중심적인 것은 전 공동체를 섬기는 의무이다.

성차별주의

41. 암스테르담 이후의 W. C. C.의 노력에도 불구하고 교회와 세계에 있어 여성의 위치는 크게 변한 것이 없다. 여성들이 결정과정에서 대부분 제외되는 한 남성들과의 완전한 동료의식을 깨닫지 못할 것이고, 결국 교회는 충분한 통일을 실현시킬 수 없을 것이다.

인종차별

57. 인종차별은 하나님에 대항하는 죄이며 동료 인류에 대한 죄이다. 이는 예수 그리스도 안에 나타난 하나님의 공의와 사랑에 역행하는 것이다.

64. 수치스럽게도 전세계 기독교회들이 암암리에 인종차별에 자주 감염되었다. 말하자면 교회와 회중들이 급격하게 배타적 노선을 견지하고 자기와 비슷한 사람들은 따뜻하게 맞아주지만 좀 다르다고 느끼는 사람들은 쉽게 배척한다. 그들 교회들은 그들의 문전에서 시행되고 있는 인종차별을 대처하기보다는 집으로부터 멀리 떨어진 곳의 인종차별에 대한 투쟁만을 더 기꺼이 지원하고 있다.

71. 교회는 자국 내에서 인종차별을 직면하고 근절하는 면에 있어서 또한 스스로 갱신하고 인종차별에 대해 그들의 국제적 노력을 강화시켜야 한다.

추천조항

성차별에 대하여

74. 여성신학자들이 이 문제에 대한 연구에 적극적으로 참여하도록 초청되어야 한다.

75. 회원교회들은 모든 결정기관에 여성의 완전한 참여를 보장해주어야 한다. 또한 회원교회들은 안수받는 여성들에게 그들의 은사의 정도에 따라

남성과 동일한 기회와 사례를 주어야 한다. 그리고 여성을 성직에 임명하는 회원교회들과 그렇게 하지 않는 회원교회들은 서로, 또는 비회원교회들과 대화를 계속하여 여성들이 그들의 은사의 정도에 따라 임직받은 목회를 포함하여 교회의 완전한 생활에 온전히 참여하는 것에 서로 대화를 나눌 수 있어야 한다.

인권에 대하여

81. 교회는 국내적 국제적 수준에서 그리고 공동체에서 인권을 옹호하고 증대시키기 위한 합법적 제도들을 새로이 만들고 기존의 것을 개선하며 그러한 기관들에 용이하게 접근하도록 조장해 주어야 한다. 또한 수감자의 처우개선과 구류의 상태에 관한 완전하고 정확한 정보를 얻기 위하여 교도소나 캠프 그리고 다른 구치소들에 접근하거나 또 가족, 친구, 그리고 합법적인 상담과 정규적으로 접근할 수 있는 수감자들의 권리를 옹호하도록 힘써야 한다. 그리고 지역적 에큐메니칼 기관들은 그들의 교회들로 하여금 그들 사회에 필요로 하는 인권에 응수하는 데 좀더 능동적이 되도록 도와야 한다.

인종차별에 대하여

84. 인종차별에 대한 투쟁에 교회가 관계하는 가장 중요한 점은 인종차별에 대한 신학적 성찰과 또 이와 투쟁하는 방법에 관한 것이다. 그러므로 우리는 P.C.R(인종차별투쟁사업)과 신앙과 직제의 계속되는 공동기획과 "신학에서의 인종차별과 인종차별을 반대하는 신학"이라는 최근의 협의회 보고서(1975)에 관심을 돌려야 한다.

87. 한편 가장 심하게 인종차별을 받고 있는 남아공에 대해서는 회원교회들이 더욱 특별한 관심을 기울여야 한다.

90. 교회들은 자신이 비인종차별단체들의 모델이 되도록 의식적인 노력을 기울여야 한다.

The World Council of Churches and the Third World, Ernest W. Lefever,

Ethics and Public Policy Center, Washington, D.C.

5. 로잔언약(1974) - 복음주의 연합운동

로잔회의는 세계교회협의회(WCC)에 대응하는 복음주의 교회의 연합운동으로서 1961년에 WCC에 통합된 IMC(국제선교협의회)의 선교정신을 품고 있다.

머리말

로잔에서 열린 세계복음화 국제대회에 참가하기 위하여 150여개 나라에서 온 예수 그리스도의 교회의 지체인 우리는 그 크신 구원을 주신 하나님을 찬양하며 하나님께서 우리로 하나님과 교제하게 하시며 우리 상호간에 교제하게 하심을 기뻐한다. 우리는 하나님께서 우리 시대에 행하시는 일에 깊은 감동을 받으며 우리의 실패를 통회하고 아직 미완성으로 남아 있는 복음화 사역에 도전을 받는다. 우리는 복음이 온 세계를 위한 하나님의 좋은 소식임을 믿으며 이 복음을 온 인류에 선포하여 모든 민족으로 제자삼으라 말씀하신 그리스도의 명령에 순종할 것을 그의 은혜로 결심한다. 그러므로 우리는 이 신앙과 그 결단을 확인하고 이 언약을 공포한다.

1. 하나님의 목적

우리는 세상의 창조주시며 주되신 영원한 한 분 하나님 곧 성부와 성자와 성령에 대한 우리의 신앙을 확인한다. 하나님은 그의 뜻과 목적에 따라 만물을 통치하신다. 그는 자기를 위하여 세상으로부터 한 백성을 불러내시며 다시금 그들을 세상으로 내보내시어 그의 나라의 확장과 그리스도의 몸의 건설과 그의 이름의 영광을 위하여 그의 부름받은 백성을 그의 종과 증인이 되게 하신다.

우리는 종종 세상에 동화되거나 세상으로부터 도피함으로 우리의 소명을 부인하고 우리의 선교 사역에 실패하였음을 수치스럽게 생각하며 이를 고백한다. 그러나 복음은 비록 질그릇에 담겼을지라도 귀중한 보배임을 기뻐하며 성령의 능력으로 이 보배를 널리 선포하는 일에 우리 자신을 새롭게 헌신한다.

우리는 신국약 성경이 하나님의 영감으로 기록되었음을 믿으며 그 진실성과 권위를 믿는다. 성경은 그 전체가 기록된 하나님의 유일한 말씀으로서 모든 가르치는 바에 전혀 오류가 없으며 신앙과 행위에 있어 유일하고 정확무오한 기준임을 믿는다. 하나님의 말씀은 또한 그의 구원목적을 이루시는 하나님의 능력이다. 성경 말씀은 온 인류를 위한 것이다. 이는 그리스도와 성경에 나타난 하나님의 계시는 불변하기 때문이다. 그 계시를 통하여 성령은 오늘도 말씀하신다. 성령은 어떤 문화 속에서나 모든 하나님의 백성의 마음을 깨우치사 그들의 눈으로 친히 이 진리를 새롭게 보게 하시고 하나님의 여러 모양의 지혜를 온 교회에 더욱 더 풍성하게 나타내신다.

3. 그리스도의 유일성과 보편성

우리는 전도의 방법은 여러 가지이나 구세주는 오직 한 분이시요 복음도 오직 하나님을 확인하다. 우리는 자연에 나타난 하나님의 일반계시를 통하여 모든 사람이 하나님에 관한 어느 정도의 지식이 있음을 인정한다. 그러나 우리는 사람이 이것으로 구원받을 수 있다는 주장은 부인한다. 이는 사람이 자신의 불의로써 진리를 억압하고 있기 때문이다. 우리는 또한 여하한 형태의 혼합주의를 거부하며, 그리스도께서 어떤 종교나 어떤 이데올르기를 통해서도 동일한 말씀을 하신다는 식의 대화는 그리스도와 복음을 손상시키므로 이를 거부한다. 예수 그리스도는 유일하신 신인으로 죄인을 위한 유일한 대속물로 자신을 내어 주셨고, 하나님과 사람 사이의 유일한 중보자가 되신다. 예수 이름 외에 우리가 구원받을 다른 이름은 없다. 죄로 말미암아 모든 사람이 멸망당하고 있다. 그러나 하나님은 모든 사람을 사랑하시어 한 사람도 멸망하지 않고 모두가 회개할 것을 원하신다. 그럼에도 불구하고 그리스도를 거절하는 자는 구원의 기쁨을 거부하며 스스로를 정죄함으로써 하나님으로부터 영원히 분리된다.

예수를 "세상의 구주"로 전파함은 모든 사람이 자동적으로 혹은 궁극적으로 구원받게 된다는 말이 아니며, 또 모든 종교가 그리스도 안에 있는 구원을 제공한다고 보장하는 것은 더 더욱 아니다. 예수를 "세상의 구주"로 전하는 것은 오히려 죄인들이 사는 세상을 향한 하나님의 사랑을 선포하는 것이며 마음을 다한 회개와 신앙의 인격적인 결단으로 예수를 구세주와 주로 영접하도록 모든 사람을 초청하는 것이다. 예수 그리스도는 모든 다른 이름 위에 높임을 받으셨다. 우리는 모든 사람이 그 앞에 무릎을 꿇게 되고 모든 입이 그를 주로 고백하게 되는 날이 오기를 고대한다.

4. 전도의 본질

전도한다는 것은 기쁜 소식을 널리 전파하는 것이며, 기쁜 소식이라 함은 예수 그리스도께서 성경대로 우리 죄를 위하여 죽으시고 죽은 자로부터 다시 살아나시사 통치하시는 주로서 지금도 회개하고 믿는 모든 이들에게 사죄와 성령의 자유케 하시는 은사를 공급하신다는 것이다. 전도하기 위하여 우리 그리스도인이 이 세상에 있어야 함은 불가피하며, 마찬가지로 상대방을 이해하려면 대화를 경청하는 것은 불가피한 일이다. 그러나 전도 그 자체는 사람들로 하여금 인격적으로 하나님께 나아가 하나님과 화목하도록 설득하기 위하여 역사적 성경적 그리스도를 구세주, 주로 선포하는 것이다. 복음에로 초대함에 있어 제자된 값을 치러야 한다는 사실을 무시해서는 안된다. 예수께서는 오늘도 당신을 따르는 모든 사람으로 하여금 자기를 부인하고 자기 십자가를 지고 그의 새로운 공동체에 속하였음을 분명히 하도록 부르신다. 전도의 결과는 그리스도께 대한 순종과 그의 교회와의 협력, 세상에서의 책임 있는 봉사를 포함한다.

5. 그리스도인의 사회적 책임

우리는 하나님이 모든 사람의 창조주이신 동시에 심판주이심을 믿는다.

그러므로 우리는 인간 사회 어디서나 정의와 화해를 구현하시고 인간을 모든 압박으로부터 해방시키려는 하나님의 관심에 동참하여야 한다. 사람은 하나님의 형상대로 창조되었기 때문에 인종, 종교, 피부색, 문화, 계급, 성 또는 연령의 구별 없이 모든 사람은 천부적 존엄성을 지니고 있으며 따라서 사람은 서로 존경받고 섬김을 받아야 하며 누구나 착취를 당해서는 안된다. 이 사실을 우리는 등한시해 왔고, 또는 상반된 것으로 잘못 생각한 데 대하여 뉘우친다. 사람과의 화해가 곧 하나님과의 화해는 아니며, 또 사회참여가 곧 전도일 수 없으며, 정치적 해방이 곧 구원은 아닐지라도, 전도와 사회 정치 참여는 우리 그리스도인의 의무의 두 부분임을 인정한다. 이 두 부분은 모두 하나님과 인간에 대한 교리와, 이웃을 위한 사랑, 그리고 예수 그리스도에 대한 우리의 순종의 필수적 표현들이기 때문이다. 구원의 메시지는 모든 소외와 압박과 차별에 대한 심판의 메시지를 내포한다. 그러므로 우리는 악과 부정이 있는 곳에서는 어디서나 이것을 공박하는 일을 두려워해서는 안된다. 사람이 그리스도를 영접하며 그의 나라에 다시 태어난다. 따라서 그들은 불의한 세상 속에서 그 나라의 의를 나타낼 뿐만 아니라 그 나라의 의를 전파하기에 힘써야 한다. 우리가 주장하는 구원은 우리로 하여금 개인적 책임과 사회적 책임을 총체적으로 수행하도록 우리를 변화시켜야 한다. 행함이 없는 믿음은 죽은 것이다.

6. 교회와 전도

하나님 아버지께서 그리스도를 세상에 보내신 것과 같이 그리스도는 그의 구속받은 백성을 세상으로 보내심을 우리는 확인한다. 이 소명은 그리스도께서 하신 것과 같이 세상 깊숙이 파고드는 희생적인 침투를 요구한다. 우리는 우리의 교회의 "울타리"를 헐고 불신사회에 침투해 들어가야 한다. 교회가 희생적으로 해야 할 일 중에서 전도는 최우선적인 것이다. 세계 복음화는 온 교회가 온전한 복음을 온 세계에 전파할 것을 요구한다. 교회는 하나님의 우주적 목적의 바로 중심에 서 있으며 복음을 전파할 목

적으로 하나님께서 지정하신 수단이다. 그러나 십자가를 설교하는 교회는
스스로 십자가의 흔적을 지녀야 한다. 교회가 만일 복음을 배반하거나, 하
나님께 대한 산 믿음이 없거나, 혹은 사람에 대한 진실한 사랑이 없거나,
사업 추진과 재정을 포함한 모든 일에 있어서 철저한 정직성이 결여될 때,
교회는 오히려 전도의 장애물이 되어 버린다. 교회는 하나의 기관이라기보
다 하나님의 백성의 공동체이다. 따라서 어떤 특정한 문화적, 사회적, 또는
정치적 체제나 인간의 이데올르기와 동일시되어서는 안된다.

7. 전도를 위한 협력

교회가 진리 안에서 보기에도 참으로 분명한 일치를 이루는 것이 하나
님의 목적임을 우리는 확인한다. 전도는 또한 우리를 하나가 되도록 부른
다. 이는 우리의 불일치가 전하는 화해의 복음을 손상시키듯이 우리의 하
나됨은 우리의 증거를 더욱 힘있게 만들기 때문이다. 조직적 일치는 여러
형태가 있으나 그것이 반드시 전도를 위한 것이 아닐 수도 있음을 시인한
다. 그럼에도 불구하고 동일한 성경적 신앙을 소유한 우리는 교제와 사역
과 전도에 있어서 긴밀하게 일치단결하지 않으면 안된다. 우리의 증거가
때로는 사악한 개인주의와 불필요한 중복으로 인하여 누를 입을 경우가 많
음을 고백한다. 우리는 진리와 예배와 거룩함과 선교에 있어서 보다 깊은
일치를 추구할 것을 약속한다. 우리는 교회의 선교 사역을 확장하기 위하
여 전략적 계획을 위하여, 상호 격려를 위하여, 그리고 자원과 경험을 서로
나누기 위하여 지역적이며 기능적인 협력을 개발시킬 것을 촉구한다.

8. 교회의 선교 협동

선교의 새 시대가 동트고 있음을 우리는 기뻐한다. 서방선교의 주도적
역할은 급속이 사라져가고 있다. 하나님은 신생 교회들 중에서 세계 복음
화를 위한 위대하고도 새로운 자원을 불러일으키고 계신다. 그리하여 전도
의 책임이 그리스도의 몸 전체에 속해 있음을 밝히 보여주신다. 그러므로
모든 교회는 개교회가 속해 있는 지역을 복음화 함과 동시에 세계의 다른

지역에서 선교사를 보내기 위하여 무엇을 해야 할 것인가를 하나님과 자신에게 물어보아야 할 것이다. 우리는 선교 책임과 선교 역할에 대한 재평가는 계속 되어야 한다. 이렇게하여 교회들간의 협동은 더욱 강화될 것이며, 그리스도 교회의 보편성은 더 분명하게 드러나게 될 것이다. 우리는 또한 성경번역, 신학교육, 매스메디어, 기독교 문서사업, 전도, 선교, 교회 갱신, 기타 특수한 분야에서 일하는 여러 기관들로 인하여 하나님께 감사한다. 이런 기관들도 교회 선교의 한 사역자로서 그 효율성을 평가하기 위하여 지속적인 자기 검토를 해야 한다.

9. 복음전도의 긴박성

인류의 $\frac{2}{3}$ 이상에 해당하는 27억 이상의 인구가 아직도 복음화 되어야 한다. 우리는 이토록 많은 사람이 아직도 등한시되고 있다는 사실을 부끄럽게 생각한다. 이는 우리와 온 교회에 대한 끊임없는 견책이다. 그러나 오늘날 세계 도처에서는 주 예수 그리스도에 대하여 전례 없는 수용 자세를 보이고 있다. 지금이야말로 교회와 모든 교회 기관들이 복음화되지 못한 이들의 구원을 위하여 열심히 기도하고 세계 복음화를 성취하기 위한 새로운 노력을 시도해야 할 때임을 확신한다.

이미 복음이 전파된 나라에 해외선교사와 선교비를 감축하는 일은 토착교회의 자립심을 기르기 위하여 혹은 아직 미복음화 지역으로 그 자원을 회전시키기 위하여 때로는 필요한 경우도 있을 것이다. 선교사들이 겸손한 섬김의 정신으로 더욱더 자유롭게 육대주 전역에 걸쳐 교류되어야 할 것이다.

목표는 가능한 모든 수단을 총동원하여 되도록 빠른 시일 안에 한 사람도 빠짐없이 이 좋은 소식을 듣고, 깨닫고, 받아들이게 할 기회를 제공하는 일이다. 희생없이 이 목적을 성취한다는 것은 기대할 수가 없다. 수천 수백만이 당하고 있는 빈곤에 우리 모두가 충격을 받으며, 이 빈곤의 원인인 불의에 대하여 분개한다. 우리 중에 풍요한 환경 속에 살고 있는 이들은 검소한 생활양식을 개발하여 구제와 전도에 보다 많이 공헌하는 것이 우리의 의무임을 확신한다.

10. 전도와 문화

세계복음화를 위한 전략개발에서는 대범한 개척적 방법이 요청된다. 하나님의 뜻을 따라 복음전도의 결과, 그리스도 안에 깊이 뿌리내리고 동시에 그들의 문화에 밀접하게 적용된 여러 교회들이 일어날 것이다. 문화는 항상 성경을 표준으로 검토되고 판단되어야 한다. 사람은 하나님의 피조물이기 때문에 인류 문화의 어떤 것은 매우 아름답고 선하다. 그러나 인간의 타락으로 인하여 그 전부가 죄로 물들었고 어떤 것은 악마적이다. 복음은 한 문화가 다른 어떤 문화보다 우월하다고 전제하지 않는다. 오히려 복음은 모든 문화를 그 자체의 진리의 정의를 표준으로 평가하고 모든 문화에 있어서 도덕적 절대성을 주장한다. 선교는 지금까지 복음과 함께 이국문화를 수출하는 일이 너무 많았고, 교회는 종종 성경에 매이기보다 문화에 매이는 경우가 많았다. 모름지기 그리스도의 전도자는 겸손하게 자기를 온전히 비우기를 힘써야 한다. 다만 그의 인격의 가장 진실한 것만을 간직하여 다른 사람의 종이 되어야 한다. 그리하여 교회는 문화를 변형시키고 풍요하게 만들기에 힘쓰되 모든 것을 하나님의 영광을 위해서 해야만 한다.

11. 교육과 지도력

우리는 때때로 교회성장을 추구한 나머지 교회의 깊이를 포기하는 결과를 가져왔고, 또한 전도를 신앙적 육성으로부터 분리시켜 왔음을 고백한다. 또한 우리 선교 단체들 중에는 현지 지도자로 하여금 그들의 마땅한 책임을 감당할 수 있도록 준비시키고 격려하는 일에 매우 소홀했음을 인정한다. 그러나 이제 우리는 토착화 원칙을 믿고 있으며 모든 교회가 현지 지도자들을 등용하여 그들로 하여금 지배자로서가 아니라 봉사자로서의 기독교 지도자상을 제시할 수 있기를 갈망한다. 신학 교육의 개선, 특히 교회 지도자들을 위한 신학 교육의 개선이 심히 요구되고 있음을 인정한다.

모든 민족과 문화권에 있어서 교리, 제자도, 전도, 교육, 및 봉사의 각 분야 목회자, 평신도를 위한 효과적인 훈련 계획이 수립되어야 한다. 그러한 훈련 계획은 틀에 박힌 전형적인 방법에 의존할 것이 아니라 성경적 표준을 따라 지역적인 독창성에 의하여 전개시켜 나가야 한다.

12. 영적 싸움

우리는 우리가 악의 권세들과 능력들과의 부단한 영적 싸움에 참여하고 있음을 믿는다. 그것들은 교회를 전복시키고 세계 복음화를 위한 교회의 사역을 좌절시키려고 한다. 우리는 하나님의 전신갑주로 자신을 무장하고 진리와 기도의 영적 무기를 가지고 이 싸움을 싸워야 한다는 것을 안다. 이는 교회 밖에서의 거짓 이데올르기 속에서 뿐만 아니라 교회 안에서까지도 성경을 왜곡시키며 사람을 하나님의 자리에 놓는 거짓 복음 속에서 적이 활동하고 있음을 발견하기 때문이다. 우리는 성경적 복음을 수호하기 위하여 깨어 있어야 한다. 우리는 우리 자신이 세속적인 생각과 행위, 즉 세속주의에 면역되어 있지 않다는 사실을 인정한다.

예를 들면 숫자적으로나 영적으로 교회 성장에 대한 세심한 연구는 정당하고 가치 있는 일임에도 우리는 종종 이런 연구를 게을리하였으며, 어떤 경우에는 복음에 대한 반응에만 열중하여 우리의 메시지를 타협시켰고, 강압적 기교를 통하여 청중을 교묘히 조종하였고 지나치게 통계에 집착한 나머지 통계를 부정직하게 기록하는 때도 있었다. 이 모든 것이 세속적인 것이다. 교회가 세상 속에서 있어야 하지만 세상이 교회 속에 있어서는 안 된다.

13. 자유와 핍박

모든 정부는 교회가 간섭받지 않으면 하나님께 순종하고, 주 그리스도를 섬기며, 복음을 전파하도록 평화와 정의와 자유를 보장해야 할 의무를 하나님께로부터 받고 있다. 그러므로 우리는 모든 나라의 지도자들을 위하여 기도하며 그들이 사상과 양심의 자유를 보장하고 하나님의 뜻을 따라 그리고 유엔 인권선언에 규정한 바와 같이 종교를 믿으며 전파할 자유를 보장해 줄 것을 요청한다. 우리는 또한 부당하게 투옥된 사람들, 특히 주 예수 그리스도를 증거하기 때문에 고난받는 우리 형제들을 위하여 깊은 우려를 표한다. 우리는 그들의 자유를 위하여 기도하며 힘쓸 것을 약속한다. 동시에 우리는 그들의 생명을 걸게 하는 협박을 거부한다. 하나님께서 우리를 도와주시기 때문에 우리는 어떤 대가를 치르더라도 불의에 대항하여 복음에 충성하기를 힘 쓸 것이다. 핍박이 없을 수 없다는 예수님의 경고를 우리는 잊지 않는다.

14. 성령의 능력

우리는 성령의 능력을 믿는다. 아버지 하나님은 그의 영을 보내시어 아들에 대하여 증거케 하신다. 그의 증거 없이 우리의 증거는 헛되다. 죄를 깨닫고 그리스도를 믿고, 새로이 중생하고, 그리스도인으로 성장하는 이 모든 것이 성령의 역사이다. 뿐만 아니라 성령은 선교의 영이시다. 그러므로 전도는 성령충만한 교회로부터 자발적으로 일어나야 한다. 교회가 선교하는 교회가 되지 못할 때, 그 교회는 자기 모순에 빠져 있는 것이요, 성령을 소멸하고 있는 것이다. 전세계 복음화는 오직 성령이 교회를 진리와 지혜, 믿음과 거룩함과 사랑과 능력으로 새롭게 할 때에만 실현 가능케 될 것이다. 그러므로 우리는 모든 그리스도인들이 그러한 하나님의 전능하신 성령의 역사를 위하여 기도할 것을 요청하며, 성령의 모든 열매가 그의 모든 백성에게 나타나고, 그의 모든 은사가 그리스도의 몸을 충성하게 하도록 기도할 것을 호소한다. 그때에야 비로소 온 교회는 하나님의 손에 있는 합당한 도구가 될 것이요, 온 땅은 하나님의 음성을 듣게 될 것이다.

15. 그리스도의 재림

우리는 예수 그리스도께서 친히 권능과 영광 중에 인격적으로 그리고 눈으로 볼 수 있도록 재림하시어 그의 구원과 심판을 완성시킬 것을 믿는다. 이 재림의 약속은 우리의 전도를 가속화시킨다. 이는 먼저 복음이 모든 민족에게 전파되어야 한다고 하신 그의 말씀을 우리가 기억하기 때문이다. 그리스도의 승천과 재림 사이의 중간 기간은 하나님의 백성의 선교 사역으로 채워져야 한다고 우리는 믿는다. 그러므로 종말이 오기 전에는 우리에게 이 일을 멈출 자유가 없다. 우리는 또한 마지막 적그리스도의 선행자로서 거짓 그리스도들과 거짓 선지자들이 일어나리라는 그의 경고를 기억한다. 그러므로 우리는 인간이 땅 위에 유토피아를 건설할 수 있다는 생각은 오만한 자기 환상으로 간주하여 이를 거부한다. 우리 그리스도인들은 하나님께서 그의 나라를 완성하실 것이요, 우리는 그 날을 간절히 사모하며 또 의가 거하고 하나님께서 영원히 통치하실 새 하늘과 새 땅을 간절히 고대하고 있음을 확신하다. 그때까지 우리는 우리의 삶 전체를 지배하시는 그의 권위에 기꺼이 순종함으로 그리스도를 섬기고 사람에게 봉사하는 일에 우리 자신을 재헌신한다.

맺음말

그러므로 이와 같은 우리의 신앙과 결심에 따라 우리는 전세계 복음화를 위하여 함께 기도하고, 계획하고, 일할 것을 하나님과 우리 상호간에 엄숙히 언약한다. 우리는 다른 사람들도 이 일에 함께 동참할 것을 호소한다. 우리로 하여금 하나님의 영광을 위하여 이 언약에 신실하도록 그의 은혜로 도와주시기를 기도한다. 아멘, 할렐루야!

조종남 편저, "세계복음화 운동의 역사와 정신"(한국기독학생회 출판부, 1991), cf. ed. Edward R. Dayton, Samuel Wilson, *The Future of World Evangelization, The Lausanne Movement*.

6. 그랜드 래피즈 보고서, 1982

세계 27개국의 50명의 복음주의 지도자들이 모여 복음전도의 바람직한 방향과 그동안 복음주의 교회가 소홀히해왔던 사회참여문제를 성경적 입장에서 조명하였다.

복음전도와 사회적 책임

세계 복음화에 대한 요구

1) 현재의 필요

우리가 1974년에 로잔에서 모였을 때, 우리는 27억 이상의 사람들이 아직 복음화되지 않았다고 계산했었다. 8년 후인 지금 우리는 그 수가 30억으로 증가했으며, 또 이것은 수많은 집단의 사람을 포함한다고 믿는다. 하지만 우리는 그들을 통계로서 생각할 수는 없다. 그들은 우리 자신들과 같은 인간들이다. 그런데 하나님처럼 그리고 하나님을 위해 하나님에 의해 창조되었지만 그들은 지금 하나님 없이 살고 있다. 이것의 비극은 고통스러운 것이며, 따라서 그것을 극복하는 과제는 막대한 것이다. 그것은 전례가 없는 규모의 일치된 기도와 복음전도를 요구한다.

2) 정의

그러나 복음 전도란 무엇인가? 다음은 로잔 언약의 4항에서 내린 정의의다.

"전도한다는 것은 기쁜 소식을 널리 전파하는 것이며, 기쁜 소식이라 함은 예수 그리스도께서 성경대로 우리 죄를 위하여 죽으시고 죽은 자로부터 다시 살아나시사 통치하시는 주로서 지금도 회개하고 믿는 모든 이들에게 사죄와 성령의 자유케 하시는 은사를 공급하신다는 것이다. 전도하기 위하여 우리 그리스도인이 이 세상에 있어야 함은 불가피하며, 마찬가지로 상대방을 이해하려면 대화를 경청하는 것은 불가피한 일이다. 그러나 전도 그 자체는 사람들로 하여금 인격적으로 하나님께 나아가 하나님과 화목하도록 설득하기 위하여 역사적 성경적 그리스도를 구세주요, 주로 선포하는 것이다. 복음에로 초대함에 있어 제자된 값을 치러야 한다는 사실을 무시해서는 안된다. 예수께서는 오늘도 당신을 따르는 모든 사람으로 하여금 자기를 부인하고 자기 십자가를 지고 그의 새로운 공동체에 속하였음을 분명히 하도록 부르신다. 전도의 결과는 그리스도께 대한 순종과 그의 교회와의 협력, 세상에서의 책임있는 봉사를 포함한다."

우리는 이 진술을 진심으로 지지하며, 또 우리는 하나님과의 화해가 좋은 소식의 핵심에 달한다는 점을 강조하고자 한다. 우리의 유일한 비평은 이 진술이 다소 비인격적으로 들린다는 것이다. 왜냐하면 그 가운데에서 복음 전도자나 복음을 전해 듣는 사람 모두가 육체를 가진 사람으로 특성을 나타내고 있지 않기 때문이다. 하지만 그들 모두는 인격이며, 또 복음전도는 그들 간의 개인적 만남을 포함한다. 복음을 전하는 메신저들이 갖추어야 할 가장 필수적인 자질들은 성경적 복음과 인격적 진정성에 충실하는 것이다. 그들은 그들이 선포하는 좋은 소식을 구현해야만 한다. 위선보다 사람을 더 불쾌하게 하는 것은 없다. 또 성심보다 더 사람들을 매혹시키는 것은 거의 없다.

복음을 듣는 사람들에 관한 한 우리는 그들에게 매우 민감하게 접근해야 할 필요성을 인정한다. 많은 사람들이 이미 그들의 죄와 잘못에 대해 깨달아 왔을 것이다. 그리고 그것은 곧 그들과 용서의 좋은 소식을 나누는 것을 가능하게 할 것이다. 다른 사람들은 다른 소외감에 의해 압박감을 당할 것이다. 그러므로 우리는 그들의 절실한 필요와 함께 그들이 처해 있는 곳에서 시작해야 할 것이다. 그리고나서 그들을 그들이 와야 하는 곳으로 즉 그들의 깊은 필요로부터 – 하나님과의 그들의 죄된 분리 – 구세주이신 그리스도께로 이끌어야 할 것이다.

3) 복음전도를 위한 동기

복음전도에는 많은 유인이 있다. 먼저 대위임령에 그리고 모든 권세를 부여받으신 대위임령의 주님께 복종하는 것이다(마 28:18-20). 그 다음에 그리스도 없는 인간들은 잃어버리거나 "멸망당하고" 있는 것이라는 전율

할 지식을 우리는 알고 있다(예: 요 3:16, 고전 1:18). 그리고 너무 늦기 전에 복음을 가지고 그들에게 나아가고자 하는 사랑의 간절한 소원이 있다. 또 하나의 강력한 동기는 모든 무릎이 그에게 끓고 또 모든 입이 그를 주로 고백하도록 하기 위하여 하나님이 지극히 높이신, 그리스도의 영광을 위한 열심 또는 "질투"이다(빌 2:9-11).

하지만 우리는 모든 동기들 가운데 가장 기본적인 것은 하나님 자신의 본질 가운데 그리고 그가 자신을 계시하셨던 구원 사역 가운데 있다고 믿는다. 우리가 살아계신 하나님은 선교적이시라고 확언할 때, 우리는 과장을 하는 것이 아니다. 그는 모든 인간을 창조하셨으며, "모든 육체의 영의 하나님"이시며, 또 아브라함을 부르셨을 때 그의 후손을 통하여 "땅의 모든 족속"을 축복할 것을 약속하셨다.

다음으로 그의 공적 사역 동안에 예수 그리스도는 그의 제자들을 "이스라엘의 모든 족속으로 제자를 삼으라고 명령하셨다 이러한 두 가지 선교 가운데 그의 죽음과 부활이 놓여 있다. 그는 세상의 죄를 위하여 십자가 위에서 죽으셨으며, 또 주가 되기 위하여 일어나시고 높임을 받으셨다. 교회의 보편적 선교는 그리스도의 보편적 권위로부터 유래한다.

세째로 성령님은 선교적 영이시다. 그리고 오순절 사건은 선교적 사건이었다. 그는 예수님께서 약속하셨던 대로 그의 백성에게 증거를 위한 권능을 주셨으며, 또 예수님께서 미리 말씀하셨던 대로 그들을 땅 끝으로 밀어내셨다(행 1:8).

선교에 대한 이 삼위일체적 기초는 제1차적인 것이다. 그것은 하나님 자신의, 성부와 성자와 성령의 선교적 마음이다. 그가 그의 잃어버린 세상을 사랑하기를 열망하신다면, 그의 백성인 우리도 그의 열망을 공유해야만 한다. 세계 선교에 대한 헌신은 불가피하며 또 세계 선교에 대한 무관심은 용서를 받을 수 없다.

복음전도와 사회적 책임 간의 관계

1) 역사적 배경

그 관계가 다양한 방법으로 표현되어 오긴 했지만, 복음전도와 사회적 관심은 교회사 전체를 통해 서로 밀접히 관련되어 온 것으로 우리는 생각한다. 그리스도인들은 그들이 행하고 있는 것이나 그들이 행하고 있는 이유를 정의할 필요를 느끼지 않고 자의식이 전혀 없이 두 가지 활동에 자주 관여해왔다. 그러므로 이 협의회를 개최하게끔 이끌었던 그것들의 관계라는 문제는 비교적 새로운 것이며, 또 역사적 이유들로 인해서 복음주의 그리스도인들에게 특별히 중요하다. '북미의 대각성 운동, 독일의 경건주의 운동 및 영국에서의 웨슬리 하에서의 복음주의 부흥 – 그것들 모두는 18세기 초반에 일어났다 – 은 복음 전도는 물론 자선활동에도 커다란 자극을 가했다. 다음 세대의 복음주의자들은 선교단체를 결성했으며 또 공공 생활에 현저하게 봉사했다. 그중 대표적인 것들로는 노예교역과 노예제도 자체를 폐지한 윌버포스와 공장의 근로조건을 개선한 샤프츠베리가 있다.

그러나 19세기 말과 20세기 초에 이른바 "사회복음"이 신학적 자유주의자들에 의해 발전되었다. 그들 중 몇몇은 하나님의 나라를 일반 기독교 문명과, 그리고 특히 사회 민주주의와 혼동했다. 또 그들은 그들의 사회프로그램에 의해 그들이 지상에 하나님의 나라를 건설할 수 있다고 상상했다. 많은 복음주의자들이 사회 참여에 대해 의심을 품게 된 것은 이 복음이 심한 왜곡에 대한 과잉반응에 있었던 것으로 생각한다. 그리고 복음주의자들이 사회적 양심을 회복하고 또 우리의 복음주의 사회적 유산을 재발견하고 있는 지금 우리의 형제 자매들 중의 일부가 우리를 수상쩍게 보고 또 우리가 사회 복음이라는 옛 이단에 다시 빠지는 것은 아닌가하고 의심하고 있는 것을 이해할 만하다. 그러나 성경적 복음이 우리에게 부과하는 책임적인 사회활동과, 참된 복음을 왜곡시켰던 자유주의적 "사회복음"은 두 개의 아주 다른 것들이다. 우리가 로잔언약에서 말했던 대로 "우리는 …인간이 지상에 유토피아를 건설할 수 있다는 생각을, 자기를 과신하는 거만한 꿈으로 거부한다"(15항).

　복음전도와 사회적 책임이 분리된 또 다른 원인은 우리의 사고 가운데 자주 발전해 온 이원화이다. 우리는 영혼과 육체, 개인과 사회, 구속과 창조, 은혜와 자연, 하늘과 땅, 칭의와 정의, 신앙과 행위를 불건전한 방법으로 서로 대립시키는 경향이 있다. 성경은 분명히 이것들을 구별한다. 그러나 성경은 또한 이것들을 서로 관련시키며, 또 성경은 우리에게 각 쌍을 역동적이고 창조적인 긴장 가운데 유지할 것을 가르친다. "일원론에서처럼 그것들을 혼동하는 것이 잘못인 것처럼, "이원론에서처럼 그것들을 분리시키는 것도 잘못이다. 복음전도와 사회적 책임에 대해 말하면서, 로잔 언약이 그것들을 "우리 기독교적 의무의 두 부분이다"(5항)라고 단언했던 것은 바로 이러한 연유에서이다.

　2) 특별한 상황과 은사

　복음전도와 사회적 책임은 서로 속한다고 확언하고자 한다고 해서 우리가 하나가 다른 것에 독립하여 존립할 수 없다고 말하는 것은 아니다. 예를 들어 선한 사마리아인은, 우리가 그를 그리스도인이라고 생각해 본다면, 강도의 희생자의 상처를 치료하고 그에게 설교를 하지 않았다는 이유로 꾸지람을 받을 수는 없을 것이다. 또 빌립이 에디오피아 내시에게 복음을 전하고 그의 사회적 필요를 물어보지 않았다는 이유로 비난을 받아서도 안된다. 이 두 가지 기독교 의무들 가운데 어느 하나에 집중하는 것이 적합한 경우가 지금도 여전히 있다. 사회봉사의 프로그램을 반하지 않고 복음 전도대를 유지하는 것이 잘못된 것은 아니다. 또 기아의 때에 굶주린 자들에게 먼저 복음을 전하지 않고 그들을 먹이는 것도 잘못된 것이 아니다. 왜냐하면 아프리카 속담대로 "배고픈 자에게는 들을 귀가 없기" 때문이다. 모세 시대에도 마찬가지였다. 모세는 애굽에 있는 이스라엘인들에게 그들이 해방된다는 좋은 소식을 가져왔다. 그러나 "그들이 마음의 상함과 역사의 혹독함을 인하여 모세를 듣지 아니하였더라"(출 6:9)고 했다.

특별한 상황이 실존적인 요구에 덧붙여 때때로 복음 전도와 사회 활동을 분리하는 것이 정당한 경우가 있다. 즉 영적 은사의 분배가 그것이다. 교회는 카리스마적 공동체, 그리스도의 몸으로, 그 구성원들은 성령에 의해 다른 형태의 사역을 위한 다른 은사들을 부여받는다. 몇몇은 "복음 전하는 자"가 되도록 은사를 받는다(엡 4:11). 반면에 다른 사람들은 "섬기는 일로"(롬 12:7, 벧전 4:11) 또는 "긍휼을 베푸는 자로"(롬 12:8) 부름받는다. 우리의 은사가 무엇이든 간에 우리는 그것들을 얕보거나 그것들을 뽐내서는 안되며(고전 12:14-26), 오히려 그것들을 공동 선을 위해 사용해야 한다.

이 원리가 시행된 가장 좋은 예는 "기도하는 것과 말씀 전하는 것"에 부름을 받아왔던 사도들이 "공궤를 일삼는 것"에 즉 교회 과부들의 물적 필요를 돌보는 것에 전념하게 되는 위험에 처해 있었던 사도행전 6장에서 찾아볼 수 있다. 그래서 일곱 남자가 이 사회 봉사를 수행하도록 임명을 받았다. 하지만 스데반과 빌립은 또한 약간의 설교도 했다(행 6:8-15, 8:5-13). 이것은 사도들로 하여금 그들이 하도록 명령받은 목회사역에 자유로이 집중할 수 있게끔 했다. 하지만 그들은 또한 사회적 관심도 유지하고 있다(예를 들어 갈라디아 2:10). 오늘날도 여전히, 그리스도는 몇몇 사람을 목회사역에로, 또 다른 사람을 사회사역에로, 또 다른 사람을 전도 사역에로 부르신다. 사실상 그리스도의 몸 안에는 매우 다양한 영적 은사, 소명과 사역이 있다.

3) 세 종류의 관계

특별한 상황과 전문적인 소명이 우리의 복음전도와 사회적 책임을 적정하게 분리시킬 수 있다는 것을 살펴본 다음으로 우리는 이제 일반적으로 그것들이 서로 어떻게 연관되는지 살펴 볼 차례이다. 우리의 토론에서 떠오른 것은 그들이 결합되는 것은 한 가지 관계 속에서만이 아니고 그것들이 결합되는 적어도 세 가지 동등하게 타당한 관계가 있다는 것이다.

첫째 사회활동은 복음전도의 결과이다. 즉 복음 전도는 하나님이 사람을 새롭게 태어나도록 하시는 수단이며, 또 그들의 새로운 삶은 다른 사람들을 봉사하는 가운데 나타난다. 바울은 "믿음은 사랑을 통해 역사한다"고 썼고(갈 5:6), 야고보는 "나는 행함으로 내 믿음을 네게 보이리라"고 썼으며(약 2:18), 또 요한은 우리 가운데 있는 하나님의 사랑은 우리의 빈핍한 형제들과 자매들을 섬기는 가운데 흘러넘칠 것이라고 썼다(요일 3:16-18). 로버트 스피어가 1900년에 복음에 대해 쓴 것처럼 "복음이 가는 곳마다 복음은 사람들의 마음에 새로운 삶을 낳는 힘을 심는다. 또 복음은 사람들의 공동체에 새로운 사회적 관계를 창조하는 힘을 심는다." 우리는 그들의 선교 또는 전도 사역 동안, 그리스도인들에게 새로운 회심자들을 포함하여 특별한 지역적, 인간적 필요를 충족시키는 프로그램에 참여하도록 적극적으로 격려하는 우리 자신의 시대의 복음 전도자들에 대한 이야기를 들어오고 있다. 이것은 기독교적 회심과 헌신의 봉사적 측면을 효과적으로 강조한다.

하지만 우리는 이보다 더 나아갈 수 있다. 사회적 책임은 복음 전도의 결과 그 이상이다. 사회적 책임은 또한 복음 전도의 주요 목표들 중의 하나이다. 왜냐하면 그리스도는 "모든 불법에서 우리를 구속하실 뿐만 아니라 또한 우리를 깨끗하게 하사 선한 일에 열심하는 친백성이 되도록 하기 위하여" 우리에게 자신을 내어주셨기 때문이다(딛 2:14). 마찬가지로 복음을 통하여 우리는 "그리스도 예수 안에서 선한 일을 위하여 지으심을 받은 자니 이 일은 하나님이 전에 예비하사 우리로 그 가운데서 행하게 하려 하심이라"(엡 2:10)고 했다. 선행이 구원할 수는 없지만 선행은 구원의 필수적인 증거이다(약 2:14-26).

하지만 이렇게 말한다고 해서 우리가 동정적인 봉사가 복음 전도 또는 회심의 자동적인 결과라고 주장하고 있는 것은 아니다.

그러므로 복음 전도와 마찬가지로 사회적 책임도 교회의 가르치는 사역에 포함되어야 한다. 왜냐하면 우리는 우리가 앞서 언급한 바 있는 문화적 맹점의 결과로 종종 우리 자신의 삶 가운데 언행의 불일치가 있음을 또 복음주의가 실패한 어두운 기록을 갖고 있음을 고백해야 하기 때문이다. 이것은 중대한 결과를 낳는다. 우리가 하나님의 말씀이 우리의 개인적, 사회적 삶의 전 영역 가운데서 우리를 변혁시키도록 허락하지 않을 때, 우리는 마르크스의 종교 비판을 정당화하는 것처럼 보인다.

둘째로 사회활동은 복음 전도에 대한 다리가 될 수 있다. 사회 활동은 편견과 의심을 깨뜨리고 갇힌 문들을 열 수 있으며, 또 복음에 귀를 기울이게 할 수가 있다. 예수님 자신은 때때로 하나님의 나라의 복음을 선포하기 전에 자비의 행위를 수행하셨다. 보다 최근에 우리는 북부 가나의 바셀 선교사들에 의한 댐 건설이 복음을 위한 길을 열었다는 것과 또 많은 선교적 의료, 농업, 영양, 및 교육 사업이 비슷한 효과를 낳았다는 것을 생각했다… 우리는 배급품을 위한 그리스도인들을 만들, 즉 우리가 제공하는 물적 유익 때문에만 회심을 하게 되는 위험을 알고 있다. 그러나 우리는 우리 자신의 성실을 유지하고 또 다른 속셈이 있어서가 아니라 순수한 사랑에서 사람을 섬기는 한, 이 위험을 무릅써야 한다. 그 때 우리의 행동들은 뇌물이 아니라 다리 – 세상을 연결하는 다리 – 가 될 것이다.

세째로 사회활동은 복음 전도의 결과와 목표로서 복음 전도를 뒤따르고, 또 복음 전도의 다리로서 복음 전도를 앞설 뿐만 아니라. 또한 복음 전도의 동반자로서 복음 전도와 동반한다. 그것들은 바지의 두 가랑이나 새의 두 날개와 같다. 이 동반관계는 복음을 선포하셨을 뿐만 아니라, 또한 주린 자들을 먹이시고 병든 자들을 고치셨던 예수님의 공적 사역 가운데 분명하게 나타난다. 그의 사역 가운데 케리그마(말씀선포)와 디아코니아(봉사)는 병행되었다. 그의 말씀은 그의 행위를 설명했으며, 또 그의 행위는 그의 말씀을 극화했다. 양자는 사람들에 대한 그의 동정의 표현이었으며, 또 양자는 사람들에 대한 우리의 표현이어야 한다. 양자는 또한 예수님의 주권에서 나온다. 왜냐하면 그는 우리를 선포하고 봉사하도록 세상으로 보내시기 때문이다. 우리가 하나님의 사랑의 좋은 소식을 선포하려면, 우리는 빈궁한 자들을 돌보는 가운데 그의 사랑을 나타내어야만 한다. 진실로 선포하는 것과 봉사하는 것 간의 이같은 연결은 매우 밀접해서 그것들은 실제로는 중복된다.

이것은 그것들이 서로 동일시되어야 한다고 말하는 것은 아니다. 왜냐하면 복음 전도는 사회적 책임이 아니며, 또 사회적 책임이 복음 전도는 아니기 때문이다. 하지만 그 각각은 서로 상대를 포함한다.

예수님을 주와 구세주로 선포하는 것(복음 전도)은 사회적 의미들을 갖는다. 왜냐하면 그것은 사람들에게 개인적 죄는, 물론 사회적 죄도, 회개할 것을 그리고 옛 것에 도전하는 새 사회 가운데서 의와 평화의 새로운 삶을 살 것을 요청하기 때문이다.

주린 자들에게 먹을 것을 주는 것(사회적 책임)은 복음 전도적 의미를 갖는다. 왜냐하면 사랑의 선행은 그것들이 그리스도의 이름으로 행해진다면 복음의 시위요, 추천이기 때문이다.

그러므로 복음 전도는 그것이 일차적으로 사회적 의도를 갖고 있지 않을 때까지도 그럼에도 불구하고 사회적 측면을 갖고 있으며, 반면에 사회적 책임은 그것이 일차적으로 복음 전도적 의도를 갖고 있지 않을 때까지도 복음전도적 측면을 갖고 있다고 말할 수 있다. 그러므로 복음전도와 사회적 책임은 상호 구별되면서도 우리가 복음을 선포하고 복음에 복종하는 데 있어 본질적으로 관계된다. 동반 관계는 실제로는 결혼이다.

Evangelism and Social Responsibility, An Evangelical Commitment, The Paternoster Press, Ltd, Exeter, UK, 1982

7. 마닐라 선언문(1989)

이 선언문은 21가지의 신학적 확신을 고백하고 온 세계의 교회를 불러 온세계에 복음을 전하자는 표어를 가졌다.

1. 우리는 "로잔언약"을 계속 로잔 운동을 위한 협력의 기초로 삼고 일해 갈 것을 확인한다.
2. 우리는 하나님께서 신약성경과 구약성경에서 우리에게 하나님의 성품과 뜻 그리고 하나님의 구속적 역사와 그 의미를 권위 있게 드러내실 뿐 아니라 선교를 명하고 계신 것을 확실히 믿는다.
3. 우리는 성경의 복음이 하나님께서 계속적으로 우리에게 주시는 메시지임을 확인하며, 이 복음을 변호하고, 선포하며, 이를 구체적으로 표현할 것을 다짐한다.
4. 우리는 인간이 하나님의 형상대로 창조되었으나 죄인으로서 죄책이 있으며, 그리스도 없이는 멸망의 존재임을 믿으며, 복음을 이해하기 위해서는 이것이 우선적으로 알아야 할 필수적 진리인 것을 믿는다.
5. 우리는 역사적인 예수와 영광의 그리스도가 동일한 분이시요, 이 예수 그리스도만이 성육신하신 하나님이시요, 우리의 죄를 담당하시고 죽음을 이기신 분이요, 재림하실 심판자이시므로 절대 유일하신 분인 것을 믿는다.
6. 우리는 예수 그리스도께서 십자가에 우리를 대신하여, 우리의 죄를 지시고 죽으셨기 때문에 이에 근거해서만 하나님께서는 회개와 믿음으로 나오는 사람들을 값없이 용서하신다는 것을 믿는다.
7. 우리는 다른 종교나 이데올르기가 하나님께 나아가는 또 다른 길이라고 볼 수 없으며, 그리스도만이 유일한 길이기 때문에 그리스도로 말미암아 구속되지 않는다면 인간의 영성은 하나님께 이르는 것이 아니라 심판에 이른다는 것을 믿는다.
8. 우리는 하나님의 사랑을 구체적으로 표현하되 정의와 인간의 존엄성, 그리고 의식주의 문제로 어려움을 당하고 있는 사람들을 돌아봄으로써 그 사랑을 실천적으로 입증해야 한다는 것을 믿는다.

9. 우리는 정의와 평화의 하나님 나라를 선포하므로 개인적인 것이든 구조적인 것이든 모든 불의와 억압을 고발하면서 이 예언자적 증거에서 물러서지 않을 것을 고백한다.

10. 우리는 전도에 있어서 그리스도에 대한 성령의 증거가 절대 필요하며, 따라서 성령의 초자연적인 역사가 없이는 중생이나 새로운 삶이 불가능하다는 것을 믿는다.

11. 우리는 영적인 싸움을 위해서는 영적 무기가 필요하므로 성령의 능력으로 말씀을 선포하며 정사와 악의 권세를 이기신 그리스도의 승리에 참여할 수 있도록 항상 기도하여야 한다는 것을 믿는다.

12. 우리는 하나님이 모든 교회와 모든 성도들에게 그리스도를 온 세상에 알리는 과제를 부여하셨음을 믿기 때문에 평신도나 성직자나 모두가 다 이 일을 위하여 동원되고 훈련되기를 간절히 바란다.

13. 몸된 그리스도의 지체라고 믿고 행하는 우리는 인종과 성과 계층을 초월하여 성도의 교제를 나눠야 한다는 것을 믿는다.

14. 성령의 은사는 남자이든 여자이든 하나님의 모든 백성에게 주어져 있음으로 우리는 복음전도에 있어 함께 동역하여 선을 이루어야 한다는 것을 믿는다.

15. 복음을 선포하는 사람들은 성결과 사랑을 생활 속에서 드러내야 한다는 것을 믿는다. 그렇지 않으면 우리의 증거는 그 신빙성을 잃게 될 것이다. 우리는 모든 교회의 성도들이 속한 지역 사회에서 복음 증거와 사랑의 봉사로 눈을 돌려야 한다는 것을 믿는다.

17. 우리는 교회와 선교 단체 그리고 그외에 여러 기독교 기관들이 전도와 사회 참여에 있어 경쟁과 중복을 피하면서 상호 협력이 절실히 필요한 것을 믿는다.

18. 우리가 사는 사회의 구조, 가치관과 필요 등을 이해하기 위하여 이 사회를 연구하여 적절한 선교 전략을 개발하여 나가는 것이 우리의 책임인 것을 믿는다.

19. 우리는 세계복음화의 긴급성과 아울러 미복음화 지역에 사는 사람들에게도 전도가 가능하다고 믿는다. 그러므로 우리는 20세기의 마지막 10년 동안에 세계복음화라는 과업을 위하여 새로운 결단으로 헌신할 것을 다짐한다.

20. 우리는 복음으로 인하여 고난받는 사람들과의 연대 의식을 확인하며, 우리 역시 그와 같이 고난받을 가능성에 대비하여 우리 자신을 준비시키는 일에 힘쓴다. 아울러 모든 곳에서의 종교적, 정치적 자유를 위하여 일할 것이다.

21. 우리는 하나님께서 온 세상에 온전한 복음을 전하라고 온 교회를 부르고 계신 것을 믿는다. 그러므로 우리는 주님이 오실 때까지 신실하고 긴급하게 그리고 희생적으로 복음을 선포할 것을 다짐한다.

<blockquote>조종남 편저, "세계복음화 운동의 역사와 정신"(한국기독학생회 출판부, 1991), cf. ed. Edward R. Dayton, Samuel Wilson, *The Future of World Evangelization, The Lausanne Movement.*</blockquote>

참고 문헌

Bell, G. K. A., *Documents on Christian Unity, 1920-1924.* London: Oxford University Press, 1924. Second Series, 1930.

―――, *Documents on Christian Unity, 1930-1948.* London: Oxford University Press, 1948.

―――, *The Kingship of Christ.* Baltimore: Penguin Books, Inc, 1954.

Brown, W. A., *Toward a United Church.* New York: Charles Scribner's Sons, 1946.

Documents of the World Council of Churches. Amsterdam: First

Assmebly of the World Council of Churches, 1948.
Douglas, H. P., *A Decade of Objective Progress in Church Unity, 1927-1936*. New York: Harper & Row, Publishers, 1937.
Fisher, Galen M., *John R. Mott: Architect of Cooperation and Unity*. New York: Association Press, 1952.
Gairdner, W. H. T., *Echoes from Edinburgh, 1910*. New York: Fleming H. Revell Co., 1910.
Goodall, Norman, *The Ecumenical Movement*. London: Oxford University Press, 1961.
Hogg, William R., *Ecumenical Foundations*. New York: Harper & Row, Publishers, 1952.
Hooft, W. A. *Visser't New Delhi Speaks*. New York: Association Press, 1962.
Horton, W. M., *Toward A Reborn Church*. New York: Harper & Row, Publishers, 1949.
Hutchison, J. A., *We Are Not Divided: A Critical and Historical Study of the Federal Council of Churches of Christ in America*. New York: Round Table Press, Inc., 1941.
Kraemer, Hendrik, *The Christian Message in a Non-Christian World*. New York: Harper & Row, Publishers, 1938.
Macfarland, C. S., *Steps Toward the World Council: Life and Work*. New York: Fleming H. Revell Co., 1938.
Man's Disorder and God's Design: Amsterdem Assembly Series, 4 vols. New York: Harper & Row, Publishers, 1949.
Mathews, Basil, *John R. Mott, World Citizen*. New York: Harper & Row, Publishers, 1934.
Mott, John R., *Addresses and Papers of John R. Mott*, 6 vols. New York:

Association Press. 1946.
――, *Evangelization of the World in This Generation.* New York: Student Volunteer Movemint for Foreign Missions, 1900.
――, *The Decisive Hour of Christian Missions.* New York: SVMFM, 1910.
Neill, S., *Toward Church Union, 1937-1952.* London: Faith and Order Commission, 1952.
Rouse, Ruth, *The World's Student Christian Federation.* London: SCM Press, Ltd., 1948.
Rouse, Ruth and S. Neill, *History of the Ecuminical Movement, 1517-1948.* Philadelphia: The Westminster Press, 1954.
Silcox, C. E., *Church Union in Canada.* New York: Institute of Social and Religious Research, 1933.
Stuber, Stanley I., *How We Got Our Denominations.* New York: Association Press, 1948.
Zabriskie, Alexander C., *Bishop Brent, Crusader for Christian Unity.* Philadelphia: The Westminster Press, 1948.

연 대 표

1846	복음주의 동맹(Evangelical Alliance)
1855	YMCA 세계동맹(World's Alliance)
1862-1929	브렌트(George H. Brent)
1865-1955	존 모트(John R. Mott)
1886	학생자발운동(Student Volunteer Movement)

1888-1920		존 모트(Mott), SVM의 지도자
	1894	YWCA 세계동맹결성(World's YWCA)
	1895	세계기독교학생연합회(World Student Christian Federation)
	1900	스코틀란드 자유연합교회(Unitied Free Church of Scotland)
	1908	미국기독교연합회(Federal Council of Churches of Christ in America)
	1910	세계선교대회(World Missionary Conference), 에딘버러(Edinburgh)
	1918	연합루터파교회(United Luteran Church)
	1920	람베드 호소(Lambeth Appeal)
	1921	세계선교대회(IMC, International Missionary Council)가 조직되다.
1921-1942		존 모트(Mott, IMC)의 의장 재직.
	1925	생활과 사업 대회(Life and Work Conference), 스톨홀름(Stockholm)
	1925	카나다연합교회(United Church of Canada)
	1927	신앙과 직제 대회(Faith and Order Conference), 로잔
	1928	세계선교대회(IMC), Jerusalem
	1930	미국루터파교회(American Luteran Church)
	1937	신앙과 직제(Faith and Order), 에딘버러; 생활과 사업(Life and Work), 옥스포드
	1938	세계교회협의회 준비위원회(Provisional Committee, World Council of Churches), 우트레흐트(Utrecht)
	1938	세계선교대회(IMC), 마드라스(Madras) 크레머(Kraemer), 비기독교세계에의 기독교 메시지(*Christian Message in a Non-Christian World*)

1939	미국감리교회(The Mothodist Church)
1947	세계선교대회(IMC), 휘트비(Whitby)
1948	세계선교협의회(World Council of Churches)가 암스테르담에서 조직되다.
1950	Federal Council이 미국에서 NCC(Nitionnal Council of Churches of Christ)가 되다.
1951	세계복음주의협회(World Evangelical Fellowship)가 조직되다.
1952	세계선교대회(IMC), 윌링겐(Willingen)
1954	WCC, 에반스톤(Evanston)
1957-1958	세계선교대회(IMC), 가나(Ghana)
1961	세계선교협의회(World Council of Churches), 뉴델리(New Delhi) IMC와 WCC가 통합하다.
1962	로마 카톨릭, 에큐메니칼 위원회(Ecumenical Council), 바티칸(Vatican)
1974	로잔언약
1975	세계선교협의회(World Council of Churches) 나이로비 대회
1982	그랜드래피즈 보고서
1989	마닐라 선언문

제8장
근본주의와 현대 복음주의자들

오늘날 복음주의라는 말을 자기 입장에 서서 스스로 복음주의라고 자처하고 다른 사람들의 보수적 경향을 근본주의라고 지칭하는 그룹들이 많다. 그런 의미에서 복음주의와 근본주의라는 용어의 정의가 먼저 있어져야 할 것이다.

먼저 복음주의를 정의하면, 복음주의는 성경의 궁극적 권위와 성경에 기록된 하나님의 구속사역의 참된 역사적 성격, 그리고 그리스도의 구속사역에 의한 구원 등 기독교의 본질적 신앙을 받아들이는 사람들과 단체를 의미한다. 한 마디로 복음주의는 종교개혁의 기본적 입장을 받아들이고 보존하는 교파와 단체를 의미한다고 할 수 있다.

그렇다면 근본주의는 무엇인가? 앞선 복음주의에 대한 정의에 따른다면 근본주의는 복음주의에 속하는 한 일파가 될 수 있다. 말하자면 근본주의자는 복음주의 일파로서 분노하는 복음주의자, 말하자면 소위 자유주의 신학과 세속주의에 대항하여 용감히 싸우고 있는 전투적인 신학사상을 갖는 그룹이라고 말할 수 있을 것이다. 근대 문명이 가져온 지식의 보급과 인본주의는 전통적인 신앙에 도전을 가하였으며, 그리하여 고등비평적 성경 연구의 방법이 득세하여 전통적인 성경관을 무너뜨리고 하나님의 말씀을 조각내는 상황들이 발생했다. 그러므로 이런 주장에 반대하는 보수적인 교수들과 교인들은 성경의 무오성을 강조하는 전투적인 운동을 벌일 수밖에 없었다.

이로써 우리는 오늘날 20세기말에 부정적인 이미지를 담고 있는 근본주의는 본래적 뿌리가 복음주의에 박혀 있다는 것을 알 수 있다. 그러므로 우리는 오늘의 근본주의를 논하기 전에 복음주의의 프린스톤 신학을 살펴보자.

본래 복음주의적인 개혁주의 신학은 칼빈의 제나바 종교개혁 이후에 발생했다. 영국의 청교도들은 신대륙으로 건너가 웨스트민스터 신앙고백의 바탕 위에 장로교회를 세웠다. 또한 장로교회는 1812년에 프린스톤 신학교를 설립하여 목회자를 배출하여 미국 교계에 신학적인 면에서나 사회적인 면에서 많은 영향을 끼쳤다. 그리하여 프린스톤의 교수들이 미국개혁교회의 전통을 세우며 면면을 유지했다. 우리는 그중에서 찰스 하지와 벤자민 워필드(1851-1921)를 빼놓을 수 없다.

찰스 하지는 프린스톤 신학의 대명사로서 조직신학으로 그 시대에 많은 영향을 미쳤다. 그는 스승인 알렉산더를 계승하여 웨스트민스터 신앙고백에 따른 성경의 권위를 강조하였다. 그의 조직신학은 축자영감설에 기초한 성경의 무오성에 대한 강조에서 출발했다. 성경은 일점일획의 오류가 없는 하나님의 말씀이요, 신학은 성경의 체계적 학문이라는 전제 위에서 그의 신학사상이 열거된다. 하나님은 초자연적인 영감으로 성경의 오류를 막았다는 것이다. 그는 진리의 일치성을 강조했는데, 왜냐하면 진리되신 하나님이 모순될 수 없기 때문이었다.

또한 찰스 하지의 뒤를 이은 벤자민 워필드는 1887년에 프린스톤 신학교의 교수가 된 이래로 33년간을 그곳에서 가르쳤다. 그는 자유주의 세력이 위력을 떨치던 당시에 그 세력에 맞서 기독교 변증가로 왕성하게 활동하였고, 미국에 자유주의 세력이 침투하는 것을 방지하기 위해 온 정력을 쏟았다.

이렇게 19세기에는 복음주의자들의 교회수호의 몸부림이 있었다. 하지만 근대 문명이 몰고온 지식의 보급과 인본주의의 대두로 전통적인 신앙은 계속적으로 도전을 받았다. 새로운 성경 연구의 방법은 전통적인 성경의 견해를 무너뜨리고, 창세기의 기사 등도 난도질을 가하였다. 그러므로 이에 반대하는 보수적인 성격을 강하게 가진 일부 교수들과 교인들이 성서의 무오성을 제창하고, 보수를 다짐하는 운동을 벌였다. 이 일을 위해 록키 산이나 나이아가라에서 여러 차례의 집회가 있었고, 1895년에 이들은 드디어 나이아가라에서 회의를 갖고 "다섯 가지 근본주의의 입장"을 표명하면서, 근본주의라는 새로운 신앙의 사조를 창출하였다. 이러한 근본주의자들의 투쟁 가운데 이 입장을 고수하기 위해서 대표적으로 나선 사람은 프린스톤 신학의 맥을 잇는 장로교회의 메이첸(J. Gresham Machen, 1881-1937) 교수였다.

메이첸은 존 홉킨스 대학을 졸업하고 프린스톤 신학교에서 워필드의 특별지도를 받으면서 튀빙겐에서 유학하고 프린스톤의 신학교수가 되었다. 그는 신학적 지식을 기독교변증에 활용하는데 뛰어난 재질을 갖고 있었다. 그는 자유주의 세력에 맞서 근본주의라는 새로운 신앙 사조에 중심에 섰다. 그는 기독교의 역사성을 강조하고 자유주의 신학을 단호히 배격하였다. 이런 단호한 그의 사상 때문에 그는 프린스톤 신학교가 자유주의로 흘러가자 이를 배격하고 프린스톤 신학교를 떠나 동료들과 함께 웨스터민스터 신학교를 세울 수밖에 없었다.

메이첸은 자유주의 사상이 극성을 부리던 때에 자유주의 사상의 근원을 파헤치고 역사적 기독교와 비교하여 비판하였다. 그는 교리와 신앙의 순결을 강조하였고, 그가 이끄는 1920년대에 전투적인 성향을 가진 근본주의는 자유주의에 대항하여 폭넓은 국가적 우위를 점유할 수 있었다.

하지만 근본주의의 지나친 사회문화와 단절은 1930년대에 여러 가지 우여곡절을 겪으면서 그 분위기가 역전되어 사회의 여러 방면에서 공격을 받았다. 그리하여 근본주의는 시간이 흐를수록 문화폐쇄적인 극단보수주의자로 한정되어 프린스톤 신학의 명맥을 잇는 보수적 복음주의에서 극단적 자기방어를 취하는 분리주의자로 변질되었다. 그리하여 근본주의의 중심을 이루던 많은 보수주의자들이 근본주의에 포함되지 않게 되었으며, 오늘날에는 근본주의자들이 분리주의자로 낙인찍혀, 대체로 세대주의적 사상을 가진 침례교도들로 한정되었다.

그러나 프린스톤의 맥을 잇는 보수적 복음주의는 빌리그래함이 이끄는 '신복음주의'로 나아갔고, 또한 메이첸의 제자인 프란시스 쉐퍼 등 개혁주의 복음주의로 이어졌다. 영국의 로이드존스나 존스토트도 현대 복음주의를 이끄는 개혁주의 교회에서 많은 사랑을 받는 지도자들이라고 할 수 있다.

이들에 대해서 언급하지 않을 수 없는데, 빌리 그래함(1918-)은 역사상 가장 성공적인 복음전도자로 손꼽히고 있으며, 그의 간략한 설교는 많은 사람들을 회심시켰다. 몇몇 비평가들은 그의 사상이 너무 개인주의적이고 극보수적이라고 비판하기도 하지만 그의 따뜻한 인격은 전세계에 영향을 끼치고 있다.

한편 메이첸의 제자그룹 중의 한 사람인 프란시스 쉐이퍼(1912-1984)는 20세기의 위대한 복음주의 운동가로서 많은 훌륭한 활동을 함으로써 기독교 사상과 문화에 새로운 영향을 끼쳤다. 또한 라브리(오두막) 운동을 시작하여 지금은 유럽과 미국 등지에서 여러 공동체를 세워놓았다. 이 라브리 운동은 사도행전 1장 18절의 오직 성령이 너희에게 임하시면 온 유대와 사마리아와 땅끝까지 이르러 내 증인이 되리라는 말씀에 헌신하는 공동체로서 국내에서도 왕성한 활동을 펼쳐지고 있다.

또한 복음주의 명설교자로서 목회자들의 많은 사랑을 받고 있는 로이드존스(1899-1981)는 남웨일즈의 작은 마을에서 태어나 의학공부를 하고 의사가 되었는데, 병원에서 죽어가는 사람들을 보고 인생의 무상함을 느껴 목회에 투신하였다. 그는 목회자가 되어 참으로 지성과 열정을 겸비한 성실한 목회를 하였으며, 육체를 자랑하지 않고 항상 겸손을 유지하였다고 한다. 그의 설교는 항상 청교도적인 성경관과 확신을 갖고 있었으며, 이런 사상에는 조나단 에드워즈나 죠지 휫필드의 영향이 컸다. 그는 부흥목사보다는 성실한 목회자의 길을 걸었으며, 그가 죽은 뒤에도 그의 설교집은 계속적으로 발행되어 많은 목회자들이 그의 설교를 모델로 삼고 연구하고 있다. 하지만 타협하지 않는 신학사상으로 인해 극보수주의자라는 일부 좋지 않은 평가를 받기도 한다.

1. 근본주의와 메이첸(J. Gresham Machen, 1881-1937)

    메이첸은 자유주의 세력에 맞서 기독교의 역사성을 강조하고 자유주의 신학을 단호히 배격하였다. 그는 교리와 신앙의 순결을 강조하였고, 그의 활약으로 1920년대에 전투적인 성향을 가진 근본주의는 자유주의에 대항하여 폭넓은 국가적 우위를 점유할 수 있었다. 그는 테네시주 데이톤에서의 스코피스 재판이 진행되기 직전에 성경을 하나님의 말씀으로 읽는 근본주의자들의 입장을 설명해달라는 요구를 받고 다음의 글을 쓰게 되었다.

  근본주의라는 말은 현작가나 그와 유사한 견해를 가진 많은 사람들에게 불만스러운 용어이다. 그것은 어떤 이상하고 새로운 분파를 나타내는 것으로 보인다. 이에 반하여 사실상 우리들은 역사적인 기독교 신앙을 유지하고 기독교적인 삶의 커다란 흐름으로 나아가는 데에 관심이 있다.
  이는 우리들이 현재의 우리의 시대로부터 멀리 떨어지고자 하는 의도를 의미하지도 않으며, 또는 다양함이나 열정도 없이 그저 정적인 세계 속에서 살기를 원하는 것을 의미하지도 않는다. 오히려 다양한 인종과 세대에서 기독교의 영향력보다 더 다양하고 흥미로운 것은 없다. 기독교와 변화하는 환경 간의 관계에 관한 이야기보다 더 흥미를 끄는 이야기도 없다.
  그러나 우리들이 의미하고자 하는 것은 **환경에 변화에도 불구하고** 기독교 안에는 처음부터 현재까지 동일하게 남아있는 것이 있다는 것이다…

기독교가 근거하고 있는 진리의 몸체는 세 가지 부분으로 나눌 수 있다. 첫 번째는 하나님에 관한 교리이고 두 번째는 인간에 관한 교리이며, 세 번째는 하나님과 인간 간의 관계성에 관한 교리이다. 이 세 가지에 대해서 앞으로 짤막하게 생각해보고자 한다.

하나님에 관한 기독교의 관점의 근거는 간단하게 말해서 유신론(theism)이다. 즉 우주가 하나님에 의해 창조되었고 자존하시는 인격적 존재자에 의해 지탱되고 있다는 것이다. 이런 견해는 현재에 범람하고 있는 범신론의 형태와는 반대되는 개념인데, 범신론은 사실상 하나님을 세상의 과정을 위한 집합적인 이름 정도로 여기고, 마치 인간의 영혼이 그 신체와 관련되는 것처럼 하나님을 이 세상의 과정과 그냥 일상적으로 관련된 것처럼 여긴다.

범신론(Pantheism) 대 유신론(theism): 범신론의 모든 형태는 하나님의 초월성과 이 세상과 하나님과의 분리를 거부함으로 유신론과 다르다. 그러나 하나님의 초월성 - 성경이 하나님의 거룩이라고 부르는 것 - 은 기독교의 뿌리에 해당하는 것이다. 기독교적인 관점에 따르면, 참으로 하나님은 이 세상에 내재적이다. 그러나 하나님은 인격적으로는 이 세상과 구분되며, 그가 만드신 유한한 피조물과도 역시 구분된다.

인간에 관한 기독교 교리는 부분적으로 하나님에 관한 기독교 교리에 포함된다. 하나님과 세상을 구분하는 유신론은 인간을 전능하신 하나님의 손 아래 있는 피조물로 낮춘다. 반면에 현재의 범신론은 인간을 높이는데, 왜냐하면 그의 삶은 하나님의 일부분이 된다고 간주하기 때문이다.

그러나 또 다른 견해의 차이는 더욱더 중요한 것인데, 그것은 도덕적 악에 관한 다양한 견해에서 나타난다. 역사적인 기독교에 따르면, 모든 인류는 하나님의 정당한 정죄 아래 있다. 그리하여 죄의 권세 때문에 전적으로 무기력한 상태에 있다. 신앙에 관한 또 다른 널리 퍼진 형태에 따르면, 인간의 능력이 인간의 필요를 위해 충분하며, 자기발전적이며, 특별히 종교적인 본성의 발전이 기독교인의 이상이 된다고 한다. 신앙의 이런 형태는 현 상태의 인간 본성에 대해 낙천적으로 생각한다. 하지만 역사적인 기독교는 모든 인간을 그 자체로는 희망없는 무기력한 존재라고 간주한다.

많은 설교자들이 인간 속에 확신을 불러 일으키려고 애쓴다. "나는 인간을 믿노라"는 문구는 그들의 신조의 주요 조항 중의 하나가 되고 있다. 그러나 역사적인 기독교의 설교자들은 무엇보다도 인간 안에 있는 확신을 부셔버리고 인간의 영혼에 죄로 찌든 의식을 불러일으키려고 노력한다.

하나님은 의로우시고 인간은 하나님의 법을 어긴 범법자이므로, 인간은 하나님의 진노의 손길 아래 있다. 이것이 역사적 기독교 복음의 두 가지 커다란 전제이다. 그러나 이런 끔찍스러운 전제의 근거 위에 기독교 설교자는 희망의 메시지로 다가올 수 있다. 그 희망은 하나님과 인간에 관한 사실의 감소 여부에 달려 있지 않고, 하나님의 법의 과정을 가볍게 처리하려는 그 어떤 노력에 있지도 않으며, 다만 하나님 자신이 베푸신 것 속에 있다.

우리들은 영원한 죽음을 마땅히 받아야 할 것인데, 하나님이신 독생자께서 이 땅에 우리를 대속하기 위해서 오시고, 우리의 죄의 정당한 처벌을 지시고 십자가 위해서 우리를 대신해서 죽으셨으며, 마침내 무덤에서 영광스러운 부활로 나타나심으로 인해 완성된 것이다. 오직 여기에서 기독교의 복음이 세워진다. 오직 "복음"(good news)이 우리의 모든 희망의 근거가 된다.

"소식"(news)이라는 용어가 의미하는 것처럼 복음은 참인 어떤 것의 설명이 아니라, 실제로 일어난 것의 설명이다. 기독교는 윤리적인 원리나 영원한 종교의 진리에 기초할 뿐만 아니라, 더욱 중요한 것은 역사적 사실 위에 기초하고 있다는 것이다.

초자연: 기독교의 희망이 되고 있는 구속의 실제는 주 예수 그리스도에 의해 이루어졌고, 하나님의 창조적인 능력이 이 세상의 과정에 들어온 것

과 관련이 있다. 다시 말해서 이는 초자연적인 것과 관련이 있다.

초자연의 수용은 종종 제기되는 것처럼 과학의 근거를 파괴하는 것도 아니며, 자연의 일상적인 인과관계의 시연을 불가능하게 만드는 어떤 임의성의 요소를 소개하는 것이 아니다. 그 반대로 기적은 기독교적 관점에 따르면 임의성이나 무목적적인 사건이 아니라, 이 세상의 모든 질서의 근거 즉 하나님의 뜻에 따른 것이다.

하나님은 자연의 주인이시다. 우리 기독교인들은 하나님께 의탁하여 우리가 살고 있는 이 질서있는 체계 즉 하나님의 뜻을 파괴하지 않는다. 참으로 신자들은 초자연적인 측면에 있어서 어떤 의미에서 과학자들이 모험을 일삼는 것보다 더 온유하다고 말할 수 있다. 왜냐하면 자연적인 것으로부터 초자연적인 것을 구분하기 위해서 자연의 참된 질서가 있다는 사실을 갖지 않으면 안되기 때문이다. 인과관계의 단순히 관찰된 정황이 아니라 본질적인 질서가 있다는 것을 붙잡는다. 그렇지만 자연의 질서는 자존적이지 않다. 그것은 하나님의 뜻의 명령에 따라 창조되었다. 하나님은 이 세상에 대한 그의 자유로우신 뜻을 결코 포기하지 않으신다.

우리는 기적이 하나님에 의해 이루어지지만 일반적인 사건은 하나님에 의해 이루어지지 않는다고 말하는 것이 아니라, 기적의 경우에 있어서는 하나님이 창조적인 능력을 나타내시지만, 일반적인 사건의 경우에 있어서 하나님이 수단들, 또는 "두 번째 원인자"를 사용하신다는 것이다. 기적은 하나님의 간접적인 역사와는 구분되는 직접적인 역사에 의해 이루어진 사건이다. 이는 섭리의 역사가 아니고 창조의 역사와 유사한 것이다.

부활: 신약성경에 기술된 가장 뚜렷한 기적은 예수께서 무덤에서 부활하신 것이다. 이 기적 위에 예수 그리스도의 교회는 세워져 있다. 부활의 증거는 다양하다. 그러나 그 기적의 사건은 분리되어 있는 것이 아니다. 이는 신약성경에서 초자연적인 인격을 가진 분으로서의 예수에 관한 일관된 설명과 연관되어 있다…

구세주로서의 예수 그리스도: 예수에 관한 신약성경의 기술에 관한 수용은 오늘날 교회의 많은 사람들에 의해 다양하게 보여지는 그 태도에 영향을 준다. 우리가 주장하는 것처럼 예수는 교사요 모범자인 것은 말할 것도 없고, 그 이상으로 우리의 구세주이시며 주님이시다. 그는 첫 기독교인이 아니다. 그는 종교적 삶의 새로운 형태를 시작한 창시자가 아니다. 그는 그 이상으로 기독교와 더욱더 근본적이고 친밀한 관계를 갖고 있다. 왜냐하면 그는 그의 구속의 역사로 기독교를 가능하게 만든 분이시기 때문이다. 많은 사람들이 예수가 기독교인이 아니었다는 우리의 주장에 놀라며, 그들의 손을 들어 올리지만, 우리가 말하고자 하는 것은 예수가 기독교인이라고 말하는 것은 최악의 불경죄라는 것이다. 우리에게서 "기독교"는 죄를 없애기 위한 방법을 말하는 것이다. 그러므로 예수가 기독교인이라고 말하는 것은 그의 온전하신 거룩을 부정하는 것이 되고 마는 것이다.

"그러나 당신은 우리에게 인간이 예수의 삶과 같은 생애를 산다면 그러나 예수의 죽음과 부활 속에서 나타난 그리스도의 구속의 역사에 관한 교리를 거부한다면 그는 크리스천이 아니라고 말하는 것이냐"라고 묻기도 하는데 그런 질문에 대한 대답은 아주 간단하다. 물론 어떤 사람이 참으로 예수의 생애와 같은 삶을 산다면, 모든 것이 좋다. 하지만 그러한 사람은 기독교인이 아니라, 기독교인 이상이다. 그는 하나님의 아들됨의 지극히 높은 상속을 결코 상실하지 않는 존재이다…

…모든 복음서의 예수는 자신을 교사로서 뿐만 아니라 주님이시요 구속자로 표현한다.

성경의 중심이 되는 그리스도의 구속하는 역사는 우리의 견해에 따르면 성령에 의해 각 사람의 영혼에 적용된다. 우리는 단순한 "예수의 원리" 속에서 사회를 위한 영구한 희망이나 그와 비슷한 것을 찾는 것이 아니라 각 사람의 영혼의 새로운 탄생을 찾는다. 기독교의 사회적인 적응도 중요하겠지만 프란시스 다운스(Francis Shunk Downs)가 말한 것처럼 기독교인이 없다면 적응할 기독교도 없게 된다. 그러므로 인간은 하나님의 영에 의해 그리스도인이 되는 것이다.

구원의 방법: 하나님의 영이 인간을 그리스도인으로 만드는데 사용하는 방도는 신앙이다. 그리고 신앙은 복음의 메시지에 대한 인간 영혼의 응답이다. 인간은 죄인이고 좌절 가운데 있다. 하지만 주 예수그리스도는 그런 인간에게 복음을 주셨다. 인간의 죄는 하나님이 제공하신 놀라운 희생제사에 의해 말끔히 씻어진다. 그 희생제사는 갈보리 위의 놀라우신 하나님의 신비의 사랑 속에서 나타났다. 이런 메시지의 수용이 신앙이다. 즉 예수 그리스도 안에 있는 신앙이다. 믿음을 통해서 인간은 하나님의 자녀가 되며, 새로운 생명과 죄에 대한 전쟁에서 승리를 얻게 된다.

그것이 성경과 역사적 기독교에 제시된 구원의 방편이다. 그 구원은 모든 세상에서 가장 축복받은 것이 된다고 믿고 따르는 자에게 있다. 누가 십자가의 발 아래서 발견되는 평화와 기쁨을 측정하리요? 그러나 다른 사람들에게는 그 메시지가 낯설고 걸리적거리는 것으로 보일 것이다.

그런 생각은 기독교회의 첫 시대에서부터 있었다. 이것이 걸림돌로 여겨지는 것은 우리가 구원의 방편을 제시한 것 때문이 아니라 오직 이것만이 구원의 방편이 된다고 말하는 것 때문에 있다. 그렇지만 우리의 견해에 따르면 이 세상은 죄 속에 빠져 있다. 복음만이 유일한 탈출의 방법이다. 가장 극악한 죄는 죽어가는 영혼에게 다른 방식으로도 구원을 이룰 수 있다고 속이는 것이다.

J. Gresham Machen, "What Fundamentalism Stands For Now"(The New York Times, June 21, 1925)

2. 메이첸의 신앙과 행위관

메이첸은 기승하고 있는 자유주의의 율법관에 대항하여 성경적인 신앙의 행위문제를 언급한다.

신앙은 어떤 것을 하는 것을 의미하지 않고 어떤 것을 받아들이는 것을 의미한다. 신앙은 보상을 받는 것을 의미하지 않고 선물을 받는 것을 의미한다. 만일 어떤 것을 신앙에 의해 얻는다면 그는 결코 그것을 스스로 얻는다고 말할 수 없다. 그뿐만 아니라 그가 그것을 신앙에 의해 얻는다고 말하는 것은 그가 그것을 스스로 얻지 못하고 다른 사람이 그를 위해 그것을 얻도록 허용한다고 말하는 단지 다른 하나의 표현방식에 불과한 것이다. 다른 말로 하면 신앙은 능동적이 아니고 수동적이다. 그리고 우리가 신앙에 의해 구원을 받는다고 말하는 것은 우리가 우리 자신을 구원하지 못하고 오직 우리의 신앙의 대상자인 그분에 의해서만 구원을 받는다고 말하는 것이다. 사람의 신앙은 하나님의 주권적인 은혜를 전제로 한다.

그러나 아직도 우리는 신약성경의 교훈의 핵심을 완전히 나타내지 못했다. 우리는 성경이 하나님의 은혜에 돌리는 구원에 있어서의 위치를 아직 충분히 설명하지 못했다. 우리가 이제까지 말한 것에서 일종의 도피구가 인간의 교만을 위해 남겨져 있는 것처럼 보일지도 모른다. 사람은 자신을 구원하지 못한다고 우리는 말했다. 하나님께서 그를 구원하신다고 했다. 그러나 사람은 그 구원을 신앙에 의해 받아들인다. 그리고 비록 소극적인 행위이긴 하지만 신앙은 일종의 행위인 것 같다. 구원은 하나님께서 값없이 주신다. 구원을 주시는 것은 전혀 사람에게 달려 있지 않다. 하지만 일단 하나님께서 구원을 그에게 주실 때 그 선물을 거절하지 않음으로써 사람은 일종의 자격을 얻는 것처럼 보일지도 모른다.

그러나 심지어 인간적 자랑의 이 마지막 도피구조차도 하나님의 말씀의 교훈에 의해 밝혀지고 부숴진다. 왜냐하면 성경은 심지어 신앙 자체도 비록 그것이 어떤 경우에서도 어떤 공로를 내포할 수는 없고, 다만 하나님의 영의 사역이라고 말하기 때문이다. 신약성경을 정확히 요약한다면 성령께서는 우리 안에 신앙을 일으키시고 그것으로 말미암아 효력있는 부르심으로 우리를 그리스도께 연합시키신다. 하나님의 은혜는 주권적이고 저항할 수 없다. 그리고 우리의 신앙은 단지 성령께서 그리스도의 구속사역의 유익들을 우리에게 적용하시기 위해 사용하시는 수단에 불과하다.

그 수단은 하나님께서 선택하신 것이지 우리가 선택한 것이 아니다. 그리고 우리가 "당신은 무엇을 하십니까?"라고 말할 일이 아니다. 하지만 비록 우리가 약하고 무지하지만 심지어 우리도 왜 이러한 특별한 수단이 우리를 그리스도께 연합시키기 위해 선택되었는가를 알 수 있다고 나는 생각한다. 예를 들면 구원이 우리 생활에 들어올 수 있는 통로로서 왜 사랑 대신에 신앙이 선택되었는가를 알 수 있다고 나는 생각한다. 사랑은 능동적이다. 신앙은 수동적이다. 그러므로 사랑이 아니고 신앙이 선택되었다. 만일 성경이 우리는 사랑에 의해 구원받는다고 말했다면, 비록 우리의 사랑이 전적으로 성령의 선물이라고 할지라도, 우리는 그 사랑이 우리 자신의 것이라고 생각했을지도 모르겠다. 그래서 우리는 구원을 우리의 권리로 당당히 주장했을지도 모르겠다. 그러나 실상 우리는 단지 은혜로 구원받은 것만이 아니고 하나님께서 우리를 구원하시기 위해 사용하신 그 독특한 수단 때문에 우리는 은혜로 구원받았다는 것을 알았다. 우리로 하여금 우리가 우리 자신을 구원하지 못하고 있다는 것을 알도록 하는 것은 바로 신앙의 본질에 속한 것이다…

물론 어떤 의미에서 우리는 사랑에 의해 구원을 받았다. 그것은 참으로 우리가 신앙에 의해 구원을 받았다는 사실보다 한층 더 심오한 사실이다. 그렇다. 우리는 사랑에 의해 구원을 받았다. 그러나 그것은 우리의 냉냉하고 죄로 가득한 마음에 있는 사랑보다 더 큰 사랑에 의한 것이었다. 우리는 사랑에 의해 구원받았다. 그러나 그것은 하나님을 향한 우리의 사랑이 아니고 우리를 향한 하나님의 사랑, 우리를 위해 주 예수를 십자가 위에 죽도록 내어주신 하나님의 사랑이었다. "사랑은 여기 있나니 우리가 하나님을 사랑한 것이 아니요 오직 하나님이 우리를 사랑하사 우리 죄를 위하여 화목제로 그 아들을 보내셨음이니라"(요일 4:10). 그 사랑만이 구원적 사랑이다. 그리고 그것이 구원하는 데 사용하는 수단은 신앙인 것이다.

이와 같이 이는 그리스도인의 생활의 어떤 성취가 아니라 하나의 경험이다. 구원받는 사람의 영혼은 구원의 순간에 능동적이 아니고 수동적이다. 구원은 하나님의 의, 하나님만의 사역이다. 그것은 그리스도인은 구원이 그의 생활에 들어올 때 무의식적이라는 것을 의미하지 않는다. 그것은 황홀지경에 놓여지거나 그의 일상적인 영육의 기능들이 중단상태에 있다는 것을 의미하지 않는다. 도리어 그 위대한 변화는 흔히 매우 단순한 일과 같이 보인다. 저항할 수 없는 감정적 압박이 결코 항상 나타나는 것은 아니다. 그리고 신앙은 항상 영혼의 의식적인 상태이다. 그뿐만 아니라 신앙의 의지적인 면이 있다. 신앙은 그의 의지의 의식적인 노력 즉 그가 자신을 구원하려고 노력하기를 중지하고 그 대신에 그리스도께서 제공하신 구원을 받아들이기를 결심하는 그의 의지의 의식적인 노력에 의해 일으켜지는 것으로 나타난다. 복음 전파자는 모든 방면에서 그의 힘이 미치는 범위 내에서 그가 설득하려고 애쓰고 있는 그 사람의 의식적인 상황에 호소해야 한다고 우리는 생각한다. 그는 기독교의 진리에 대항하는 지적인 반론들을 제거해야 하며, 적극적인 논증들을 제시해야 한다. 그는 감정들에 호소해야 한다. 그는 권면에 의해 의지를 움직이려고 노력해야 한다. 이러한 모든 수단들은 사용될 수 있을 것이고 또 하나님의 영에 의해 수없이 여러번 사용되어 왔다. 그리고 물론 우리는 우리가 앞에서 말한 어떤 것으로 그것들을 비방하려고 하지 않았다. 단지 우리가 주장하는 것은 그것들은 비록 필요하지만 충족하지는 않다는 것이다. 만일 하나님의 영의 신비한 중생케 하시는 능력이 그들과 함께 있지 않는다면 그것들은 결코 사람을 그리스도께 대한 신앙으로 이끌지 못할 것이다.

그러나 만일 그리스도인의 생활의 시작이 이와 같이 어떤 성취가 아니고 하나의 경험이라면 만일 사람이 구원얻을 때 과연 능동적이지 않고 수동적이라면, 만일 신앙이 행위와 명확히 대조되는 것이라면 기독교의 윤리적 성격은 어떻게 되는가? …이러한 질문들은 완전히 정당하다.

야고보서는 "의롭다함을 받는 것은 믿음만으로는 아니라"고 했다. 그것은 성경의 많은 독자들에게 난제이고 지금까지도 그렇다. 그러나 성경에 나오는 다른 외견상의 모순들과 같이 그것은 단지 형식상의 모순이지 내용상의 모순은 아니다. 그리고 그것은 단지 경건한 독자로 하여금 그 진리에 대한 더 깊고 더 충만한 이해를 가지도록 해줄 뿐이다.

그 난제의 해결은 "믿음"이라는 말의 정의에서 나타난다. 외견상 야고보가 이 장에서 신앙만으로는 불충분하다고 말할 때 신앙이라는 말과는 다른 것을 의미한다. 야고보가 불충분하다고 선언하고 있는 그런 종류의 신앙은 그 장의 19절에서 분명하게 설명된다. "네가 하나님은 한 분이신줄을 믿느냐 잘 하는도다 귀신들도 믿고 떠느니라." 야고보가 불충분하다고 선언하는 그런 종류의 신앙은 귀신들도 가지고 있는 신앙이다. 그것은 하나님이나 그리스도에 관한 사실들에 대한 단순한 지적인 이해를 말한다. 그리고 그것은 그러한 사실들을 하나님께서 그의 영혼에게 주신 선물로 받아들이지 않음을 내포한다. 그러나 그것은 바울이 사람은 신앙만으로 구원을 받는다고 말할 때 의미하는 그러한 신앙이 아니다. 신앙은 물론 지적이다. 그것은 어떤 사실들에 대한 이해를 수반한다. 그리고 신앙과 지식을 분리시키려는 현대의 노력은 헛되다. 그러나 비록 신앙이 지적이지만 그것은 단지 지적일 뿐만이 아니다. 여러분은 지식을 가짐이 없이 신앙을 가질 수는 없다. 그러나 만일 여러분이 오직 지식만을 가진다면 여러분은 신앙을 가지지 못할 것이다. 신앙은 그리스도의 손에서 선물을 받는 것이다. 우리는 그 선물에 관한 그리고 그 주시는 분에 관한 어떤 사실들을 앎이 없이 그 선물을 받을 수는 없다. 그러나 우리는 그 모든 것들을 알고도 여전히 그 선물을 받지 않을지도 모르겠다.

이와 같이 지식은 신앙에 절대적으로 필요하지만 필요한 것의 전부는 아니다. 그리스도께서는 그가 우리를 위해 십자가 위에서 이루신 하나님과의 그 바른 관계를 우리에게 주신다. 우리는 그 선물을 받아들일 것인가? 아니면 그것을 경멸할 것인가? 그 선물을 받아들이는 것을 신앙이라고 부른다. 그것은 매우 놀라운 일이다. 그것은 사람의 본성 전체의 변화를 수반한다. 그것은 죄에 대한 새로운 증오와 의에 대한 새로운 배고픔과 목마름을 수반한다. 그러한 놀라운 변화는 인간의 사역이 아니다. 신앙 자체는 하나님의 영에 의해 우리에게 주어진다. 그리스도인들은 결코 스스로를 그리스도인이 되게 하지 못한다. 오직 그들은 하나님에 의해 그리스도인이 되는 것이다.

> John Gresham Machen, *What is Faith?* (Grand Rapids: Eerdmans Publishing, 1946)

3. 찰스 하지(Charles Hodge, 1797-1878)의 성경의 무오성

찰스 하지는 프린스톤 신학교의 조직신학 교수로서 자유주의가 팽배하던 시대에 복음주의의 수호자였다. 그는 축자영감설에 기초한 성경의 무오성을 주장하고, 성경은 일점일획의 오류도 하나님의 말씀이라고 강조하였다. 또한 그는 진리의 일치성을 강조했는데, 이는 진리되신 하나님은 모순될 수 없기 때문이었다.

아버지의 말씀은 진리니이다
요 17:17(1866. 9.16)

진리란 영속하는 것, 기대를 충족시키는 것, 또는 결코 실망시키지 않는 것, 실재이며 언제나 실재와 일치하는 것 등을 의미한다. 한편 헛된 말과 실책은 공허하고 헛된 것, 지속되지 못하고 실망시키는 것, 실체와 부합되지 않는 것 등을 의미한다.

영원한 세계와 그 현상들, 그리고 법칙들에 관한 진리는 실제로 존재하는 것과 신뢰할 수 있는 것, 실재로 가정해도 결코 실망시키지 않는 것을 내포한다. 그러므로 심령의 내적 세계에 대한 진리는 그러한 세계의 현상들과 법칙들에 부합하는 것이며, 우리가 언제나 안전하게 가정할 수 있고 신뢰할 수 있는 것이다.

그러므로 하나님에 대한 진리는 그가 실제로 어떠하심 및 행하시는 것과 부합하는 그의 본성과 속성 그의 존재양식과 행동에 대한 묘사이다. 우리의 양심적이며 영적인 상태, 하나님에 대한 우리의 관계, 우리의 구원의 방식과 조건 등에 대한 진리는 이러한 모든 문제에 있어 신뢰할 수 있는 것으로 발견되는 것인데, 이러한 것은 결코 우리를 실망시키지 않는다.

그런데 여기서 "주의 말씀은 진리니이다"라는 주장은 매우 광범위하게 미치는 것이다. 여기서 지칭하는 하나님의 말씀은 다음과 같은 것들을 의미한다.

1. 하나님의 계시

하나님의 말씀은 하나님의 계시이다. 그것은 하나님의 생각에 대한 외적인 명시이다. 그러므로 하나님에 의해 그 자신, 그의 계획들이나 어떤 사실에 관하여 계시되는 것이 바로 그의 말씀인 것이다. 이러한 의미에서 모든 피조물은 하나님의 공공연한 말씀이다. 모든 피조물은 하나님이 계시하여 주신 것이다. 그리고 하나님 자신과 그의 방식, 그의 성품과 뜻이나 목적들에 대하여 알게 하는 모든 것은 진리이다. 모든 피조물은 하나님이 어떠한 분이신가에 정확히 일치하며, 그러므로 하나님에 관하여 온당하게 가르치는 것은 절대적인 확신을 갖고 신뢰할 수 있다.

외적인 세계는 환영이나 공허한 과시가 아니다. 그것은 우리를 미혹시키는 것이 아니라 그 자체가 무엇인가를 나타내주는 것이며, 그러므로 그것은 자체의 가르침을 신뢰하는 자들을 결코 실망시키지 않는다. 이러한 사실의 근거, 곧 하나님의 말씀으로서의 세계가 그와 같이 실제적이며 신뢰할 수 있는 이유는 그것이 그의 말씀이기 때문이다. 따라서 우리는 세계를 그의 말씀으로 알고 눈여겨 보아야만 한다.

2. 성경에서는 하나님의 말씀이 종종 – 어떤 약속이든 경고이든, 혹은 존재하거나 존재할 것에 대한 계시이든 간에 – 어떤 특별한 선언을 의미한다.

3. 그것은 하나님과 성경에 내포되어 있는 신성한 것들에 관한 계시를 의미한다.

이러한 의미에서 "주의 말씀은 진리니이다"라는 주장은 성경이 참되다는 것과 같은 의미이다. 곧 하나님, 인간, 인간의 특성과 상태, 하나님에 대한 인간의 관계에 관해서 뿐만 아니라 그리스도의 인성과 역사, 구원에 대한 계획, 미래의 삶과 교회의 미래의 상태에 관하여 성경이 가르치는 모든 것은 참된 것이다.

성경에서 말하는 모든 것은 실재이다. 그러므로 성경이 가르치는 모든 것에 대하여 확신을 갖고 신뢰할 수 있다. 성경이 가르치는 것은 그 어느 것도 정당한 기대를 결코 실망시키지 않는다. 성경을 참된 것으로 믿고 그 말씀에 따라 행하는 자들은 그 말씀이 약속하는 목표에 이를 것이다. 그러나 성경이 가르치는 것이 거짓되다고 믿고, 그 말씀에 따라 행하지 않는 자는 마침내 자신의 실수를 발견하게 될 것이다.

그러므로 무엇이 진리이며 그것을 어디에서 발견할 수 있는가를 아는 것은 형언할 수 없는 복이다. 그것은 실로 위대한 일이다. 사람들은 진리를 이곳저곳에서 찾지만 그러나 진리는 오직 하나님과 그의 말씀에서만 찾을 수 있다.

4. 진리를 어디에서 찾을 수 있는지를 알 뿐 아니라 우리로 하여금 그것에 영향받기 쉽게 하는 것 또한 형언할 수 없는 복이다.

그러나 만일 우리가 진리를 인간의 이성과 지혜와 가르침 및 인류의 역사에서 찾으려 한다면 우리는 결국 실망하게 될 것이다. 진리를 하나님의 말씀(특별히 성경) 외의 다른 곳에서 찾는 자들은 모두 의문과 어둠, 그리고 오류에 빠질 것이며 틀림없이 그렇게 되고 말 것이다. 그러므로 우리가 하나님의 말씀을 진리로 믿고 그에 따라 행하는 한 우리는 확고하게 영원한 반석 위에 서 있는 것이다.

Charles Hodge, *Princeton Sermons* (The Banner of Truth)

4. 프란시스 쉐퍼(Francis A. Schaeffer, 1912-1984)의 위험에 처한 복음주의

쉐퍼는 오늘날의 복음주의가 위험에 처해 있다고 전제하고 그 이유를 복음주의의 세상에 대한 타협 때문이라고 지적한다.

적응

적응을 해야 한다. 적응을 향한 사고가 얼마나 성장했던가! 지난 60년 동안 도덕적인 재난이 벌어졌는데, 우리는 과연 무엇을 했던가? 유감스럽게도 복음주의 세계는 이 재난의 한 부분이 되어 왔다. 뿐만 아니라 복음주의적 반응 그 자체가 하나의 재난이었다. 이 시대의 중대 문제들에 대해 독톡하게 성경적이고 기독교적인 대답을 줄 수 있는 맑은 목소리는 어디 있는가? 그런데 대부분이 거의 없다는 것과 복음주의 세계의 거대한 부분이 현시대의 세계정신에 유혹을 당했다는 것을 눈물을 머금고 인정해야만 한다. 뿐만 아니라 만일 복음주의 세계가 인생 전분야에서 성경적 진리 및 도덕적인 면에서 강력한 입장을 취하지 않는다면, 장차 더 심각한 재난이 있으리라고 예측한다. 우리가 사는 시대와 세계에 대해 복음주의자들이 적응한다는 것은 우리 문화의 파탄을 막을 마지막 방벽을 제거하는 것과 마찬가지이다. 그리고 이 마지막 방벽의 제거와 함께 사회적 혼란이 더욱 야기될 것이며, 그렇게 되면 사회질서를 회복하기 위해 그 어떤 형태의 권위주의가 일어날 것이다.

세속성

이것을 우리가 하나님의 심판으로 보든(확실히 그것은 하나님의 심판이다), 아니면 사회적인 혼란의 불가피한 결과로 보든 간에 별 차이는 없다. 복음주의 세계 안에서 적응의 심리 상태가 변하지 않는 한 이것은 확실히 우리가 기대할 수밖에 없는 그런 것이다. 이것은 우리가 복음주의적 연합이라는 허구를 정직하게 직시해야 하고, 사람에 따라서는 선을 그을(사랑하는 마음으로 긋되 공공연히 그을) 용기를 가져야만 할 것이라는 것을 분명히 뜻할 것이다. 이는 사랑하는 마음으로 하는 대결이고 이 대결은 꼭 있어야만 한다. 이것은 또한 오늘날의 세계 정신이 취하고 있는 형태에 대해 적응하지 않음을 뜻하는데, 이 정신은 자율적임을 내세우면서 무제한의 전진을 계속한다. 이와는 대조적으로 성경은 형태에 얽매이지 않는 참된 자유와 가장 깊은 인간의 필요를 채워주는 삶의 길을 제공해준다. 성경은 단지 도덕적 한계만 제시하지 않고, 삶의 전 분야에 걸친 절대적 가치와 진리를 보여 준다.

다음 문장은 중요하다. 우리 시대에 우리를 둘러싸고 있는 세계 정신에 적응하는 것은 이 낱말을 정당하게 정의해서 세속성의 가장 엄청난 형태라고 말할 수 있다. 그리고 불행하게도 오늘날 우리는 일반적으로 복음주의적 기관들이 시대적으로 부각되고 있는 세계 정신의 여러 형태에 적응하고 있다고 말해야만 할 것이다. 나는 이런 시대에 우리가 어떻게 해서든지 소망을 버리지 말고, 기도를 중단하지 말아야 한다는 것을 말하고 싶다. 우리는 이 적응의 문제들에 관해 기본적으로 의견을 달리하는 자들의 다수가 그리스도 안에 있는 형제 자매들이라는 사실을 유감스럽게도 기억해야 하겠다. 그러나 가장 기본적인 의미에서 복음주의적인 여러 기관이 깊이 세속화되어 버렸다.

대결

내가 쓴 "그리스도인의 표지"(*The Mark of the Christian*)라는 책에서 또한 본서 앞부분의 여러 장에서 내가 한 모든 말은 변경이 되어서는 안된다. 의견이 서로 다른 한가운데서도 사랑의 실질적인 증거를 사실상 나타내 보여야 할 것이다. 그러나 동시에 하나님의 진리와 기독교회의 사역은 진리는 사랑하는 마음으로 대결을 하되 대결을 포기해서는 안된다고 요구한다고 주장하고 있다.

우리가 여기서 의견의 차이를 말하고 있는 것은 마치 사소한 의견의 차이에 대해서가 아니다. 그 차이는 벌써 복음주의 세계에 존재하고 있다. 그리고 그 차이점을 좁히려고 애를 쓰고는 있지만 그것은 진리에 대한 충성 때문도 아니며 사랑에 대한 충실 때문도 아니다.

세 가지 가능한 입장이 있는데, 1) 사랑이 없는 대결 2) 무대결 3) 사랑의 대결이다. 그리고 오직 세 번째 것만이 성경적이다. 우선 순위상의 분류체계가 있을 수 있을 것이다. 모든 것이 다 중요할 수도 있겠으나 모든 것이 주어진 시간과 장소에서 똑 같은 수준의 대결이 필요한 것은 아니다. 그 차이는 이렇다. 즉 우리 시대의 자율적인 자유를 대변하는 세계 정신에 동화되지 않고 하나님의 말씀에 순종하는 것이다. 그리고 이것은 교리적인 분야에서와 마찬가지로 이 시대의 중요한 도덕적, 사회적 문제에 있어서의 성경의 완전하고도 오류가 없는 권위에 복종하며 산다는 것을 뜻한다. 하나님의 말씀에 순종하는 것은 분수령과도 같다. 복음적인 세계가 이 시대의 중대한 문제들에 대한 분명하고도 명확한 성경적인 입장을 취하지 못할 때에 그것은 인생의 전분야에 걸쳐서 하나님의 말씀의 완전한 권위 아래 사는 데 실패했다는 것을 나타낼 뿐이다.

그렇다. 거기에는 균형이 있어야 하겠는데, 곧 거룩함과 사랑이 함께 있어야 한다. 그러나 그것은 점진적인 적응과 타협, 곧 한걸음씩 따라가다가 마침내 오늘의 세계 상황 속에 적응해 버리는 것을 뜻하지 않는다. 또한 그것은 복음주의적 연합운동같이 행동하는 것을 뜻하지도 않는다. 복음주의는 분수령 지점에서 이미 분리되었다. 그리고 갈라진 두 갈래는 수십 마일이나 서로 떨어져서 종국에 이를 것이다. 만일 진리가 참으로 진리라면 비진리에 대한 반립의 입장에 서게 된다. 이것은 가르치는 일과 실제 행동에서 실천에 옮겨져야 하며 한계선이 그어져야 한다.

함축성이라는 무기

이제 우리는 본서 제3부의 제목인 "명칭들과 문제들"(names and issues)에게로 돌아가고자 한다. 나는 사람들이 나를 "근본주의자"라고 부를 때에 불안한 나머지 자리를 옮기곤 했었는데, 그것은 그 명칭에 붙여진 부정적인 개념 때문이었다. 그러나 이제는 비성경적인 것에 (적응하는 대신에) 반대입장에 서는 사람과 그런 입장을 택하는 사람에게 그 즉시로 "근본주의자"라는 명칭이 붙여진다. 이것이 바로 케네드 우드워드(Kenneth Woodward)가 뉴스위크지에서 멸시하는 투로 사용한 낱말이다. 그리스도 안에 있는 형제 자매들로서 성경을 믿는 그리스도인들이 함축성을 가진 단어들에 의해 이런 방식으로 다루어질 때, 그것은 훨씬 더 비극적인 것이다.

또한 "신광파"(The New Right)란 말을 생각해 보자. 물론 우리가 반대해야 할 극단적인 우파가 있기는 있다. 그런데 "신광파"라는 말도 부정적인 함축성을 가진 말이 되어 버렸으며, 멸시의 말투로 사용되고 있다. 우리가 이 말을 검토해 볼 때, 이 말 역시 제대로 정의되지 않은 채 이 시대의 흐름에 적응하는 대신에 반대하는 성향이 있는 모든 자에게 종종 붙여지는 듯이 보인다. 그러나 주목해 두라. 만일 "신광파"와 종교적인 "우익"(Right Wing)에 대해서 말하는 것이 공정하다면 종교적인 "좌익"(Left Wing), 다시 말해서 우리 시대의 세계 정신의 지배적인 형태에 적응하고 있는, 복음주의 진영 내부에 있는 저들에 대해서도 말하는 것이 동일하게 공정할 것이다…

다시금 내가 말하려 하지만, 균형이 있어야 한다. 우리는 결코 완전한 기독교 국가는 아니었지만 프랑스 혁명과 러시아 혁명적인 세계관에서 유래한 나라와는 달랐다. 이 책을 읽게 될 많은 독자들이 태어날 무렵까지만 해도 이 나라가 오늘날의 그것과는 굉장히 달랐는데, 그것은 기독교적인 힘의 또는 기풍으로 말미암은 뚜렷한 영향이 있었기 때문이다. "단지 보수주의자가 되는 그 자체만으로는 비보수주의자가 되는 것보다 더 나을 것이 없다"라고 내가 여러 차례 강조한 것은 분명히 정확한 것이다. 보수주의적 인본주의는 자유주의적 인본주의보다 나을 것이 없으며, 좌익적 권위주의는 우익적 권위주위보다 나을 것이 없다. 어떠한 꼬리표를 붙였을지라도 잘못된 것은 잘못된 것이다.

진리를 위한 과격분자들

1965년 9월에 휘튼 대학에서 "영적 강조주간"이라는 이름으로 개최된 행사에서 말한 나의 강연제목은 "20세기에 접어든 역사적인 기독교를 말함"이었다. 1960년대 초기에 캘리포니아 대학교 버클리 캠퍼스에서 시작된 젊은이들의 반항운동이 그 당시 한창 진행되고 있었다.

휘튼 대학에도 학생회장을 포함해서 "반동분자들"이라고 불린 자들이 있었으며, 학교 당국은 그들로 인해 진통을 겪고 있었다. 그러나 내 강연, 곧 기독교가 만일 참된 것이라면 모든 삶의 계층에 관여해야 할 것이며, 현대 세계에 있어서의 근본적인 목소리가 되어야 할 것이라는 내 강연을 이해한 자들은 이 과격 집단이었다. 반동 분자들은 귀를 기울였다. 그리고 일부는 그들의 사상에서 전향했다.

우리는 오늘날의 상대론적 사고의 한복판에서 혁명적인 메시지를 필요로 한다. 혁명적이라든가 과격하다는 말은, 세계 정신이 오늘날 취하고 있는 철저하게 도착적인 모든 형태에 저항하는 것을 뜻한다. 과격하다는 말의 진정한 뜻은 바로 이것이다.

하나님은 성경을 통해 대답하신다. 성경은 종교적 사실에 관해 언급할 때 뿐만 아니라 역사와 우주에 관해 말할 때에도 똑같이 참되다. 그러므로 성경은 모든 현실에 관한 진실을 제공한다. 그리고 이러한 깨달음으로 말미암아 상대론에 대한, 그리고 혼합주의에 대한 과격한 반항운동이 지속되었는데, 이 혼합주의는 우리 시대의 특징으로서 그것이 세속적인 술어로 표현되든 복음주의적 술어를 포함한 종교적인 술어로 표현되든 다를 바가 없다.

1984년이라는 특기할 만한 해에 접어들면서, 우리 주변 세계에 대한 적응이 강요되는 이 마당에 우리가 필요로 하는 무리는 진리와 그리스도를 위한 과격한 세대이다. 우리에게는 오늘날 우리를 둘러싸고 있는 세계정신의 현재적인 형태에 끊임없이 적응하려는 정신 상태와는 대조되어, 말하자면 지속적으로 자율적인 적응의 정신 상태를 발전시켜 온 대다수 복음주의자들과는 달리 적극적으로 사랑의 대결 즉 진정한 대결을 하려고 다짐하는 젊은 세대가 요구된다.

복음주의는 많은 일을 해 왔다. 이 때문에 우리는 이 사실을 크게 고마워한다. 그러나 적응을 하려는 정신상태는 참으로 큰 불행이다. 그러나 우리가 같은 성경 원리에 입각해서 볼 때, 우리의 의견이 정반대적인 경향으로 기울어질 때도 올 것이라는 것을 알고 있어야 한다. 이 타락한 세계에서는 사물이 하나의 극단적인 악의 방향에서 다른 악의 방향으로 시계추같이 끊임없이 움직이고 있다. 악마는 우리에게 한 쪽 전선에서만 싸울 수 있는 호사스러움을 결코 허락하지 않으며, 이것은 언제나 그러하다.

그러나 우리가 생각을 기울여 온 여러 해 동안, 특히 역사상 이 중대한 고비에 일어난 복음주의적 적응의 문제는 끊임없이 한 쪽 방향으로만 주의를 기울여왔다는 것이다. 다시 말해서 오늘날의 세계 정신의 형태와 일치할 수 있는 것이라면, 그 무엇에 대해서도 적응할 수 있다는 것이다. 교회와 사회를 파괴하고 있는 것은 이같은 세계정신이다. 끊임없이 균형을 생각해야 한다. 그러나 우리가 말해 온 적응은 우리 시대의 지배적인 파괴적인 인본주의적, 세속주의적 합의에 끊임없이 굴복하는 형태를 취하고 있다. 만일 이러한 경향성에 아무런 변화도 일어나지 않는다면, 우리의 기회는 지나가고 말 것이다. 타협적인 복음주의적 분야가 붕괴될 뿐만 아니라, 우리 모두가 그것과 함께 휩쓸려 가고 말 것이다.

우리는 이 모든 것이 우리와 무관하다고 생각할 수 없다. 만일 주님과 주의 교회를 사랑하는 당신과 나와 우리 각자가 자진해서 행동하지 않는다면, 이 모든 것이 그대로 무너져 내릴 것이다. 그러므로 나는 당신에게 강력히 권고한다. 나는 기독교 과격분자들, 특히 젊은 기독교 과격분자들이 단순한 대결이 아닌 사랑하는 마음으로 대결하기 위해 일어서기를 소원한다. 즉 매순간 힘을 얻기 위해 살아 계신 그리스도를 바라보면서 교회와 우리 문화와 국가 안에 있는 모든 잘못된 것과 파괴적인 것들을 사랑하는 마음으로 대결하기 위해 일어날 것을 요청한다.

만일 우리가 사랑의 대결도 용감한 대결도 하지 못한다면, 또 원하지 않을 때 분명한 선을 그을 용기가 없다면, 훗날의 역사는 이 시대를 회고하여 다음과 같이 말할 것이다. 즉 몇몇 "복음주의적 대학들"은 하바드와 예일의 전철을 밟았고, 몇몇 "복음주의적 신학교들"은 뉴욕에 있는 유니온 신학교의 길을 걸었으며, 다른 "복음주의적 조직체들"은 그리스도의 대의를 영영 상실해 버린 그런 시대였다고 말이다.

<blockquote>Francis A. Schaeffer, The Great Evangelical Disaster (Good News Publishers Westchester, U. S. A., 1984)</blockquote>

5. 로이드존스(D. M. Loyde-Johnes, 1899 - 1891) 하나님 나라관

<blockquote>하나님의 나라(The Kingdom of God)는 의와 평강과 희락이다.</blockquote>

하나님의 나라는 먹는 것과 마시는 것이 아니요 오직 성령 안에서 의와 평강과 희락이라(롬 14:17).

하나님의 나라와 그 말씀은 사람들이 본성적으로 아는 것과는 전적으로 다르다는 사실을 함께 생각해 보았습니다. 이에 대한 놀라운 증거가 있습니다. 사람들이 하나님의 나라에 대해서 갖는 다양한 견해들은 서로간에 매우 다릅니다. 그러므로 서로를 취소시킬 수 있다는 것입니다. 서로 모순됩니다. 이는 그것들이 모두 잘못되었다는 확실한 증거입니다.

이제 하나님의 나라에 대한 오해는 숫자에 있어서 거의 끝이 없어 보입니다. 지난 장에서 우리는 순전히 외부적인 방법 즉 정치적이고도 사회적인 방법에서 하나님의 나라를 생각하는 사람들을 보았습니다. 우리는 복음에 대한 오해가 현재에도 아주 흔한 것을 봅니다. 그러나 이제 정확히 그 반대 편 오해로 나아가 보겠습니다. 이것은 모든 내적이고 외부적인 사건과는 아무런 관련이 없다고 말하는 견해들입니다. 다시 말해서 그들은 참된 하나님의 나라를 종교나 종교적인 것들과 혼돈합니다.

아는 것처럼 나는 지금 "종교가 없는 기독교"에 관한 본훼퍼의 개념을 주장하고 있는 것이 아닙니다. 왜냐하면 나는 본훼퍼의 주장이 잘못되었다고 믿기 때문입니다. 하지만 본훼퍼가 말하는 것에는 진리의 측면도 있습니다. 성경은 하나님의 나라와 종교 그리고 종교적 관행 사이에는 차이점이 있다는 것을 보여주는 가르침으로 꽉 차 있습니다. 다시 말해서 당신은 종교적인 사람이 될 수 있으나 여전히 그리스도인이 아닐 수 있습니다. 즉 하나님의 나라의 시민이 아닐 수 있습니다. 사도 바울이 이 구절에서 말하고 있은 것은 "하나님의 나라"는 "먹고 마시는 것이 아니라 성령 안에서 의와 평강과 희락이라"는 것입니다…

다시 한번 그 사실을 설명드리겠습니다. 우리 주님과 매우 많이 논쟁하고 씨름하며 반대했던 유대인들을 생각해 봅시다. 유대인들은 어떤 문제를 갖고 있었습니까? 유대인들은 종교를 예수님의 말씀보다 앞세웠습니다. 유대인들은 예수님이 잘못되었다고 생각했습니다. 그들은 유대 종교에 빠져 있었기 때문에 하나님의 나라를 이해하지 못했습니다. 그런 일은 오늘도 여전히 동일합니다. 종교는 기독교의 가장 커다란 적입니다. 그런 사람들은 기독교가 단순히 예배 장소에 참석하는 것 이상의 그 무엇이 아니라고 생각합니다. 그들은 주일에 예배 처소에 가면서 "나는 종교인입니다!"라고 말합니다. 그들은 교리나 진리에 대한 개념을 갖고 있지 않습니다. 그들은 심지어 자신들이 무엇을 믿고 있는지도 모릅니다. 그러나 그들은 주일 아침에 교회에 갑니다. 자신들이 기독교인이라고 말합니다. 그러나 나의 대답은 그것은 종교지 기독교가 아니라는 것입니다.

다시 말하자면 사람들은 그들의 종파에 대한 논쟁에 자신들의 시간을 소비합니다. 그들은 그밖에 것은 관심이 없습니다. 사람들은 그들의 예배 장소에만 즉 그들의 예배당에만 관심이 있습니다. 다른 것에 대항하기 위한 나의 "대의"만 찾습니다. 그들은 서로 경쟁하고 다툽니다. 그리고 하나님의 나라의 참된 관심에는 건설적이지 못합니다. 파괴적입니다. 그것은 종교에 불과합니다. 우리들은 이런 문제를 분명히 해야 합니다. 그런 것에 의해서 상처받는 사람들이 많이 있습니다. 나는 그런 유는 기독교가 아니라고 생각합니다. 그렇다고 나는 기독교가 외적인 조직을 필요로 하지 않는다는 것을 의미하고 있는 것이 아닙니다. 당신은 어떤 형태적인 조직을 가질 수 있습니다. 그러나 당신이 조직을 최우선 순위로 둔다면 "이것이 바로 잘못되었다"는 것입니다. 그것은 하나님의 나라를 부정하는 것입니다.

특별한 예식과 형태를 매우 강조하는 사람들이 있습니다. 그것은 꽤 놀랍지 않습니까? 사람들은 기도하는 방법에 관해서 논쟁하고 다툽니다. 사람들은 앉고 서는 것 그리고 바닥에 얼굴을 댈 것인가 말 것인가와 같은, 말하자면 무엇을 해야 할 것인가에 관해서 논쟁하고 다툽니다. 그들은 하나님을 만나는 것에 대해서는 이야기하지 않습니다. 그것이 바로 문제가 되는 태도가 아닙니까? 그들은 성찬을 수종드는 사람들이 어떤 옷을 입어야 되는지에 관해서 논쟁합니다. 또한 포도주가 발효된 것이어야 하느냐 발효되지 않은 것이어야 하느냐로 논쟁합니다. 이것들이 사람들을 나누고 분열시키는 주요 원인이 되는 것들입니다. 그것은 하나님의 나라를 "먹고 마시는 것"으로 바꾸는 것입니다. 그러나 그러한 것들이 얼마나 흔하게 잘못된 것입니까?…

기독교가 도덕과 혼돈되고 있습니다. 그것은 이 나라의 사회 모든 계층에서 매우 공통된 현상입니다. 그것은 종종 "공립학교 종교"라고 불리는 것입니다. "공립학교 종교"는 토마스 아놀드에 의해 시작되었습니다. 기독교의 사상이 단지 정서적인 감동을 주는 도덕이라는 것입니다. 기독교인은 어떤 일을 행하지 않는 쫀스러운 완벽한 신사라는 것입니다.

그러나 그것은 기독교가 아닙니다. 그것은 하나님의 나라가 아닙니다. 그것은 아놀드 박사가 가르친 것입니다. 그것은 단지 윤리와 도덕일 뿐입니다. 그것은 부정적이고 차갑고 비참한 종교일 뿐입니다. 그것은 모든 것을 항상 금하게 하고 전혀 어느 것도 주지 않는 것일 뿐입니다.

지금 그같이 말하는 것은 복음 설교의 일부분에 지나지 않을 뿐입니다. 나는 빅토리안 시대를 좋아하지 않습니다. 나는 빅토리안들이 하나님의 나라에 큰 해를 입혔다고 생각합니다. 그들은 참으로 하나님의 나라를 도덕과 책임의 수준으로 깎아 내렸습니다. 그들은 주일을 재미없고 답답한 날로 만들었습니다. 그것은 하나님의 나라가 아닙니다. 그것은 "먹고 마시는" 것입니다. 그 당시의 사람들은 시간의 전부를 그와 같은 일을 이야기하는 데에 소비했습니다.

그러므로 그들이 하는 방식에 따르면 기독교는 사람들을 항상 비참하게 만드는 것에 불과합니다. 기독교는 사람들에게 항상 실패감을 느끼게 만듭니다. 사람들은 더 좋은 사람이 되려고 노력하나 성공하지 못합니다. 하지만 사람들은 계속해서 그렇게 합니다. 왜냐하면 그렇게 하는 것이 그들에게는 하나님의 나라와 천국에 들어가는 유일한 방법이 되고 있기 때문입니다. 그들의 말에 따르면 하나님의 나라에 들어가는 것은 생활과 활동에 달려 있습니다. 그러므로 당신은 계속하여 그렇게 시도하게 됩니다. 밀톤은 이렇게 말했습니다. 당신은 "기쁨을 경멸하고 항상 노동의 날을 살고 있다." 노력은 하나 결코 성공하지 못합니다. 그것은 마치 동굴 속에 있는 수도사와 같습니다 – 금식, 노력, 기도, 항상 포기, 항상 부인하나 결코 어느 것도 얻지 못합니다. 먹는 것과 마시는 것!

이것이 매우 흔한 생각입니다. 지난 수세기에 걸쳐서 사람들은 오히려 하나님의 나라에 대한 참된 개념과 그리스도인의 믿음과 말씀의 영광에 반하여 싸워 왔던 것입니다. 그것은 중세주의, 중세의 로마 카톨릭이 교회를 붙들고 단속한 제도가 바로 그것입니다. 이것이 마틴 루터가 가졌던 온전한 고통이었습니다. 마틴 루터는 선한 사람이 되기를 원했습니다. 그는 그리스도인이 되기를 원했습니다. 그는 지옥에 가지 않기를 원했습니다. 그는 그것을 스스로 할 수 있다고 생각했습니다. 그러므로 그는 독방으로 가서 있었습니다. 무의미! 그러므로 많은 다른 사람들이 동일한 일을 시도했습니다. 포기하고 부정했으나 기쁨도 자유도 평화도 행복도 알지 못했습니다. 땀 흘리고 노력했으나 모든 것이 헛수고였습니다. "먹는 것과 마시는 것"-다투고 논쟁하고 비교하고 비판하는 것!

그러나 나의 메시지가 그것이 하나님의 나라가 아니라고 말할 수 있음에 나는 하나님께 감사합니다. 하나님의 아들이 하늘 궁전을 떠나 스스로를 낮추고 삶과 죽음과 무덤과 부활을 모두 경험하셨습니다. 이것이 상상이 되어집니까? 유대인은 메시아가 오기 전에 그런 도덕인 종류의 종교를 모두 갖고 있었습니다. 위대한 도덕주의자들이나 철학자들은 도성인신이 있기 전에 그런 도덕적 종류의 일을 가르쳤습니다. 그것이 기독교가 아닙니다. 그것이 신약 성경의 말씀은 아닙니다. 그렇지 않음을 하나님께 감사하십시오. 그것은 너무 작습니다. 바울은 여기에서 냉소적입니다. 그는 그러한 관점을 비웃고 있습니다.

당신에게 하나님의 나라는 무엇입니까? 그것은 교회 소속감입니까? 하나님의 집에 이따금씩 출석하는 것입니까? 말하자면 부활절날 아침에 한 번 또는 추가해서 몇 번 더 교회에 나가는 것입니까? 당신에게 하나님의 나라는 선을 행하는 것입니까? 이것은 행하지 말고 저것은 행하라는 것입니까? 멋있고 존경받는 것입니까? 기독교는 그런 종류의 것입니까? 당신은 하나님의 아들이 단지 그런 것들 위해서 그 모든 것을 행했다고 생각하십니까? 그러한 주장은 단번에 우리의 마음에서부터 놀림과 조롱을 받아야 합니다. 그것은 하나님의 나라가 아닙니다.

하나님의 나라는 먹고 마시는 것이 아닙니다. 의입니다. 그러므로 하나님의 나라로서 우리에게 적용되는 가장 첫번째 문제는 규모의 문제입니다. 당신에게 주어진 기독교가 작은 것이라면 그것은 기독교가 아닙니다. 기독교는 우주에서 가장 큰 것입니다. 웅장한 것입니다. 영광스러운 것입니다. 그러므로 하나님의 나라는 규모가 큽니다. 크고 심오한 것입니다. 형식이나 예식 그리고 의식에 불과한 세심한 것들이 아닙니다. 또는 당신이 어떤 것을 행했느냐 행하지 않았느냐 그리고 아담하고 자그마한 삶을 살았느냐 와 같은 것들이 아닙니다. 그리스도인의 삶은 결코 작고 아담한 것이 아닙니다. 기독교는 크고 웅장합니다. 기독교는 의에 대한 커다란 질문으로 시작합니다.

나에게 약간의 기분을 좋게 하는 것들을 지키고, 내가 행했느냐 행하지 않았느냐의 차이는 무엇입니까? 그런 것들을 행했느냐와 기독교의 차이는 무엇입니까? 이런 자그마한 문제들과 율법의 작은 부분들을 보는 것 대신에 기독교는 말합니다. "잠시 멈추어, 고개를 들고, 하늘을 바라 보십시오. 하나님, 곧 의입니다." 다시 말해서, 그런 식으로 생각하는 것을 멈추고 하나님의 방향과 하늘 아버지의 관계 속에서 바라 보라고 말하는 것입니다. 기독교는 도덕이 아닙니다. 옳고 그른 것에 대한 나의 사고가 아닙니다. 사람들이 어떻게 살아야 할 것인가를 내가 생각하는 사고 방식이 아닙니다. 우리는 모두 침묵해야 합니다. 바울은 "멈추시오"라고 말합니다. "의"라는 말은 즉시 우리를 하나님의 존전에 있게 합니다. 왜냐하면 하나님은 영원히 의로우시기 때문입니다. 참으로 하나님은 의로우십니다. 의는 하나님의 거룩한 속성 중의 하나입니다. 하나님은 본질적으로 의로우시고 고결하시고 선하시고 참되십니다…

이 세계는 의로 심판받게 될 것입니다. 우리를 자신의 형상대로 만드시고, 우리에게 하나님의 거룩한 법과 방식에 따라서 살 수 있기에 충분한 성향과 능력을 주신 하나님이 우리에게 그 의를 요구하시는 것입니다. 인간은 하나님을 따라 살게 되어 있습니다. 인간은 그 속에서 하나님과 동행하며 그의 거룩한 뜻에 순종하며 살게 되어 있었습니다. 그 속에는 죄가 없습니다. 악이 없습니다. 어둠이 없습니다. 어느 곳에도 잘못된 것이 없습니다. 하나님이 빛이신 것처럼 하나님과 함께 빛 속에서 걷는 것입니다. 그것이 의의 삶입니다.

D. M. Loyde-Jones, *The Kingdom of God* (Illinoise: Crossway Way Books, 1982)

참고 문헌

Alexander, Archibald, *The Log College*, 1851, London:Banner of Truth Trust, 1968.

Conforti, Joseph A., *Samuel Hopkins and New Divinity Mivement*, Grand Rapids: Christian University Press, 1981.

Falwell, Jerry, ed., *The Fundamentalist Phenonmenon: The Resurgence of Conservative Christia*, Garden City, New York: Doubleday and Co., 1981.

Fosdick, Harry Emerson, *The Living of These Days: An Autobiography*, New York: Harper and Brothers, 1956

Gasper, Louis, *The Fundamentalist*, Paris: Mouton & Co., 1963.

Henry, James O. *For Such a Time as This: A History of the Independent Fundamental Churches of America*, Westchester: I.F.C.A. 1983.

Hodge, Archibald Alexander. *The Life Charles Hodge*, New York: Charles Scribner's Sons, 1880.

Jones, Bob, *Conbread and Caviar: Reminiscences and Reflection*, Greenville, S.C.: Bob Jones University, 1985.

Hodge, Charles, *Systematic Theology*, Charles Scribner's Sons, 1872.

Francis A. Schaeffer, *The Great Evangelical Disaster*, Good News Publishers Westchester, U. S. A., 1984.

Lloyd-Jones D. Martine, *God's Ultimate Purpose*, Baker, 1976.

―――, *Life in the Sprit*, Baker, 1976.

Martin, Roger. R. A. *R.A. Torey: Apostle of Certainty*, Murfreesboro, Tenn: Swordof the Lord Publishers, 1976.

Machen, J. Gresham, *The Virgin Birth of Christ.* New York: Harper &

Row, Publishers, 1932.

Walker, Williston, *A History of Christain Church*, New York: Charies and Scribner's Sons, 1985.

연 대 표

1636	하버드 대학
1746	프린스턴 대학
1772-1851	아키볼드 알렉산더(Archibold Alexander)
1797-1878	찰스 하지
1810	그리스도 교회설립
1816-1900	존 찰스 라일
1834-1923	윌리암 어드만
1834-1892	찰스 스펄젼
1836-1895	아도니람 저드슨 고든(A. J. Gordon)
1836-1914	윌리암 무어헤드
1837-1911	아더 피어슨
1843-1932	프란시스 페튼
1843-1921	사이러스 스코필드
1844	감리교 분리
1851-1921	벤자민 워필드
1861-1933	맥기퍼트(Arther McGiffert)
1860-1931	찰스 스터드
1861	장로교 분리
1863-1945	켐벨 몰간

1877-1952	프랭크 노리스
1878-1969	해리 에머슨 포스딕(Harry Emerson Fosdick)
1880	하나님의 교회
1881-1937	그레샴 메이첸
1892	스미스(Henry Smith) 소송사건
1895	성경대회(Bible Conference), 나이아가라(Niagara Falls), 다섯 가지 근본 발표(Five Fundamentals)
1897	아보트(Abott), "진화주의 신학"(*Theology of Evolutionist*)
1898-1963	C. S. 루이스
1899-1981	로이드존스
1909	스코필드 관주성경
1909-1915	근본주의(The Fundamentals)
1912-1984	프란시스 쉐퍼
1914	하나님의 성회
1918	빌리그래함
1919	세계기독교근본교리협회(World's Christian Fundamentals Association, WCFA)
1929	웨스트민스터 신학교
1932	메이첸(Machen), "그리스도의 동정녀 탄생"(*The Virgin Birth of Christ*)

제9장
신정통주의

　근대교회의 시작 이후에 이성에 바탕을 둔 자유주의 신학의 극성이 극성을 부려 인간 스스로 이 땅에 유토피아를 건설할 수 있다는 희망을 심어 주었으나, 전인류가 겪은 세계 1, 2차 대전의 고통은 이러한 희망에 찬물을 끼얹고, 인류가 가졌던 과학만능주의와 실용주의는 자유를 찾는 초월주의로 변모하였다. 말하자면 인간이 이 땅 위에서 유토피아를 건설할 수 없다면 인간은 존재 의미를 다른 곳에서 찾아야 한다는 사상이 대두하였다. 이러한 사상이 실존주의 철학이며, 이들 실존주의자들은 인간의 존재의미를 환경과 결부시키지 않고, 자기를 초월하는 주관적 세계를 개척함으로써 존재의미를 발견하려고 하였다.

　이러한 실존주의자 철학자 가운데 헤브라임즘적 성경의 신관을 갖는 기독교 실존주의 철학자가 나타났는데, 그가 바로 키에르케고르(1813-1855)이다. 그는 당시에 만연하던 범신론적 이성주의를 배격하고 하나님과 사람 사이의 존재론적 차이를 주장하였다. 그는 헤겔류의 이성의 변증법을 비판하고, 신앙의 변증법을 취하여 신앙의 역설에 의해서만 진리에 도달할 수 있다고 주장하였다. 그는 또한 성경과 루터의 자료를 인용하여 국교를 비판하고, 생명은 합리적인 사상체계 속에 억지로 잡아 둘 수 없는 것이라고 하였다. 또한 긍극적으로 그는 인간이 어떻게 살아야 하느냐에 대한 문제에 집중하여 참된 철학은 생명을 위한 철학이요 사변을 위한 철학이 되어서는 안된다고 하였다. 그러므로 그는 인간 실존의 문제를 해결하기 위해 기독교 신앙을 가져야 함을 "죽음에 이르는 병"에서 역설한다. "죄보다도 더욱 큰 비참은 인간이 그리스도에게 실족한 그 실족 상태에 머물러 있는 것이다." 그는 생명은 역설이며, 기독교 신앙이 시간과 영원히 통일되어 있는 가장 중심적인 역설을 제공해준다고 주장하고, 기독교가 어떤 것이냐보다 그리스도인이 될 수 있느냐가 더 중요하다고 하였다. 결국 키에르케고르는 19세기의 낙관주의를 비판하고, 그 시대의 어두운 측면을 부각시켰고, 이러한 그의 기독교적 실존주의 철학은 신정통주의의 문을 연 칼 바르트에게 지대한 영향을 끼쳤다.

칼 바르트(Karl Barth, 1886-1968)는 종교적 자유주의가 판을 치던 20세기 초반에 혜성과 같이 나타나서 자유주의를 비판하였다. 그는 자유주의의 상대성은 종교의 객관적 권위를 상실케 하여 신앙의 토대조차도 없애버리는 신학으로 간주하고 종교의 권위를 회복하는 것이 급선무라고 생각하여 신학의 계시를 회복하려 하였다. 그리하여 그는 조직신학에서 말씀이 중심적인 자리를 차지하게 만들었다. 그는 말씀은 그리스도에게서 나타날 때에만 하나님의 말씀으로서 우리에게 알려질 수 있다고 하였는데, 말하자면 그리스도는 자유주의자들이 말하는 선한 선생이나 랍비로서의 예수가 아니라 살아계신 하나님의 말씀으로서의 예수를 통해 우리들에게 전달되는 하나님의 말씀인 것이다. 곧 하나님의 말씀은 하나님의 자기 계시와 동의어이며 하나님의 말씀은 계시에 있어서 하나님 자신인 것이다. 또한 하나님은 하나님 자신의 계시에 의해서만 우리에게 알려지는데, 이 계시의 주체이며 실재인 하나님 자신의 말씀하시는 행위 곧 계시를 떠나서는 어떠한 신인식도 없다고 말한다.

이런 바르트의 말씀의 신학은 하나님의 존재 문제를 말씀의 실재로 대치하고, 하나님의 실재를 말씀의 한계 속에서 논한다. 또한 그는 신인식의 문제를 계시의 행위 안에서 말함으로 결국 신인식론의 문제를 말씀의 인식론으로 한정시킨다.

결국 바르트의 성경관은 성경을 기능을 최대화하여 인간들을 하나님의 말씀의 계시 앞에 세우게는 했지만, 이는 성경의 직접적인 계시를 부인하는 일이고 인간에 대한 비관적인 시각이 너무나 강조된 나머지 성경을 통한 신인식을 원천적으로 봉쇄하는 것이며, 예수 그리스도인 은총의 말씀과의 만남만을 참계시라고 한정하여 성경의 무오성을 부정한 것이다.

이렇게 바르트는 자유주의를 비판하고 말씀의 계시를 강조하였지만 결국은 자유주의와 정통주의의 중도노선을 걷는다는 신정통주의를 주창하였다. 이런 신정통주 바르트 사상의 영향을 받아 종종 위기신학자들이라고 일컫는 사람들이 그의 주변에 모여들었고, 그리하여 바르트 학파라 칭할 수 있는 일단의 그룹이 형성되었으며, 바르트 신학에 찬반을 주장하며 독자적인 노선을 걷기도 하였으나 거의 바르트 신신학의 한계를 넘지는 못하였다.

우리는 이런 신학자 가운데 불트만을 들 수 있는데, 그는 바르트주의가 득세하고 있을 때 바르트가 신자유주의를 주창한다고 보고 바르트 신학에 일련을 비판을 가하고 독자적인 사상체계를 시도하였다. 그는 신약성경의 선포가 신화적이기 때문에 신약성경이 제시하는 세계상과 구원사건이 신화적인 표현으로 가리워져 있다고 주장하고, 오늘날 과학적 사고로 형성된 인간은 신화적 사고에 속한 신약성경의 인간과는 다름으로 복음이 현대인에게 전달되려면 성경 속에 나타나는 신화적인 요소를 제거해야 한다고 주장한다. 불트만의 이러한 성경비평은 하나님을 부인하는 자율적 인본주의에 입각한 것이고, 성경의 진리들을 주관적이고 인간학적인 차원으로 환원시켜, 객관적 계시의 사실로서 초자연적이고 초역사적인 사실을 그대로 믿음으로 받아들이는 개혁주의 입장과는 상반되는 것이다.

또한 폴 틸리히도 신정통주의자로 분류할 수 있는데, 그는 실존주의의 영향을 받은 신정통주의자이면서도 자유주의자의 선을 들락날락한 사람이라고 평할 수 있을 것이다. 그는 스스로도 자유주의와 신정통주의의 접경에 서 있는 사람이라고 말하기도 했다. 그는 존재론적인 분석과 신플라톤적인 관념주의 철학에 의존하여 성경을 해석하며 조직신학을 전개했다. 특히 그는 변증법적 방법을 갖고 신학의 정수를 발견하려고 노력하였다. 그는 존재에의 용기에서 변증법적인 방법으로 인간의 실존에 도전한다. "존재에의 용기는 신앙의 한 표현이며 '신앙'의 의미는 존재에의 용기를 통하여 이해하여야 하는 것이다… 무의미성에 대한 불안을 자기 자신이 짊어질 수 있는 용기는 존재에의 용기가 도달할 수 있는 한계선이다." 이렇게 그의 신학은 실존주의적이며, 변증법적이다. 그는 자신의 변증신학을 대답하는 신학이라고 정의하고, 변증신학은 상황 속에 내포된 질문들에 대해 영원한 메시지의 능력으로 대답한다고 말한다.

라인홀드 니버(Reinhold Niebuhr, 1893-1971)도 신정통주의 계열에 넣을 수 있는 신학자이다. 그는 스스로는 결코 기독교 신학자가 아니며 다만 기독교 윤리학을 다루는 교수라고 말하지만, 그는 실존주의 신학에 기반을 두고 사회적인 문제에 치중하였다. 그는 "도덕적 인간과 비도덕적 사회"(*Moral Man and Immoral Society*)에서 정치와 사회 문제에 강하게 도전하였다. 그는 현대사회의 기독교인은 어쩔수없이 사회문제와 정치문제에 참여해야 하는데, 어떻게 이런 문제에 참여할 것인가의 문제에 봉착하여 인간의 죄성과 사회의 이기성을 드러내고 마는데, 집단공동체의 문제는 개인윤리의 차원이 아니라 사회윤리 차원에서만 해결의 열쇠가 있다고 보았다. 그는 이러한 문제를 비폭력적인 방법으로 해결해야 하는데, 그 가운데 종교가 이런 문제를 해결하는 가장 좋은 방법이라고 주장한다. 그는 교회가 중립을 취하는 것은 악에 대한 조장이라고 말하고, 교회의 적극적인 사회참여를 호소한다. 그는 구원과 사회정의에 대해 기독교적인 안목으로 해결하려고 하였으나 결국 자신의 신학체계인 윤리적인 해결방법을 뛰어넘지는 못했고, 기독교 계시의 절대성을 훼손하면서 기독교적 방법에 의한 사회정의를 모색하였다.

1. 기독교 실존주의 철학자 키에르케고르(Soren Kierkegaard, 1813-1855)의 죄관

키에르케고르는 헤브라이즘적 성경의 신관을 가진 기독교 실존주의철학자이다. 그는 당시에 만연하던 범신론적 이성주의를 배격하고 하나님과 사람 사이의 존재론적 차이를 주장하였다. 그는 헤겔류의 이성의 변증법을 비판하고, 신앙의 변증법을 취하여 신앙의 역설에 의해서만 진리에 도달할 수 있다고 주장하였다. 그는 인간 실존의 문제를 해결하기 위해 기독교 신앙을 가져야한다고 "죽음에 이르는 병"에서 강조한다.

그리스도를 적극적으로 포기하고 그것을 허위라고 말하는 죄

하나님과 인간은 그 사이에 무한한 질적인 차이가 있다. 이 차이를 묵살하는 모든 교설은 인간적으로 말하면 광기이며, 신적으로 말하면 신에 대한 모독이다. 이교에서 인간은 하나님을 인간으로 만들었다(사람=하나님). 기독교에서는 하나님이 자기를 인간으로 만든다(하나님=사람). 그러나 그의 자비로운 은총의 무한한 사랑 속에서 하나님은 하나의 조건을 내세운다. "그가 그렇게 하지 않을 수 없다"는 것이다. "그가 그렇게 하지 않을 수 없다"는 것이 그리스도의 비애이다. 그는 자기 몸을 낮추시고 종의 모습으로 인간을 위해서 고통을 당하시고 죽을 수 있다. 그는 만인을 자기에게 오라고 부르시고, 그의 생애의 매일을 아니 생명 자체까지도 그들을 위해서 바칠 수 있다. 그러나 실족의 가능성만은 그도 제거할 수 없다. 아! 사랑의 유일한 행위여! 아, 사랑의 한없는 비애여! 하나님 자신도 어찌할 수 없는 어려움이 있는 것이다. 어떤 의미에서는 하나님이 그것을 바라지 않기 때문일 것이며, 바랄 수도 없다. 아니 설사 그가 그것을 바라더라도 어쩔 수 없는 것이다. 하나님의 이 사랑의 행위가 반대로 인간을 극단적으로 비참한 상태에 빠뜨릴지도 모르는 그것! 그것은 인간에게 있어서 생각할 수 있는 최대의 비참, 죄보다도 더욱 큰 비참은 인간이 그리스도에게 실족한 그 실족 상태에 머물러 있는 것이다. 그리고 이것만은 그리스도의 사랑도 어찌할 수 없다. 보라, 그래서 그는 말씀하시는 것이다. "나로 인하여 실족하지 않는 자는 행복할지어다."(마 11:6). 그는 그 이상 어찌할 수 없다. 따라서 그리스도는 그의 사랑 때문에 오히려 인간으로서는 결코 있을 수 없는 비참한 상태에 인간을 빠뜨릴 수 있다. 아, 그러나 만일 그 때문에 오히려 인간을 보통으로는 결코 있을 수 없는 비참한 상태에 빠뜨리게 된다면!⋯

하나님과 인간 사이에 질적 차이가 있다는 점에 무시할 수 없는 실족의 가능성이 있다. 사랑 때문에 하나님은 인간이 된다. 하나님은 말씀하신다. "보라, 여기 인간의 참 모습이 있다. 오, 그러나"하고 그는 덧붙인다. "너는 명심하라, 나는 동시에 하나님이다. 나로 인하여 실족하지 않는 사람은 행복하다." 하나님은 인간으로서 비천한 종의 모습이 되셨다. 누구나 자기는 제외되어 있다고 생각하는 것처럼, 그리고 인간을 하나님에게 가까이 가게 하는 것은 인간적인 명망이나 인간 사이의 명성이 아니라고 생각하는 것처럼, 하나님은 비천한 인간이 무엇인지를 여실히 보여준다. 아니, 그는 비천한 인간이다. 그리고 그는 말한다. "나를 보라. 그리고 인간이 무엇인지를 알라. 오 그러나 너는 명심하라. 나는 동시에 하나님이다. 나로 인하여 실족하지 않는 자는 행복하다." 또는 반대로 "아버지와 나는 하나이다. 그러나 나는 고독하고 비천한 인간이다. 가난하고 버림받았으며, 사람들에게 넘겨지고 나로 인하여 실족하지 않는 자는 행복하다." 나, 이 비천한 인간인 나는 귀머거리를 듣게 하고, 장님을 보게 하고, 앉은뱅이를 걷게 하고, 문둥병자를 깨끗이 낫게 하고, 죽은 사람을 살리는 자이다. 나로 인하여 실족하지 않는 자는 행복하다."

그러므로 나는 지극히 높으신 이의 앞에 책임을 지고 감히 이렇게 말하리라. "나로 인하여 실족하지 않는 자는 행복하다"라는 이 말씀은 그리스도의 설교 속에 포함되어 있다. 설사 최후의 만찬 때의 말씀처럼 중요하지는 않지만 적어도 "사람이 자기를 살피고"(고전 11:28)라고 한 그 말씀대로 말이다. 그것은 그리스도 자신의 말씀이다. 이 말씀은 특히 기독교에 있어서는 언제나 명확히 가르치고 각 사람에게 들려 주어야 한다. 어디서나 이 말씀이 울리지 않는 곳에서는 또는 적어도 기독교적인 서술이 모든 점에서 이 사상으로 일관해 있지 않은 경우에는 그러한 기독교도 하나님을 모독하는 것이다. 그것은 그리스도는 호위도 시종도 없이(그의 길을 예비하여, 오시는 이가 누구인지 사람들의 관심을 끌게 하는 호위도 시종도 없이) 비천한 종의 모습으로 이 세상을 걸으셨다…

우리가 문제 삼고 있는 실족은 적극적인 것이다. 그것은 기독교를 허위와 기만이라고 선언하는 것이다. 따라서 그리스도에 대해서도 같은 말을 한다. 이런 종류의 실족을 해명하기 위하여 실족의 여러 형태를 둘러보는 것이 가장 좋다. 실족은 원리적으로 역설(그리스도)과 상응하는 것이며, 또한 기독교적인 일체의 규정 아래서(그런 규정 어느 것이나 그리스도에 관련되고 그리스도를 염두에 두고 있는 것이기 때문에) 반복해서 나타나는 것이다. 실족의 최저형태(인간적으로 말하면 가장 순진한)는 그리스도에 관한 전체 문제를 미결 상태로 남겨두고 이렇게 판단하는 것이다. "나는 이 점에 대해서는 감히 어떤 판단도 하지 않는다. 나는 믿지도 않지만 판단도 안 한다." 이것이 실족의 한 형태라는 것을 대개의 사람이 간과하고 있다. 사실을 말하자면 사람들은 기독교적인 의미의 "너는 믿으라"는 것을 완전히 잊었다. 그 때문에 그들은 그리스도에 대해서 그런 무관심한 태도를 갖는 것이 곧 실족이라는 것을 알지 못한다. 기독교가 당신에게 전해진 것은 당신이 그리스도에 대하여 어떤 의견을 가져야 한다는 것을 의미하는 것이다. 그리스도 자신이 또는 그리스도가 현존하고 있다는 그 사실이 현존재 전체에 관련되는 결단이다. 그리스도가 당신에게 전해졌다면 "나는 그 점에 대해서 아무런 의견도 없다"라고 말하는 것이 바로 실족인 것이다.

실족의 두 번째 형태는 부정적인, 그러나 수동적인 형태이다. 이 형태에 있는 사람은 그리스도를 무시할 수 없다는 것을 잘 알고 있다. 그래서 그리스도는 그대로 두고 일상적인 생활을 분주하게 살아갈 수는 없다. 그러나 그는 신앙할 수도 없다. 그는 끊임없이 같은 한 점을, 응시하고 있다. 그런 한에 있어서는 그는 역시 그리스도를 섬기고 있으며, "그리스도를 너는 어떻게 생각하느냐"하는 물음이 사실 가장 결정적인 것임을 고백하고 있는 것이다.

실족의 이 형태에 있어서 인간은 그림자처럼 살아가고 있다. 그의 생명은 자기 자신을 소모하고 있다. 그의 마음속에서는 언제나 이 결정을 문제삼고 있기 때문이다. 그래서 그는 마치 불행한 사랑으로 고민하는 사람이 사랑의 실재성을 나타내고 있는 것과 같이 기독교가 어떤 실재성을 가지고 있는 것인지를 말하고 있다.

실족의 마지막 형태는 우리가 지금 문제삼고 있는 적극적인 것이다. 그것은 기독교를 허위와 기만으로 여기고 그리스도를(그가 현존하신 것, 그리고 그가 스스로 주장하신 대로 인간이었던 것을) 가현설이나 합리주의로 부정하는 것이며, 그 결과로 그리스도는 현실성을 잃고 이론만의 개체적 인간이 되거나 평범한 개체적 인간이 되어 버린다. 그래서 그는 가현설적으로 현실성에 대한 어떠한 요구도 없는 시와 신화가 되든가, 아니면 합리주의적으로 신성에 대한 아무런 요구도 없는 단순한 현실성이 되든가, 아니면 합리주의적으로 신성에 대한 아무런 요구도 없는 단순한 현실성이 되든가 한다. 역설적인 그리스도의 그러한 부정 속에는 말할 것도 없이 모든 기독교적인 것, 즉 죄나 용서 등의 부정이 포함되어 있다. 그리고 실족의 이런 형태는 성령을 거역하는 죄이다. 유대인들이 그리스도에 대해 "저 자가 귀신을 왕을 빙자하여 귀신을 쫓아낸다"(마 9:34)라고 말한 것과 같이 이 형태의 실족도 그리스도를 마귀의 소산으로 여기는 것이다. 이런 실족은 죄의 정도가 극한적으로 강화된 것이다. 사람들이 대개 이런 사실을 보지 못하는 것은 그들이 죄와 신앙의 대립을 기독교적으로 받아들이지 못하기 때문이다…

Soren Kierkegaard, *Sickness unto death*, trans Walter Lowie
cf. 죽음에 이르는 병, 임춘갑 역(종로서적, 1992)

2. 칼 바르트(Karl Barth, 1886-1968)의 말씀론

칼바르트는 자유주의의 신앙의 상대성은 종교의 객관적 권위조차도 잃어버리게 만드는 위험스러운 신학이라고 간주하고 그 시대의 종교적 권위를 회복하려고 노력하였다. 그리하여 그는 조직신학에서 말씀이 중심적인 자리를 차지하게 만들었고, 계시의 주체이며 실재인 하나님 자신이 말씀하시는 행위 곧 계시를 떠나서는 어떠한 신인식도 없다고 말한다.

신학이라는 말은 로고스를 내포한다. 신학은 하나님에 의해 가능하게 된 논리(Logik)요 말(Logia)들인데, 이 로고스는 "말씀"(Word)이다. 괴테의 파우스트는 이 말씀을 높게 평가지는 않았으나, 이 말씀이 유일한 요소는 아닐지라도 말씀은 신학의 위치를 규정하는 요소 가운데 첫 번째 것이다. 하지만 신학을 신학되게 하는 것은 이 신학이 듣고 응답하는 말씀이지 이 말씀에 대한 응답으로서의 말이 아니다. 신학은 말들에 선행하는 말씀과 더불어 죽고 산다. 신학이란 이 말씀에 의하여 창조되고 일깨워진다…

인간의 사고와 언어는 말씀에 대한 응답으로서 말씀의 창조적 행동에 의하여 촉발되고, 실존한다. 말씀이 없이는 본래의 신학, 곧 복음주의 신학이란 있을 수 없다. 신학은 말씀을 해석하고 해명하는 것이 아니라 말씀의 증인들의 말을 해석하고 해명하는 것이다. 말씀 자체에 대해서는 해석조차 하지 않으며, 그 말씀은 모든 해석에 선행하여 말씀되었고, 선포된 것이다. 신학이란 바로 위의 사실을 전제하며 위 말씀에 대한 반응이다.

여기서 중요한 것은 근본적인 신학적 행동인데, 칼빈은 모든 올바른 신인식은 순종에서 일어난다고 하였다. 하나님의 말씀만이 신학을 규제할 뿐만 아니라 신학의 초석을 높는다. 또한 말씀은 신학에 의해 비로소 해석되는 것이 아니라, 신학의 위치는 정확히 이 말씀 밑에 있으며 이 말씀에 대면하여 있다. 신학의 위치는 바로 여기에 있다.

하나님의 말씀은 하나님이 인간 속에 오셔서 모든 인간에게 말씀하셨고, 말씀하시며, 말씀하실 말씀이다. 이 말씀은 하나님의 행동이다. 이 하나님의 행동으로서의 말씀이 인간에게 행해졌고, 인간을 위해 행해졌으며, 인간과 더불어 행하여졌다. 바로 이 하나님의 행동은 침묵이 아니라 행동을 통해 말씀하시는 행동이다. 오직 하나님만이 그가 행하시는 바를 행하실 수 있기 때문에 오직 하나님만이 그의 행동을 통하여 그가 말씀하시는 바를 말씀하신다…

하나님의 말씀은 분명하여 지혜자나 무지자나 모두 분명하게 이해할 수 있다. 하나님은 행동으로 말씀하시며, 그의 말씀은 선포된다. 그 말씀은 무시될 수 있으나 원칙적으로는 무시될 수 없다. 복음의 하나님에 관하여 이 하나님의 행동과 사역에 관하여 우리는 말할 수 있는데, 복음에 있어서 하나님의 행동과 사역은 그의 언어로 나타나며 그의 말씀은 신학적인 말들과 논리의 창조적 기초요 생명인 로고스이다.

그러므로 하나님의 말씀은 복음이며 하나님의 선하신 행동이다. 하나님은 선하신 행동은 하나님의 말씀 안에서 말이 되었고, 인간에게 들려온 말이 되었다. 하나님은 그의 말씀을 통해 인간과 계약하신다…

복음주의 신학의 과제는 하나님의 말씀을 완벽한 내용과 완벽한 형태로 이해하며 말하는 것이다. 이는 은혜의 계약과 평화의 계약에 관한 말씀이다. 이 말씀은 이스라엘의 그리스도 안에서 육신을 입으셨다는 점에서는 특수하지만 모든 인류에게 주어진 하나님의 말씀이라는 점에서는 보편적이다.

    Karl Barth, *Einführung in die evangelische Theologie*, 이형기 역(서울: 크리스챤 다이제스트, 1990)

3. 불트만(Rudolf Bultmann, 1884-1976)의 비신화화

불트만은 신약성경의 선포가 신화적이기 때문에 신약성경이 제시하는 세계상과 구원사건이 신화적인 표현으로 가리워져 있다고 주장하였다. 그리하여 과학적 사고로 형성된 오늘날의 인간은 신화적 사고에 속한 신약성경에 나타나는 신화적인 요소를 제거해야만 참된 성경을 볼 수 있다고 주장한다.

신약성경의 선언을 비신화화하는 과제

1) 신화적 세계상과 신화적 구원의 사건

신약성경의 세계상은 그 성격으로 보아 본래 신화적이다. 세계를 삼층 건물처럼 보고 있다. 중앙에는 땅이 있고 윗층에는 천당, 아래층에는 지옥이 있다고 본다. 천당은 하나님과 하늘의 존재 곧 천사들이 사는 것이요, 지옥, 곧 음부는 고통의 장소이다. 땅도 말하자면 자연적인 평범한 일상생활이 이루어지고 있는 그러한 장소이기보다는 초자연적인 하나님과 그의 천사들의 활동이 이루어지는 곳이다. 또한 사단과 그의 졸개들이 활동하는 무대이다. 이러한 초자연적인 세력들은 자연의 운행이라든가 인간이 생각하고 뜻하고 행동하는 것을 간섭한다. 따라서 기적이 일어난다는 것은 드문 일이 아니다. 인간은 자기 자신의 생활을 좌우하지 못하고, 악령이 사람을 소유할 수 있으며, 사단이 그에게 악한 생각을 불어넣을 수 있다. 또 그 반대로 하나님이 인간의 사상과 의도하는 바를 지도하며, 하늘의 환상을 보여주고, 사람으로 하여금 그의 명령이나 구원의 말씀을 듣게 하고, 때로는 성령의 초자연적인 힘을 줄 수도 있다. 역사는 일정한 법칙적 궤도를 도는 것이 아니라, 그 운행과 방향에 있어서 이러한 초자연적인 힘에 의하여 좌우되고 있다. 이 세대는 사단과 죄와 죽음의 지배 밑에 있으며, 그 종말을 향해 줄달음질치고 있다. 종말은 가까운 미래에 올 것이며, 그것은 우주적인 파국의 형태를 띨 것이다. 이것은 마지막 날의 환난으로 시작하여 하늘로부터 심판자가 오고 죽은 자가 일어나며, 최후의 심판이 이루어지므로 사람은 영원한 구원에 이르든가 영원한 지옥에 떨어지든가 할 것이다.

신약성경은 선교의 주제인 구원의 사건을 제시할 때 신화적 세계상을 전제하고 있다. 선교의 언어는 신화론적이다. 즉 신약성경은 신화론적인 용어로써 종말이 현재에 와 있다고 선포한다. '때가 차매' 하나님께서는 그의 아들을 보내셨다. 그는 선재적인 신적존재이며, 그는 인간으로서 세상에 나타난다. 그는 십자가 위에서 죄인의 죽음을 당하며 그것이 인간의 죄에 대한 속죄를 이룬다. 그의 부활은 우주적 파국의 시작이며 아담의 죄의 결과인 죽음은 이로써 폐지된다. 그리고 마귀들의 힘은 박탈된다. 부활한 그리스도는 하늘에 올리워져 하나님의 오른편에 앉음으로 주가 되시며, 왕이 되신다. 그는 구원의 사업을 완수하기 위하여 하늘의 구름을 타고 재림하며, 사람들의 부활과 심판이 이루어질 것이다. 그러므로 죄와 고통과 죽음은 없어질 것이다. 이 모든 것은 극히 가까운 장래에 이루어질 것이므로 실로 사도바울은 자기 자신이 살아 있는 동안 이것을 볼 것으로 생각하였다. 그리스도의 교회에 속한 사람은 그리고 세례와 성찬으로 주와 결합된 사람은 그가 합당치 않은 행동으로 이것을 상실하지 않는 한 구원으로 부활할 것이 확실하다. 기독교 신자들은 이미 구원의 일부를 즐기고 있다. 왜냐하면 성령이 그들 안에 역사하고 있으며, 그들이 하나님의 아들인 것을 증거하고 있고, 그들의 마지막 부활을 보증하고 있기 때문이다.

2) 낡은 세대에 속한 신화론적 세계상

이것은 모두 신화론적 언어이며 각 주제의 기원은 당시 유대적 묵시문학의 신화론적 영지주의의 구원 신화 안에서 쉽사리 찾아 볼 수 있다. 이러한 케리그마는 현대인에게 믿을 수 없는 것이 된다. 왜냐하면 현대인은 이런 신화적 세계관이 낡은 세대에 속한 것임을 알고 있기 때문이다. 그러므로 우리가 오늘날 복음을 전할 때 신자들에게 복음의 메시지와 더불어 그 복음의 배경이 되고 있는 신화적 세계관까지도 믿고 받아들일 것을 기대할 것인가 하는 물음에 직면하고 있다. 만일 기대할 수 없는 것이라면, 신약성경은 신화적 배경과는 전혀 관계가 없는 어떤 독립적인 진리를 가지고 있는 것일까? 만일 그러한 진리를 가지고 있다면 신학은 마땅이 케리그마를 그 신화적 윤곽으로부터 벗겨내는 것 즉 비신화화하는 것을 그 과제로 하지 않으면 안된다.

과연 기독교의 설교가 현대인에게 이 신화적 세계상을 진실한 것으로 받아들이기를 기대할 수 있을 것인가? 만일 이것을 기대한다면 그것은 어리석은 짓이며 또한 불가능한 일이다. 그 어리석다는 까닭은 이러한 신화적 세계관이 하나도 기독교의 독자적인 것이 아니라 이것은 단순히 과학이 발달되기 전의 시대의 우주관에 불과하기 때문이다. 그리고 이것이 불가능하다는 것은 아무도 자기의 결의에 의하여 어느 한 세계상을 가질 수 있는 것이 아니기 때문이다. 그것은 이미 그의 역사적 위치에 의하여 그에게 결정적으로 주어져 있다. 물론 이러한 상이란 절대로 변할 수 없는 것은 아니다.

비록 개인일지라도 그것을 개조할 수 있다. 그러나 그렇게 할 수 있다는 것은 다만 그가 그의 옛 세계상을 그대로 보존할 수 없게 하는 어떠한 새로운 사실에 직면했을 때에만 그러하다. 이러한 때 그는 자기의 세계상을 수정하든가 또는 새로운 세계상을 구상하든가 하지 않으면 안된다…

천박한 계몽주의가 지각할 수 없었던 많은 진리들이, 후에 고대 신화 속에서 다시 발견된다는 것은 흔히 있을 수 있는 일이다. 이러한 것이 바로 신약성경을 취급하는 데에도 일어나고 있는 일이 아닌가 하고 신학자들이 의심해보는 것은 당연한 일이다. 그러나 그와 동시에 이제는 폐물이 된 고대 세계상을 단순히 어느 명령에 의하여 재현한다든가 신화적 세계상을 재현한다는 것을 불가능한 일이다. 왜냐하면 현대의 우리들의 사고는 좋든 나쁘든 현대과학에 의하여 형성되어 있기 때문이다. 신약성경의 신화론을 맹목적으로 받아들인다는 것은 무리한 일이며, 또한 신앙의 한 조항으로 이렇게 받아들이기를 강요한다는 것은 기독교 신앙을 한 인간의 조작이라는 수준으로 저하시키는 일이 될 것이다. 이것은 이미 수년 전에 빌헬름 헤르만이 지적했던 것으로 사람들은 그것이 극히 명확한 사실이라고 생각했다. 이러한 강요는 결국 이상한 형태의 자기 분열증과 불성실성의 결과를 자아내는 지성의 희생을 필연적으로 동반하게 될 것이다. 그것은 곧 우리가 우리의 일상생활에 있어서는 마땅히 부정해야 할 세계상을 우리의 신앙과 종교 생활에 있어서는 받아들여야 한다는 것을 의미한다. 여기서 우리가 전승받은 현대 사상은 신약성경의 세계상을 비판하게 하는 한 동기를 가져다주고 있다.

인지와 자연계의 지배가 과학과 기술을 통하여 이와 같은 정도로 발전된 오늘날 아무도 신약성경의 세계관을 진지하게 보존할 수 있는 사람이 없을뿐더러 사실 아무도 고수하지 않는다. 예를 들면 사도신경이 당연한 것으로 전제하고 있는 삼층 구조의 우주를 우리가 믿지 않는 오늘날, 사도신경에서 지옥에 내려갔다든가 하늘에 올라갔다든가 하는 말에 우리는 어떠한 의미를 결부시킬 수 있을 것인지 모르겠다. 그러므로 사도신경을 읽는 데 유일한 정직한 길은 신화론적 윤곽을 그 안 안에 들어 있는 진리 - 그 안에 진리가 들어 있다고 가정하고 - 로부터 벗겨버리는 것이다. 이것이 바로 신학이 취급해야 할 문제이다. 스스로 사고할 수 있는 나이의 사람으로서 하나님이 하늘 위에 살고 계시다고 생각하는 사람은 아무도 없다. 대체로 재래적인 의미의 하늘이란 존재하지 않는다. 마찬가지로 우리의 발 밑 땅 속에 들어 있는 신화적 지옥이란 또한 없다. 그리고 그것이 사실일 때 우리는 그리스도가 음부로 내려갔다든가 하늘로 올라갔다는 이야기를 문자 그대로 받아들일 수는 없다. 따라서 우리는 인자가 하늘의 구름을 타고 재림한다든가 신자는 하늘에서 그리스도와 만난다든가 하는 것을 대망할 수는 없다.

자연의 힘과 법칙을 발견한 오늘날, 우리들은 선한 영이든 악한 영이든 영을 믿을 수는 없게 되었다. 별들은 자연법에 의하여 운행되는 천체에 불과하며, 결코 인간을 저들에게 봉사하도록 노예화하는 악마적 존재는 아니라는 것을 안다. 천체가 인간 생활 위에 영향을 가지고 있다 하더라도 그것은 일반 자연법칙으로서 설명될 수 있는 것이오, 결코 천체의 어떤 악의에 기인하는 것이 아니다. 마찬가지로 질병이나 그 회복하는 것은 자연적 인과관계에 귀착시킬 수 있는 것이고 그것이 어떠한 악귀들의 활동이나 주문의 결과는 아니다. 따라서 신약성경 안에 있는 기적들은 이제는 기적일 수 없다. 그리고 기적의 역사성을 정신착란이라든가 최면술의 영향이라든가 하는 것으로써 변호하려는 것은 오히려 기적일 수 없다는 사실을 강조하는데 불과하다. 만일 우리가 아직도 알지 못할 신비롭고 기이한 것이 귀인시킬 수밖에 없는 어떤 육체적 또는 심리학적 현상을 가지고 있다면 우리는 그 원인을 과학적으로 해명하도록 노력할 것뿐이다. 지금은 심령학까지도 과학의 하나로서 자임하고 있다.

전등과 라디오를 사용하며 또 현대 내과와 외과의 의술을 이용하면서 그와 동시에 신약성경의 악귀와 잡령의 세계를 믿는다는 것은 불가능한 일이다. 혹 우리 자신은 그와 같이 믿을 수 있다고 생각할는지 모르지만, 다른 사람들도 그와 같이 믿기를 바란다는 것은 현대사람으로 하여금 기독교의 신앙을 이해할 수 없고 받아들일 수 없는 것으로 만드는 것이다.

그리스도의 재림이 결코 신약성경이 기대한 것과 같이 이루어지지 않았기 때문에 신화적 종말론을 이제는 주장할 수 없게 되었다. 그리고 성년이면 누구나 아는 바와 같이 역사는 앞으로도 끊임없이 흐를 것이다. 언젠가는 이 세계에 종말이 오리라는 것을 비록 믿는다 하더라도 우리가 기대하는 그것이 자연 붕괴의 형태를 띠리라는 것이고, 결코 신약성경이 말하는 것과 같은 신화적 사건은 아니다. 그리고 우리가 만일 그리스도의 재림을 어떤 현대과학으로서 설명한다면 우리는 무의식적이나마 신약성경에 비판을 가하고 있는 것이다. 그러나 자연과학이 신약성경의 신화론이 직면해야 할 유일한 도전의 대상은 아니다. 오히려 보다 더 심각한 도전은 현대인의 자기 이해에 의하여 제기되고 있다…

대속의 교리에도 적용된다. 즉 어떻게 죄없는 한 사람 – 만약 죄없는 한 사람에 대하여 말할 수 있다면 - 의 죽음에 의하여 다른 사람의 죄가 용서될 수가 있겠는가 하는 것이다. 죄와 의에 대한 원시적 관념이 얼마나 여기에 반영되어 있으며, 또한 얼마나 소박한 신관념이겠는가? 일반적으로 희생에 대한 이론적 근거가 물론 이 속죄론을 어느 정도 이해할 수 있게 한다지만, 신적인 존재가 인간이 되어야 하며 또한 자기 자신의 피로써 인간의 죄를 대속해야 한다는 것은 얼마나 원시적인 신화론인가?…

예수의 부활이라는 것도 그것이 초자연적인 힘의 개방이요, 인간은 성례전을 통하여 이 힘을 자기의 것으로 할 수 있는 하나의 사건을 의미한다면, 마찬가지로 이해하기 어렵다. 생물학자들에게 이러한 말은 무의미하다. 그들에게는 죽음이란 하등 문제시되는 것이 아니기 때문이다. 이상주의자는 죽음에서 벗어난 생명이라는 사상에 반대하지는 않을 것이다. 그러나 그는 이러한 생명이 죽은 자의 소생으로써 가능하게 된다는 것을 믿을 수 없다. 만일 이것이 하나님이 인간에게 생명을 주는 방도라면 그 행위는 필연적으로 자연 기적에 포함된다. 이상주의자로서 이러한 생각을 가질 수는 없다. 그는 정신과 인격을 개조하는 데에서만 역사하는 하나님을 볼 수 있기 때문이다. 그러나 이러한 기적이 믿을 수 없는 것이라는 것은 별도로 하고, 그는 어떻게 이와 같은 사건이 하나님의 행위일 수 있으며, 어떻게 이것이 자기 자신의 생명에 관계될 수 있는가를 이해할 수 없다.

영지주의 사상은 죽었다가 다시 살아난 그리스도는 단순한 인간 존재가 아니라 신인이었다는 것을 암시해준다. 그리고 그의 죽음과 부활은 그에게만 일어난 고립된 사실이었다고 한다. 그러나 현대인이 이러한 지적 분위기 속에 자기를 넣고 생각할 수 있다는 것은 다만 노력에 의해서만 가능한 것이지만, 그런 때에도 자기 자신이 결코 이런 생각을 당연한 것으로 받아들일 수는 없다. 왜냐하면 이러한 사고는 인간의 본질을 자연으로 보고 있으며, 구원은 자연의 과정으로 보고 있기 때문이다. 그리고 그리스도의 선재에 대해서도 인간이 하늘의 빛의 세계로 옮겨진다는 것과 인간이 하늘의 옷과 영체를 입는다는 생각과 더불어 이런 것은 모두 현대인에게는 비합리적일뿐만 아니라 전혀 무의미한 것이다. 왜 하필 구원은 이러한 특수한 형태를 취해야 하며, 왜 이것이 인간의 생명의 완성이며 인간의 참 존재의 실현인가를 현대인은 이해할 수 없다…

3) 해결책으로서의 실존론적 해석

이러한 해석을 가지고 있는 활동에 대하여 여기서는 몇몇 사례와 더불어 개요를 말할 수 있는 것뿐이다. 이러한 신학적 활동에 대하여는 마치 어떤 공식을 발견한다든가 또는 어떠한 조그마한 문제를 간단히 처리해버리는 그러한 쉬운 일이라는 인상을 버리지 않으면 안된다. 이것은 훨씬 어려운 과제이며, 결코 한 개인의 손으로 이루어질 수 있는 것이 아니라, 하나의 전 신학적 세대의 전 시간과 노력을 필요로 할 것이다.

신약성경의 신화론은 그 본질에 있어서 유대 묵시문학과 영지주의의 구원신화의 그것이다. 그런데 이 양자에 공통된 것은 이원론적 근본관념이며, 이에 의하면 현 세계와 그 안의 인간은 악귀 또는 악마적 힘의 지배하에 있으므로, 구원을 필요로 하고 있다. 그러나 인간은 자력으로 이 구원을 달성할 수는 없으며, 이것은 하나님의 관여를 통하여 인간에게 선물로서 오지 않으면 안된다. 양 신화론은 모두 이러한 하나님의 관여를 말하고 있다. 즉 유대적 묵시문학은 메시야가 옴으로 현 세대에 종말이 오고 새로운 세대가 도입되는 절박한 위기에 대하여 말하고 있으며, 영지주의는 빛의 세계로부터 파견된 하나님의 아들에 대하여 말하는 바 이는 인간의 형상으로 이 세상에 오며, 그의 운명과 교훈에 의하여 그를 믿는 선민을 해방하고 그들의 고향인 하늘 나라로 돌아가는 길을 열어준다고 한다.

이 두 형태의 신화론적 의미는 그들의 객관적, 구체적 표현에 있는 것이 아니라 양자가 다같이 표현하려고 하고 있는 인간 실존 이해에 있다. 다시 말하면 그들은 모두 실존론적으로 해석하지 않으면 안된다. 이러한 취급의 좋은 예는 한스 요나스의 영지주의에 대한 책에서 발견된다.

우리들의 과제는 같은 노선에서 신약성경의 이원론적 신화론을 실존론적으로 해석한다는 것이다. 예를 들면 세계를 지배하고 인류를 속박하고 있는 악마적 힘에 대한 기사를 읽을 때에 이러한 표현 속에 놓여 있는 인간 실존의 이해는 과연 오늘날 비신화적으로 사고하는 사람들에게까지도 인간 실존을 이해할 수 있는 파악 방책을 주고 있을 것인가 하는 것이다. 물론 성경이 우리에게 제시하는 인간학이 현대학문적 인간학과 같은 것을 제시한다고 생각해서는 안된다. 이것은 논리적으로 증명될 수 있거나 또는 사실적인 근거를 들어서 증명될 수 있는 성질의 것이 아니다. 학문적 인간학은 언제나 실존에 대한 명확한 이해를 당연한 전제로 하고 있으며, 이 이해는 의식적이든 아니든 언제나 한 결단의 결과를 가져오고 있는 것이다. 그리고 이것이 곧 신약성경이 인간에게 진실한 실존적 결단을 요청하는 자기 이해를 제시하고 있는 것이 아닌가를 우리가 찾아보지 않으면 안될 이유이다.

Rudolf Bultmann, *New Testament and Mythology and Other Basic Writings* (Philadelphia: Fortress, 1989)

4. 폴 틸리히(Paul Tillich, 1886-1965)의 변증법적 인간 실존

폴 틸리히는 실존주의의 영향을 받은 신정통주의자로서 자유주의에 근접한 사람이다. 그는 존재론적인 분석과 신플라톤적인인 관념주의 철학에 의존하여 성경을 해석했고, 특히 변증법적 방법으로 신학의 정수를 발견하려고 노력하였다. 그는 "존재에의 용기"(The Courage to be)에서 변증법적인 방법으로 인간의 실존에 도전한다.

절대적 신앙과 존재에의 용기

존재의 기반과의 신비적 결합에 근거를 둔 존재에의 용기를 묘사하는

데 있어서나, 하나님과의 인격적인 만남에 근거를 둔 존재에의 용기를 묘사하는데 있어서 우리는 신앙이라는 개념을 피하여 왔다. 그 이유는 신앙이라는 개념이 그 순수한 의미를 잃어버리고 "믿을 수 없는 것을 믿는다"고 하는 의미를 가지게 되었기 때문이기도 하다. 그러나 신앙이라는 용어 이외의 용어를 사용한 것은 이와 같은 이유 때문만도 아니다. 그 결정적인 이유는 신비적 결합이나 인격적인 만남이라는 것이 신앙의 관념을 충당할 수 없다고 생각하기 때문이다. 영혼을 유한에서 무한의 세계로 끌어 올려 존재의 기반과 연합하게 하는 데 대한 신앙도 있기는 하다. 그러나 신앙이라는 개념에는 이것 이상의 것이 포함되어 있는 것이다. 신앙이란 것은 존재-자체의 힘에 사로잡혀 있는 상태를 말하는 것이다. 존재에의 용기는 신앙의 한 표현이며 "신앙"의 의미는 존재에의 용기를 통하여 이해하여야 하는 것이다. 우리는 용기를 비존재에도 불구하고 하는, 존재의 자아-긍정이라고 정의하였다. 이 자아-긍정의 힘은 용감한 행동에서는 어디에서나 그 효력을 발휘하는 힘인 것이다. 그리고 신앙은 이 힘에 대한 체험을 의미하는 것이다.

그러나 이 체험은 용납됨을 용납한다고 하는 역설적인 성격을 지닌 것이다. 존재-자체는 유한한 존재는 무엇이나 다 무한히 초월한다. 그리고 하나님은 인간과의 만남에 있어서도 인간을 무조건적으로 초월한다. 신앙은 이 무한한 간격이 있음에도 불구하고 존재의 힘이 현존하여 있다는 사실과 멀리 분리되어 있는 사람이 용납됨을 받는다고 하는 사실을 받아들임으로써 이 무한한 간격에 다리를 놓아주는 것이다. 신앙은 "…에도 불구하고"를 받아들인다. 그리하여 "…에도 불구하고"라는 신앙에서부터 "…에도 불구하고"라는 용기가 생겨나는 것이다. 신앙은 확실치 않은 것에 대한 이론적인 긍정이 아니다. 신앙은 평범한 경험을 초월한 무엇을 실존적으로 받아들이는 것이다. 신앙은 의견이 아니라 하나의 상태를 의미하는 것이다. 존재하여 있는 것은 무엇이나 다 초월하는 존재의 힘, 그리고 존재하여 있는 것은 무엇이나 다 거기에 참여하고 있는 존재의 힘에 사로잡혀 있는 상태를 의미하는 것이다. 이 힘에 사로잡힌 사람은 존재-자체의 힘이 자기를 긍정한다는 사실을 알고 있기 때문에 자기 자신을 긍정할 수 있게 되는 것이다. 이 점에 있어서 신비적인 경험과 인격적인 만남은 다 같은 것이다. 이 두 가지 경험에 있어서 신앙은 존재에의 용기의 토대가 되는 것이다.

우리가 살고 있는 시대와 같이 회의와 무의미성에 대한 불안이 지배하고 있는 시대에 있어서는 이와 같은 사실이 결정적으로 나타나고 있다. 사실 우리 시대에도 운명과 죽음에 대한 불안이 없는 것은 아니다. 우리 세대의 정신분열증 증세가 이전 세대의 안전감의 잔재를 제거하여 버린 만큼 운명에 대한 불안도 증가하였다. 그리고 죄책과 정죄에 대한 불안도 없는 것은 아니다. 정신분석과 개인상담에 있어서 죄책에 대한 불안은 놀라우리만치 많이 표면화되고 있다. 생명력의 투쟁을 몇 세기 동안 억압하여 온 청교도주의와 부르조와 사상은 지옥과 연옥에 관한 중세기의 설교만큼 많은 죄책감을 빚어내었다.

그러나 이와 같은 부수조건이 따름에도 불구하고 우리 세대를 좌우하고 있는 불안은 회의와 무의미성의 불안이라고 말할 수밖에 없다. 사람들은 자기자신의 실존의 의미를 잃어버렸거나 또 잃어버리지 않을 수 없다는 사실을 두려워하고 있다. 이와 같은 상황의 표현이 오늘날의 실존주의인 것이다.

회의와 무의미성의 형태로 나타난 비존재를 어느 용기가 포섭할 수 있을 것인가? 존재에의 용기를 추구하는 데 있어서 이것이야말로 가장 중요하고 가장 어려운 문제인 것이다. 왜그런가 하면 무의미성에 대한 불안이 운명과 죽음에 대한 불안과 죄책과 정죄에 대한 불안이 건드리지 못한 문제를 뒤흔들어 놓기 때문이다. 죄책과 정죄에 관한 불안에 있어서 회의는 아직도 궁극적 책임에 관한 확실성을 동요시키지 못하고 있다. 우리는 위협을 당하고 있기는 하지만 아직도 파멸을 당하지는 않았다…

그렇다면 여기서 문제가 되는 것은 바로 무의미성과 회의에 대한 불안을 정복할 수 있는 용기가 과연 존재하느냐 하는 것이다. 다시 말해서 용납됨을 용납하는 신앙이 과연 가장 철저한 형태로 나타나는 비존재의 힘을 저항할 수 있느냐 하는 것이다. 신앙이 무의미성을 저항할 수 있는가? 회의와 무의미성과 함께 공존할 수 있는 신앙이라는 것이 과연 존재하는가? 이와 같은 문제들을 계기로 하여 우리는 이 강연에서 다루고 있는 문제의 가장 최종적인 문제, 즉 우리 시대에 가장 적절하게 해당되는 문제로 들어가게 된다. 즉 존재에의 용기를 창조하는 모든 길이 궁극적으로는 다 불완전하다는 사실을 체험하였다고 하면, 존재에의 용기가 어떻게 가능하게 되느냐 하는 것이다. 만일 생도 죽음과 마찬가지로 무의미하다고 하면 만일 완전성과 마찬가지로 무의미하다고 하면 우리는 존재에의 용기의 근거를 어디에 둘 것인가?

일부 실존주의자들 사이에는 회의로부터 독단적인 확실성으로 무의미성으로부터 특별한 교회나 정치단체의 의미를 구현하고 있는 어떤 상징물로 비약함으로써 이 문제들을 해결하려는 경향이 있다. 이와 같은 비약은 여러 가지로 해석할 수 있을 것이다. 이것이 안전성에 대한 욕구의 표현일 수도 있고, 실존주의 원칙에 따라 모든 결단이 다 자의적인 것처럼 이것이 독단적인 것일 수도 있고, 인간실존을 분석함으로써 제시된 문제들에 대한 해답은 곧 기독교의 메시지라고 하는 느낌일 수도 있고, 이론적인 상황과는 독립된 순수한 회심일 수도 있을 것이다. 그러나 이 어느 하나의 경우에 있어서도 이것은 철저한 회의의 문제에 대한 해결책은 아닌 것이다. 이것은 회심한 사람들에게는 존재에의 용기를 주지만, 이와 같은 용기 자체가 어떻게 가능하게 되느냐 하는 문제에 대해서는 해답을 주지 못한다. 해답이라고 하는 것은 그 전제 조건으로 무의미의 상태가 있다는 것을 인정하여야 한다. 만일 그 해답이 이 상태를 제거할 것을 요구한다면 그 해답은 해답이 아닌 것이다. 그리고 문제는 바로 이것을 할 수 없다는 데 있는 것이다. 회의와 무의미성의 손아귀에 들어 있는 사람은 이 손아귀에서 자기 자신을 해방시키지 못한다. 그러나 그는 자기의 절망적 상황 밖에서가 아니라 바로 그 안에서 타당할 수 있는 해답을 구한다. 그는 우리가 말한 절망의 용기의 기반을 추구한다. 그러나 만일 우리가 이 문제를 회피하지 않는다고 하면 가능한 해답은 하나밖에 없는 것이다. 즉 절망을 받아들이는 것 자체가 신앙이며 이것은 존재에의 용기의 접경선에 놓여져 있는 것이다. 이와 같은 상황에 있어서 생의 의미는 생의 의미에 관한 절망으로 환원된다. 그러나 이 절망이 생의 한 행위인 한 이것은 그 부정성을 통하여 긍정적이 되는 것이다. 냉소적으로 말하자면 생에 대해서 냉소적이 되는 것이 생에 충실하는 것이라고 말할 수도 있을 것이다. 종교적으로 말하자면 용납됨을 받는다고 하는 사실의 의미에 대하여 절망적임에도 불구하고 자기는 용납됨을 받았다고 인정한다고 말할 수도 있을 것이다. 과격한 부정이라는 것은 다 그것이 능동적인 부정인 한, 자기 자신을 부정할 수 있기 위하여 자기 자신을 긍정하여야 한다는 역설을 지니고 있는 것이다. 긍정을 내포하고 있지 않은 부정이라는 것은 실제로 있을 수 없는 것이다. 절망이 빚어내는 숨은 쾌감이야말로 자아부정의 역설적 성격을 입증하고 있는 것이다. 부정적인 것은 그것이 부정하고 있는 긍정적인 것을 통하여 존재하는 것이다.

 절망의 용기를 가능케 하는 신앙은 비존재의 손아귀에 있으면서도 존재의 힘을 인정하는 것이다. 의미에 대한 절망에 있어서도 존재는 우리를 통하여 자기 자신을 긍정한다. 무의미성을 받아들이는 행위자체가 의미있는 행위이며, 이것은 신앙의 행위인 것이다. 운명과 죄책에도 불구하고 자기의 존재를 긍정할 수 있는 용기를 가진 사람이라고 하여 그것들을 제거하여 버린 것이 아니라고 하는 사실을 우리는 이미 보았다. 그는 그것들 때문에 여전히 위협을 받고 공격을 당하고 있다. 그러나 그는 자기가 참여하고 있는 존재의 힘, 운명과 죄책에 대한 불안을 짊어질 수 있는 용기를 그에게 부여하여 주는 존재의 힘이 자기를 용납한다는 사실을 받아들이는 것이다. 회의와 무의미성에 관해서도 마찬가지이다. 그것들을 자기 자신 속에 포섭할 수 있는 용기를 창조하는 신앙 자체에는 아무런 내용도 없다. 그것은 단순히 방향이 없는 절대적인 신앙인 것이다. 정의된 것은 무엇이나 다 회의와 무의미성으로 인하여 해소되고 말기 때문에 신앙은 정의할 수도 없다. 그러나 절대적인 신앙이라고 할지라도 그것은 아무 객관적 근거가 없는 주관적 감정이나 기분의 폭발은 아니다.

절대적 신앙의 본질을 분석하여 보면 다음과 같은 요소가 그 안에 있다는 사실이 밝혀진다. 첫째는 존재의 힘은 비존재가 가장 과격한 형태로 나타났을 적에도 현존한다는 사실에 대한 체험이다. 만일 이와 같은 체험에 있어서 생명력이 절망을 저항한다고 누가 말한다면 우리는 거기에 덧붙혀서 인간의 생명력은 지향성에 따라서 그 강도가 좌우된다고 말하여야 한다. 무의미성의 심연을 견딜 수 있는 생명력은 의미의 파괴 속에서 숨은 의미를 의식하는 것이다. 절대적 신앙의 두 번째 요소는 존재의 체험에 의존하며 무의미성의 체험은 의미의 체험에 의존한다는 사실이다. 절망적 상태에 있어서도 인간은 절망을 가능하게 하기에 충분한 존재를 지니고 있다. 절대적 신앙에는 세 번째 요소가 있는데 그것은 용납됨을 용납하는 것이다. 물론 절망적인 상태에서는 자기를 용납하는 것이 있을 수 없다. 그러나 용납하는 힘 자체만은 체험할 수 있는 것이다. 무의미성은 그것이 체험된 것인 한 "용납하는 힘"에 대한 체험을 포함한다. 이 용납하는 힘을 의식적으로 받아들이는 것이 곧 절대적 신앙이라고 하는 종교적 해답인 것이다. 그리고 이 신앙은 구체적 내용에 대한 회의 때문에 잃어버렸던 것이기는 하지만 그럼에도 불구하고 이것은 여전히 신앙이며 또 존재에의 용기의 가장 역설적인 형태의 근원인 것이다…

절대적 신앙은 다른 여러 가지 종류의 마음의 상태와 나란히 나타나는 따위의 상태가 아니다. 이것은 분리되거나 한정될 수 있는 것도 아니며, 따로 떼어 묘사할 수 있는 따위의 사건도 아니다. 이것은 언제나 다른 여러 가지 종류의 마음의 상태 안에 그것과 함께 또 그 아래에 놓여 있는 움직임인 것이다. 이것은 인간의 여러 가지 가능성의 경계선에 놓인 상황인 것이다. 아니 이것이 바로 그 경계선인 것이다. 그러므로 이것은 절망의 용기인 동시에 모든 용기 안에 있는 용기, 모든 용기를 초월하는 용기인 것이다. 이것은 우리가 눌러 살 수 있는 어떤 자리를 의미하는 것이다. 여기서는 말이나 개념 같은 것으로 안전을 기할 수도 없고, 이름도 없고 교회도 없고 종파도 없고 신학도 없다. 그러나 이것은 이 모든 것의 밑바닥에서 움직이고 있는 것이다. 이것이 바로 존재의 힘이며, 이와 같은 것들은 다 여기에 참여하고 있으며, 또 동시에 그 단편적인 표현들이다.

…이는 운명과 죽음 안에서 나타난 비존재를 정복할 수 있는 어떤 구체체인 것을 보지 못하면서도 존재를 긍정할 수 있는 절대적 신앙으로서 다시 소생하는 것이다. 그리고 죄책과 정죄에 대한 불안을 견딜 수 있게 하는 전통적 상징들이 그 힘을 잃었을 때에도 우리는 죄책과 정죄에 대한 불안을 통하여 유신론의 하나님(편자주: 틸리히는 유신론의 하나님을 믿는 사람을 그리스도인이 아니라 보통의 종교인이라고 말한다) 이상가는 하나님을 의식할 수 있게 되는 것이다. "하나님의 심판"을 심리적 착각으로 죄사함을 "아버지 이미지"로 해석할 때에도 전에 이와 같은 상징들을 통하여 나타났던 힘은 여전히 현존하여 현실의 우리와 당위의 우리 사이에 놓인 무한한 간격에 대한 체험에도 불구하고 존재하려고 하는 용기를 창조할 수 있는 것이다. 즉 루터교회인 용기가 다시 소생하게 되는 것이다. 그러나 심판하고 용서하는 하나님에게 대한 신앙이 지지하는 용기가 아니라 죄책을 정복하는 어떤 특정한 힘이 없음에도 불구하고 긍정할 수 있는 절대적 신앙의 형태로 다시 소생하는 것이다. 무의미성에 대한 불안을 자기 자신이 짊어질 수 있는 용기는 존재에의 용기가 도달할 수 있는 한계선인 것이다. 그 이상은 단순한 비존재이다. 모든 형태의 용기는 다 그 안에서 유신론의 하나님 이상가는 하나님의 힘을 통하여 재확립되는 것이다. 존재에의 용기는 하나님이 회의에 대한 불안을 통하여 사라져버렸을 때에 다시 나타나는 하나님에게 뿌리를 두고 있는 것이다.

- Paul Tillich, *The Courage to be* (New Haven: Yale University, 1959)

5. 라인홀드 니버(Reinhold Niebuhr, 1893-1971)의 기독교 사회윤리

니버는 기독교 윤리학을 다룬 신학자인데, 그는 "도덕적 인간과 비도덕적 사회"(*Moral Man and Immoral Society*)에서 기독교인이 어떻게 사회문제와 정치문제에 참여해야 하는가를 말해준다. 또한 그는 집단의 문제는 개인윤리의 차원이 아니라 사회윤리 차원에서만 해결될 수 있다고 보고, 종교가 이런 역할을 가장 충실히 감당할 수 있는 사회집단이라고 주장하였다. 그러므로 교회는 사랑을 갖고 사회문제에 적극적으로 참여해야 한다고 호소한다.

사회문제를 다룸에 있어서 종교적 원천과 한계는 회개하는 마음보다는 사랑의 정신에서 더욱 뚜렷하게 나타난다. 앞에서 이미 살펴본 바와 같이 종교는 절대적 무관심의 순수성에 도달할 때까지 도덕적 생활원리를 절대화함으로써 그리고 초월적 가치를 다른 사람들의 생활에 나누어줌으로써 사랑과 자애를 고취시킨다. 이런 점에서 종교는 도덕생활에 지속적인 기여를 한다. 왜냐하면 보다 복잡한 사회 관계에서 나타나는 한계들에도 불구하고 이러한 기여는 일반적으로 보다 더 친밀한 관계들에서만 표현되는 도덕적 태도들의 연장 및 확대로 받아들여져야 하기 때문이다.

예수는 "만일 너희가 너희를 사랑하는 자들만을 사랑한다면 무슨 보답이 있으리요?"라고 말한다. 기독교의 모든 사회적 함축성은 바로 이 말의 논리에서 드러난다.

종교의 초월적 전망은 모든 사람들을 형제로 보도록 하고 자연, 기후, 지리, 역사가 인간의 가족을 갈라놓은 구별들을 무시한다. 종교적 이상주의자들은 바로 이러한 통찰에 입각해서 국가적, 민족적, 계급적 차별을 초월한다.

종교의 위대한 예언자와 성인들은 종교적 도덕성에 함축되어 있는 '사랑의 보편주의'와 전체 인류사회에서 효력을 발휘할 수 있다는 가능성에서 사회구원의 소망을 항상 갈구하였다…

초기 기독교 공동체에서 그 집단의 생활을 규율하는 사랑의 정신이 궁극적으로 전인류의 도덕적 생활을 교화시키리라는 소망은 자연스러운 것이다. 이러한 소망은 서구세계의 역사에서 반복적으로 나타났다…

사회재건이라는 급박한 문제에 직면한 시대는 종교적 삶의 이러한 측면, 즉 영혼이 역사의 가능성을 초월하는 측면을 거의 이해하지 못한다. 이를 이해할 수 있기 위해서는 새롭고 정의로운 사회가 건설되어야만 한다. 우리 인간은 자신의 공동체 생활에서 개인적인 이상들을 실현하도록 노력해야 한다…

사회를 중심에 두고 바라보면 최고의 도덕적 이상은 정의이고 개인을 중심에 두고 바라보면 최고의 도덕적 이상은 이타성이다. 사회는 여러 면에서 어쩔 수 없이 이기심과 반항과 강제력과 원한 등과 같이 도덕성이 높은 사람들로부터 전혀 도덕적 승인을 얻어낼 수 없는 방법을 사용할지라도 최종적으로는 정의를 추구해야 한다.

    Niebuhr, *Nature and Destiny of Man*. New York: Charles Scribner's Sons, 1941-1943.

참고 문헌

Barth, Karl, *The Church and the Political Problem of Our Day*. New York: Charles Scribner's Sons, 1939.

──, *The Epistle to the Romans*. London: Oxford University Press, 1933.

Bates, M. S., *Religious Liberty*. New York: International Missionary

Council, 1945.
Bonhoeffer, Dietrich, *The Cost of Discipleship.* London: SCM Press, 1948.
Johnson, Paul, *A History of Christianity* (New York: Macmillan Publishing, 1976)
Kierkegaard, Soren, *Journals.* London: Oxford University Press, 1948.
──────, *Sickness Unto Death.* Princeton: Princeton University Press, 1942.
Lowrie, Walter, *A Short Life of Kierkegaard.* London: Oxford University Press, 1943.
Niebuhr, Reinhold, *Beyond Tragedy.* New York: Charles Scribner's Sons, 1938.
──────, *Does Civilization Need Christianity?* New York: The Macmillan Co., 1927.
──────, *Moral Man And Immoral Society.* New York: Charles Scribner's Sons, 1933.
Tillich, Paul, *The Religious Situation.* New York: Holt, Rinehart & Winston, Inc., 1932.

연 대 표

1873-?	키에르케고르
1884-1976	루돌프 불트만
1886-1968	칼 바르트
1889-1966	에밀 부르너
1892-1971	라인홀드 니버

1893-1965	폴 틸리히
1907-1945	본훼퍼
1937	본훼퍼의 투옥
1919	칼 바르트의 "로마서 주석"
1926-	몰트만
1927	칼 바르트의 "기독교교의학"
1932	칼 바르트의 "교회교의학"
1933	니버(Nieber), "도덕적 인간과 부도덕한 사회"(*Moral Man and Immoral Society*)
1941	"신약성경과 신화"(*New Testament and Mythology*)
1944	본훼퍼의 "옥중서신"(*Letters and Papers from Prison*)
1945	본훼퍼의 처형
1964	몰트만의 "희망의 신학"

제 10 장
이데올로기와 급진신학

Ⅰ. 이데올르기 시대

마르크스와 진화론에 힘을 입은 세속주의 사상의 발전은 기독교의 토대를 좀먹고 이데올르기에 근거하여 기독교 사회를 말살하거나 이용하려 하였다. 그리하여 20세기에 접어들면서 자유주의 사상에 젖은 인본주의자들은 사회적 기독교의 지지자들이 되어 더 나은 세계를 추구하였다. 그러나 이런 인간들의 낙관적인 사고는 세계제1차대전으로 큰 타격을 받았고, 이와 더불어 국수주의와 민족주의가 기승하더니 기독교 세계에 가장 치명적인 전체주의가 등장하였다.

전체주의의 이데올르기는 한 사람의 카리스마적인 지도자와 이를 지지하는 당에 의해 운영되는 독재 정권으로서 이탈리아의 파시즘 정부와 독일의 나찌즘 정부가 그 대표적인 예이다. 이들 정권들은 기독교회에 도전을 가하였고, 이에 따라 기독교회는 각기 서로 다른 방법으로 대응하였다. 특히 나찌즘은 히틀러의 지도 아래 국가 사회주의를 제창하여 수백만의 독일 사람들에게 새로운 신앙처럼 여겨졌다. 그리하여 일단의 독일 그리스도인들은 히틀러의 사회주의를 지원하고 유대인들에 대한 박해에 동조하였다. 하지만 종교문제에 대한 나찌즘의 침해는 잇따라 교회들이 이들에 대한 투쟁에 나서게 했고, 칼 바르트를 중심하는 고백교회들은 1934년에 바르멘 선언을 하였다. 처음에 바르멘 선언은 정권에 대한 저항으로 시작한 것이 아니라 잘못된 독일 기독교인들의 입장을 반대하기 위한 것이었으나, 나찌에 의해 조직적인 항쟁으로 내비치어 게쉬타포에 의해 많은 고백교회 목사들이 세계제2차대전이 종전되기까지 심한 박해를 받았다.

한편 전체주의 좌익적인 특성을 갖는 공산주의가 마르크스 레닌주의에 입입어 북유럽을 장악하여 많은 그리스도인들이 박해를 견뎌야 했고, 심지어 오랜 공산주의 체제하에서 기독교가 그 지역에서 오랫동안 실종되어 버리는 아픔을 겪었다. 그러나 20세기말에 하나님의 은혜로 공산주의의 기세는 꺾이고 북유럽에 자유주의의 물결이 출렁이고 있으며, 이데올르기 시대의 커튼이 벗겨지고 있다.

II. 급진신학

20세기 이데올르기 시대는 각 영역에서 자신의 주장을 앞세운 급진신학들이 등장하였다. 한편 전통적인 보수주의를 주창해 오던 카톨릭 교회도 제2차 바티칸 총회를 기점으로 급격히 자유주의화 되면서 심지어 오늘날에는 종교다원주의적인 급진신학의 형태를 띠고 있다.

1. 현대 카톨릭 신학

로마카톨릭은 제2차 바티칸공의회(1965)를 기점으로 '교회 바깥에는 구원이 없다'는 전통적인 교회중심주의를 탈피하고 타종교를 포용하는 종교다원주의적 입장을 띠게 되었다. 물론 제2차 바티칸공의회가 모든 종교에 구원이 있다라고 명시적으로 언급은 하지 않았으나 그 내용으로 보건대 로마카톨릭의 전통주의에서 포괄주의로의 전환을 의미한다. 이러한 포괄주의적인 카톨릭 신학사상에 칼 라너는 지대한 영향을 끼쳤는데, 그는 하나님의 보편구원의지를 천명하고, 그리스도 중심적인 포괄주의적 신학을 펼쳐 카톨릭의 종교다원주의의 길을 열었다. 그는 1961년에 "기독교와 비기독교 종교"라는 강연을 통해 기독교가 유일한 종교이지만 다른 종교로도 초자연적 은총의 요소를 지니고 있다는 의미를 담는 "익명의 그리스도인"이라는 개념을 도입했다. 여기서 익명의 그리스도인이란 교회 바깥에 있어 역사적 예수는 믿지 않지만 그리스도인과 동일한 신앙으로 하나님의 보편적 은총을 수락한 사람을 일컫는다.

현재 카톨릭 교회는 배타적인 교회중심적 전통주의에서 신중심적 포괄주의로 향해 나아가고 있으며, 종교다원주의의 양상을 띠고 있다. 그들은 구원에 이르는 길은 많다고 말하고 산을 오를 때, 어디로 올라가더라도 그 정상에만 오르면 되지 않는가 하는 사상을 갖는다. 이러한 사상은 본래 자연신학과 인간본성의 선을 주장하는 카톨릭 교회의 전통에 근거한 것이고, 타종교권에 사는 많은 사람들을 지리적이면서도 사회적인 벽 때문에 구원의 반열에서 제외시킬 수 없다는 현실주의적인 생각을 반영한 것이다. 그러나 이러한 신학사상은 기독교 신앙의 무의미성을 초래할 수 있는 급진신학이라 말할 수 있으며, 오늘날 개신교 신학자 가운데서도 포괄주의와 종교다원주의를 인정하는 위험스러운 경향이 있다.

2. 해방신학

해방신학은 오랜 군사독재로 인구의 대다수가 빈곤과 억압에 시달리는 남미의 실제적 현실에서부터 싹튼 신학이다. 이는 가난하고 억눌린 자들의 해방을 추구하는 신학으로서 불공정한 상황을 시정하는 것이 기독교 역사의 과제이며, 인류의 공동노력은 자유롭고 인간적인 사회를 건설하는 데 있다고 주장한다. 이렇게 남미에서 시작된 해방신학은 1980년대에 전세계적으로 유포되었고, 한국의 정치사회문제와 연관되어 한국의 민중신학에도 깊숙히 영향을 주었다.

결국 해방신학은 기독교 신앙에 대한 새로운 해석을 시도하고, 실천을 중심으로 모든 신학을 연결시킨다. 해방신학은 프락시스를 우선하는 신학으로서 교회는 불의한 기존질서에 맞서 억압받는 사람들을 해방하는 일에 책임이 있다고 주장한다. 그들은 해방의 성경적 근거를 이스라엘 민족이 이집트의 착취에 맞서 그곳을 탈출한 데 맞추고 해방자로서의 하나님을 소리높인다. 또한 그들은 해방을 위해서는 폭력도 불사해야 하며, 하나님은 지배자였던 이집트의 하나님의 아니라 억압자였던 이스라엘의 하나님이었다고 주장한다. 그리하여 전통신학이 지배자의 관점을 대변했다면 해방신학은 피지배자 즉 억눌린 자와 가난한 자의 관점을 대변한다고 생각하였다. 이러한 해방신학의 이론적 토대에 지대한 영향을 끼친 사람은 구티에레즈인데, 그는 "해방신학"에서 "구세주 그리스도는 인간 우애의 유린과 불의와 모든 압제의 근본원인인 죄에서 인간을 해방시키고 인간을 참으로 자유로운 몸이 되게 만든다"라고 주장한다.

이러한 해방신학은 성경이 아닌 인간의 상황에서 그 출발점을 삼았고, 억압당하는 자들의 자유를 추구했다는 그들의 문제의식은 합당했을지라도, 성경을 상황논리에 맞추어 해석하고, 폭력적인 방법을 정당화한 방식은 분명히 정통신학에 대한 도전이었다.

3. 여성신학

여성신학은 전통신학이 지닌 여성차별적이고 억압적인 구조를 지적하고 이런 문제를 여성의 관점에서 시정하려는 것을 목표로 삼는다. 해방신학이 지배자와 피지배자와의 관계에서 파생했다면, 여성신학은 남성의 여성에 대한 억압과 지배에서 파생하였다. 따라서 여성신학은 해방신학과 동일한 맥락에서 이해할 수 있는데, 여성신학자들은 여성의 참된 인간화와 여성해방을 부르짖는다.

사실 중세교회에서는 여성을 쾌락으로, 남성을 유혹하는 마귀의 끄나풀로, 보고 여성을 등한시했다. 하지만 종교개혁 이후에 여성의 이미지는 보다 신장되었고, 청교도들은 남녀평등을 실현시켜 여성에게도 교육의 기회를 부여하였고, 퀘이커파들은 심지어 여성들이 대중 앞에서 가르치는 것도 인정하였다. 또한 19세기에는 미국에서 여성들이 선거권 운동을 전개하여 여성의 인권이 급격히 신장되었으며, 마침내 20세기 중반에 와서는 여성학이라는 새로운 학문이 형성되어 여성들의 권익신장과 남녀불평등 타파라는 슬로건이 등장하였다.

이러한 사회적 분위기에 해방신학이 여성신학의 형성에 커다란 영향을 미쳤고, 1968년에 출간된 메리 데일리의 "교회와 제2의 성"은 성차별사상을 적나라하게 기술하여 교회에 커다란 파문을 일으켰다. 그녀는 교회가 여성차별적이며, 가부장 문화로 가득하다고 주장하고, 이는 남성중심의 이원론 사상이 빚은 결과라고 하였다. 뒤이어 레티 러셀의 "여성해방신학"이 출간되었는데, 그녀는 여성신학자들 사이에서 온건파로 알려져 있다. 그녀는 "여성은 속박의 제1인자였고, 여성은 남자 노예가 존재하기 전에 있었던 노예였다"라고 말하고 여성들의 압제는 교회와 사회 속에서 나타나는 또 다른 형태의 착취를 지지하고 영속시키는 보편적인 착취 형태라고 주장하였다.

또한 여성신학자들은 전통신학과 교회제도뿐만 아니라 성경본문 속에도 남성우월주의가 성차별적 요소를 많이 가미했다고 생각하고 하나님에 대한 인간 경험의 의미와 가치를 여성의 입장에서 성찰하려고 한다. 그리하여 성경 본문 속에 나오는 남성중심적 용어의 삭제나 어휘의 공동사용 전환을 외친다. 그리고 여성신학자들 중에 보다 급진적인 사상을 가진 이들은 여성의 경험에 근거하여 보다 새로운 형태의 종교를 구성하려고 한다. 그들은 하나님(God)을 가부장적인 남성신으로 해석하여 이를 거부하고 보다 궁극적인 실재를 표현하기 위하여 여신(Goddes)을 사용하기도 한다. 메리 데일리가 이와 같은 입장에 속하고, 레티 러셀이나 필리스 트리블과 같은 여성신학자는 전통적인 기독교 신앙을 포기하지는 않고 다만 그 구조 내에서 여성의 권익과 평등을 옹호하려는 입장을 갖는다.

이렇게 여성신학은 여성을 억압하고 비인간화시키는 모든 제도와 세력으로부터 여성을 해방시키는 것을 목적으로 한다. 여성신학은 남성중심사회에서 여성의 억압과 차별을 극복하려는 견지에서 해방신학과 같이 상황과 경험의 산물이다. 그러나 여성신학이 성경을 가부장적인 문화의 산물이라고 공격하고 하나님을 아버지 어머니라고 부르는 행위는 성경의 초자연성과 삼위일체 하나님에 대한 도전이며, 이는 여권신장 개념을 넘어선 급진신학적인 성격을 나타내주는 것이다.

4. 흑인신학

미국의 흑인들은 오랫동안 애굽의 노예생활을 받은 이스라엘 사람들과 지금 그들이 당하는 고통을 연관시켰다. 그들은 이런 고난 속에서 가난하고 억압받는 자들을 향한 그리스도의 메시지에 힘을 얻고, 1960년대에 마틴 루터 킹(Martin Luther King, 1929-1968) 목사로 대변되는 흑인인권운동에 힘을 보탰다. 그러나 킹목사가 주도하는 비폭력저항운동은 많은 백인목사들로부터 지혜롭지 못하고 분열을 조장하는 잘못된 행동이라는 비난을 받았다. 하지만 킹목사는 성경의 많은 구절에서 그 정당성을 찾았다. 그는 구약의 선지자들의 정의에 대한 외침, 소외된 자들을 향한 예수의 위로에서 감동을 받았고, 사회와 정치제도의 불합리성을 지적하고 교회의 노력을 외친 라인홀드 니버와 라우센부쉬의 사회관, 그리고 간디의 시민 불복종에서 많은 힘을 얻었다. 그는 인권운동을 지도한 13년 동안 단 한 번도 폭력을 행사하지 않았다고 한다. 그는 백인들에게 말하기를 "우리는 고통을 주는 그대들의 힘을 고통을 견디는 힘으로 감내할 것이다. 우리는 그대들의 육체적 힘을 영혼의 힘으로 맞설 것이다"라고 하였다. 그는 인종적 편견이 막을 내리는 꿈을 실현하기 위해 노력했다. 그의 흑인인권운동은 신앙인이 이 사회의 불의에 항거하여 가져야 할 정의감을 북돋았다.

그러므로 우리는 그의 신학을 단순히 급진신학적인 흑인신학으로 단정할 수는 없을 것이다. 그가 추구했던 정신은 예수 그리스도의 '너의 원수를 사랑하라'와 '오른 뺨을 때리거든 왼뺨을 대라'는 복음 정신에 기초하고 있기 때문이다. 하지만 그가 죽은 후에 흑인세력은 정치적 슬러건을 내세우고 인종차별 폐지 목표를 위해 비폭력에서 폭력으로 돌아선 모습을 볼 수 있다.

말하자면 흑인신학자들은 자신들의 정체성 확립이 더 중요했던 것 같다. 그리하여 제임스 콘(James Cone)은 "흑인신학과 과 불랙파워"에서 백인의 압제에서의 흑인의 해방을 부르짖고 백인들에게 도움을 청하기보다는 경고를 했다. 그는 주로 백인 대 흑인의 대결구도에서 백인들의 탄압을 묘사하고, 이런 백인에 대항하는 흑인의 자세를 지적하였으며, 흑인신학을 세울 것을 주창하였다. 심지어 흑인신학자 알버트 클러그(Albert Cleague)는 "흑인 메시아"(*Black Messiah*)에서 예수가 흑인으로 태어났었다고 주장하기까지 하였다.

그리하여 루터 킹 목사의 비폭력주의로 시작한 흑인인권운동은 해방신학적 관점에서 백인들의 압제에서의 흑인 해방을 추구하고, 나아가서 흑인의 백인 타도라는 폭력적인 방법으로 호소하는 양태로 발전하는 급진신학적 성격을 띠게 되었다.

1. 괴벨의 선전 책자
   (A Goebbels Propaganda Pamphlet), 1930

독일의 민족주의와 유대인에 대한 적대감을 표시하고 있다.

왜 우리는 민족주의자인가?
우리는 오로지 민족 속에서 우리 존재가 보존되고 발전될 가능성이 있다고 여기기 때문에 민족주의자이다.

민족은 자신들의 생명을 보호하고 지키려는 사람들의 유기적 결속체이다. 이런 사실을 말과 행동을 통해 이해하는 자는 모든 일을 국가적인 차원에서 생각한다.

오늘날 독일에서 민족주의는 브루주아적 애국심으로 퇴보되었고, 민족주의가 지닌 힘은 가상의 적과 싸우다가 모조리 소진되었다. 민족주의가 말하는 '독일'은 '군주국'을 의미한다.

초창기의 민족주의는 무제한적인 요구를 한다. 국가에 대한 믿음은 모든 국민들의 문제이다. 결코 특정 계층이나 계급에 속한 몇몇 개인이나 산업 노동자 집단의 문제가 아니다. 영원은 현시대로부터 분리되어야 한다. 부패한 산업 체계를 유지하는 것은 민족주의와 전혀 상관이 없다. 나는 독일을 사랑하고 자본주의는 미워한다. 나는 그렇게 할 수 있을 뿐 아니라, 그래야만 한다. 우리 민족의 재생을 위한 씨앗은 사람들의 체력을 노략질하는 체제의 붕괴 속에서 발견할 수 있다.

우리는 독일인으로서 독일을 사랑하기 때문에 민족주의자들이다. 우리는 독일을 사랑하기 때문에, 독일의 민족 정신을 보존할 필요가 있으며, 그 정신을 파괴하려는 자들에 대항하여 싸우고 있다.

왜 우리는 사회주의자인가?

우리는 사회주의 속에서 우리 민족의 생존을 위한 유일한 가능성을 찾으며 사회주의를 통하여 우리의 정치적 자유와 독일 제국의 부흥을 이룰 수 있기 때문에 사회주의자이다. 사회주의는 새롭게 깨어난 민족주의의 추진력으로 무장한 특이한 형태를 띠고 있다. 민족주의가 없다면 사회주의는 아무 것도 아니며, 단순한 환상이나 이론, 환영이나 책의 내용에 불과하다. 민족주의와 함께 하는 사회주의는 모든 것이다. 그것은 곧 미래이며 자유이며 조국이다!

개방적인 브루조아들이 사회주의가 지닌 국가 건설의 힘을 간과한 것은 죄악이다. 마르크스주의가 사회주의를 돈과 위장의 체계로 여겨 경시한 것도 죄악이다.

우리는 사회적인 문제를 필연성과 정의의 문제로 인식하며 더 나아가 우리 민족의 생존이 걸린 문제라고 인식하기 때문에 사회주의자이다.

사회주의는 내외적으로 자유로운 국가에서만 가능하다.

진정한 민족주의의 발현을 위해 정치의 브루조아적 성향을 제거하라!

마르크스주의를 무너뜨려라. 그러면 진정한 사회주의가 일어나리라!

독일 민족 사회주의 국가의 위상을 드높여라!

민족 사회주의 독일 제국 노동당의 선봉에서!

왜 우리는 유대인을 싫어하는가?

우리는 유대인의 적이다. 왜냐하면 우리는 독일 민족의 자유를 위해 싸우는 전사들이기 때문이다. 유대인은 우리의 불행을 일으킨 원인이며 그로 인해 이득을 챙긴 자들이다. 유대인은 우리 민족의 대다수가 당하는 사회적인 어려움을 이용하여 우리 민족의 우익과 좌익 사이의 사악한 틈새를 더욱 깊어지게 하였다. 유대인은 독일 민족을 둘로 갈라 놓았다. 유대인은 우리로 하여금 전쟁에서 패하게 만든 원인이다.

유대인은 독일인의 치명적인 문제들을 해결하는데 관심이 없다. 그는 아무런 문제도 해결할 수 없다. 왜냐하면 그는 해결책은 없다는 믿음을 갖고 살아가기 때문이다. 만일 우리가 독일 민족으로 하여금 통일된 공동체를 형성하게 하고 그들로 하여금 자유를 누리게 해준다면, 그 때에는 유대인들이 우리 중에서 거할 자리를 구하지 못할 것이다. 그는 사람들이 내적으로 그리고 외적으로 예속되어 있는 상태에서 살아갈 때 가장 활개를 친다. 유대인은 우리 민족의 고통에 대하여 책임이 있으며 그 고통을 악용하며 살아가고 있다.

바로 이런 이유 때문에 우리는 민족주의자이며 사회주의자로서 유대인을 반대한다. 유대인은 독일 민족을 부패시켰고, 우리의 도덕을 더럽혔으며, 우리의 관습들을 손상시키고, 우리의 힘을 꺾어버렸다.

유대인은 인류의 퇴보를 일으키는 악마이다. 유대인은 창조성이 없다. 그는 아무것도 만들어내지 못한다. 그는 오로지 생산된 것을 사용하기만 한다. 그가 국가를 대항하여 싸울 때에, 그는 혁명당원이 된다. 그는 권력을 차지하면 곧 침묵과 질서를 강요한다. 그리하여 자신의 편의를 위하여 전리품을 함부로 소모한다.

반유대적인 것은 비기독교적이다. 이 말은 유대인이 우리 목에 가죽끈을 묶더라도 기독교인들은 방관하기만 한다는 뜻이다. 기독교인이 된다는 것은 다음과 같은 의미이다. 네 이웃을 네 몸과 같이 사랑하라. 내 이웃은 나와 혈연 관계를 맺고 있는 사람이다. 만일 내가 그를 사랑한다면, 나는 그의 원수를 미워해야만 한다. 기독교인은 독일인이 유대인을 멸시한다고 생각하는 자이다. 한 가지 사실이 또 다른 필요성을 만들어낸다.

우리는 독일 민족에 속해 있으므로 유대인의 원수이다. 유대인은 우리의 가장 큰 골치거리이다. 우리가 유대인을 매일 아침마다 먹는다는 것은 사실이 아니다. 하지만 유대인이 천천히 그러나 확실하게 우리가 가진 모든 것을 강탈하고 있는 것은 사실이다.

우리 독일인은 그같은 행위를 반드시 제지시킬 것이다.

Joseph Goebbels, *Die verfluchten Hakenkreuzler* (Munich, 1930), trans. in *Documents of German History*, ed. Louis L. Snyder,(New Brunswick, N.J.: Rutgers University Press, 1958).

2. 독일인의 혈통과 명예의 보존을 위한 뉘렘베르크 법, 1935년 9월 15일

독일 민족 혈통의 순수성은 독일 제국의 존속을 위한 필요 조건임을 분명히 인식하고 있으며, 독일 민족의 밝은 미래를 열고자 하는 불굴의 의지로 고무된 독일 의회는 이 법안을 만장일치로 통과시켜 아래와 같이 선포하노라.

I. 1. 유대인과 독일 시민이나 독일 혈통을 지닌 자의 결혼은 금한다.
2. 소송 절차의 취소는 오로지 검사의 재량에 달려있다.
II. 유대인과 독일 시민이나 독일 혈통을 지닌 자의 혼외 관계도 금한다.

III. 유대인은 45세 미만의 독일 여성이나 독일 혈통을 지닌 여성을 가사일에 고용할 수 없다.

IV. 1. 유대인이 독일 사람인 것처럼 꾸미기 위해 독일 국기를 게양하는 것은 금지된다.

2. 유대인을 상징하는 기는 게양이 허용된다. 깃발 게양은 정부의 승낙을 요한다.

V. 1. I번 조항을 어기는 자는 중징역을 면치 못한다.

2. II번 조항을 위반하는 자는 교도소에 수감된다.

3. III번과 IV번 조항에 위배되는 행동을 하는 자는 1년 이상의 징역형이나 벌금형에 처한다.

> *Reichsgesetzblatt*, Vol. I, No. 100(September 15, 1935). Trans. in *Documents and Readings in the History of Europe Since 1918*, by Walter Consuelo Langsam(Philadelphia: J. B. Lippincott Co., 1939).

3. 독일기독교인들의 강령, 1932

이 문헌은 나찌의 사회주의를 받아들이고, 교회를 국가의
한 부분으로 만들고 있다.

1. 이 지침은 교회에 새로운 질서를 얻기 위한 방법과 목표를 모든 독일 기독교 신자들에게 지적한다. 이 지침은 어떤 신조를 형성하는 것도 아니요 기존의 신조를 대치하고자 함도 아니다. 또한 복음교회의 고백적인 근거를 혼돈케 하고자 함도 아니다. 다만 이 지침은 삶의 방식을 설명하고자 한 것뿐이다.

2. 우리는 하나의 복음적인 민족교회 안에서 "독일복음교회연합"에 의해 포용되고 있는 29개 교회들의 연합을 위해 투쟁하고 있다. 우리들은 그런 소명과 목적을 위해 전진한다.

3. "독일기독교인"이라는 말은 일반적인 의미에서의 교회적인 하나의 파당이 아니다. 우리는 모든 독일 기독교의 형태를 갖춘 모든 기독교인들에게 호소한다. 의회주의의 시대는 지나갔고, 그것은 교회에서도 마찬가지이다. 교회 무리의 연합이 교회백성들을 대변한다고 주장할 수가 없다. 오히려 그것은 한 교회가 되려는 높은 목적을 방해한다. 우리는 백성(Volk)의 모든 종교적인 힘을 표현하는 살아있는 백성들의 교회(Volkskirche)를 원한다.

4. 우리는 실증적인 기독교(des positiven Christentums) 강령에 우리의 입장을 싣는다. 우리는 루터와 영웅적인 경건의 독일정신이 기독교 신앙의 확고한 형태임을 확증한다.

5. 우리는 교회에 각성된 독일인의 감정을 불어넣고, 인생을 위한 적극적인 가치의 삶을 가져오기를 원한다. 독일인의 자유와 미래를 위한 운명적인 전투에서 교회는 그 리더십에서 너무 약함을 보였다. 지금도 교회는 하나님을 미워하는 막시즘과 이방정신적인 센터 파티(Center Party, Zentrum)에 대한 중요한 전투를 위해서 아직 준비되지 못하고, 오히려 그 대신에 이들 세력들을 대변하는 정당들에 동조를 하고 있다. 우리는 우리 민족의 보존 또는 소멸을 가져다줄 수 있는 중요한 전투에 교회가 전면에 서기를 원한다. 이제 교회는 단지 구경만하지 않을 것이며, 자유를 위한 투쟁에서 부끄러워하지도 않을 것이다.

6. 우리는 헌법의 변화를 요구하며, 막시즘, 종교와 국민에 대한 학대, 그리고 사회주의 기독교도들에 대항한 공개적인 투쟁을 요구한다. 우리는 현재의 헌법은 하나님에 대한 의탁과 교회의 선교를 놓치고 있다. 하나님의 나라로의 길은 거짓된 평화를 통해서 이루어지는 것이 아니라 전투와 십자가와 희생을 통해 이루어진다.

7. 우리는 하나님이 우리에게 주신 민족적인 삶의 질서와 특징 속에서 우리를 위한 하나님의 법이 지켜지는 것을 본다. 그러므로 인종적인 혼합은 반대한다. 그런 경험에 근거해서 독일 '선교회'(foreign missions)는 오

랫동안 독일민족에게 '인종적으로 순결을 유지하시오'라고 요청했고, 그리스도 안에 있는 신앙이 인종을 혼란케 하는 것이 아니라, 도리어 인종을 거룩하게 한다는 것을 말했다.

8. 국내 선교(Inner Mission)에 있어서 우리의 이해에 따르면 단순한 동정에 뿌리내린 것이 아니라 하나님의 뜻에 대한 순종과 십자가 위에서의 그리스도의 죽음에 대한 감사에 뿌리를 내린 생명력있는 행동적 기독교(Tat-Christentum)를 본다. 단순한 경건은 "자선"이며, 나쁜 양심에 둘러싸인 교만이 될 수 있고, 민족을 약화시킬 수 있다. 우리는 무기력한 자들에 대한 그리스도인의 의무와 사랑이 있다는 것을 잘 알고 있으나, 무능하고 약한 자들에 대한 국가의 보호를 또한 요청한다…

9. 유대인에 대한 선교에 있어서 우리의 민족적 특징에 대한 상당한 위험성을 본다. 그것은 외국인의 피를 우리 민족의 몸에 주입하는 것이다. 유대인에 대한 선교는 외국선교와 나란히 둘 수 있는 전통적인 칭의를 갖지 못한다. 우리는 독일에서 유대인에 대한 선교의 타당성을 부정한다. 유대인이 시민권을 갖고, 인종적인 타락과 저질화의 위험성이 존재하는 한 말이다. 성경은 거룩한 진노와 자기속임수의 사랑을 말한다. 독일인과 유대인 사이의 결혼은 특별히 금지된다.

10. 우리는 민족적 성격에 뿌리를 둔 복음적 교회를 원한다. 우리는 기독교인의 세계주의 정신을 비난한다. 우리는 이런 정신으로부터 나오는 부패한 성장을 극복하기를 원한다. 말하자면 파시즘, 국제주의, 프리메이슨단(우애를 목적으로 하는 비밀결사 모임) 등을 하나님에 의해 우리에게 주어진 민족적 사명 안에서의 믿음을 통해 이기기를 원한다. 우리는 프리메이슨단의 소굴에 적을 두고 있는 목사들의 멤버십을 허락할 수가 없다.

이런 독일 기독교인의 열 가지 요지는 규합을 요청하며, 미래의 복음적인 국민교회(Reichskirche)의 대략을 설명하는 것이다. 앞으로 복음적 국민교회는 고백적인 평화를 유지함으로 종교개혁의 신앙의 능력을 독일 민족의 정수(finest)로 발전시킬 것이다.

4. 바르멘 선언, 1934년 5월

처음에 독일의 고백교회 성직자들이 '독일 기독교인들'의 입장을 반대하기 위하여 취해진 선언이었으나 이는 나찌 정권에 대한 항쟁으로 발전되었다.

1933년 7월 11일에 발표한 규정에 나오는 도입부분의 말에 따르면 독일복음교회는 종교개혁으로부터 발생한 고백교회의 연방조합이다. 이 교회들의 연합의 신학적 전제는 독일 복음교회 규정의 1, 2 조항에 들어있다. 이 규정은 1933년 7월 14일에 국민정부에 의해 승인된 것이다.

조항 1. 독일복음교회의 견고한 기초는 예수 그리스도의 복음이다. 이 복음은 성경에 분명히 드러났고, 종교개혁의 신조에서 다시 그 빛이 발했다. 교회가 선교를 위해 필요한 권세는 이 복음적인 방법 속에서 규제되고 정제된다.

조항 2. 독일복음교회는 지역교회로 구성된다.

루터파, 개혁파연합교회, 독립파, 그리고 지역교회 그룹을 대표하여 모인 우리들은 독일고백교회의 연방조합으로서의 독일복음교회의 기반 위에 함께 서있음을 선언한다. 우리는 모두 한분이시고, 거룩하시며, 우주적이시며, 사도적인 교회의 주님에 대한 고백을 한다.

우리들은 독일의 모든 복음교회의 공중 앞에 이 고백의 일치와 독일복음교회의 연합이 상당히 위협을 받아왔음을 선언한다. 독일복음교회에서 그 위험은 더욱더 가중되었는데, 이는 독일 기독교를 지배하고 교회정파들의 가르침과 행동방식에 의해 그리고 그들이 운영하는 교회 통치 방식에 의해 더욱 그러하다. 이런 위협은 독일복음교회가 연합하고 있는 신학적인 전제가 지도자들이나 독일기독교인의 대변자들 그리고 이상한 주장을 갖는 교회 정치에 의해 끊임없이 근본적으로 모순되고, 나약해졌기 때문이다. 만약 그들이 주도권을 행사한다면, 교회는(우리들의 권위있는 신조에 따르면) 교회가 되는 것을 멈추는 것이고 게다가 독일복음교회는 고백교회의 연방조합으로서의 모습을 갖는 것은 불가능해질 것이다.

우리는 루터파, 개혁파연합교회의 멤버로서 이런 상황에 대해 말하지 않을 수 없다. 분명히 우리는 다양한 신앙의 고백을 지키기 원하기 때문에 우리는 그대로 침묵하고 있을 수는 없다. 우리는 공통되는 시련의 시기에 공통된 말을 우리의 입술에 담게 되었다. 우리는 이것이 고백교회의 서로 간의 관계성을 위해 중요하다고 믿는다.

독일기독교인들과 현재의 국가교회통치의 파괴적인 잘못을 보고, 우리는 다음과 같은 복음적인 진리에 대해 맹세한다.

1. "예수께서 가라사대 내가 곧 길이요 진리요 생명이니 나로 말미암지 않고는 아버지께로 올 자가 없느니라"(요 14:6). "내가 진실로 진실로 너희에게 이르노니 양의 우리에 문으로 들어가지 아니하고 다른데로 넘어가는 자는 절도며 강도요… 내가 문이니 누구든지 나로 말미암아 들어가면 구원을 얻고 또는 들어가며 나오며 꼴을 얻으리라"(요 10:1, 9).

예수 그리스도는, 성경에서 우리에게 증언된 것처럼, 생사에 있어서 우리가 듣고 의탁하고 순종할 유일한 하나님의 말씀이다.

우리는 교회의 설교의 근원이 되는 유일한 하나님의 말씀 외에 거룩한 계시로서 또 다른 권세와 형상과 진리가 있다고 말하는 거짓된 가르침을 배격한다.

2. "너희는 하나님께로부터 나서 그리스도 예수 안에 있고 예수는 하나님께로서 나와서 우리에게 지혜와 의로움과 거룩함과 구속함이 되셨으니"(고전 1:30). 예수 그리스도께서 모든 우리의 죄용서함의 보증이 되신 것처럼 주님은 우리의 전생애에 대한 하나님의 전능의 요청이 되신다. 우리는 그리스도 안에서 이 세상의 불경건한 주장으로부터 하나님의 피조물에 대한 감사와 자유의 봉사로 나아가는 기쁨을 얻게 된다.

우리는 예수 그리스도께 속하지 않고 다른 주인(lord), 말하자면 그리스도를 통한 칭의와 성화를 필요로 하지 않는 인생의 영역이 있다는 거짓된 가르침을 배격한다.

3. "오직 사랑 안에서 참된 것을 하여 범사에 그에게까지 자랄지라 그는 머리니 곧 그리스도라 그에게서 온 몸이 각 마디를 통하여 도움을 입음으로 연락하고 상합하여 각 지체의 분량대로 역사하여 그 몸을 자라게 하며 사랑 안에서 스스로 세우느니라"(엡 4:15-16).

기독교회는 성령을 통해 예수 그리스도가 말씀과 성례 안에서 역사하는 형제들의 공동체이다. 이러한 교회 공동체의 순종과 신앙 그리고 메시지로 교회는 죄된 세상 가운데서 용서받은 죄인의 교회로 증거하며, 그리스도의 강림을 기대하며, 그의 위로와 권면 속에 오직 살기를 희망한다.

우리는 교회가 메시지나 의식의 형태를 마음대로 또는 지배적인 신학적 정치적 확신에 따라 임의로 바꿀 수 있다는 거짓된 가르침을 배격한다.

4. "예수께서 제자들을 불러다가 가라사대 이방인의 집권자들이 저희를 임의로 주관하고 그 대인들이 저희에게 권세를 부리는 줄을 너희가 알거니와 너희 중에는 그렇지 아니하니 너희 중에 누구든지 크고자 하는 자는 너희를 섬기는 자가 되고"(마 20:25).

교회의 다양한 직분은 다른 사람들을 지배하기 위해 세워진 것이 아니라 전회중을 섬기기 위해 세워진 봉사의 직분이다.

우리는 교회가 이런 섬기는 사역 외에 통치의 권세를 갖춘 특별한 지도자를 세울 수 있다는 거짓된 가르침을 배격한다.

5. "하나님을 두려워하며 왕을 공경하라"(벧전 2:17)

성경은 구속받지 못한 세상에서 국가가 정의와 평화를 제공할 책임이 있다고 말한다. 또한 교회는 이런 세상에서 역시 인간의 통찰과 책임성의 정도에 따라 힘의 사용과 협박에 저항한다.

교회는 하나님을 향한 경외와 감사로 하나님의 섭리의 축복을 인식한다. 교회는 하나님의 나라, 하나님의 계명, 의를 사람들에게 상기시키며 또한 통치자와 피치자의 책임을 상기시킨다. 교회는 말씀의 능력을 의지하고 순종한다. 하나님은 말씀을 통해 모든 것을 유지하시기 때문이다.

우리는 국가가 인간 삶의 단일한 질서가 되고 교회의 위임을 성취시키는 그런 특별한 책임으로 팽창한다는 거짓된 가르침을 배격한다. 또한 우리는 교회가 국가의 성격이나 기능 그리고 위엄을 떠맡고 국가의 중추가 되는 그런 특별한 책임으로 팽창한다는 거짓된 가르침도 배격한다.

6. "내가 너희에게 분부한 모든 것을 가르쳐 지키게 하라 볼찌어다 내가 세상 끝날까지 너희와 항상 함께 있으리라 하시니라"(마 28:20). "하나님의 말씀은 매이지 아니하니라"(딤후 2:9).

교회의 자유가 근거하고 있는 교회의 위임은 그리스도를 대신해서 그리스도의 말씀과 사역의 봉사로 말씀과 성례를 통해 하나님의 거져주시는 은혜의 메시지를 모든 사람들에게 전하는 것이다.

우리는 교회가 인간의 자기 평판 속에서 어떤 소원, 목적, 계획 또는 인간의 욕망에 따라 선택된 것들로 옷입을 수 있다는 거짓된 가르침을 배격한다.

독일복음교회의 고백 대회는 이런 진리의 인식 속에서 그리고 이런 잘못된 것들의 거부 속에서 고백교회의 연합으로서의 독일복음교회의 직접적인 신학적 기초를 살폈음을 선언한다. 이 대회는 이 선언에 참여하는 모든 사람들과 교회들이 이런 신학적인 교훈을 인식할 것을 요청한다. 또한 관련된 모든 사람들이 믿음과 소망과 사랑의 일치로 다시 돌아서기를 소원한다.

5. 스튜트가르트 선언(Stuttgart Declaration of Guilt), 1945년 10월

전쟁 후에 고백 교회의 지도자들은 히틀러에 저항했음에도 불구하고 독일을 대표하여 참회를 선언했다.

독일 복음주의 교회 협의회는 1945년 10월 18-19일에 스튜트가르트에서 열린 이번 회의에 참석하신 세계 교회 협의회 대표들을 환영합니다.

여러분의 방문을 더욱 감사하게 생각하는 이유는, 교회가 민족과 함께 고통을 함께 나누며 민족의 죄악도 함께 책임져야 한다는 일치감을 인식하게 되었기 때문입니다. 비탄한 마음으로 고백합니다. 우리 민족은 여러 민족과 국가에 끝없는 고통을 안겨주었습니다. 교회의 회중들에게 종종 증언했던 내용을 이제 전체 교회의 이름으로 선언합니다. 우리는 민족 사회주의 정부에 의해 강요된 끔직한 고백에 기초한 영에 대항하여 여러 해 동안 예수 그리스도의 이름으로 싸움을 벌였습니다. 하지만 우리는 좀더 용기 있게 증거하지 못하고, 좀더 신실하게 기도하지 못했으며, 좀더 즐겁게 믿지 못하였고, 좀더 뜨겁게 사랑하지 못한 것에 대해 자책하고 있습니다.

이제 우리 교회에 새로운 시대가 열리고 있습니다. 거룩한 성경에 기초하고 있으며, 교회의 유일하신 주님께 나아가려는 열망을 가진 독일 교회는 외부의 세력을 배제하고 신앙으로 정화되어 질서를 회복하고자 합니다. 우리의 소망은 하나님의 은혜와 자비에 있습니다. 그는 우리의 교회를 자신의 도구로 사용하시고 권위를 부여하사 그의 말씀을 선포하게 하실 것이며, 우리 민족과 교회에 그의 뜻에 복종하는 마음을 창조하실 것입니다.

이렇게 새롭게 출발하는 시점에서 독일 교회는 기쁜 마음으로 세계교회 협의회와 긴밀하게 협조하고 있음을 공언합니다.

하나님 안에서 교회가 연합함으로써 오늘날 다시금 강력하게 대두되고 있는 폭력과 복수의 영이 제어되고, 평화와 사랑의 영이 지배하기를 소망합니다. 고통당한 인류는 오직 평화와 사랑의 영 안에서 치유될 수 있습니다.

이제 전 세계가 하루 속히 새로운 시작을 맞이할 수 있기를 기도합니다. Veni creator spiritus!(서명자 우름 주교, 마이저 주교, 디벨리우스 주교, 한 감독, 아스무센 목사, 니묄러 목사, 니젤 목사, 하이네만 박사, 헬트 감독, 스튜트가르트, 1945년 10월 19일.)

Littell, *The German Phoenix* (Doubleday & Company, Inc, 1960)

6. 카톨릭의 포괄주의(제2차 바티칸 공의회 일치운동, 1965)

　　로마카톨릭은 제2차 바티칸공의회(1965)를 기점으로 종교 다원주의적 입장을 띠는 급진신학으로 변모하였다. 오늘날 로마카톨릭은 그동안 지켜왔던 배타적인 교회중심적 전통주의에서 급선회하여 신중심적 포괄주의로 향해 나아가고 있다. 이러한 사상은 본래 자연신학과 인간본성의 선을 주장하는 카톨릭 교회의 전통에 근거한 것이며, 타종교권에 사는 많은 사람들을 지리적이면서도 사회적인 벽 때문에 구원의 반열에서 제외시킬 수 없다는 현실주의적인 생각을 반영한 것이다.

하나인 교회에 대한 견해

　　2. 하나님의 독생성자께서 사람이 되시고 전인류를 구원하시어 재생케 하시고 한데 모으시기 위하여 성부로부터 파견되신 사실에서 하나님의 사랑이 우리들 가운데 드러났다(2) 성자께서는 당신을 십자가 제단 위에서 티없이 깨끗한 제물로 봉헌되시기 전에 믿는 사람들을 위하여 성부께 기도하셨고(요 17:21), 또한 교회의 단일성을 표시하고 실현하는, 기묘한 성체 성사를 세우셨다. 또 당신 제자들에게 서로 사랑하라는 새 계명을 주셨고 (3), 빠리끌리토 성령을 언약하시었으며(4) 성령으로 하여금 생명을 주시는 주님으로 제자들과 함께 영원히 머물게 하시었다…

　　예수 그리스도께서는 사도들과 그 후계자들, 즉 베드로의 후계자를 으뜸으로 모시는 주교들의 충실한 복음 전파와 성사 집행과 사랑의 통치로써, 성령의 활동 속에서, 당신 백성이 자라기를 원하시며, 한 신앙의 고백과 전례의 공동 집전과 하나님 가족의 형제적 화목 안에 당신 백성의 일치를 완성하고 계신다.

　　이와 같이 교회는 하나님의 유일한 양떼로서 백성들 가운데 솟은 깃발같이 전인류에게 평화의 복음을 전파하여 천상 고향을 목표하는 희망을 간직하고 여정을 계속하고 있다.

이것이 여러 가지 은혜를 주시는 성령의 활동으로 그리스도 안에서 그리스도를 통하여 이루어지는 교회 단일성의 거룩한 신비인 것이다. 이 신비의 최고 표본과 최고원리는 삼위일체 안에서의 한 하나님이신 성부 성자 성령이 단일성이다.

갈라진 교회들에 대한 견해

3. 이 단일하고 유일한 교회 안에서 초기부터 분열이 생겼던 것이며 사도 바울은 그것을 단죄할 것으로 엄히 책망하셨다. 후세기에 와서는 더 많은 불화가 생겨, 적지 않은 단체들이 카톨릭 교회와의 완전한 일치에서 갈라지게 되었으며, 때로는 양쪽 사람들에게 탓이 있었다. 이런 단체들 속에서 지금 태어나서 그리스도를 믿게 된 사람들을 분열의 죄과로 몰아세울 수는 없다. 그러므로 카톨릭 교회는 그들을 형제적 존경과 사랑으로 받아들이는 바이다. 그리스도를 믿고 합법적으로 세례를 받은 이들은, 비록 완전치는 못하나, 카톨릭 교회와 어느 정도 결합되어 있는 것이다. 과연 그들과 카톨릭 교회와의 사이에는 교리상으로나, 때로는 규율상으로, 또는 교회의 조직상으로 보아 여러 모양으로 차이가 있으므로 완전한 교회적 일치에 적지 않은 장애가 가로놓여 있고, 때로는 중대한 장애 거리가 있지만 일치운동은 바로 이런 것들을 극복하려고 노력한다. 그렇지만 성세 때에 믿음으로 의화된 그들은 그리스도의 몸에 결합되었음으로 크리스천이란 이름이 당연하며 카톨릭 교회의 자녀들은 그들을 주님 안의 형제로 인정하는 것이 당연하다.

그뿐 아니라 교회를 건설하고 생활케하는 요소 내지 보화들 중에서 어떤 것은, 아니 많고 탁월한 것이, 눈에 보이는 카톨릭 교회의 울타리 밖에도 있을 수 있다. 기록된 하나님의 말씀, 은총의 생명, 믿음, 바람, 사랑, 그 밖에도 성령의 내적 은혜와 외적 요소들, 이 모든 것은 그리스도로부터 오는 것이며, 그리스도로 인도하는 것이므로 그리스도의 유일한 교회에 속하는 것이 당연하다.

적지 않은 기독교적 거룩한 행위들도 우리한테서 갈라진 형제들 사이에서 이루어진다. 각 교회나 단체의 조건에 따라 여러 가지 방법으로 이루어지는 이 행위가 은총의 생명을 실제로 낳아줄 수도 있으며, 따라서 구원의 일치에로의 길을 열어 주기에 적절하다고 말할 수 있다.

그러므로 갈라진 교회와 단체들이 비록 결함은 있겠지만 구원의 신비에 있어서 절대로 무의미하거나 무가치한 것은 아니다. 그리스도의 성령이 그 교회와 단체들을 구원의 방법으로 사용하시기를 거절치 않으시고, 구원의 방법이 되는 힘은 카톨릭 교회에 위탁된 은총과 진리의 충만함에서 나오기 때문이다.

그러나 우리에게서 갈라진 형제들은 개인으로는 물론이요 단체나 교회로서도 예수 그리스도께서 당신이 한 몸과 새 생명에로 재생케 하시고 같은 생명을 주신 그들에게 주시고자 하신 그 일치, 성경과 교회의 전승이 공언한 그 일치를 누리지 못하고 있다. 구원의 보편적 보조 수단인 그리스도의 카톨릭 교회를 통해서만 구원 방법의 모든 충족에 도달할 수 있다. 주님께서는 베드로를 단장으로 삼으시고 그에게 신약의 모든 보화를 맡기셨고, 그것은 어느 정도로나마 이미 하나님 백성에 속하는 모든 이가 완전히 결합되어야 할 그리스도의 몸을 지상에 건설하기 위함이었다고 우리는 믿는다. 이 백성은 지상의 여정에서 비록 그 지체들로 말미암아 죄의 상처를 받을지라도 그리스도 안에서 자라고 있으며 하나님의 신비로운 계획대로 천상 예루살렘에서 영원한 영광의 완전한 충족을 기꺼이 받아 누릴 때까지 하나님의 인도를 받는다…

하나님의 종들의 종인 주교 바오로는 교부들과 더불어 일을 영구히 기념하기 위하여 타종교에 대한 교회의 태도를 선언하는 바이다.

서론 – 마음속의 종교

인류가 날로 더욱 긴밀히 결합되고 여러 민족들 사이의 유대가 더욱 강화되어 가는 현대에 있어서 교회는 비기독교적인 타 종교에 대한 스스로의 태도를 진지하게 검토하는 바이다. 인간과 인간, 민족과 민족 사이의 일치와 사랑을 도모해야 할 사명을 느끼며, 교회는 여기서 특히 모든 사람에게 공통되는 것, 즉 모든 사람을 공동 목적으로 이끌어 주는 것들을 검토한다.

사실상 여러 민족들은 단 하나의 공동체를 이루는 것이다. 하나님께서 전인류를 온 땅 위에 살게 하셨으니(행 17:26 참조) 모든 민족들은 단 하나의 기원을 가졌고, 또한 단 하나의 최후 목적이신 하나님을 모시고 있다. 하나님의 섭리와 선하심의 증거와 구원의 계획은 모든 사람에게 미칠 것이고(행 14:17; 롬 2:6-6; 딤전 2:4 참조), 마침내 하나님의 영광이 빛나는 천상에서 택한 자들이 다시 모이게 될 것이며, 거기서 여러 민족들이 하나님의 빛 속에서 거닐 것이기 때문이다(계 21:23 이하 참조).

인간들은 어제나 오늘도 인간의 마음을 번민케 하는 인생의 숨겨진 수수께끼들의 해답을 여러 가지 종교에서 찾고 있다. 인간이란 무엇인가? 인생의 의미와 목적은 무엇인가? 선은 무엇이고, 죄는 무엇인가? 고통의 원인과 목적은 무엇인가? 진실한 행복으로 가는 길은 어디에 있는가? 죽음은 무엇이고 죽은 후의 심판과 판결은 어떠할 것인가? 마침내 우리 자신의 구원이자 종착역이며 우리의 실존을 에워싸고 이는 형언할 수 없는 마지막 신비는 무엇인가?

힌두교, 불교, 기타 종교

2. 고금을 통하여 여러 민족들 사이에서는 사물의 변화와 인생의 역사 속에 현존하는 심오한 힘을 어느 정도 느껴 왔다. 때로는 최고의 신이나 아버지를 긍정하였다. 이같은 느낌과 긍정은 그들의 생활에 종교적 깊은 뜻을 부여한다.

종교라는 것은 문화의 발전을 따라 세밀한 개념과 세련된 어법으로 인생 문제에 해답을 주려고 애쓴다. 예컨대 힌두교에서 있어서 사람들은 신의 비밀을 탐구하여 한없이 풍부한 신화와 깊은 철학의 시도로서 표현하는 동시에 인생고에서의 해탈을 찾아 수덕생활이나 깊은 명상이나 신뢰와 사랑으로 신에게로 도피하고 있다. 또 불교에 있어서는 여러 학파에 따라 무상한 현세의 근본적 불완전성을 긍정하는 동시에 열렬히 신뢰하는 마음으로 완전한 해탈 상태에 이르든지 혹은 자신의 노력이나 위로부터의 도움에 의해 최고 조명에 도달할 수 있는 길을 가르친다. 그밖에 전세계에서 볼 수 있는 다른 종교들도 교리와 생활 규범과 성스러운 예식 등을 가르치며 여러 가지 방법으로 인간의 마음이 느끼는 불안을 극복하려고 그 길을 제시한다.

카톨릭 교회는 이들 종교에서 발견되는 옳고 성스러운 것은 아무것도 배척하지 않는다. 그들의 생활과 행동의 양식뿐 아니라 그들의 규율과 교리도 거짓없는 존경으로 살펴본다. 그것이 카톨릭에서 주장하고 가르치는 것과는 여러 면에서 서로 다르다하더라도 모든 사람을 비추는 참 진리를 반영하는 일도 드물지 않다. 그리스도는 "길이요 진리요 생명이시며"(요 14:6), 그분 안에서 사람들이 종교 생활의 풍족함을 발견하고 그분 안에서 하나님께서 모든 것을 당신과 화해시켰음을(고후 5:18-19) 교회는 선포하고 있으며 또 반드시 선포해야 한다.

그러므로 교회는 다른 종교의 신봉자들과 더불어 지혜와 사랑으로 서로 대화하고 서로 협조하면서 기독교적 신앙과 생활을 증거하는 한편 그들 안에서 문화적 가치를 긍정하고 지키며 발전시키기를 모든 자녀들에게 권하는 바이다.

회교

3. 우리는 또한 회교도들도 존경하고 있다. 생명의 실존자. 자비롭고 전능하신 천지의 창조자, 사람들과 말씀하시는 유일신을 그들도 숭배하여 아브라함이 하나님께 순종하였듯이 그들은 그들 신의 비밀한 결정에도 순종하며 아브라함의 믿음을 이어받았다고 즐겨 주장한다. 예수를 하나님으로는 인정하지 않지만 예언자로는 공경한다. 동정 성모를 공경하며 때로는

그의 도움을 정성스럽게 청하기도 한다. 또 하나님께서 모든 사람을 부활시키시고 갚아주실 심판날을 기다린다. 여기서 그들은 윤리 생활을 존중하며 특히 기도로써, 또는 애긍시사와 재계로서 하나님을 섬긴다.

역사 과정에 있어서 기독교 신자들과 회교도 사이에 불목과 원한이 있었던 것은 사실이나 성스러운 교회회의가 모든 사람들에게 권고하는 바이니, 과거를 잊어버리고 서로 이해해주기를 진실로 힘쓰며, 모든 이에게 사회정의와 윤리선과 나아가서는 평화와 자유를 공동으로 옹호해주고 촉진시켜 주기를 바란다.

유대교

4. 이 성스러운 교회회의는 교회의 신비를 탐구함에 있어서 신약의 백성과 아브라함의 혈통을 맺어주는 인연을 기억하고 있다. 사실상 그리스도 교회의 믿음과 불리움은 하나님의 신비로운 구원 계획대로 이미 성조들과 모세와 예언자들로부터 시작되었음을 인정한다. 믿음에 있어서 아브라함의 후손들인(갈 3:7) 모든 기독교 신자들이 아브라함과 함께 부르심을 받았고, 선민이 종살이 땅에서 탈출한 역사적 사실은 교회의 구원을 신비롭게 표상하는 것이라고 공언하는 바이다. 그러므로 말로 표현할 수 없이 자비로우신 하나님께서 옛 계약을 맺으신 그 백성을 통하여 교회가 구약의 계시를 이어받았고 이방인들의 야생 올리브 가지가 접목된 좋은 올리브 뿌리에서 교회가 자라고 있음을 잊을 수는 없다(롬 11:17-24). 우리에게 평화를 주시는 그리스도께서 당신 십자가에 유대인과 이방인들을 화목시키고 당신 안에서 이 둘이 하나가 되게 하셨음을 교회는 믿는다(엡 2:14-16).

"저희는 이스라엘 사람이라 저희에게는 양자 됨과 영광과 언약들과 율법을 세우신 것과 예배와 약속들이 있다"(롬 9:4-5)고 하신 사도 바울의 혈친에 관한 말씀도 교회는 언제나 되새기고 있다. 뿐만 아니라 교회의 초석이요 기둥이 사도들과 그리스도의 복음을 세상에 전파한 초기 제자들 대부분이 유대 백성 중에서 태어났음을 잊지 않는다.

성경이 입증하는 바와 같이 예루살렘은 자기를 찾아주시는 때를 알지 못했고(눅 19:44), 대부분의 유대인들이 복음을 받아들이지 않았을뿐더러 오히려 복음의 전파를 방해한 사람도 적지 않았다(롬 11:28 참조). 그렇지만 사도 바울의 말씀대로 그들이 하나님의 은혜와 부르심을 회심없이 받았으나 조상들 때문에 그들은 아직도 하나님의 사랑을 받고 있는 것이다(롬 11:28-29). 교회는 예언자들과 사도 바울과 함께 하나님만이 알고 계시는 그날을 기다리고 있다. 그 날이 오면 만백성이 한 목소리로 주를 부르며, "어깨를 나란히 하나님을 섬기리라"(사66:23; 시 65:4; 롬 11:11-32 참조).

　기독교 신자들과 유대인들의 정신적 공동 유산이 이렇듯이 큰 것이므로 이 성스러운 교회회의는 서로의 이해와 서로의 존경을 증진시키며 권장하는 바이다. 특히 성경과 신학의 연구와 형제적 대화에서 이런 성과를 기대할 수 있다. 비록 유대인들의 집권층과 그 추종자들이 그리스도의 죽음을 강요하였지만(요 19:6) 그리스도께서 수난당하실 때에 저질러진 범죄를 당시에 살고 있던 모든 유대인들에게 차별없이 책임지우거나 더욱이 오늘의 유대인들에게 그 책임을 물을 수는 없다.

　교회가 하나님의 새로운 백성임에는 틀림이 없으나 그렇다고 해서 마치 성경상의 귀결인 듯이 유대인들을 하나님한테 버림받고 저주받은 백성으로 표현해서는 안된다. 그러므로 누구든지 교리를 가르치고 하나님의 말씀을 설교할 때 복음의 진리와 그리스도의 정신에 위배되는 것을 가르칠까 삼가 조심해야 한다.

　그뿐 아니라 누구를 박해하든지간에 박해라면 무엇이나 다 교회가 배격한다. 교회는 유대인들과의 공동 유산을 상기하며 정신적인 동기에서가 아니라 종교적이요 복음적인 사랑에서 유대인들에게 대한 온갖 미움과 박해와 데모 같은 것을 언제 누가 감행하였든지간에 차별없이 통탄하는 바이다.

　교회가 언제나 주장하였고 또 현재에도 주장하고 있는 바와 같이 그리스도께서는 당신의 무한한 사랑에서 모든 사람들의 죄 때문에 자원으로 수

난당하시고 죽으시어 모든 사람으로 하여금 구원을 얻도록 하신 것이다. 따라서 교회의 의무는 그리스도의 십자가를 하나님의 보편적 사랑의 표시와 온갖 은총의 원천으로 선포하는 바이다.

결론 - 보편적 사랑

5. 만일 우리가 하나님의 형상대로 창조함을 입은 사람들 가운데서 한 사람이라도 형제로 대하기를 거절한다면 우리는 하나님을 감히 모든 사람들의 아버지라고 부를 수는 없을 것이다. 하나님 아버지를 대하는 인간의 태도와 이웃 형제들을 대하는 인간의 태도는 이처럼 서로 깊이 연결되어 있으니, 성경이 말하듯이, "사랑하지 않는 사람은 하나님을 알지 못한다"(요 1:4, 8).

여기서 마침내 인권과 거기서 귀결되는 권리에 있어서 사람과 사람, 민족과 민족 사이의 차별을 주장하는 온갖 이론과 실행의 기반이 무너지고 말 것이다.

그러므로 교회는 인간과 인간 사이의 온갖 차별과 혈통이나 피부색이나 사회적 조건이나 종교적 차별의 이유로써 생겨난 모든 박해를 그리스도의 뜻에 어긋나는 것으로 알아 배격하는 바이다. 따라서 성스러운 교회회의는 사도 베드로와 바울의 유훈을 따라 모든 신자들로 하여금 "이방인들 가운데서 언행을 착하게 하며"(벧전 2:12), 할 수만 있다면 각자의 능력대로 모든 사람들과 화평하며(롬 12:18 참조) 참으로 하늘에 계신 아버지의 아들이 되도록 간절히 비는 바이다(마 5:45).

이 선언문에서 말한 각 조항과 전체에 성스러운 공의회의 교부들이 찬동하였다. 우리도 그리스도께서부터 부여된 사도적 권한으로 존경하올 교부들과 더불어 이를 성신 안에서 인준하고 결정하고 제정하여 공의회에서 결정한 바대로 하나님의 영광을 위하여 반포하기를 명하는 바이다.

로마 성 베드로 대성전에서
1965년 10월 28일

카톨릭 교회 주교 바오로
　　제2차 바티칸 공의회, *Sacrosanctum Concilium*, 한국천주교중앙협의회 편

7. 구티에레즈(Gustavo Gutierrez)의 해방신학

　　구티에레즈는 남미의 해방신학자로서 그리스도는 모든 죄의 근본인 억압에서 인간을 구원하기 위해 오셨다고 주장하고, 가난과 억압을 이기기 위해서는 근본적인 사회구조의 혁신이 필요하다고 소리높인다.

해방의 신학적 개념

　　해방의 개념에 관한 세 가지 차원의 해석, 또는 해방운동에 대한 세 가지 태도를 분석해 낼 수 있겠다.
　　첫째 단계에서 해방은 압제받는 대중과 사회 계급의 염원을 표현한 것으로서 경제 사회 정치적 영역에서 충돌적인 면을 강조하며, 그들을 부강국이나 압제계급과 투쟁하는 상대역으로 등장시킨다. 그에 비해서 개발이라는 용어나 특히 개발주의적 성격을 띤 정책이라는 것은 현실을 외면하고 현실이 안고 있는 비극적이고 투쟁적인 면모에 대해서 허위의 영상을 그려놓기가 쉽다는 것이다. 개발이 내걸고 있는 문제 자체는 보다 보편적이고 심화되고 근본적인 해방의 전망 속에 포함되어 있기는 하다. 실상 개발이라는 말이 그 고유한 의미를 찾고 어떤 보람있는 결실을 내기 위해서는 이 해방의 전망에 그대로 흡수되어야 한다.
　　더 깊은 단계에 들어가면 해방은 역사에 대한 이해라고 일컬을 수 있다. 인간을 자기의 운명에 대해 의식하고 책임을 지는 존재로 보게 된다. 이러한 역사 이해와 인간이해는 사회변혁의 염원을 훨씬 생동적으로 만들고 그 목표를 훨씬 광범위하게 확대한다. 여기서는 인간의 모든 영역이 개화하기를 염원하게 되며, 자신의 생애와 역사를 통해서 자아를 생성하는 인간을

그리게 된다. 진정한 자유를 점차 쟁취하면서 새로운 인간, 질적으로 다른 사회가 창건되는 것이다. 그러므로 이 비전에 비추어보면 우리가 사는 이 시대에 문제되는 것이 무엇인가를 보다 잘 이해하게 된다.

끝으로 다음과 같은 이야기를 할 수 있다. 개발이라는 말은 그 용어 자체가 제기하는 과정에 해당하는 신학적 문제점들을 모호하게 만들고 일정한 한계를 설정한다. 그에 비해서 해방이라는 용어는 역사 안에서 인간이 갖는 위치와 활동에 영감을 주는, 성경적 근거를 발견하게 된다. 성경을 보면 그리스도는 해방을 가져온 분으로 등장한다. 구세주 그리스도는 인간 우애의 유린과 불의와 모든 압제의 근본원인인 죄에서 인간을 해방시킨다. 그리스도는 인간이 참으로 자유로운 몸이 되게 만든다. 다시 말해서 인간이 그리스도 당신과 상통하여 살 수 있게 하신다. 이 상통이야말로 모든 형제애의 토대가 된다.

그렇다고 해서 지금 이야기한 세 가지 단계가 병립하는 과정이나 단계적으로 연속하는 과정은 아니다. 단일하고 복잡미묘한 해방운동의 의미를 파악하는 세 가지 단계가 있다는 말이다. 해방운동은 그리스도의 과업에서 가장 깊은 의미와 가장 완전한 실현을 발견할 수 있는 것이다. 그러므로 해방에 관한 의미 파악의 세 가지 단계는 상호의존성이 있으며, 이 점을 한꺼번에 고찰할 때에 비로소 해방운동의 진면목이 드러난다. 여기서는 두 가지를 조심해야 한다. 첫째는 이상주의나 영성주의의 태도를 피해야 한다는 것이다. 이것은 현실의 심각한 요구를 회피하는 그럴듯한 술책에 불과하다. 둘째로는 즉각적인 필요에 대응하는 데만 급급한 나머지 단기적 효과를 노리는 상황분석이나 프로그램을 피하자는 것이다.

해방자 그리스도

우리는 여기서 죄라는 문제에 대해 새로운 고찰을 할 필요가 있다. 불의한 상황은 우발적으로 일어나는 것도 아니요 운명의 소산도 아니다. 죄의 배후에는 인간의 책임이 있다. 예언자들이 강조한 것도 이것이다. 우리는 오늘에 이르러서야 그들의 말뜻을 알아듣기 시작했다. 메델린 회의가 라틴 아메리카의 상황을 일컬어 죄악의 상황이라고 하고 주님께 대한 배역이라고 부른 이유도 여기에 있다. 이러한 비난은 사회 계층에서 권력을 장악하고 있는 사람들의 개인적인 만행을 지탄하는 데서 그치는 것이 아니다. 그들의 모든 책략과 정책을 힐난하는 것이다. 달리 말하자면 교회를 포함하는 기존체제 전체를 거부하는 것이다.

그러므로 우리는 인류의 역사적 발전에서 죄악이 끼친 세력을 부인하는 따위의 천진한 낙관주의와는 거리가 멀다. 아라치아 초안이 받은 비난이 바로 이것이었다. 초안은 떼이아르 드 사르뎅을 빈번히 내세우고 인간의 진보에 호의를 표하는 신학들을 동원하고 있다. 그러나 해방신학은 죄를 개인적이고 사사로운 무엇, 인간 내면에만 해당하는 무엇으로 보지 않는다. 영성적 구원-따라서 우리가 사는 현세 질서와 시비할 필요가 없다-에 필요한 전제조건으로 보지 않는다. 죄는 사회적이고 역사적인 사실이며, 인간들간의 사랑과 형제애의 부재요, 하나님 및 타인들과의 친교를 단절하는 것이며, 따라서 내면적이고 인격적인 균열이다. 죄를 이렇게 생각한다면, 죄악의 집단적 차원을 재발견할 수 있을 것이다. 이것이 성경의 죄의 개념이며, 곤잘레스 루이즈는 이것을 '죄악의 상황'이라고 명했다. 인류역사 자체의 진전을 객관적으로 결정하는 구조 또는 매개변수라는 것이다. 죄론이란 무슨 부연 같은 것이 아니다. 자기 나름의 신학을 다 서술하고 나서 정통에서 이탈하지 않기 위해서 또 남의 비난을 사지 않기 위해서 한마디 덧붙이는 것이 아니다. 그렇다고 육체를 무시하는 영성주의로 도피하라는 구실도 아니다. 압제적 구조, 인간에 의한 인간의 착취, 민족들과 인종들 사이에 또 사회계급 사이의 지배와 노예제도 속에 죄는 엄연히 존재한다. 그러므로 죄는 근본적 인간소외이며, 불의와 착취라는 상층의 근본원인이 되고 있다. 죄가 그 자체로 포착되는 일은 없으며, 반드시 구체적 순간에 특정한 소외에서 포착된다. 그리고 죄의 구체적 노정을 이해하기 위해서는 그같은 현상의 근저를 이해해야 한다. 현상의 근저를 파악하려면 죄의 구체적인 노정을 체험해야 한다는 역도 성립된다. 죄는 결국 근본적인 해방을 요구하며 이 해방은 필히 정치적 해방으로 나타나기 마련이다. 해방이라는 역사적 과업에 참여하는 사람만이 개개의 부분적 인간소외 안에 자리잡고 있는 근본적인 소외와 이탈을 발견할 수 있다.

완전무결한 해방은 그리스도께서 내리시는 선물이다. 당신의 죽음과 부활로 그리스도는 죄와 죄의 모든 결과에서 인간을 구원하셨다. 앞서도 인용한 메델리 문헌의 사상이 바로 이것이었다. "동일한 그 하나님은 때가 되어 당신의 아들을 보내셔서 사람이 되게 하셨다." 그러므로 성자는 죄가 인간을 굴복시킨 모든 예속 상태에서 만인을 구원하러 오신 것이다. 그 예속이란 기아와 비참, 압제와 무지, 불의와 증오 등을 말하며, 이 모든 것은 인간의 이기심에 근원을 두고 있다. 크리스천의 생활을 일컬어 파스카, 곧 '넘어감'이라고 하는 것도 여기에 그 이유가 있다. 크리스천 생활은 실로 죄에서 은총으로 죽음에서 생명으로 불의에서 정의로 비인간적인 것에서 인간적인 것으로 옮겨가는 전이이다. 그리스도는 당신의 성령을 선물로 주심으로써 우리를 하나님과의 친교와 타인들과의 친교로 진입시키셨다. 더 정확하게 말한다면 그리스도가 우리를 이 친교로 진입시키고 끊임없이 그 친교의 완성을 추구하게 만드셨기 때문에 그분은 사랑의 거절이 죄와 죄의 모든 결과를 정복하실 수 있었다는 것이다.

제2장에서 해방의 개념을 논하면서 해방의 의미를 세 가지 단계로 보았다. 정치적 해방, 역사를 통해 달성되는 인간의 해방, 죄로부터의 해방과 하나님과 친교의 개시이다. 본장의 사상에 비추어 이 문제를 다시 거론하겠다. 세 가지 단계의 해방은 상호 영향을 끼치지만 동일한 것은 결코 아니다. 다른 둘이 없으며 나머지 하나의 해방도 있을 수 없으나, 구분은 있다. 셋 다 만유를 포괄하는 구원의 부분들이지만 그 정도가 각기 다르다. 그리스도 왕국의 성장을 현세적 진보로 환원시켜서는 안된다. 그러나 신앙으로 받아들인 말씀에 비추어 볼 때 하나님의 나라의 도래를 근본적으로 저해하는 죄가 사회불의와 비참의 근원이 되고 있으며, 하나님의 나라의 성장이

품고 있는 의미가 곧 사회정의와 새로운 인간의 궁극적 필수조건이 되고 있다. 인간적 기대를 일체 초월하는 그리스도의 해방의 선물을 받아들이는 인간만이 사회불의의 궁극적 원인과 사회정의의 전제 조건을 해득할 수 있다. 또 다른 각도에서 보건대 역사의 한 가운데서-역사는 오직 하나, 구원의 역사밖에 없다고 거듭 말했거니와-착취와 인간소외에 대항하여 전개하는 투쟁과 노력은 결국 이기심과 사랑의 거부를 쳐부수기 위한 것이다. 정의의 사회를 건설하기 위한 일체의 노력을 해방이라고 일컫는 이유도 여기에 있다. 이 노력은 본원적인 인간 소외에 대한 간접적이지만 유효적인 충격과 영향을 준다…

현세적 진보-부정적 의미를 피하는 뜻에서 인간해방이라고 부르자-와 그리스도 왕국의 성장은 둘 다 하나님과 인간의 친교, 인간과 인간의 친교를 목표로 한다. 그런데 목적은 같지만 양자가 어떤 평행노선을 달리거나 제각기 다른 길이 그 목표지점에서 서로 만나는 것으로 성장해서는 안된다. 인간해방이 결국 인간의 보다 충만한 자기실현일진대, 그리스도 왕국의 성장과정은 역사적으로 인간해방 가운데서 일어나는 것이다 인간해방은 새 사회의 필수조건이지만 거기서 그치지 않는다. 인간해방은 자유를 가져오는 역사적 사건들 속에서 이행되지만, 동시에 그 사건들의 한계성과 모호성을 표출하며, 그 사건들의 궁극적 실현목표가 어디까지인지를 지적하고 총체적 교제를 달성하도록 자극한다. 그러니까 양자가 동일한 실재는 아니나, 해방을 가져오는 역사적 사건들이 없다면 그리스도 왕국의 성장도 없을 것이다. 그러나 그리스도 왕국이 도래하지 않는 한 해방운동이 인간에 의한 인간의 압제와 착취를 근절하지는 못한다. 그 왕국은 무엇보다도 하나의 선물이다. 우리는 여기서 다음과 같이 단언할 수 있다. 역사적 정치적 해방사건이 곧 그리스도 왕국의 성장이며, 구원사건임에는 분명하지만 그것이 그리스도 왕국의 도래 자체는 아니며 구원의 전부도 아니다. 그것은 그리스도 왕국의 역사적 실현이며, 따라서 그 완전성을 선포하는 역할을 한다…

구원과정의 총체성과 철저성으로 미루어 양자의 이같은 관계는 필히 요구된다. 구원과정에서 제외되는 것은 아무것도 없다. 여기서 인간 역사의 단일성이 드러난다. 구원사업을 단지 종교적 영역에다가 국한시키고 그 보편성을 파악하지 못하는 사람들이야말로 구원을 유야무야로 환원시키고 격하시키는 자들이다. 그리스도의 사업은 우리가 살고 있는 사회질서에 대해 간접적이고 함축적으로밖에 연관되지 않으며, 사회의 근본구조와 핵심에는 연관되지 않는 것이라고 생각하는 자들이다. 구원의 내용을 순수하게 수호하려면 인간과 사회계급이 다른 인간과 사회계급을 착취하고 노예화하는 상황을 극복하기 위해서 투쟁을 벌이는 인간역사에서 구원을 따로 격리시켜야 한다고 믿는 자이다. 그리스도의 구원은 모든 형태의 비참과 모든 형태의 착취와 모든 형태의 소외에서 인간을 풀어주는 철두철미한 해방임을 인정하지 않으려는 자들이다. 그리스도의 업적을 보전하고자 하면서 실은 그것을 상실하는 자들이다.

만유를 총괄하는 해방운동의 완전한 의미가 발견되는 것은 그리스도에게서이다. 그리스도의 활동은 우리가 앞서 지적한 해방의 세 가지 차원을 다 포괄한다. 선교에 관한 라틴아메리카 교회의 다음 내용은 우리의 논지를 정확하게 요약하고 있다. "우주와 인간역사의 동력, 정의와 인간애가 군림하는 세계를 창조하려는 움직임, 물리적이고 도덕적인 비참과 무지와 굶주림 등 인간을 비인간화하는 모든 것에서 인간을 해방하고자 하는 노력 - 우리 대륙에서는 무엇보다도 시급한 과제가 아닐 수 없다 - 인간 존엄성에 대한 각성 등은 모두가 그리스도의 구속사업에서 유래하고 변혁되며 완성에 도달한다. 그리스도 안에서 그리스도를 통해 구원은 바로 인간 역사의 한 가운데에 현재화하며, 궁극적으로 그리스도의 구원에 의해서 정의되지 않는 인간행동이란 아무 것도 없다.

　　Gustavo Gutierrez, *A Theology of Liberation*, Orbis Books, Maryknoll, New York, 1973.

8. 레티 러셀(Letty M. Russell)의 여성신학

레티 러셀은 미국의 온건파 여성신학자로서 "여성해방신학"을 저술하였는데, 그녀는 "여성은 속박의 제1인자였고, 여성은 남자 노예가 존재하기 전에 있었던 노예였다"라고 말하고 여성들의 압제는 교회와 사회 속에서 나타나는 또 다른 형태의 착취를 지지하고 영속시키는 보편적인 착취 형태라고 주장한다.

억눌린 여성들

미국과 그외의 국가들의 여성 해방운동은 신음 속에 있는 일치성의 경험을 강조한다. 끊임없이 쏟아져 나오는 각종 문서들과 논문기사와 실제적인 행동을 통해서 남성들의 지배와 여성들의 복종관계는 개인적으로 사회적으로 신음의 표징임을 증명하고 있다. 이러한 증명은 여권론자의 관점에서 이루어졌으나 하나님의 본래의 피조물의 형상에서 나타난 것이 아니라 인간의 불순종과 타락된 상태에서 초래된 것이다.

확실히 여성들은 그들 남편의 사회적 지위를 분담하고 있다고 생각하기 때문에 정치적, 경제적 그리고 인종적 속박의 전통적인 형태로서 압제받는 경험을 한다고 생각하지 않는다. 남성들이 행복한 삶을 추구하는 것에 대해 여성들은 열등감을 갖지 않는다. 왜냐하면 그들은 다음 세대의 자녀들의 어머니가 될 운명을 지고 있기 때문이다. 모든 사회의 지식층의 여성들은 그들의 계층이 차지하는 사회적인 이득을 향유하면서 다른 계급들을 억압하는 데 한 몫을 거들었다. 그러면서도 여성들은 아버지와 남편에게 보조적인 삶을 감수하도록 문화적으로 프로그램화 되어 왔다. 흔히 그들은 인간의 공적인 생활에 참여하는 것과 그들로 하여금 자녀들의 자아발전을 강화시킬 능력을 길러 줄 자아발전과 교육에는 제외되었다.

남성들에 의한 여성지배는 성차별 문제로 인하여 한 인간 존재를 영구히 열등한 위치에 종속시키는 원시적이고 끈질긴 형태이다. 역사의 변화는 여성의 진보에 따라 표시될 수 있다는 아구스트 베벨의 유명한 인용문은 역사적으로 완전히 정확하다고 할 수는 없을지 모른다. 그래도 위의 인용문은 성차별, 인종적 차별, 경제적 착취의 모든 형태 사이에서 우발적인 유추만은 아님을 나타낸다. "여성은 속박의 제1인자였다. 여성은 남자 노예가 존재하기 전에 있었던 노예였다." 여성들의 압제는 교회와 사회 속에서 나타나는 다른 형태의 착취를 지지하고 영속시키는 보편적인 착취 형태이다.

위르겐 몰트만이 지적한 것처럼 서구 사회에서는 인간 해방을 위한 투쟁을 표현하는 자유운동이 계승되었다. 이 모든 새로운 운동은 이전의 운동에서 얻은 유리한 점을 가지고 계속적으로 부딪히는 실망을 정복하려고 노력했다. 그러나 지금까지 그들 중의 아무도 '자유의 영역' 그 자체를 이루지 못했다. 다만 각자가 자유를 위한 투쟁의 새로운 영역을 개방해 놓았다.

우리의 현재 세계 속에서 많은 압제받는 사람들이 기대하는 것은 그들 자신의 해방운동에 사람들을 가담하도록 하는 것이다. 여성들은 그들이 누리고 있는 자유가 적합한 것이 아님을 발견한 무리들 중의 하나에 속한다. 대다수의 억압받는 군중들처럼 무리들 중의 하나에 속한다. 대다수의 억압받는 군중들처럼 그들은 여성과 남성, 이 양자를 속박하는 성차별의 독특한 쇠사슬을 끊으려고 노력한다. 자유를 위해 신음하고 있는 다른 사람들과 함께 일치감을 갖고 그들 자신의 공헌이 자유의 혁명에 더하여지기를 원하고 있다.

어떤 여성들은 해방의 첫열매의 맛을 경험한 곳에 오히려 평등의 표징이 충분하지 못하다는 것을 완강하게 주장하기도 한다. 자유의 경험은 그들을 이 "충분한 술맛"을 알고 있는 다른 사람들과 연합하게 하며, 모든 시대에서 자유를 향한 행진을 계속하는 그들의 자매들을 일치시키는 것이다. 비인간화의 사회구조로부터 자유를 요구하기 위해 그들은 우리의 모든 세계의 사회 속에서 일어나고 있는 인간화를 위한 경제적, 사회적, 정치적 투쟁에 참여하는 자유를 갖게 될 것이다.

봉사를 위한 자유

크리스천 여성들은 새로운 자유의 경험에 의무감을 가진다. 이 의무감은 "자유의 영"을 가져오는 첫열매일 뿐만 아니라 그들이 열망하는 세계를 향한 봉사와 선교활동을 하도록 위임받은 것이다(고후 3:17;1:22). 그들은 다른 사람을 위해 봉사하는 자유를 가진 존재이다. 그러나 어떤 형태로 이 봉사를 해야 할 것인가? 다른 사람과 일치함을 나타내는 더 좋은 방법을 연구하기 위하여 어떻게 자유의 신음과 동경의 새로운 경험을 할 수 있을까?

그리스도의 섬김은 굴종하는 소명이 아니라 하나님을 돕는 도구가 되기 위한 소명이다. 그것은 분명히 다른 사람들과 함께 동등하게 일치하기 위한 소명이며 우월감을 갖는 소명이 아니다. 그들의 미래를 형성하기 위한 자유를 얻기 위해 다른 사람들과 함께 행동하고 신음하는 일치감은 권세와 속임수의 형태가 될 수 없다. 현재 많은 여성들은 영구적인 종속이 결코 섬김이 아니라는 것을 그들 자신의 경험에서 알고 있다.

Letty M. Russell, *Human Liberation in a Feminist Perspective-A Theology* (Philadelphia: Westminster Press, 1974)

9. 메리 데일리(Mary Daly)의 여성해방신학

메리 데일리는 강경파 여성해방신학자인데, 그녀는 1968년에 "교회와 제2의 성"에서 남녀 성차별 사상을 적나라하게 기술하여 교회에 커다란 파문을 던졌다. 그녀는 교회가 남성 중심적이고, 가부장 문화로 가득하다고 주장하고, 이는 남성 중심의 이원론 사상이 빚은 결과라고 하였다.

제2의 성

기독교 전통 안에 뿌리 박힌 더욱 뚜렷한 여성혐오주의의 개념들을 일단 주목하게 되면 우리는 이것들의 뿌리가 심오하게 서로 연관되어 있다는 것을 알게 될 것이다. 신학은 유기체에 비유될 수 있다. 한 부분에 영향을 미치는 질병은 다른 부분에 급속히 퍼진다. 게다가 증상을 치료하는 것만으로는 충분하지 않다. 사실상 표면적 양상에 대한 즉각적인 치료는 질병이 여전히 더 깊은 차원에 퍼져 있으며, 다른 형태로 다시 나타날 것이라는 사실을 단지 감추게 될 뿐이다.

어떤 점에서 보면 기독교 사고의 반여성주의는 하나의 증상으로 보여질 수 있다.

그러므로 반여성주의를 치유하기 위해서는 여전히 다른 신학적 발전들이 요구된다. 교회의 제도주의적 관점은 초월되어야 할 필요가 있다. 교회의 제도적 특성을 지나치게 강조하는 신학은 과거의 권위들이 유지했던 입장을 방어하는데 사로잡혀 있으며, 현실에 대해서는 눈을 감고 있는 경향이 있다. 변화는 권위에 대한 존경을 약화시키는 것으로 보이므로 교리발전을 위한 모든 시도들은 경계되고 있다. 교회가 명백히 하나의 제도로 간주되는 한 그 실체의 다른 측면을 이해하여서 균형을 이루어야 한다. 세상 안에서 하나의 운동으로서 인간 조건의 향상에 관심을 가지고 이 목표를 위해서 모든 이들과 협력하고자 애쓰는 교회의 예언적인 비전이 필요하다. 기득권과 개인적, 제도적 혜택에 대해서가 아니라 어우러져야 할 일들에 강조를 두면서 이 태도가 발전하게 되면 여성은 하나님의 백성 가운데 그들 자신이 되어 갈 것이다. 구약과 신약 성경 둘 다 남성은 물론 여성도 예언의 선물을 가진다고 인정하고 있다. 기독교 신학이 제도적 교회의 예언적 사명으로 이해한다면, 목회적 역할에서 여성들을 배제시키는 것은 비합리적이라는 점이 더 명백해진다…

요청: 문제에 대한 특별한 관심

넓은 안목을 할 필요가 있다는 사실은 여성과 교회 문제를 향하여 특별한 노력과 관심이 없어도 된다는 뜻이 아니다. 우리는 신의 속성과 육화, 교회의 본성에 관계된 기본 교리의 이해와 형식의 부적합성이 성관계와 여성 상황에 관한 사고에 반영된다는 점을 보았다. 그러나 인과 관계가 한 방향으로만 움직인다고 생각하는 것은 오류이다. 사실상 우리가 이미 지적한 대로 상호적인 인과관계가 있다는 것을 생각해야 할 이유가 있다. 심리학적 기원의 관점에서 성적 관계와 여성의 왜곡된 개념들이 하나님과 그리스도, 계시, 교회와 성례들에 관한 미약하고 부적합한 개념들의 뿌리에 있을지도 모르기 때문이다. 예를 들어 역사학자 아놀드 토인비는 질투하고 복수하는 하나님의 이미지가 기독교 문명에 파괴적인 영향을 주어왔다고 판단하였는데, 그 이미지들은 가부장제 사회의 포악한 아버지 역할을 투사하고 정당화한 것이다. 다시 말해서 그것들은 성적 관계의 불균형에서 나온 결과들인 것이다. 따라서 기독교 신학이 건강하게 진정으로 진화되려면 남성 여성관계의 질문과 남성중심주의에서 나오는 문제들이 특별한 관심의 초점이 되어야 한다는 점이 중요하다. 이 영역을 더 명료하게 이해하게 되면 그 영향은 더욱 멀리 미치게 될 것이다.

여성의 문제에서 신학적 개혁과 관련하여 강조될 필요가 있는 또 하나는 다음의 것이다. 만일 이 주제에서 급진적인 재사고를 하게 된다면 여자신학(Theology of Woman, 여성신학〈Feminist Theology〉과는 구분된다)이라는 표현에 의해서 제기되는 접근을 단호하게 거부해야 할 필요가 있다. 그 접근은 '여성'이 실제로 또 하나의 성과는 별도로 이해되는 다른 인간 종이라는 가정을 포함하고 있다. 그것은 증명되지 않은 고유한 성 심리학적 상보성이 있다는 추측 위에 설립된다. '여성신학'을 발전시키려는 노력들은 그것들이 가부장적 문화의 성 이미지들이 정확하게 본성과 하나님의 의지에 부합한다고 단순하게 가정하기 때문에 다양한 면모를 띠게 된다.

이 접근에 포함된 편견은 '남자신학'이라는 상응하는 형식을 제시할 때 명백해진다. '여자신학'의 사고가 자주 제시되는 반면, '남자신학'이 있어야 한다고 제안하는 사람은 거의 없을 것이다.

남성들은 완전한 인간 신분을 가졌다고 간주되어 왔고, 따라서 특별한 문제를 제기한다고 보여지지 않는다. 반면에 이 신분을 아직 성취하지 못한 여성들은 신비스럽게 보인다. 그 가정들로 인하여 '여자신학'은 이 상황을 영속시키고 정당화시킨다. 그것(여자신학)이 인간성에 앞서서 성 차이를 더 우선적으로 고집한다는 것은 잘못된 것이다. 더욱이 우리가 보아온 대로 그것은 한 성을 완전하게 고립 속에 존재하는 본질로 가정함으로써 성문제를 잘못 해석한다. 사실상 성 차이는 관계의 범주 안에서 이해되어야 한다. 남성과 여성은 그들의 모습 그대로 항시적으로 유동적인 사회 관계 속의 복합적 산물이다. 다시 말해서 그들은 계속되는 역사를 갖는다.

인간성과 사회 관계성의 역동성을 진화 관점에서 급진적으로 연구하는 신학적 인류학을 발전시키려는 창조적 노력이 필요하다. 이 문맥 안에서 남성 여성 관계의 신학이 발전되어야 한다. 그 신학은 '본성'에 기초하고 일회적으로 정의되는 성 계급 제도의 관념을 양성 모두를 소외시키는 것으로서 거부한다. 이 절박하게 요구되는 신학은 양성간의 관계들이 진화하고 그 형태들이 다양한 역사적 시기와 개인적 차이에 따라서 변화해야 한다는 것을 인식할 것이다. 그것은 다른 성(남성)을 위해서 한 성(여성)의 잠재력을 축소시키는 '보편적 선'의 개념을 거부할 것이다. 그것은 사랑과 투신에 반대되는 것으로서가 아니라 필수적인 개인의 자유와 성장에 가치를 둘 것이다. 성역할들에 따른 이전의 집착을 거부하면서 다른 사람들과의 관계 안에서 인간의 문제에 관심을 가질 것이다. 그것은 신학자들의 추상적 이론들로는 완벽하게 밝히거나 포용할 수 없는 구체적인 현실의 모호성을 시인할 만큼 정직할 것이다.

Mary Daly, *The Church and Second Sex* (Harper & Row, 1975)

10. 마틴 루터 킹(Martin Luther King, 1929-1968)의 비폭력 저항운동

마틴 루터 킹 목사는 미국의 흑인인권운동가로 비폭력저항운동을 펼쳤다. 그는 구약의 선지자들의 외침과 소외된 자들을 위로하시는 예수의 모습에서 감동을 받았고, 사회와 정치제도의 불합리성을 지적하고 교회의 노력을 외친 라인홀드 니버와 라부센 부쉬 그리고 간디의 시민 불복종에서 많은 도전을 받았다. 그의 흑인인권운동은 그리스도가 추구했던 '너의 원수를 사랑하라'와 '오른 뺨을 때리거든 왼 뺨을 대라'는 복음 정신에 기초하고 있다.

비폭력으로의 순례

신학교의 졸업반일 때 나는 여러 가지 신학 이론에 대하여 열심히 공부하였다. 다소 엄격한 근본주의의 전통에서 성장했기 때문에 나의 지적 편력이 새롭고 때때로 복잡한 신학의 영역으로 인도되었을 때에 나는 충격을 받기도 하였다. 그러나 그러한 여행은 나에게 자극을 주었고, 객관적인 평가와 비판적인 분석을 할 수 있는 새로운 이해력을 길러주었으며, 나로 하여금 독단적인 잠에서 깨어나게 하였다.

자유주의는 내가 근본주의의 신학에서는 결코 찾아보지 못했던 지적인 만족감을 주었다. 나는 자유주의의 무기로 잘 무장하게 되었고, 자유주의에 내포되어 있는 사상을 거의 무비판적으로 받아들이려 하는 유혹에 빠지기도 하였다. 나는 인간의 천부적인 선함과 인간 이성의 천부적인 힘을 절대적으로 확신하게 되었다.

소위 자유주의 신학과 연관되어 온 몇 가지 신학 이론에 대하여 내가 의문을 가지기 시작했을 때에 나의 사상에도 어떤 근본적인 변화가 오게 되었다. 물론 자유주의의 관점에도 내가 항상 소중히 하고 싶은 면들이 있다. 즉 진리의 추구에 정열적이고 본성적인 정신을 강조하며, 이성의 훌륭한 면을 포기하지 않는 면이 그것이다. 성경의 철학적 역사적 비평에 대한 자유주의의 공헌은 측량할 수 없이 소중한 것이고, 종교적, 과학적 열정으로 수호하여야 하는 것들이다.

그러나 나는 인간에 대한 자유주의 신학의 주장에 대해서는 의문을 품기 시작했다. 역사의 비극적인 사건들과 저속한 방법을 선택하는 인간의 수치스러운 경향들을 관찰하면 할수록 나는 죄의 깊이와 힘에 대하여 더 많은 것을 보게 되었다. 니버의 저술을 읽고 나는 인간의 모든 단계의 복잡한 동기들과 죄의 모습들을 깨닫게 되었다. 나아가서 인간의 사회적인 동기의 복잡성과 집단적인 죄악의 확실한 모습도 인식하게 되었다. 나는 자유주의 신학이 모두 인간의 본성에 대하여 너무 감상적인 태도를 지니고 있고, 거짓된 이상주의에 의존하고 있다는 것을 인식하게 되었다.

나는 또한 인간의 본성에 대한 자유주의 신학의 피상적인 낙관주의는 이성도 죄에 의해서 어둡게 될 수 있다는 사실을 무시하고 있다는 것도 알게 되었다. 인간의 본성에 대하여 생각하면 할수록 죄짓기 쉬운 우리의 비극적인 본성이 우리의 행동을 합리화하는 경우가 얼마나 많은가도 보게 되었다. 자유주의는 이성 그 자체는 인간의 방어적 사고방식을 합리화하는 것에 지나지 않는다는 사실을 보여주지 못하였다. 신앙의 순화시키는 힘이 없는 이성은 결코 사실의 왜곡과 합리화에서 빠져 나올 수 없는 것이다.

내가 자유주의의 몇가지 점들을 부정했다고 해서 신정통주의의 모든 사상을 받아들인 것은 아니다. 나는 신정통주의를 감상적인 자유주의를 수정한 것으로 보았지만 그것도 근본적인 문제들에 대하여 적절한 해답을 주지 못한다는 것을 알게 되었다. 자유주의가 인간의 본성에 대해 너무 낙관적이라면 신정통주의는 너무 비관적이다. 인간의 문제에 대해서뿐만 아니라 그밖에 중요한 문제들에 대해서도 신정통주의의 방향은 너무 빗나가고 있다. 자유주의 신학은 하나님의 임재를 너무 강조하는 한편 하나님의 초월성을 망각하고 있으며, 신정통주의는 하나님의 존재를 숨겨진, 알려지지 않은 "완전한 타자"로 극단적으로 강조하고 있다. 자유주의가 이성의 힘을 강조하는 것을 반박하면서 신정통주의는 편협하고 무비판적인 성경주의를 강조하는 비합리주의와, 엉성한 근본주의의 분위기에 빠졌다. 이러한 접근은 교회를 위해서도 개인 생활을 위해서도 적절하지 못하다고 나는 느꼈다.

이렇게 자유주의는 나에게 인간의 본성에 대하여 만족할 만한 해답을 주지 못하였고, 신정통주의는 안식처를 제공해주지 못했다. 이제 나는 인간에 관한 진리는 자유주의에서도 신정통주의에서도 찾을 수 없다는 것을 알았다. 모두가 부분적인 진리만을 나타내고 있다. 프로테스탄트 자유주의는 주로 인간을 단순히 그의 본질적인 본성과 선을 행할 수 있는 능력이라는 의미에서만 정의하고 있고, 신정통주의는 인간을 단지 그의 존재론적 본성과 악을 행할 수 있는 성향이 있다는 의미에서만 정의하는 경향이 있다. 인간에 대한 적절한 이해는 자유주의의 명제와 신정통주의의 반명제 중 어느 한쪽에서 찾을 수 있는 것이 아니라, 양자의 진리를 유화할 수 있는 하나의 통합에서 가능하다.

세월이 지나는 동안에 나는 실존주의 철학에 대하여 새로운 이해에 도달하게 되었다. 실존주의와 최초의 접촉은 키에르케고르와 니체를 읽은 것이었다. 뒤에 나는 야스퍼스와 하이데거와 사르트르도 연구하게 되었다. 이러한 사상가들이 나의 생각을 자극했고, 하나하나에 대해 의심은 있었지만 분명히 그들을 연구함으로써 많은 것들을 배웠다. 내가 마침내 폴 틸리히의 저작들을 진지하게 연구하게 되었을 때에는 실존주의는 모두가 너무 유형을 탄다는 사실에도 불구하고 영원히 무시될 수 없는 인간과 인간 조건에 대한 분명하고도 근본적인 진리를 보유하고 있다는 사실을 확신하게 되었다.

인간의 유한한 자유에 대한 이해는 실존주의의 영구적인 공로 중의 하나이고 인간의 불안과 갈등은 개인생활과 사회생활의 실존의 불안하고 모호한 구조에 의해서 생긴다는 인식은 우리 시대에 특히 의미있는 주장이다. 무신론적인 실존주의와 유신론적인 실존주의에서 공통적으로 주장하는 것은 인간의 실존적인 상황이 인간의 본질적인 본성에서 유리되어 있다는 것이다. 헤겔의 본질주의에 반발하여 모든 실존주의자들은 세계가 유리되어 있다고 주장한다. 역사는 갈등의 연속이고 인간의 실존은 불안으로 가득하고 무의미성에 의해 위협을 받고 있다. 이러한 실존주의적 주장들에서는 기독교의 궁극적인 해답이 발견되지 않지만, 신학자들은 이것들로 인간의 존재의 참모습에 대하여 설명할 수 있다.

나는 과거에는 대부분 조직신학과 철학을 연구했지만 사회 윤리학에 대하여 점점 더 많은 관심을 가지게 되었다. 십대 초기에는 나도 인종차별 문제에 대하여 깊은 관심을 가졌다. 나는 인종 차별은 합리적으로 해명될 수 없고, 도덕적으로 불의한 것이라고 생각했다. 나는 버스의 뒷 좌석에 앉거나 기차에서 구별된 좌석에 앉아야 된다는 사실을 결코 받아들일 수 없었다. 처음 식당차 안에서 커텐 뒤에 앉았을 때 나는 그 커텐이 마치 나의 자아를 가려 버리는 느낌을 받았다. 나는 인종 차별과 떨어질 수 없는 문제가 경제적인 불평등이라는 사실을 알았다. 나는 인종 차별의 제도가 흑인들과 빈곤한 백인들을 어떤 방법으로 착취하고 있는가도 보았다. 이러한 초기의 경험들이 나에게 우리 사회의 다양한 불의에 대하여 깊은 인식을 갖게 하였다.

그러나 내가 신학교에 들어가기 전까지는 사회악을 제거할 수 있는 방법에 대하여 진지한 추구를 하지 못했다. 나는 곧 사회 복음화 운동에 영향을 받았다. 1950년대 초기에 나는 라우센부쉬의 "기독교와 사회위기" (*Christianity and Social Crisis*)에 깊은 영향을 받았다. 물론 내가 라우센부쉬와 의견을 달리하는 점들도 있다. 나는 그가 19세기의 '필연적인 발전의 제단'의 희생물이며, 그것이 그에게 인간의 본성에 대한 부당한 낙관론을 가지게 했다고 생각하였다. 더구나 그는 교회가 결코 굴복해서는 안될 유혹, 즉 하나님의 나라를 특수한 사회경제적인 제도와 동일시하려는 위험에 가까이 접근하였다. 그러나 이러한 결점에도 불구하고 라우센부쉬는 미국의 개신교 교회에 두드러지게 사회적인 책임 의식을 가져다 주었다. 복음은 전인을 즉 영혼뿐만 아니라 육체를 그의 영적인 안녕뿐 아니라 물질적인 번영도 취급하는 것이 최선이라는 것이다. 인간의 영혼에 대한 관심을 표명하면서, 영혼을 오염시키는 빈민가에 대하여 똑 같은 관심을 기울이지 않는 종교는 영적으로도 죽은 종교이다.

나는 라우센부쉬를 읽은 뒤에 대철학자들의 사회적 이론과 윤리적인 이론들에 대하여 진지하게 연구하게 되었다. 이 기간 동안 나는 사회문제를 해결하기 위한 사랑의 힘에 대하여 거의 절망하고 있었다. 왼쪽 뺨도 대어라, 원수를 사랑하라는 철학은 개인간의 갈등이 생겼을 때는 유효하다고 생각했지만 인종적인 집단과 국가의 갈등이 생겼을 때에는 더 현실적인 접근법이 필요하다고 느꼈다.

그리고나서 나는 간디의 생애와 가르침에 대해 소개를 받았다. 그의 저술을 읽고 나는 그의 비폭력주의 저항운동에 대하여 깊이 몰두하게 되었다. '샤타그라하'(사타는 사랑과 동일한 의미의 진리이고, '그라하'는 힘이다. 여기서 '사타그라하'는 진리의 힘이나 사랑의 힘을 의미한다)에 대한 간디의 개념 전부가 나에게는 의미심장하게 보였다. 내가 간디의 철학을 더 깊이 연구하게 되었을 때 사랑의 힘에 대한 회의는 점차 사라지게 되었고, 처음으로 간디의 비폭력주의를 통하여 작용하고 있는 기독교의 사랑의 가르침이 자유를 위하여 투쟁하는 억압받는 사람들에게 이용될 수 있는 가장 유력한 무기 중의 하나라는 사실을 알게 되었다. 그러나 그때에는 그러한 입장에 대하여 효과적인 상황에서 조직화하려고 확실히 결단하지는 못하였다.

1954년 알라바마 주 몽고메리에서 목사로 있을 때에 나는 내가 비폭력주의 항쟁이 요구되는 상황에 처하게 될 것이라고는 조금도 생각하지 못했다. 내가 그 지역에서 산 지 일년쯤 지나서 버스 보이코트가 시작되었다. 그들이 버스에서 계속해서 당하였던 비참한 경험에 지친 몽고메리의 흑인들은 대규모의 비협조운동으로 자유로와지겠다는 그들의 결단을 표시했다. 그들은 버스를 타는 것보다는 위엄있게 거리를 걸어가는 것이 궁극적

으로 더 명예로운 일이라는 것을 알게 되었다. 저항이 시작되면서 그 사람
들은 나에게 그들의 대변인으로 일해 줄 것을 전화로 요청했다. 이 임무를
받아들이면서 나의 마음은 의식적으로든지 무의식적으로든지 산상수훈과
간디의 비폭력 저항에 있었다. 이 원리가 우리 운동의 지침이 되었다. 그리
스도는 정신과 동기를 부여했고, 간디가 방법을 제공한 것이었다.

몽고메리의 경험은 비폭력주의 문제에 대하여 내가 읽었던 다른 어떤
책보다 나의 생각을 명료하게 해 주었다. 날이 갈수록 나는 비폭력의 힘에
대하여 점점 확신하게 되었다. 비폭력은 내가 지적으로 받아들인 방법 이
상의 것이 되었고 생활방법이 되었다. 비폭력주의에 대해서 지적으로는 명
확하게 정리하지 못했던 많은 문제들이 이제는 실제적인 행동의 범위 속에
서 해결되었다…

비폭력적인 방법은 그 일을 행하는 사람들의 마음과 영혼에 어떤 영향
을 준다. 그것은 그들에게 새로운 자존심을 준다. 그것은 그들이 소유하고
있는 알지 못했던 힘과 용기를 갖게 한다. 마침내 상대방의 양심을 자극해
서 화해를 실현시키게 된다.

    Martin Luther King, "나의 인생철학", 문일영 역(서울: 탐구당, 1980), cf.
    Martin Luther King, Strength to love

11. 제임스 콘(James Cone)의 흑인신학

    제임스 콘은 대표적인 흑인신학자로서 흑인신학이 왜 필
    요하며 그 전망이 어떠한지를 아래에서 설명하고 있다.

지금 우리에게 흑인을 위한 신학이 필요하다. 이 흑인은 미국의 피압박
자로서 미국 사회의 인종차별을 무너뜨리려고 한다. 흑인 신학자는 전혀
번지수가 틀리는 미국 백인의 기독교를 필요로 하지 않는다. 디트로이트의
앨버트 크리지 목사는 블래파워를 종교적 개념으로 파악하고 그 기초 위에

교회 공동체를 세우고자 한다. 또 흑인 이슬람교도들은 이슬람교에 대한 충성을 통해서 종교와 흑인의 고난과의 관계를 밝히는데 어느 흑인 종교단체보다도 앞장서고 있다. 이제 흑인 신학자들은 백인주의 사회에서 흑인이 당하고 있는 고통에다가 기독교를 접붙이는 작업에 착수해야 한다. 그렇게 하지 않는다면 그 사악한 백인성 때문에 기독교 자체가 쓸모 없는 것이라는 판정을 받고 버림을 당할 것이다. 기독교는 흑인이 당하고 있는 압박을 뼈대로 삼아서 재형성되어야 한다. 나는 이 장에서 흑인 신학의 몇 가지 기본적인 전망을 살펴보고자 한다.

흑인이 당하는 고난

흑인신학은 고난과 굴욕의 삶이라는 흑인의 현실을 진지하게 다루어야 한다. 바로 이것이 흑인에게 말씀하기를 원하시는 바 하나님의 말씀의 출발점이 되어야 한다. 흑인이 한 인간으로서 백인 권력사회에서 살아갈 때 흑인에게만 해당되는 사회적, 경제적, 정치적, 조건에 직면하게 된다. 따라서 흑인이 하나님에 관해서 말할 경우, 그 조건이 언제나 출발점이 되지 않을 수 없다. 그러나 흑인은 백인주의의 야만성을 목격한 그 눈을 통해서만 하나님을 바라볼 수 있다는 사실을 흑인신학은 인정한다. 어떤 사람들은 흑인에게 그 흑인성을 부정함으로써 더 차원이 높은 동일성을 갖도록 권고할는지도 모른다. 그러나 그런 권고는 흑인에게 거짓 동일성을 받아들일 것과 흑인이 그 본래의 모습을 알고 있다는 현실에 눈감을 것을 요구하고 있는 것이다.

그러므로 예수 그리스도를 통해 주어진 하나님의 계시를 기준으로 삼고 흑인이 처하고 있는 조건을 분석하는 것이 신학의 과제이다. 그리고 그 의도는 백인주의를 깨뜨리기 위해 흑인 사이에 흑인의 존엄에 대한 새로운 이해를 만들어내고 흑인에게는 없어서는 안될 영혼을 주는 것이다. 블랙파워 운동자 사이에는 한 가지 공통된 신념이 있다. 흑인이 백인주의자들에게 말과 행동으로써 앞으로는 너희들을 상대하지 않겠다라고 선언하기로 결심했을 때에만 인종차별 체제가 무너진다는 신념이다. 흑인신학이란 기본적으로 말해서 이러한 신념을 가진 흑인의 신학이요, 흑인을 위한 신학이다. 흑인이 자기의 흑인성에 대해서는 그렇다고 말하고 백인성에 대해서는 아니다를 말할 수 있도록 하기 위해 기독교의 신앙의 본질을 분석하는 것이 흑인신학의 목적이다.

흑인신학은 백인을 위한 신학이 아니다. 적어도 직접적으로 말을 걸지 않는다. 설령 백인이 그것을 읽어서 이해하고 그 안에서 어떤 뜻을 찾아낸다 하더라도 흑인신학은 백인의 인식에 의존하지 않는다. 흑인신학은 백인에게는 실질적으로 흑인이 당하는 굴욕에 대해 창조적인 응답을 할 수 있는 가능성이 없다고 생각한다. 가능성이 있다고 한다면 백인 공동체 구조 속에 있는 인종차별을 없애기 위해 전심전력을 바치고 있는 백인에게 가능하다. 흑인신학의 목표는 자유를 위한 싸움에 대비해서 흑인이 지성을 무장시키고 그렇게 함으로써 흑인으로 하여금 자유 이외에 모든 것을 버리게 하는 것이다. 흑인의 존재를 위협하고 그 흑인성을 박탈하는 백인 권력구조를 제거하는 작업을 통해서 흑인신학은 흑인을 향해서, 그리고 흑인을 위해서 해야 한다.

흑인신학이 문자 그대로 흑인신학이기 위해서는 흑인성이라는 것을 그 출발점으로 삼아야 한다. 그렇다고 해서 흑인신학이 그리스도를 통해 나타난 하나님의 계시의 절대성을 부정할 생각은 조금도 없다. 흑인신학은 오늘날 그리스도께서 흑인 가운데 계신다고 고백한다. 이 고백이 그리스도를 통하여 나타난 하나님의 계시의 절대성을 가장 힘차게 선언한다고 흑인신학은 믿는다. 흑인신학은 흑인의 고난을 그 출발점으로 삼고 있다는 점에서 분명한 기독교 신학이다. 하나님께서 흑인을 긍정하셨음으로 흑인도 하나님을 긍정해야 한다고 말한다.

하나님께서는 피압박 민족인 이스라엘을 당신의 백성으로 선택하셨다. 다음에는 예수 그리스도를 내세우고 우리 가운데 오셨으나 거절당하셨다. 우리 흑인은 이 모든 사실을 통해서 하나님께서 흑인을 긍정하셨음을 똑똑히 깨닫는다. 그리스도 사건은 피압박자인 흑인이 그리스도의 본질을 드러내고 있기 때문에 흑인이 곧 그리스도의 백성이라는 사실을 우리에게 전해주고 있는 것이다…

우리는 이 세상이라는 넓은 영역 안에서 흑인신학과 종교적 권위와의 관련을 이해하고자 한다. 그러나 권위에 대해서 논의하자면 불가불 저 추상적인 논쟁으로부터 출발하지 않을 수 없다. 흑인 교회 안에서 이 프로테스탄트의 삼대사조가 존재한다. 그런데 흑인 신학은 모든 흑인을 통일할 수 있고, 또 그 신학적 차이를 넘어설 수 있는 높은 권위가 존재함을 안다. 미국 흑인 모두가 갖고 있는 체험이 곧 그것이다. 흑인신학은 이 체험을 진리에 대한 최고의 시금석으로 이해한다. 다시 말해서 흑인신학은 압박당한 체험 이상으로 강력한 권위가 없다고 생각한다. 이 체험만이 종교적 사항에 있어서의 궁극적 권위이다.

좀더 구체적으로 말한다면, 흑인신학은 '자유를 당장에'라는 흑인의 요구와 모순되는 신간, 인간관, 그리스도관, 성경관을 받아들일 수 없다. 흑인신학은 흑인의 존엄을 높이고, 자유를 향한 끊임없는 전진을 창조하는 종교적 개념만을 긍정한다. 흑인 자결을 위한 싸움을 반대하거나 그 싸움에 도움이 되지 않는 모든 이념은 '그리스도의 적'에 속하기 때문이다.

다시 한 번 말하거니와 흑인신학이 그리스도와의 만남을 흑인의 압박당한 체험 이하로 여기고 있는 것은 아니다. 오히려 흑인이 그 체험을 통해서 그리스도를 정확하게 알게 되었음을 말하고 있는 것이다. 왜냐하면 그리스도께서는 당신 자신을 압박당하는 흑인과 같은 자리에 두셨기 때문이다. 따라서 흑인이 압박당하고 있는 현실을 부정하고 그밖에 현실을 긍정한다는 것은 그리스도를 부정한다는 것을 뜻한다. 흑인은 그리스도를 통해서 그리스도의 본질뿐 아니라 자신의 본질을 알게 되었다. 그리고 자신을 가치없는 존재로 만들려는 현실에 대해 무엇을 해야 할지를 알게 되었다. 우리는 어떤 특정한 교리가 복음의 일부이고 따라서 진리라고 주장하지만, 도대체 어떠한 권위에 근거해서 그 주장이 궁극적인 것이라고 말할 수 있는가? 이 물음 앞에서 흑인신학은 이렇게 대답한다. 만약 그 교리가 흑인의 자유를 위한 운동과 공존할 수 있고 또 그 운동에 힘이 되는 것이라면 그 교리는 예수 그리스도의 복음이다. 그렇지 않고 블랙파워에 나타나고 있는 흑인성의 본질과 배치되거나 무관한 것이라면 그리스도의 적에게 속한다. 이 문제는 이렇게 단순한 것이다.

우리는 이제 기독교 신학이 말하는 개개의 교리, 즉 신관, 인간관, 그리스도간, 교회관, 성령관을 흑인의 해방이라는 시각에서 분석해야 한다. 흑인신학은 이 시대에 대해 지금 이 순간에, 이 상황에서 견디기 어려운 압박을 당하면서 살아가고 있는 흑인을 향해서 모든 기독교 교리가 아무런 유보없이 해석되어야 한다고 믿는다.

James Cone, Black *Theology and Black Power* (New York: Seabury Press, 1969)

참고 문헌

Butterfield, Herbert, *International Conflict in the Twentieth Century: A Christian View*. New York: Harper & Row, Publishers, 1960.

Carol P. Christ and Judith Plaskow, *Womanspirit Rising: A Feminist Reader in Religion*, Harper & Row, 1979.

Cassirer, Ernst, *The Myth of the State*, New Haven: Yale University Press, 1946.

Cauten, Kenneth, *Impact of American Religious Liberalism* New York: Harper & Row, Publishers, 1962.

Corol West, *Prophesy Deliverance*, Westminster Press, 1982.

Gillispie, C. C., *Genesis and Geology*. New York: Harper & Row,

Publishers, 1959.

Greene, T. M., *Liberalism, Its Theory and Practice*. Austin: University of Texas Press, 1957.

Gustavo Gutierrez, *A Theology of Liberation*, Orbis Books, Maryknoll, New York, 1973.

Hayward, J. F., *Existentialism and Religious Liberalism*. Boston: Beacon Press, 1962.

Howard, G. P., *Religious Liberty in South America* Philadelphia: The Westmenster Press, 1944.

Hughley, J. N., *Trends in Protestant Social Idealism*. New York: Kings Crown Press, 1948.

Hurley, J. *Man and Woman in Biblical Perspective*, Grand Rapids: Eerdmans, 1975.

James Cone, *Black Theology and Black Power* (New York: Seabury Press, 1969)

Lack, David, *Evolutionary Theory and Christian Belief*. London: Methuen & Co., Ltd., 1957.

Letty M. Russell, *Human Liberation in a Feminist Perspective-A Theology* (Philadelphia: Westminster Press, 1974)

Littell, Franklin H., *The German Phoenix*. New York: Doubleday & Company, Inc., 1960.

Mary Daly, *The Church and Second Sex* (Harper & Row, 1975)

Means, P. B., *Things That Are Caesar's*. New York: Roundtable Press, 1935.

Micklem, N., *National Socialism and the Roman Catholic Church*. London: Oxford University Press, 1939.

Morrison, C. C., *The Social Gospel and the Christian Cultus*. New York:

Harper & Row, Publishers, 1933.

Mozley, J. K., *Some Tendencies in British Theology*. London: S. P. C. K., 1951.

Parke, D. B., *Epic of Unitarianism*. Boston: Starr King Press, 1957.

Pelikan, Jaroslav, *The Riddle of Roman Catholicism*. Nashviile: Abingdon Press, 1959.

Rosemary Radford Ruether, *Liberation Theology* (Paulist Press, 1972)

Schneider, H. W., *Religion in Twentieth Century America*. Cambridge: Harvard University Press, 1952.

Solberg, R. W., *God and Caesar in East Germany*. New York: The Macmillan Co., 1961.

Spinka, Matthew, *The Church in Soviet Russia*. New York: Oxford University Press, 1956.

연 대 표

1917	볼세비키(Bolsheviks) 혁명
1918-1925	볼세비키가 종교를 적대하다.
1920	나치 강령(Nazi platform)
1921-1922	러시아의 대기근
1928-	구티에르즈
1929-1968	마틴 루터 킹
1929	라테란 협약, 교황청과 무솔리니와의 협약
	세계경제공항
	나치가 독일에서 권력을 잡다.

1933-1935	나치가 유대인을 적대하다.
1934	존 듀이(John Dewey), "공통된 믿음"(*A Common Faith*)
	바르멘 선언(Barmen Declaration)
1937-1938	러시아가 종교를 숙청하다.
1936-1939	스페인 시민전쟁
1939	대영제국과 프랑스가 독일과 전쟁을 선포하다.
1941	미국이 제2차세계대전에 가담하다.
1945	제2차세계대전이 끝나다.
	UN의 창설
1948	인권선언(Universal Declaration of Human Rights)
1948-1950	체코슬로바쿠아에서 종교가 박해를 받다.
1960	UN이 종교의 자유에 관한 선언을 제기하다.
1965	제2차 바티칸공의회
1968	메리 데일리의 "교회와 제2의 성"
1968	알버트 클리그의 "흑인 메시야"(*The Black Messiah*)
1969	제임스 콘의 "흑인신학과 흑인의 힘"(*Black Theology and Black Power*)
1973	쿠티에레즈의 "해방신학"(*A Theology of Liberation*)

근·현대교회사

1999년 2월 27일/초판 1쇄 발행
2015년 8월 31일/초판 5쇄 발행

지은이 | 심창섭 · 채천석
펴낸이 | 박 영 호
펴낸곳 | 도서출판 솔로몬

주소 | 서울 동작구 사당3동 207-3 신주빌딩 1층
전화 | 599-1482
팩스 | 592-2104
직영서점 | 596-5225

등록일 | 1990년 7월 31일
등록번호 | 제16-24호

ISBN 89-8255-217-0